LEXICOGRAPHICA Series Maior

LEXICOGRAPHICA

Series Maior

Supplementary Volumes to the International Annual for Lexicography
Suppléments à la Revue Internationale de Lexicographie
Supplementbände zum Internationalen Jahrbuch für Lexikographie

Edited by
Sture Allén, Pierre Corbin, Reinhard R. K. Hartmann,
Franz Josef Hausmann, Ulrich Heid, Oskar Reichmann,
Ladislav Zgusta

73

Published in cooperation with the Dictionary Society of North America
(DSNA) and the European Association for Lexicography (EURALEX)

Lexikon und Text

Wiederverwendbare Methoden und Ressourcen zur linguistischen Erschließung des Deutschen

Herausgegeben von
Helmut Feldweg und Erhard W. Hinrichs

Max Niemeyer Verlag
Tübingen 1996

Die Deutsche Bibliothek – CIP-Einheitsaufnahme

[Lexicographica / Series maior]
Lexicographica : supplementary volumes to the International annual for lexicography / publ. in cooperation with the Dictionary Society of North America (DSNA) and the European Association for Lexicography (EURALEX). Series maior. – Tübingen : Niemeyer.
Früher Schriftenreihe
Reihe Series maior zu: Lexicographica
NE: International annual for lexicography / Supplementary volumes
73. Lexikon und Text. – 1996

Lexikon und Text : wiederverwendbare Methoden und Ressourcen zur linguistischen Erschliessung des Deutschen / hrsg. von Helmut Feldweg und Erhard W. Hinrichs. – Tübingen : Niemeyer, 1996
(Lexicographica : Series maior ; 73)
NE: Feldweg, Helmut (Hrsg.)

ISBN 3-484-30973-3 ISSN 0175-9264

Printed in Germany.
Druck: Weihert-Druck GmbH, Darmstadt
Einband: Industriebuchbinderei Hugo Nädele, Nehren

Inhaltsverzeichnis

Preface

This collection of papers stems from a workshop *Lexicon and Text: Reusable Methods and Resources for the Linguistic Analysis of German* that was sponsored by the ELWIS project and held at the University of Tübingen on February 17-18, 1994.[1]

The availability of lexical and textual resources in machine-readable form has long been recognized as an important prerequisite for the development of large-scale natural language processing software. This awareness has led to increased research activity in computational lexicography and corpus analysis. Research on the acquisition of linguistic information has focused on the development of tools for machine readable dictionaries and on the development of tools for corpus analysis. Of equal importance is the development of theoretical criteria and of practical standards for the representation of textual and lexical information. Most of the work on these two areas of research has focused on the analysis of English. However, it is by no means a foregone conclusion that the technology and standards that have been developed with a particular language in mind can be generalized to other languages as well. Modern German provides an interesting point of comparison since it differs significantly from English in its word order characteristics and its relative richness of inflectional morphology.

Accordingly, one of the primary goals of the workshop was to provide a forum for researchers who are conducting ongoing research on the analysis of German text corpora and machine-readable dictionaries. We are very grateful to our colleagues, who gave presentations at the workshop, that they have, almost without exception, agreed to contribute to the present volume. We are very pleased that as a result of this high response rate, the current collection of papers provides a representative overview of the ongoing research in Germany on the use of lexica and text corpora for computational linguistics. Thanks to various initiatives by the European Community, research on the development of textual and lexical resources for natural language processing is no longer restricted to individual languages. This international perspective is reflected in our volume by the contributions by Susan Armstrong on the MULTEXT project sponsored by the European Commission and by Eva Ejerhed and Magnus Åström on the development of tag sets and part-of-speech taggers for Swedish.

The papers are grouped into six major topic areas that were discussed at the workshop:

Interface between Lexicon and Text Lexicographic work has realized the importance of the exploitation of large text corpora as an empirical basis of dictionaries. On the other hand, automatic analysis has to rely on lexica for linguistic categorization and morphologic parsing. The mutual interaction between lexicon and text is the topic of the first set of papers.

---

1 ELWIS is an acronym for German *Korpusgestützte Entwicklung lexikalischer Wissensbasen* (corpus-based development of lexical knowledge bases). The project is sponsored by the Forschungsschwerpunktprogramm Baden-Württemberg which also provided funds for the workshop. For a description of the ELWIS project see: Storrer, A., Feldweg, H., and Hinrichs, E.: *Korpusunterstützte Entwicklung lexikalischer Wissensbasen*. In: Sprache und Datenverarbeitung. International Journal for Language Data Processing, Vol. 17,1-2, pages 59-72.

Dictionaries Dictionaries are traditionally the primary source for lexical knowledge. The essays in the second section are dealing with computer–assisted means to extract information of print dictionaries for natural language processing.

Knowledge Representation Linguistically adequate representation of lexical knowledge is an essential prerequisite for the utilization of computer lexica. The essays in the third section address this issue in the context of feature based grammar formalisms and database design.

Text Preparation and Retrieval The acquisition, adaption, and exploitation of text corpora is the topic of the fourth section: the pure existence of large–scaled text corpora – although still a desideratum for many languages – is not sufficient. Large quantities of texts need to be efficiently marked–up and normalized for competent retrieval.

Linguistic Annotation In addition to surface adaptions, higher level analysis of text resources require the text to be linguistically annotated. A requirement for such an annotation is a clear definition of the linguistic categories to be used for the annotation of texts. Proposals for such annotation schemes are made in the fifth section of this collection.

Stochastic Part–of–Speech Disambiguation A major challenge for the linguistic annotation of text corpora is the resolution of ambiguities. The sixth and last section of this collection is devoted to statistical techniques for the part–of–speech disambiguation.

We would like to express our gratitude to those who helped us making the workshop an enjoyable and successful event and assisted us in the preparation of this volume: Kordula De Kuthy, Ralf Hauser, Ralf Kibiger, Manfred Sailer, Alexandra Schotzko, Christine Thielen, John Griffith, and the Institut für Urgeschichte for its hospitality during the workshop held at the Princes' Rooms of Castle Hohentübingen.

Tübingen, September 1994

Helmut Feldweg
Erhard Hinrichs

Préface

Cet ensemble de papiers provient de l'atelier de travail *Lexicon and Text: Reusable Methods and Resources for the Linguistic Analysis of German* qui s'est tenu à Tübingen le 17–18 février 1994 et qui a été sponsorisé par le projet ELWIS.[1]

L'utilisation de ressources textuelles et lexicales lisibles machinellement est reconnue depuis longtemps comme un préréquisite important pour le developpement de logiciels de traitement de langues naturelles. Cette constatation a permis l'accroissement de la recherche dans le domaine de la lexicographie informatique ainsi que dans l'analyse de corpus de textes. Les recherches effectuées sur l'acquisition d'informations linguistiques se sont concentrées sur le developpement d'outils servant à la lecture machinelle de dictionnaires ainsi que d'outils servant à l'analyse de corpus de textes. Le développement de critères théoriques et de standards pratiques pour la représentation d'informations textuelles et lexicales a également une grande importance. La plupart des travaux effectués dans ces deux domaines se rapportent à la langue anglaise. Mais ce serait tirer des conclusions trop rapides que de penser que la technologie et les standards développés dans une langue particulière puissent être appliqués dans leur intégrité aux autres langues. L'allemand moderne permet une comparaison intéressante puisqu'il diffère de l'anglais par la charactéristique de l'ordre des mots ainsi que par la richesse des flections morphologiques.

En conséquence, un des objectif primaire de l'atelier de travail était d'organiser un forum rassemblant des chercheurs travaillant dans les domaines d'analyse de corpus de textes allemands ainsi que de dictionnaires lisibles machinellement. Nous tenons à remercier vivement nos collègues qui ont tenu des conférences et qui ont tous accepté sans excéptions de contribuer à cet ouvrage. Il nous est agréable de remarquer que le taux élevé de réponses permet de constituer une vue d'ensemble de la recherche actuelle allemande en ce qui concerne l'utilisation de lexiques et de corpus de textes pour la linguistique informatique. Nous remercions la communauté européenne qui grâce à de nombreuses initiatives a permis à la recherche du developpement de ressources de textes et de lexiques pour le traitement de langues naturelles de s'élargir à plusieurs langues. Cette perspective internationale se retrouve dans ce volume: Susan Åström avec le projet MULTEXT sponsorisé par la commission européenne ainsi que Eva Ejerhed et Magnus Åström pour le développement d'ensemble d'étiquettes de catégories grammaticales et de désambiguïsations stochastiques de catégories grammaticales pour le suédois.

Les papiers sont répartis en 6 thèmes principaux discutés lors de l'atelier de travail:

Interface entre le lexique et le texte: le travail lexicographique a réalisé l'importance de l'exploitation de grands corpus de textes en tant que base empirique

1 ELWIS est un acronyme pour l'allemand *Korpusgestützte Entwicklung lexikalischer Wissensbasen* (développement de bases de connaissances lexicales à l'aide d'un corpus). Le projet est sponsorisé par le Forschungschwerpunktprogramm Baden–Württemberg qui fournit les fonds nécessaires. Pour obtenir des informations plus précises sur le projet c.f. Storrer, A., Feldweg, H. et Hinrichs, E.: *Korpusunterstützte Entwicklung lexikalischer Wissensbasen*. Dans: *Sprache und Datenverarbeitung. International Journal for Language Data Processing*, vol. 17, 1–2, pages 59–72.

des dictionnaires. D'un autre côté l'analyse automatique dépend de lexiques en ce qui concerne la catégorisation linguistique et l'analyse morphologique. Le sujet du premier ensemble de papiers est l'interaction entre le lexique et le texte.

Dictionnaires: les dictionnaires sont traditionnellement la source primaire de connaissances. Les essais de la seconde partie traitent de l'extraction informatique d'information de dictionnaires imprimés pouvant être utilisée pour le traitement de langues naturelles.

Représentation de connaissances: une représentation linguistique adéquate de la connaissance lexicale est une nécessité pour l'utilisation de lexiques informatiques. Les essais de la troisième section traitent ce thème dans le contexte de grammaires basées sur un formalisme de charactéristiques et de modèles d'informations de base.

Préparation de texte et extraction: le sujet de la quatrième partie est l'acquisition, l'adaptation et l'exploitation d'un corpus de textes: l'existence seule de grands corpus de textes — bien que ce soit un désir de beaucoup de langues — ne suffit pas. De grandes quantités de textes doivent être marquées de façon efficiente ainsi que normalisées pour une extraction compétente.

Annotation linguistique: en plus de l'adaptation de la surface, une analyse de ressource de textes effectuée à un niveau supérieur nécessite que le texte puisse être annoté de façon linguistique. Cette annotation nécessite une définition claire des catégories linguistiques utilisées pour l'annotation des textes. La cinquième section de cet ouvrage montre quelques propositions.

Désambiguïsations stochastiques de catégories grammaticales: le plus grand défi de l'annotation linguistique d'un corpus de textes est la résolution d'ambiguités. La sixième et dernière partie de cette ouvrage se consacre à des techniques statistiques servant à la désambiguïsations des catégories grammaticales.

Nous aimerions remercier ceux qui nous ont permis de faire de cet atelier de travail une réussite: Kordula De Kuthy, Ralf Hauser, Ralf Kibiger, Manfred Sailer, Alexandra Schotzko, Christine Thielen, John Griffith ainsi que l'institut d'archéologie qui nous a prêté ses locaux pour la durée de l'atelier qui a eu lieu dans la chambre des princes du château de Tübingen.

Tübingen, septembre 1994

Helmut Feldweg
Erhard Hinrichs

Vorwort

Den in diesem Band versammelten Aufsätze liegen Vorträge einer Tagung zum Thema *Lexikon und Text: Wiederverwendbare Methoden und Ressourcen für die linguistische Erschließung des Deutschen* zugrunde. Die vom ELWIS-Projekt[1] veranstaltete Tagung fand am 17. und 18. Februar 1994 an der Universität Tübingen statt.

Die Verfügbarkeit lexikalischer und textueller Ressourcen in maschinenlesbarer Form ist seit langem als wichtige Voraussetzung für die Entwicklung größerer Sprachverarbeitungsprogramme erkannt worden. Dieser Tatbestand hat zu verstärkten Forschungsaktivitäten in den Bereichen computergestützter Lexikographie und Korpusanalyse geführt.

Forschungen im Bereich der Akquisition lexikalischen Wissens haben sich vor allem auf die Entwicklung von Werkzeugen für maschinenlesbare Wörterbücher und für die Korpusanalyse konzentriert. Von gleicher Bedeutung ist die Entwicklung theoretischer Kriterien und praktischer Standards für die Repräsentation textueller und lexikalischer Information. Die meisten Arbeiten in diesen beiden Forschungsgebieten haben sich mit der Analyse des Englischen befaßt. Es ist jedoch keineswegs eine gesicherte Erkenntnis, daß sich Verfahren und Standards, die für eine bestimmte Sprache entwickelt worden sind, ohne weiteres für andere Sprachen anwenden lassen. Die deutsche Gegenwartssprache bietet sich hier für Vergleichsstudien an, da sie sich in der Wortstellung und im Umfang der Flexionsmorphologie deutlich vom Englischen unterscheidet.

Entsprechend war eines der Hauptziele der Tagung, ein Diskussionsforum für Wissenschaftler anzubieten, die sich gegenwärtig mit Forschungen in den Bereichen der Analyse deutscher Textkorpora und maschinenlesbarer Wörterbücher beschäftigen. Wir danken unseren Kollegen, die Vorträge auf der Tagung gehalten haben, daß sie — fast ohne Ausnahme — einer Veröffentlichung ihrer Beiträge in diesem Band zugestimmt haben. Es freut uns besonders, daß dieser Sammelband dadurch einen repräsentativen Überblick über laufende Forschungen zur Nutzung von Wörterbüchern und Textkorpora in der Computerlinguistik in Deutschland bietet. Dank einer Reihe von Initiativen der Europäischen Union sind Forschungen zur Entwicklung textueller und lexikalischer Ressourcen für die Sprachverarbeitung nicht länger auf Einzelsprachen beschränkt. Diese internationale Perspektive kommt in unserem Band durch Beiträge von Susan Armstrong über das von der Europäischen Kommission geförderte MULTEXT-Projekt und von Eva Ejerhed und Magnus Åström über die Entwicklung eines Tagsets und eines Wortarten-Taggers für das Schwedische zum Ausdruck.

Die Beiträge sind zu sechs Themenblöcken zusammengefaßt, die auf der Tagung diskutiert wurden:

Schnittstelle zwischen Lexikon und Text Im Bereich der Lexikographie spielt die Auswertung von großen Textkorpora als empirische Grundlage von Wörterbüchern

---

1 ELWIS ist ein Akronym für *Korpusgestützte Entwicklung lexikalischer Wissensbasen.* Das am Seminar für Sprachwissenschaft der Universität Tübingen durchgeführte Projekt wird durch das Forschungsschwerpunktprogramm Baden-Württemberg finanziert. Eine Beschreibung des ELWIS-Projekts findet sich in: Storrer, A., Feldweg, H., and Hinrichs, E.: *Korpusunterstützte Entwicklung lexikalischer Wissensbasen.* In: Sprache und Datenverarbeitung. International Journal for Language Data Processing, Vol. 17,1-2, S. 59-72.

eine immer größere Rolle. Andererseits benötigen Verfahren zur automatischen Analyse Lexika zur Zuordnung linguistischer Kategorien und zur morphologischen Analyse. Die gegenseitigen Beziehungen zwischen Lexikon und Text bilden das Thema der ersten Beiträge dieses Bandes.

Wörterbücher Wörterbücher sind traditionell die erste Quelle lexikalischen Wissens. Die Beiträge des zweiten Themenbereichs befassen sich mit computergestützten Verfahren zur Wissensextraktion aus gedruckten Wörterbüchern für Sprachverarbeitungssysteme.

Wissensrepräsentation Eine linguistisch adäquate Repräsentation lexikalischen Wissens ist eine elementare Voraussetzung für die Nutzung von Computerlexika. Die Beiträge des dritten Themenkomplexes widmen sich dieser Frage im Rahmen von merkmalbasierten Grammatikformalismen und dem Entwurf von Datenbanken.

Textaufbereitung and Korpusabfrage Die Akquisition, Adaption und Auswertung von Textkorpora ist der Gegenstand des vierten Themenbereichs: die Existenz umfangreicher Textkorpora — obwohl für viele Spachen noch stets ein Desideratum — allein ist nicht ausreichend. Große Textmengen müssen für qualifizierte Abfragen effizient ausgezeichnet und normalisiert werden.

Linguistische Annotation Zusätzlich zur Anpassung der Gestalt des Textes werden linguistische Annotationen für anspruchsvollere Analysen benötigt. Eine Voraussetzung für solche Annotationen ist eine klare Definition der verwendeten linguistischen Kategorien. Verschiedene Vorschläge für solche Kategoriensysteme werden im fünften Themenbereich diese Bandes präsentiert.

Stochastische Wortartendisambiguierung Eines der Hauptprobleme der linguistischen Annotation von Textkorpora ist die Auflösung von Ambiguitäten. Der sechste und letzte Themenbereich dieser Sammlung befaßt sich mit statistischen Verfahren zur Disambiguierung von Wortarten.

Unser besonderer Dank gilt denjenigen, die uns geholfen haben, diese Tagung zu einem angenehmen und erfolgreichen Unternehmen zu machen, und die uns bei der Herstellung dieses Bandes unterstützt haben: Kordula De Kuthy, Ralf Hauser, Ralf Kibiger, Manfred Sailer, Alexandra Schotzko, Christine Thielen, John Griffith und das Institut für Urgeschichte der Universität Tübingen für seine Gastfreundschaft während der Tagung in den Fürstenzimmern des Schlosses Hohentübingen.

Tübingen, September 1994

Helmut Feldweg
Erhard Hinrichs

Winfried Lenders

Die Korpusschnittstelle der Bonner Wortdatenbank

1 Übersicht

Die Grundlagen der Bonner Wortdatenbank wurden zwischen 1982 und 1984 durch Vereinigung des Wortbestandes von 12 damals maschinenlesbar verfügbaren Wörterbüchern (Wahrig, G., Mackensen) und computerlinguistischen Projekten (SADAW, MOLEX) gelegt. Das Material von ursprünglich ca. 300 000 Einträgen wurde umstrukturiert, in seiner linguistischen Beschreibung vereinheitlicht und aus technischen Gründen in vier Teillexika dargestellt, Lexika der Substantive, der Verben, der Qualifier (Adjektive, Adverbien u.a.) und der Funktionswörter. Die Informationsbereiche zu den einzelnen Einträgen, die in Form von Bitleisten abgespeichert wurden, umfassen phonologische Angaben, Angabe der Wortklasse, morphosyntaktische, syntaktische, semantische und pragmatische Angaben. Nähere Angaben zur Gliederung in Teillexika, zu den gewählten Beschreibungskategorien und zu der Art und Weise der Überführung der Quellinformationen in die Wortdatenbank finden sich in Brustkern/Schulze 1982, Schulze/Heinze 1983 u.a. Eine Übersicht über die Schnittstellen bietet Abb. 1, eine Aufstellung über das Ausmaß der linguistischen Beschreibung Abb. 2. In den folgenden Ausführungen stehen die Schnittstellen, insbesondere eine mögliche Korpusschnittstelle im Vordergrund. In Bezug auf diese Schnittstelle soll die Frage beantwortet werden, was man sich von ihr in linguistischer Hinsicht erwarten kann. Zuvor werden im Überblick die bis jetzt vorgesehenen linguistischen Spezifikationen erläutert.

2 Linguistische Spezifikationen der Bonner Wortdatenbank

Die linguistische Beschreibung der Bonner WDB ist in 7 Grundklassen von linguistischen Kategorien gegliedert, die sich in zwei Supertypen einteilen lassen, das Lemma und die Angaben. *Lemma* enthält rein ausdrucksseitige Spezifikationen, also die Markierung der phonologischen und graphischen Repräsentation des Eintrags, *Angaben* sind die sprachimmanenten linguistischen Beschreibungen:

Lemma:	Wortlaut und Phonologie (Angaben aus dem Bonner phonetischen Wörterbuchbuch, die hier integriert werden)
Angaben:	Wortklasse, Morphologie (Morphemgrenzen), Syntax, Semantik und Pragmatik

Das Ausmaß, in welchem die WDB mit diesen Beschreibungen versehen ist, zeigt Abb. 2. Im folgenden wird das System der Beschreibungskategorien (Angaben) dargestellt:

Wortlaut	[orthographische Varianten des Wortlauts]
Phonologie	[Angaben über die Aussprache des Wortlauts, z.B. Phonemfolge, Wortakzent, Silbenstruktur ...]

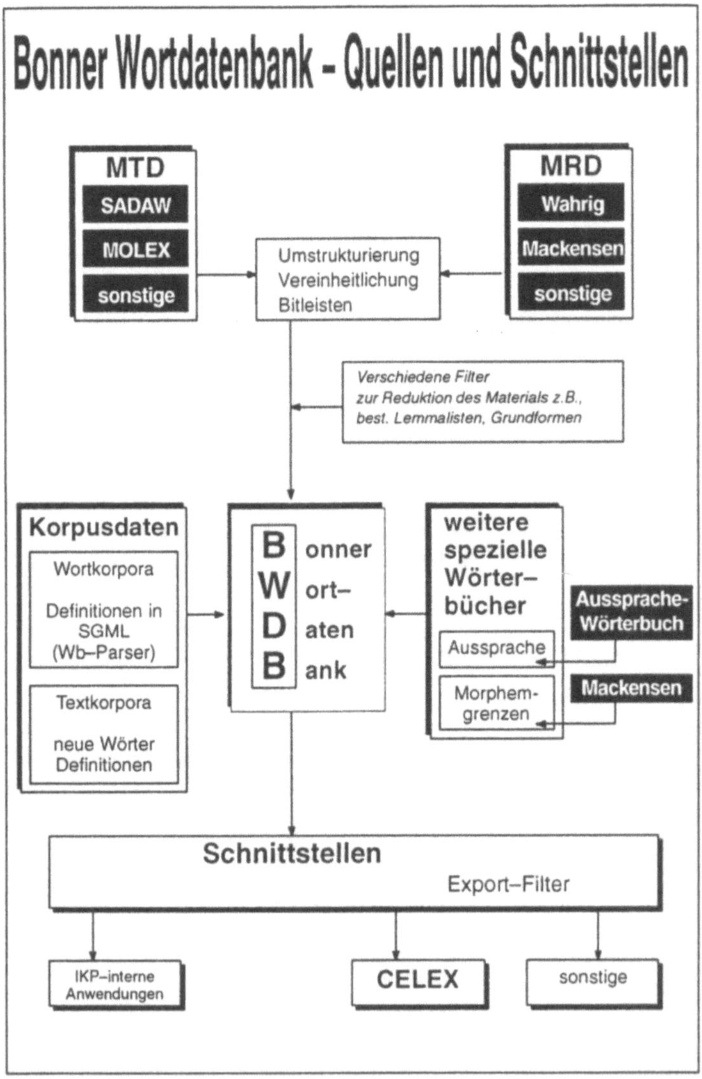

Abbildung 1: Übersicht über die Bonner Wortdatenbank und ihre Schnittstellen

Ausmaß der linguistischen Information (grob)
Phonologie 25%
Wortklasse 100%
Morphologie 80%
Syntax 60%
Semantik 20 %
Pragmatik 30 %

Abbildung 2: Ausmaß der linguistischen Beschreibung in der Bonner Wortdatenbank

Wortklasse	(NOM, NAM, NUM, QUAL (QAV, QPV, QAN, QAL), PRO, ART, RFW, ADD, JNK, VRB,VEX, TME, INJ)
Morphologie	[MSI, morphosyntaktische Information]
Syntax	[SYN, syntaktische Information]
Semantik	[SSI, semantische Merkmale zur Subkategorisierung]
Pragmatik	[PRA, pragmatische Angaben z.B. über Frequenz, Gebrauch, Fachgebiet, Beleg]

2.1 Übersicht über die Wortklassen und deren Subklassen

NOM (Nomen)

Alle Substantive, substantivische Adjektive und Infinitive.
Nomina Propria sind nicht eingeschlossen.

[Bei Grundformen ist die Flexionsklasse markiert, bei Wortformen sind die Flexionskategorien markiert]

Morphologie [MSI, morphosyntaktische Information]

(Numerus (Singular, Plural), Kasus (Nominativ, Genitiv, Dativ, Akkusativ), Genus (maskulinum, femininum, neutrum)),

Semantik [SEM, semantische Merkmale zur Subkategorisierung]

(abstrakt, konkret, human, belebt, temporal)

NAM (Nomen Propria)

Nomina (NOM), die spezifisch markiert sind. Offene Klasse, die aus pragmatischen Gründen neben denen der Nomina eingerichtet wurde.

NUM (Numeralia)

Kardinalia und andere funktionsspezifische Numeralia; nicht die Ordinalia, da diese wie Nomina fungieren. (Görz 1988, S.260) führt die Ordinalzahlen als eigene Wortklasse auf).

QUAL (Qualifier)

Supraklasse, deren Elemente zur Qualifizierung anderer Wortformen im Syntagma dienen.

QAV (QUAL, Adverb): QUAL, die syntaktisch nur die Position des Adverbs einnehmen können, also nicht prädikativ/attributive Alternation besitzen; flexionsmorphologisch unmarkiert.

QPV (QUAL, Prädikativ, Adverb): QUAL, die sowohl prädikativ als auch adverbial fungieren. In prädikativer Funktion: 0–markiert, adverbial: unmarkiert.
QAN (QUAL, Adnominal)
QAL: Attributive Alternanten der QPV, flexionsmorphologisch kasus/genusmarkiert; nur Vollformen.

PRO (Pronomina) Nominale Substitutiva und Satzsubstitutiva.
Morphologie [MSI, bei Grundformen: Flexionsklasse, bei Wortformen folgende Kategorien]
(Genus (maskulin, feminin, neutrum), Numerus (Singular, Plural), Kasus (Nominativ, Genitiv, Dativ, Akkusativ), Person (1.,2.,3.), Flexion (stark, schwach))
Syntax [SYN]

REL [Relativpronomen],
REFL [Reflexivpronomen],
NEG [Negativpronomen],
WPERS [Personales Fragepronomen],
WLOK [Lokales Fragepronomen],
WQUANT [Quantifizierendes Fragepronomen],
WMOD [Modales Fragepronomen]

ART [Artikel]
Der bestimmte und der unbestimmte Artikel werden hinsichtlich der Wortklasse gleichbehandelt.
Morphologie [MSI, morphosyntaktische Information]
(Genus (maskulin, feminin, neutrum), Numerus (Singular, Plural),Kasus (Nominativ, Genitiv, Dativ, Akkusativ))

RFW [reflexives Formwort]
Pronomina in reflexiver Funktion.

ADD [Additive]
Supraklasse für Präpositionen und Postpositionen sowie Bestandteile prä/postpositionaler Komplexe.

JNK [Junktive]
Supraklasse für
KNJ (Konjunktion)
SBJ (Subjunktion)
MOD (modales Formwort)
Satzmodifikatoren, außer Negationspartikel
NEG (Negation)

VRB [Verb]
Morphologie [MSI, bei Grundformen:
Flexionsklasse, bei Wortformen folgende Kategorien]
(Flexion (stark, schwach), Tempus (Präsens, Präteritum), Person (1.,2.,3.), Numerus (Singular, Plural), Modus (Indikativ, Konjunktiv, Partizip, Imperativ, Infinitiv), Reflexivfähigkeit, Passivfähigkeit, Fähigkeit zur Bildung des unpers. Passivs, Perfektbildung ('haben', 'sein'), Tmesisfähigkeit, Inkorporiertes 'zu')

Syntax [SYN]:

(Präpositionale Anschlüsse [max. 3], Passivfähigkeit, Perfekt mit 'sein', Perfekt mit 'haben')

Semantik [SEM]:

TSS [Tiefenstruktur mit Selektionsbeschränkung]

(Agens (abstrakt, konkret, human, belebt, temporal), Patiens 1 (abstrakt, konkret, human, belebt, temporal), Patiens 2 (abstrakt, konkret, human, belebt, temporal), Adressat (abstrakt, konkret, human, belebt, temporal),

KSD [Kategorien zur Bedeutungsbeschreibung]

Lokativ {abstrakt, konkret, human, belebt, temporal}

VEX [funktionsspezifische Verben]

Supraklasse für

VEH (Hilfsverb 'haben')

VEB (Hilfverb 'sein')

VEW (Hilfsverb 'werden')

VEM (Modalverben)

TME (Tmesisfähiges Präverb)

Alle Präverbien, die in Tmesis stehen können

INJ (Interjektion)

Pragmatik [PRA] (Frequenz, Gebrauch, Fachgebiet, Belegstelle)

3 Die Schnittstellen

3.1 Die Benutzeroberfläche

In seiner ursprünglichen Form war die Wortdatenbank auf einem Großrechner installiert, und zwar mit einer relativ komfortablen Benutzerschnittstelle (ALEXYS); in dieser Version war sie am IKP und am IDS zugreifbar (Brustkern 1991).

Zwischen 1988 und 1992 kam es unter dem Namen ALEX zu zwei Reimplementierungen, die eine unter UNIX, die andere unter DOS (ALEX–PC). Die Daten mußten in diesen Implementierungen als ISAM–Datei vorliegen (Hornung 1990, Winter 1990, Holzmann 1992).

In diesen Implementierungen ist eine komfortable Benutzeroberfläche vorhanden, mit den folgenden wesentlichen Funktionen:

- lexikalische Einheiten und ihre Angaben ansehen
- neue Einheiten einfügen, Einheiten löschen, Angaben ändern
- Morphosyntaktische Angaben ansehen, einfügen, ändern, löschen, für Export markieren
- Syntaktisch/Semantische Angaben ansehen, einfügen, ändern, löschen, mit morphosyntaktischen Angaben verknüpfen
- Import von lexikalischen Daten über feste Bitleisten oder SGML–Dateien (geplant)
- Export von lexikalischen Daten aus ALEX–PC

```
Format Name : *
┌──────────────────────── Exportformate ──────────────────────────┐
│ Formatname      Verwendung                                       │
│ ---------------------------------------------------------------- │
│ ikpf┌─────────────── Formatname / Regelformat ──────────────┐    │
│ ikpf│ Format Name         : ikpfmt01       «                 │    │
│ ikpf│ Format Verwendung   : einfaches ATV-Format             │    │
│ ikpf│ Ausgabefile         : export.01                        │    │
│ ikpf│ Mehrf. Val. in $val: N            Vor  M. Values :     │    │
│ ikpf│ Zwischen M. Values :              Nach M. Values :     │    │
│     │ Regelvorspann Gf    : '$wf' {                          │    │
│     │ Regelvorspann Vf    : '$wf' {                          │    │
│     │ Vor allen ATV       :                                  │    │
│     │ Zwischen allen ATV : ,            Nach allen ATV :     │    │
└─────│ Alle Atv Paare      :   $at = $val                     │────┘
      │ Regelnachspann Gf   : }.                               │
      │ Regelnachspann Vf   : }.                               │
      └────────────────────────────────────────────────────────┘

─────────────────────────────────────────────────────────────────────
F1=Abspeichern  F2=Wortf.      F3=Wkl-Codes    F4=MSI Nomen    F5=MSI Verben
F2=MSI Qual.    F7=MSI Funktw.
```

Abbildung 3: Bildschirm von ALEX–PC zur Definition eines Exportformats

In der PC–Version bereiteten besonders die großen Datenmengen Probleme. Erst mit Anwendung des Datenbanksystems ORACLE auf UNIX–Workstations, wie sie in einer zur Zeit durchgeführten erneuten Reimplementierung verwendet wird, werden diese Probleme behoben sein.

3.2 Die Exportschnittstelle

Der Export von lexikalischen Daten ist in der Version ALEX–PC durch Einrichtung einer besonderen Schnittstelle angedeutet, die es erlaubt, das Exportformat relativ frei zu gestalten, und zwar durch

- frei über Bildschirmmenu definierbare Exportformate, auf der Grundlage von Attribute–Value–Notation,
- freie Vergabe der Attribut- und Wertnamen und durch einen
- Katalog der definierten Exportformate.

Die in einem ausgewählten Exportformat zu exportierenden Einträge können während der Durchsicht der Datenbank oder auch aufgrund einer Datei mit den gewünschten Wörtern markiert werden.

Die Exportformate werden in einem besonderen Bildschirmmenü aufgebaut. Dabei werden Menupunkte wie Regelvorspann, Regelnachspann (z.B. Art der zu verwendenden Klammern, Anzahl der in einem Ausdruck darzustellenden Werte, Trennzeichen) vom

```
'AALFAENGE',lemma='AALFANG'
    {
    wortform=vollform
    wortklasse=nomen
    numerus=plural
    kasus=nominativ,genitiv,akkusativ
    genus=maskulinum
    }.
```

Abbildung 4: Zu exportierender Eintrag der Bonner Wortdatenbank im Exportformat ikpfmt01

Benutzer erfragt. Die definierten Exportformate können in einer Formatdatei abgelegt werden. Abb. 3 zeigt den Bildschirm, mit dem ein Exportformat spezifiziert werden kann, Abb. 4 das zugehörige Exportformat für den Eintrag AALFAENGE.

3.3 Die Korpusschnittstelle

Eine Korpusschnittstelle soll für die Bonner Wortdatenbank im Zuge der erneuten Reimplementierung und Portierung nach ORACLE erstellt werden. Dabei wird unter einen Korpusschnittstelle eine Verbindung zu einer Datenbank oder einem Datenbanksektor verstanden, der Korpustexte enthält. Ein solcher *Durchgriff* von einem Datenbestand auf einen anderen, der im Hintergrund geführt wird, ist technisch kein Problem und wird von Datenbanksystemen wie ORACLE problemlos unterstützt.

Linguistisch gesehen bringt eine Korpusschnittstelle viele interessante Fragen mit sich, die im folgenden angeschnitten werden sollen. Dazu ist zunächst zwischen zwei Typen von Korpora zu unterscheiden, zwischen

- Wortkorpora (Wörterbüchern), die weitere linguistische Beschreibungen sowie interpretierbare Definitionstexte enthalten, aus denen sich semantische Angaben gewinnen lassen, und

- Textkorpora, in denen Worterklärungen durch strukturelle, lexikale und andere Indikatoren ausgemacht und aus denen andere, noch zu spezifizierende Typen linguistischer Beschreibung abgeleitet werden können.

Aus einer Korpusschnittstelle kann man für die verschiedensten Anwendungen unterschiedlichste Informationen erwarten, z.B. im Kontext von Information-Retrieval-Systemen die Extraktion von Termini oder von Textkondensaten. Für die vorliegenden lexikographischen Zwecke sollen folgende Informationen in Betracht gezogen werden:

- Ergänzung der Angaben vorhandener Wörtern aus Wortkorpora,

- Beleg- und Kontextinformation zu vorhandenen Wörtern aus Textkorpora,

- neue Wörter (Neologismen, Fremdwörter, Komposita) aus Textkorpora und

- Angaben/Informationen zu neuen Wörtern.

Ergänzung der Angaben bei vorhandenen Wörtern aus Wortkorpora

In Bezug auf Wortkorpora, also auf weitere und andere maschinenlesbare Wörterbücher, kann die WDB gleichsam als Kern eines Hyperlex-Systems aufgefaßt werden. Das heißt, daß vorgesehen werden kann, mit dem zentralen Wortbestand über Links weitere Wörterbücher (lexikalische Wissensquellen) zu verbinden, die z.B. Auskunft über Entsprechungen in anderen Sprachen, terminologischen Sprachgebrauch, Verwendungsweisen anbieten. Es ist ein leichtes, weitere mediale Verknüpfungen vorzusehen, so z.B. die akustische Ausgabe der orthographischen Form oder die Bereitstellung von Abbildungen, auf die sich eine Bedeutungsangabe bezieht.

Weiterhin können vorhandene Wörter aus Wortkorpora durch zusätzliche Angaben ergänzt werden. Ein Beispiel ist die Übernahme einer phonetischen Umschrift aus dem Bonner maschinenlesbaren Aussprachewörterbuch. Problemlos können auch Wort- und Flexionsklassenangaben sowie Angaben zur Komposition aus bestehenden Wörterbüchern importiert werden, weil diese in der Regel in formatierter Form vorliegen.

Schwieriger ist die maschinelle Extraktion semantischer Angaben. Gerade mit diesem Problem haben sich im Laufe des letzten Jahrzehnts mehrfach Forschungsgruppen befaßt, wobei man unter dem Forschungstitel 'reusability of lexical resources' vor allem einige maschinenlesbar verfügbare ältere Ausgaben englischer Wörterbücher ausgewertet hat. Es hat sich dabei gezeigt, daß zwar eine Überführung der Struktur der Einträge in eine Datenbankform möglich ist, wenn auch mit einigen Konzessionen, daß aber eine formale Bedeutungsbeschreibung ohne menschliche Bearbeitung der Definitionstexte kaum realistisch ist (z.B. Boguraev/Briscoe, eds., 1989; Heyn 1992, 189).

Wenn hier von Definitionstexten die Rede ist, so sind damit die bei Wiegand (1989) sogenannten Bedeutungsparaphrasenangaben (BPAn) gemeint. Wiegand vermeidet für die im Wörterbuch gegebenen Worterklärungen den Ausdruck *Definition*, weil damit ein Anspruch erhoben werden könnte, wie er in der Logik mit diesem Terminus verbunden ist. Wiegands Bezeichnung drückt demgegenüber ganz zu recht aus, daß im Wörterbuch selten eine erschöpfende begriffliche Definition zu einem Wort gegeben wird, sondern daß lediglich paraphrastische Texte formuliert werden, die den typischen Wortgebrauch in der Umgangssprache wiedergeben. Dennoch enthalten diese Texte Elemente, die zu einer strukturierten Wortbeschreibung führen können. Wie verschiedene Untersuchungen gezeigt haben, kann man erwarten, aus BPAn vor allem folgende semantische Beschreibungsmittel zu extrahieren:

semantische Relationen

semantische Primitive

Aktionsart der Verben

So kann man z.B. bei BPAn von Substantiven feststellen, daß in deren erster NP fast immer ein Oberbegriff im Sinne eines *genus proximum* enthalten ist, während Attribute oder Relativanschlüssen fast immer spezifische Eigenschaften (*differentiae specificae*) indizieren. Wir können diese aus der Logik bekannten Elemente der Definition im linguistischen Sinn als semantische Relationen bestimmen.

Weitere Relationen, wie sie in der Theorie der Bedeutungsdarstellung durch semantische Netze verwendet werden (INSTR, HAP, ANTO usw.), sind oft in den Präpositionalgruppen erkennbar.

Beispiele:	Hütte	kleines Haus
	Haus	Gebäude zum Wohnen
	Stuhl	Sitzmöbel mit Rückenlehne für eine Person

Desgleichen findet sich in den BPAn der Verben fast immer eine übergeordnete Handlung (*genus proximum verbi*) am Ende der lexikalischen Definition ausgedrückt, und zwar durch ein Verb (vgl. zum folgenden Lenders 1993).

Beispiele:	abgreifen	durch häufiges Anfassen abnutzen
	abhalftern	einem Zugtier das Halfter abnehmen
	abschleifen	durch Schleifen entfernen
	abschlagen	etwas durch Schlagen gewaltsam von etwas trennen
	anfahren	zu fahren beginnen

Faßt man BPAn als Explikationen der Wortbedeutung im Sinne einer lexikalischen Dekomposition auf, so kann man auch Bedeutungsbestandteile im Sinne semantischer Primitive finden. Wenn man nämlich sukzessive die BPAn der in Endstellung stehenden Verben analysiert, so wird man in vielen Fällen auf immer gleiche Elemente stoßen, die als semantische Primitive oder Komponenten interpretierbar sind. Am Beispiel der BPAen privativer Verben läßt sich diese Erscheinung recht gut demonstrieren.

Als letztes sei die semantische Angabe der Aktionsart der Verben erwähnt, die sich u.U. aus verschiedenen Bestimmungsstücken extrahieren läßt, und zwar aus der Wortklasse der Bildungsbasis, dem Typ des definierenden Verbs, dem Strukturtyp und den Präfixen. Als Beispiel seien im folgenden lokal-privative Ableitungen mit dem Präfix -*ab* angeführt, für deren Definition ein bestimmter Strukturtyp charakteristisch ist:

Beispiel: lokal-privativ:

präfix ab-
Typ des def. Verbs: beseitigen, entfernen
Strukturtyp: instrumentale oder modale Präpositionalgruppe (*mit* oder *durch*):

abfeilen	durch Feilen beseitigen
abmähen	mit der Sense abschneiden
abmeißeln	durch Meißeln entfernen
abpumpen	durch Pumpen entfernen
abreiben	durch Reiben entfernen
absägen	durch Sägen entfernen
u.s.w.	

Man kann hoffen, durch systematische Analyse von BPAn Hinweise einerseits auf die Struktur von Bedeutungsbeschreibungen selbst, andererseits aber auch formale Angaben im Sinne von semantischen Primitiven, semantischen Relationen, Aktionsarten etc. für die Konstruktion maschineller Wörterbücher zu erhalten. Solche Angaben sollen jedenfalls, so wie sie ermittelt werden, sukzessiv in die Bonner WDB einfließen.

Von den semantischen Angaben, die durch Analyse von BPAn in Wortkorpora gewonnen werden, sind diejenigen zu unterscheiden, die man aus fortlaufenden Texten (Textkorpora) erhalten kann. Auf die Verfahren, die hierzu vorliegen, wird im Zusammenhang mit der Auffindung von Angaben zu neuen Wörtern in 3.3 eingegangen.

Beleg- und Kontextinformation zu vorhandenen Wörtern

Die einfachste Nutzung von Korpusschnittstellen einer Wortdatenbank besteht im Durchgriff auf die Belege und Kontexte, in denen die Wörter in den im Hintergrund verfügbaren Textkorpora auftreten. Die Aufsuche solcher Informationen ist immer dann sinnvoll, wenn man, z.B. zum Zwecke einer weiteren linguistischen Deskription, Kontextinformation zur semantischen Disambiguierung benötigt. Insofern entspricht diese Schnittstelle der Wortdatenbank dem Datenfeld 'Verwendungsbeispiele' in traditionellen Wörterbüchern.

Ermittlung neuer Wörter (Neologismen, Fremdwörter, Komposita) aus Textkorpora

Es handelt sich hierbei um die Nutzung von Textkorpora für die Erstellung von Wörterbüchern bzw. für den Auf- und Ausbau von Wortdatenbanken. Neue Wörter und Termini treten in allgemeinsprachlichen und in fachsprachlichen Texten immer wieder auf und können durch fortlaufenden Vergleich des vorhandenen Wortbestandes mit den Texten extrahiert werden. Es gibt heute schon Institute, die systematisch Tageszeitungen, Enzyklopädien, Jahrbücher etc., wie sie in Druckereien als Nebenprodukt anfallen, auf neue lexikalische Erscheinungen durchforsten (z.B. Amsler 1986, Lenders 1990).

Extraktion semantischer Angaben aus Korpustexten

Das linguistisch interessanteste Problem, das mit dem Durchgriff von einer Wortdatenbank auf ein im Hintergrund geführtes Textkorpus zusammenhängt, ist das der Extraktion semantischer Angaben zu vorhandenen oder neuen Wörtern aus fortlaufenden Texten. Die allgemeine Annahme, die der Möglichkeit einer solchen Extraktion semantischer Angaben zugrundeliegt, besteht darin, daß es erstens in der Alltagssprache, in der Sprache der Zeitungstexte z.B., ebensolche Bedeutungsparaphrasenangaben gibt wie im Wörterbuch, wie sie oben unter 3.3 erwähnt wurden, daß zweitens diese BPAs an bestimmte Sprechakte gebunden und aufgrund von bestimmten Indikatoren identifiziert werden können und daß schließlich drittens aus dem Kontext eines Wortes ganz allgemein Bedeutungselemente erschlossen werden können müßten.

Zur Identifikation von Sprechakten lassen sich im allgemeinen zwei Typen von linguistischen Erscheinungen benennen:

- erstens bestimmte Lexeme, z.B. performative Verben, die auf das Vorliegen einer Worterklärung oder auf das Zuordnen eines Namens hindeuten, und
- bestimmte Strukturen, z.B. Attribution und Apposition in Aussagesätze, mit denen eine ergänzende Bestimmung z.B. eines Nomens vorgenommen wird.

Wurde erst einmal in einem Korpustext eine Bedeutungsparaphrase gefunden, so dürften ähnliche Mechanismen der Ermittlung von semantischen Relationen, semantischen Primitiven und Aktionsarten möglich sein, wie sie oben für Wörterbuchdefinitionen angeführt wurden.

Daß in der Tat bestimmte Lexeme auf das Vorliegen von Worterklärungen hindeuten, erweist sich, wenn man einige grobe Test an vorliegenden Korpora durchführt. So kann man vermuten, daß Sprechakt-Indikatoren für das Vorliegen einer Bedeutungsbeschreibung vor allem solche performativen Verben sind, die die Absicht des Sprechers, etwas zu benennen oder zu beschreiben, anzeigen. Typische Beispiele sind die Verben *nennen, heißen, bezeichnen* etc., zu denen u.U. das Verbum Substantivum in der dritten Person hinzutritt.

"x nennen wir y"
"mit x bezeichne ich y"
"das ist..."

Ein einfacher Test mit dem LIMAS-Korpus erbrachte, daß ein großer Teil der Belege mit *nennen* und *bezeichnen* in dieser Funktion stehen. Daß bei bestimmten Autoren Verben dieser Art besonders häufig zur Indikation von Bedeutungserklärungen verwendet werden, haben Bonner Untersuchungen am Werk I. Kants gezeigt (Büchel/Weber 1986).

Strukturen, die potentiell eine nähere Erläuterung zu einem Wort oder gar eine Erklärung enthalten, sind alle Formen der Attribuierung und der Apposition, wie sie sich häufig in Zeitungstexten finden, z.B. in der Phrase "in der neugewählten Staatsduma, dem russischen Parlament". Um derartige Strukturen zu ermitteln, müssen die zu untersuchenden Korpora ein syntaktisches Tagging aufweisen, wie es bis heute für das Deutsche nicht verfügbar ist (im Englischen gibt es erste Experimente im Rahmen des SUSANNA-Korpus, Sampson 1992, und der sog. Penn Treebank, Liberman 1991).

Eine weitere Möglichkeit, semantische Angaben aus Korpora zu gewinnen, ist die Anwendung statistischer Methoden, insbesondere solcher der Ko-okkurenz- (vgl. Lenders 1989) und der Kollokationsanalyse (vgl. z.B. Pustejovsky/Bergler 1993; Smadja 1993). Allerdings bedarf es zu einer sinnvollen Anwendung solcher Techniken einer semantischen Theorie, die den Status der auf diese Weise erreichbaren Informationen über Wörter festlegt.

Literatur

Amsler, R.: Deriving Lexical Knowledge Base Entries from Existing Machine-Readable Information Sources. Paper presented at the workshop "Automating the Dictionary", Grosseto 1986. In: D. Walker/A. Zampolli/N. Calzolari (eds.): Automating the Lexicon. Oxford: Oxford University Press, 1994

Boguraev, Bran/Ted Briscoe (eds., 1989): Computational Lexicography for Natural Language Processing. New York.

Brustkern, Jan (1988): Computerunterstützter Aufbau maschinenlesbarer Lexika. In: Sprache und Datenverarbeitung 12 (1988), 5–20.

— (1991): Maschinenlesbare Lexika für die maschinelle Sprachverarbeitung — Repräsentation und Wiederverwendung. Diss. Bonn.

Büchel, G./Weber, N. (1986): Umgebungsanalyse kantischer Texte. In: P. Hellwig/H. Lehmann (Hrsg.): Trends in der Linguistischen Datenverarbeitung. Hildesheim: Olms, 44–55.

CELEX (1990): Celex News. Univ. of Nijmegen (Centre for Lexical Information).

DUW (1989): DUDEN - Deutsches Universalwörterbuch. 2. Aufl. Mannheim: Bibliographisches Institut.

Erben, Johannes (1972): Deutsche Grammatik. Ein Abriß. München (Hueber).

Heyn, Matthias (1992): Zur Wiederverwendung maschinenlesbarer Wörterbücher. Eine computergestützte metalexikographische Studie am Beispiel der elektronischen Edition des "Oxford Advanced Learner's Dictionary of Current English". Tübingen: Niemeyer.

Holzmann, Ralf (1992): Verwaltung und Verteilung lexikalischer Information in einem interaktiv modifizierbaren Format mit Hilfe einer Wortdatenbank. Dipl.-Arbeit, Bonn.

Hornung, Erich (1990): Entwurf und Implementierung einer betriebssystemunabhängigen Benutzeroberfläche für die Verwaltung lexikalischer Informationen. Dipl.-Arbeit Bonn. In: IKP-Arbeitsbericht Nr. 8, hg.v. J. Brustkern, Bonn.

Kühnhold, Ingeborg (1973): Ingeborg Kühnhold/Hans Wellmann: Das Verb. Deutsche Wortbildung. Typen und Tendenzen in der Gegenwartssprache. Düsseldorf: Schwann.

Lenders, Winfried (1989): Computergestützte Verfahren zur semantischen Beschreibung von Sprache. In: Handbuch Computerlinguistik. Berlin: De Gruyter. 231–244.

— (1990a): Semantische Relationen in Wörterbuch-Einträgen — Eine Computeranalyse des DUDEN-Universalwörterbuchs. In: Burkhard Schaeder und Burghard Rieger (Hrsg.): Lexikon und Lexikographie. Hildesheim: Olms, 1990, 92–105.

— (1990b): Gebrauchswörterbücher und maschinelle Wörterbücher. Perspektiven der maschinellen Lexikographie. In: Muttersprache 100, 211–221.

— (1992): Wörter zwischen Welt und Wissen. In: Rainer Kuhlen (Hrsg.): Experimentelles und praktisches Information Retrieval. Festschrift für Gerhard Lustig. Konstanz (Universitätsverlag). 263–276.

— (1993): Strukturelle Eigenschaften von Bedeutungserklärungen deutscher Verben. In: Vielfalt des Deutschen. Festschrift für Werner Besch. Hg. v. Klaus J. Mattheier, Klaus-Peter Wegera, Walter Hoffmann, Jürgen Macha und Hans-Joachim Solms. Frankfurt: Peter Lang Verlag, 429–459.

Liberman, Marc, ed. (1991): Association for Computational Linguistics — Data Collection Initiative. CD-ROM I. Univ. of Pennsylvania.

Pustejovsky, James/Sabine Bergler (1993): Lexical Semantic Techniques for Corpus Analysis. In: Computational Linguistics 19, 331–358.

Sampson, G.R. (1992): The need for grammatical stocktaking. In: N. Ostler, ed., Proceedings of the 1992 Pisa Symposion on European Textual Corpora.

Schröder, Bernhard (1991): Automatische Erkennung und Extraktion von Informationskategorien aus den Worteinträgen des DUDEN-Universalwörterbuchs. In: Lenders (Hrsg.).

Smadja, Frank (1993): Retrieving Collocations from Text: Xtract. In: Computational Linguistics 19, 143–177.

Wiegand, Herbert Ernst (1989): Die lexikographische Definition im einsprachigen Wörterbuch. Artikel 44 aus: Handbuch Wörterbücher Bd. 1. Berlin: De Gruyter, 530–588.

Winter, Andreas (1990): Entwurf und Implementierung eines abstrakten, dynamisch modifizierbaren Datenmodells für die Speicherung und Wiedergewinnung lexikalischer Information. Dipl.-Arbeit Bonn. In: IKP-Arbeitsbericht Nr. 8, hg.v. J. Brustkern, Bonn.

Robert Neumann

Korpora — Eine Herausforderung an die Informationserschließung

1 Der Paradigmenwechsel

Korpora existieren völlig unabhängig von linguistischer Datenverarbeitung und bereits seit langem; Korpora haben sich zusammen mit der Schrift und der Schriftlichkeit gesellschaftlicher Institutionen entwickelt. Ein in den verschiedenenen Facetten gut durchgearbeitetes Exempel für Korpusbildung stellt z.B. die Entstehung und die Kanonisierung der Bibel dar. Die großen Bibliotheken des antiken Mittelmeerraums sind weitere frühe Beispiele für hervorragende Korpora.

Ein historischer Rückblick kann hier nicht geleistet werden; die genannten Beispiele dienen dazu, einerseits die Kontinuität der Sprachtechnologie und andererseits ihre Spezifität wenigstens im Ansatz aufzuzeigen, um den systematischen korpustheoretischen Rahmen anzudeuten, in den aus der Sicht der Linguistischen Datenverarbeitung des Instituts für deutsche Sprache (IDS) Sprachtechnologie eingebunden ist.

Mit den Korpora haben sich von Anfang an auch ihre Zwecke entwickelt: Kodifizierung, Wissensvermittlung über geographische Räume und Zeiträume, Wissenskonzentration, Wissenssammlung, Wissensextraktion usw. Auch die Methoden zur Sicherung dieser Zwecke haben sich entwickelt: Textcompilation, Textedition, Hermeneutik, Übersetzung, Archivierung, Dokumentation, Exzerptanfertigung, Inhaltsangaben (abstracting) usw.

Nun findet in diesen Jahrzehnten ein Paradigmenwechsel statt: Dies geschieht in mehreren Dimensionen. Das Wissen und die Textmengen, die dieses Wissen transportieren, vermehren sich explosionsartig. Die regionale Verfügbarkeit von Wissen und Texten weicht der globalen. Papier als Datenträger wird gegen computativ verwaltete Datenspeicher getauscht. Neue semiotische Systeme und Strukturen werden sichtbar. Im folgenden soll ein vergleichsweise technischer Aspekt dieses kulturellen Umbruchs beleuchtet werden:

Wie verändert sich die Charakterisitik von Textsammlungen, seit sie computativ verfügbar sind? Welches sind die neuen Eigenschaften dieser computativ verwalteten Textsammlungen? Welches sind die neuen, diesen Computerkorpora angemessenen Methoden, die zukünftig das klassische Lesen und das klassische Exzerpieren ersetzen werden, um das in diesen Korpora gespeicherte Wissen verfügbar zu machen?

Korpora speichern Wissen. Ziel der Beschäftigung mit Korpora ist die Erschließung des in diesen Korpora vorhandenen Wissens. Insofern ist Korpusbearbeitung Informationsgewinnung, also klassisches Retrieval. Die Informationen, die in Korpora enthalten sind, sind sprachlich gebunden. Sie sind in Wörtern geronnen. Sie sind durch die morphologischen Eigenschaften der konkreten sprachlichen Wortformen gestaltet. Sie stehen im Verbund eines Satzes und sind durch dessen Syntax mitgeformt. Sie erhalten Präpositionen, bilden ein semantisches System. Sie formen im Satzverbund und im Verbund der Sätze Intentionen. Im Verbund der Sätze entstehen Perlokutionen, die gelungen oder mißlungen sein können.

Diese Informationen verfügbar zu machen bedurfte bisher zweier Leistungen: der Beherrschung der Morphologie, der Syntax und der Partizipation am selben semantisch-pragmatischen System, kurz der Sprachbeherrschung, sowie der Fähigkeit zur Abstraktion, zum Transfer und zur Verallgemeinerung der an den je konkreten Positionen der Korpora enthaltenen Informationen zu einer Gesamtinformation. Deshalb benötigt die Informationserschließung aus Korpora Linguistik und Methoden der künstlichen Intelligenz. Aus unserer Sicht macht es keinen Sinn, linguistische Methoden und Methoden der künstlichen Intelligenzforschung voneinander zu trennen; beide Ansätze fließen zunehmend ineinander. Wir verzichten hier auf eine theoretische Behandlung dieses Phänomens und hoffen, daß die folgenden Ausführungen den Sachverhalt verdeutlichen.

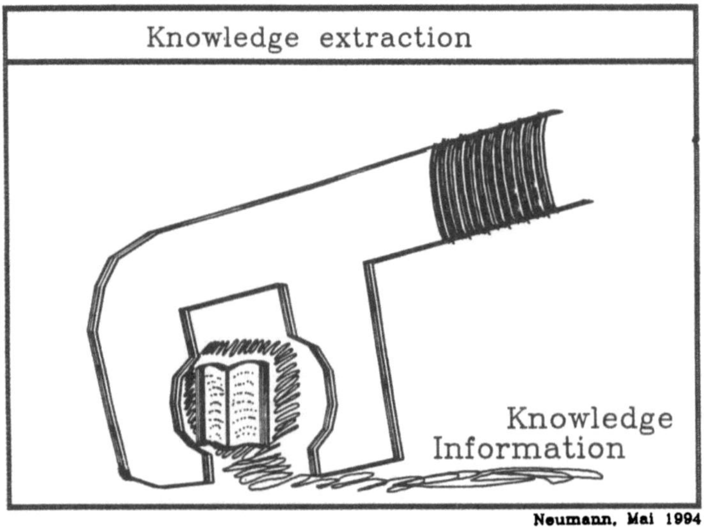

Abbildung 1: Korpusbearbeitung ist Informationserschließung

Die Notwendigkeit zum Verallgemeinern von in einzelnen, konkreten sprachlichen Vorkommen gebundener Information ist kein modernes Problem. Das historisch gewachsene Instrument, das dies leistet, besteht in Lexika und Wörterbüchern. Sie bieten, unterschiedlichen Interessen entsprechend und in unterschiedlichen Gewichtungen, Begriffe, Wörter, Bedeutungen, morphologische Paradigmen, syntaktische Indikatoren, historische Einordnungen und Belegstellen und machen diese Informationen durch schnelles Nachschlagen zugänglich. Geht man nun davon aus, daß prinzipiell alles, was es an Informationen gibt, auch irgendwo in einem Text realisiert ist und daß ein Computer- und Softwaresystem alle Texte, die es gibt, verwalten kann, dann ist der Unterschied zwischen Korpora und Lexika und Wörterbüchern vernachlässigbar. Er ist nur noch ein aspektueller Unterschied, ein Unterschied in der Zugriffsart. Das Lexikon und das Wörterbuch bieten den Zugriff auf die "verallgemeinerte" Information — die jeweilige Information in einem Kontext muß, will man auf sie zurückgreifen, rekonstruiert werden. Das Korpus bietet den Zugriff auf die je einzelne Information und auf den Kontext, in dem sie steht. Beide Zugriffsarten sind nützlich, und sie greifen auf dieselben Artefakte zu.

Wir wollen die Diskussion an diesem Punkt nicht unnötig verkomplizieren: Diese Feststellungen gelten unabhängig davon, ob sich die oben genannten linguistischen Bindungen der Information automatisch explizieren lassen (automatisches Tagging, Parsing usw.). Die technologische Umsetzbarkeit erst erfordert die Automation dieser Verfahren. Wir gehen deshalb davon aus, daß Korpora annotiert oder annotierbar sind, das heißt, daß die sprachlich gebundenen Informationen der einzelnen Textpositionen expliziert oder zumindest explizierbar sind (als Tags, als syntaktische Satzbeschreibung usw.).

Mit diesem Verständnis sind Lexika Korpora und Korpora Lexika; für Computerkorpora ist diese Differenzierung obsolet und letztlich hinderlich. Die Sprachtechnologie liefert die Methodentools, die diese Gleichung produktiv machen.

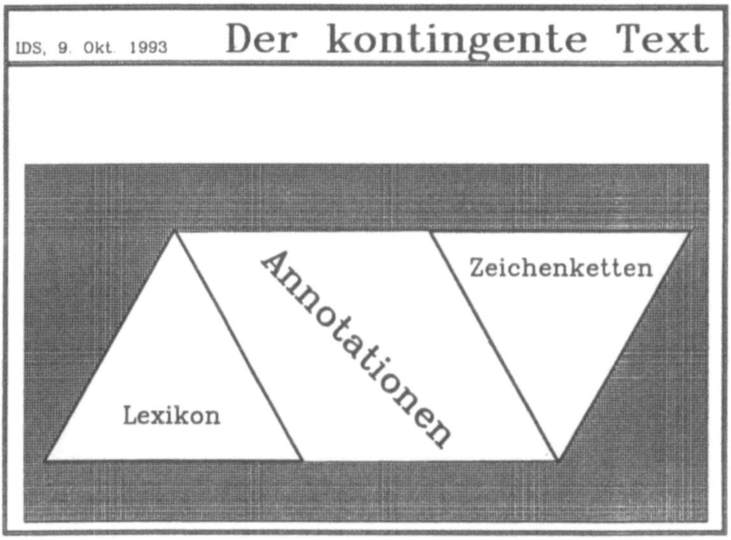

Abbildung 2: Korpora sind universelle Lexika

Ein Korpus steht mit all den sprachlichen Erscheinungen, die es in sich birgt, in einem bestimmten Verhältnis zu den sprachlichen Erscheinungen aller für eine Sprache vorhandenen Texte. Diese Sichtweise und die damit verbundenen Problemstellungen gewinnen an Bedeutung, je mehr quantitative Auswertungen und Korpusbeschreibungen ins Zentrum des wissenschaftlichen und praktischen Interesses rücken. Dies ist in der Vergangenheit bereits diskutiert worden, vor allem unter dem Eindruck der technischen Beschränktheit der Computerressourcen der späten 60er Jahre und unter dem Aspekt der sinnvollen Korpusökonomie. Ende der 70er Jahre wurde das Konzept der repräsentativen Korpora entwickelt und zugleich kritisiert (vgl. Rieger 1979, S. 52ff.), später das der "balance of the corpus" (vgl. z.B. Sinclair 1991, S. 13ff.). Ein Korpus hat eine Eigenschaft, die wir zunächst hilfsweise mit "Sättigungsgrad" umschreiben wollen. Man kann ein prinzipiell beliebiges, statistisch faßbares Phänomen eines Korpus berechnen und diese Berechnung nach dem Zufügen jedes weiteren Textes für das nun umfangreichere Korpus wiederholen.

Je weniger variant die Ergebnisse dieser Berechnungen ausfallen, um so höheren Sättigungsgrad weist das Korpus auf. Wenn das statistische Phänomen invariant wird, lohnt es sich nicht mehr, dem Korpus weitere Texte zuzufügen. Diese Eigenschaft von Korpora beschreibt z.B. auch das Shannon'sche Entropietheorem (vgl. Shannon and Weaver 1949, vgl. auch Bauer und Goss 1971). Sie läßt sich in vielfältiger Hinsicht nutzen. Sie kann den klassischen, aber meines Erachtens wenig exakten und operationalisierbaren Repräsentativitätsbegriff in seiner Funktion ersetzen, indem sie das Maß dafür liefert, wann ein Korpus ausreichend gut entworfen ist, um alle sprachlich gebundenen vorhandenen Informationen zu erfassen. So lassen sich Korpora im Hinblick auf die gewünschten Informationen maßschneidern, je nach Art der gewünschten Information. Einen wesentlichen methodischen Effekt dieses Ansatzes beschreiben wir unten unter dem Begriff "virtuelle Korpora".

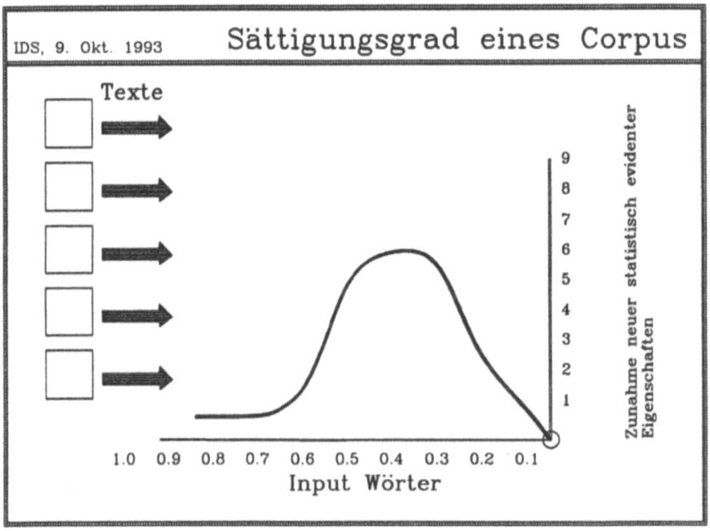

Abbildung 3: Sättigungsgrad eines Korpus

Eine andere für die Informationserschließung aus Korpora bedeutsame Eigenschaft ist die Dispersivität eines Korpus in der Zeit. Gemeint ist damit folgendes: Die Teile eines Korpus sind datierbar. Die Artikel einer Tageszeitung in einem Korpus aus Tageszeitungen etwa z.B. sind nach Tag, Monat und Jahr beschreibbar. Ein Korpus aus dieser Zeitung kann z.B. sein: "Jahrgang 1993". Man kann nun ein statistisch faßbares Phänomen dieses Korpus als Kurve über der Zeit darstellen und erhält auf diese Weise Gültigkeitsmaße für das Korpus z.B. für Januar, Februar, März usw. Diese Schlußfolgerung läßt sich so umkehren, daß diese Korpuseigenschaft die Möglichkeit bietet, die diachronische Struktur eines Korpus oder die diachronische Struktur ganzer Korpora zu errechnen. Sprachwandel wird als statistisches Phänomen, als Diskussion von Kurven, faßbar. Monitorkorpora basieren auf dieser Eigenschaft eines Korpus (vgl. z.B. Sinclair 1991, S. 23ff.). Wir gehen unten auf diese Methode zur Korpusauswertung ein.

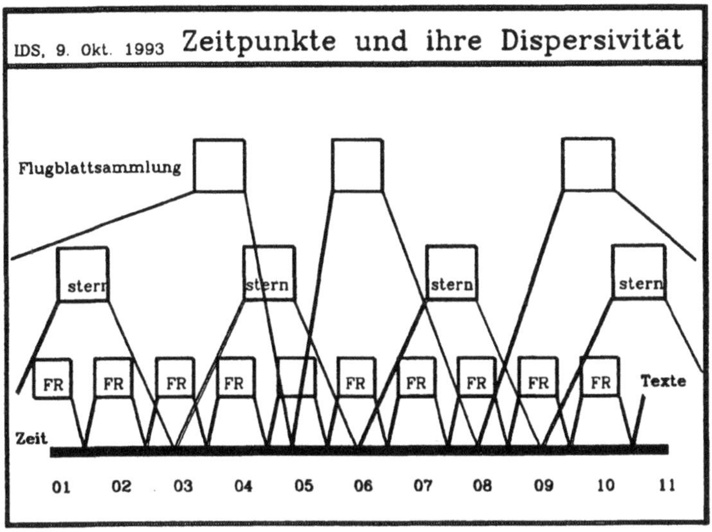

Abbildung 4: Die Dispersivität eines Korpus im Hinblick auf die Zeit

Bisher haben wir im wesentlichen einige Eigenschaften von Korpora beschrieben und deren Bedeutsamkeit für die Informationserschließung angedeutet. Wir möchten nun an einigen Problemstellungen exemplifizieren, welche Methoden, auf diesen Korpuseigenschaften aufsetzend, geeignet sind, die beabsichtigte Informationserschließung zu unterstützen. Beginnen wir mit der zuletzt charakterisierten Eigenschaft.

2 Statistik und zeitliche Dispersivität

Das in sechs aufeinanderfolgende Zeitphasen segmentierte "Wendekorpus Ost/West" zeigt unter statistischen Aspekten insgesamt ca. 280 bzw. ca. 410 Wörter, die verdächtig sind, spezielle Wendeentwicklungen genommen zu haben. Die Liste korrespondiert im wesentlichen mit der Liste, die nach klassischen lexikographischen Verfahren durch eine Lexikographengruppe des IDS ermittelt wurde. Abbildung 5 zeigt den statistischen Verlauf einiger dieser Wörter. Das statistische Phänomen spiegelt den Umbruch in der öffentlichen Meinung über die Treuhand-Anstalt wider; diese Bewertung ist selbstverständlich Interpretation des Linguisten. Statistisch nachgewiesen ist ein ungewöhnliches Verhalten des Wortes. Die Diagnose wurde mit folgenden Verfahren erzielt:

1. Homogenitätstest durch Testen der Verteilung konstanter Invarianten, 2. Transposition der linguistischen Fragestellung in Charakteristiken der Häufigkeit von Wortformen, rechten Nachbarn, linken Nachbarn, 3. Testen der Null-Hypothese, 4. Anwendung des χ^2-Tests. (vgl. hierzu Belica und Neumann 1993)

Wir hoffen nun, in großen Korpora Sprachentwicklungen auf den verschiedenen linguistischen Ebenen mit solchen statistisch orientierten Verfahren nachweisen zu können. Für das Feld der Neologieforschung z.B. wären diese Verfahren von großem Vorteil. Sie können dem regelmäßigen Update von Wörterbüchern ebenso dienen wie dem Entdecken und dem

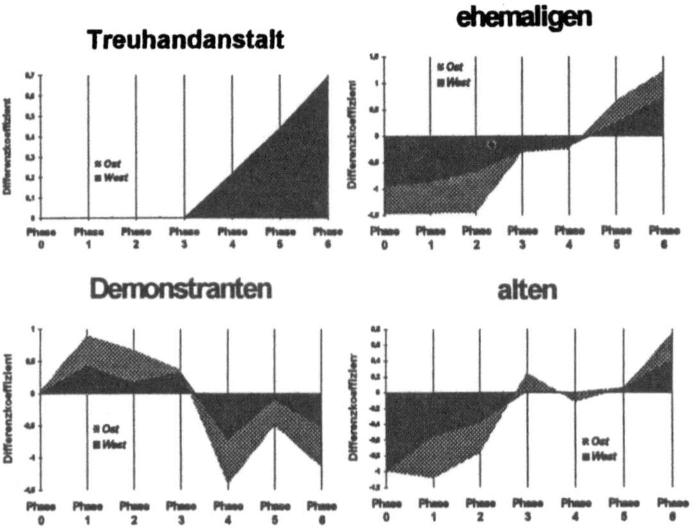

Abbildung 5: Die Treuhand-Anstalt als sprachstatistisches Phänomen (aus: Belica und Neumann 1993)

Nachweis von Veränderungen im gesellschaftlichen Bewußtsein, wenn solche Veränderungen ihren Niederschlag z.B. in der Veränderung des Wortgebrauchs und der Veränderung der Konstellation von Wörtern finden. Sprachveränderung kann bisher bestenfalls über Dekaden hinweg festgestellt werden. Mit Hilfe großer aktueller Korpora, z.B. aus Tageszeitungen, könnte dieses Analyseinstrument eventuell soweit geschärft werden, daß solche Sprachveränderungen als Indikatoren von Veränderungen in der Dimension von Monaten diagnostiziert werden können.

3 Statistik und Sättigung

Die Eigenschaft der statistisch definierten Sättigung eines Korpus läßt sich nutzen, um ein Korpus aus sehr großen Korpora für spezielle Anwendungen maßzuschneidern. Wie groß z.B. muß das Korpus sein, das ausreicht, um Markov-Algorithmen eines Spracherkennungssystems zu trainieren, das ärztliche Operationsberichte verschriftlicht? Zum ersten können mit statistischen Verfahren die sprachlichen Phänomene ermittelt werden, die Operationsberichte als sehr gering gesättigt zu einem Kontrollkorpus hin ausweisen; in einem zweiten Schritt können so viele Operationsberichte in ein eigenes Korpus gegeben werden, bis weitere geeignete statistische Phänomene beim weiteren Zufügen invariant werden. Wir hoffen, daß solche statistischen Verfahren auch auf semantischen, kontextorientierten Analysen von Korpora aufsetzen können, so daß sich Korpora letztlich auch nach inhaltlichen Kriterien maßschneidern lassen. Es versteht sich, daß nicht in jedem Fall weitgehend gesättigte Korpora anzustreben sind. Möchte man entdecken, ob sich Korpora automatisch in Textsorten gliedern lassen und welches z.B. die statistisch evidenten Gliederungsmerkmale sind, so ist es sicher angezeigt, wenig gesättigte Korpora aufzustellen.

4 Regelbasiertes Tagging und Parsing

Zum grundlegenden methodischen Instrumentarium für die Informationserschließung aus Korpora gehören die automatische Annotation der Korpora durch morphologische Analyse, Wortklassenbestimmung, Desambiguierung, und Lemmatisierung. Ein weiteres Feld stellt die Annotation durch satzzentrierte syntaktische Strukturen dar. Dereferenzialisierungen über Satzgrenzen hinweg sind ein weiteres Erfordernis. Vor allem im Bereich der Korpora, die gesprochene Sprache enthalten, wird inzwischen auch die Notwendigkeit zur Einbindung pragmalinguistischer Annotationen gesehen. Entgegen den Anforderungen an solche Verfahren zum Zwecke der automatischen Übersetzung können meines Erachtens Verfahren zum Zuge kommen, die in geringerem Maße "richtige" Ergebnisse liefern. Es können konkurrierende Verfahren zur Anwendung gelangen, so daß Annotationsebenen mehrfach besetzt sind. Die verschiedenen Annotationsebenen, auch die konkurrierenden, wiederum können Grundlage von Desambiguatoren sein, die entweder ebenfalls regelbasiert, statistikbasiert oder stochastisch arbeiten. Solche Verfahren müssen in dem Sinne robust sein, daß sie große Korpora in "real time", d.h. ohne den Aufbau eines Korpus wesentlich zu verzögern, annotieren können. In der Regel verfügen solche Annotationsmodule über ein Lexikon, das bereits mit den morphologischen und syntaktischen Kategorien versehen ist, die für die linguistische Analyse erforderlich sind. In unserem Sinne (Lexikon = Korpus) ist dieses Lexikon der Nukleus eines Korpus, quasi die "kritische Masse", ab der ein Korpus "selbstlernend" in der Lage ist, sich selbst zu analysieren.

5 Statistische und stochastische Verfahren

Bereits die bisherigen Ausführungen zeigen die Vorliebe des Autors für statistische Verfahren. Schon in den fünfziger und sechziger Jahren gab es ausgezeichnete statistische Ansätze in der Linguistik (vgl. Krallmann 1968). Ich plädiere dafür, diese Ansätze wieder aufzunehmen und sie erneut, auf einer wesentlich leistungsfähigeren Plattform, zu überprüfen. In dreierlei Hinsicht haben sich die Erfolgsaussichten für statistische Analysen verbessert: 1. Die Hardware zur Durchführung solcher Analysen hat ihre Leistungsfähigkeit inzwischen mehr als verhundertfacht und ist inzwischen allgemein zugänglich. 2. Die auf Computer verfügbaren Korpora sind allmählich groß genug, um Statistik zuzulassen; bereits jetzt zeichnen sich in Form von Satzbändern beliebig große Computerkorpora ab. 3. Zunehmend stehen nicht nur die puren Wortformen für Statistiken zur Verfügung; linguistische Annotationen erlauben den Einbezug grammatikalischer und syntaktischer Eigenschaften von Korpora.
Statistische und stochastische Verfahren sind im Bereich der Spracherkennung inzwischen bewährt und üblich (vgl. z.B. Womser-Hacker 1992, S. 84ff.). Sie werden zunehmend auch für Korpusaufbereitungen, z.B. zum Desambiguieren von Lesarten beim automatischen Taggen eingesetzt (vgl. z.B. Wothke 1992, S. 315ff.).

Der Autor plädiert jedoch nicht für eine besondere Dominanz statistischer oder stochastischer Verfahren. Der Vorteil, den ein computativ verfügbares Korpus mit sich bringt, ist, daß alle Annotationsebenen miteinander in Bezug gesetzt und genutzt werden können, um zu schärferen Interpretationen im Sinne von Desambiguierungen, d.h. zu genaueren Informationen über eine Korpussequenz zu gelangen. Ein solches Vorgehen stellt ein aus-

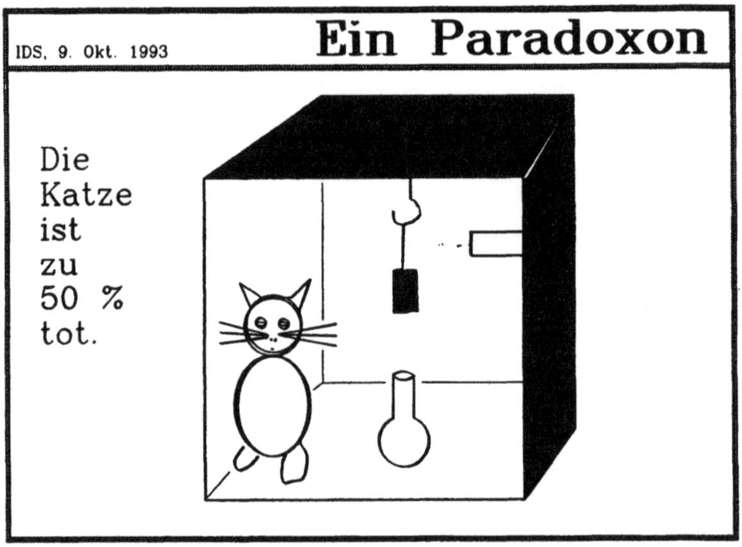

Abbildung 6: Statistische Methoden als linguistische Werkzeuge

gezeichnetes *Testbed* für die unterschiedlichen sprachtechnologischen Methoden dar. Die Ergebnisse regelbasierter Verfahren, statistischer Verfahren, stochastischer Verfahren usw. können exakt miteinander verglichen werden. Sie können sich im Sinne einer Präzisierung der ermittelten Information gegenseitig ergänzen.

6 Zur Organisation von Korpora

Die Nutzung dieser Eigenschaften von Korpora mit Hilfe der angedeuteten Methoden stellt Anforderungen an die Organisation von Korpora.

Korpora sind zukünftig zu denken als virtuelle Korpora. Sie bestehen als problemspezifischer "View", der in der Regel automatisch durch Benutzerinstanzen ("per Hand" oder durch Programme) gebildet wird und solange besteht, wie der Korpusbenutzer das Problem, das das Korpus konstituiert hat, bearbeitet. Weiterhin sind Korpora zukünftig zu denken als Monitorkorpora (vgl. Sinclair 1991, S. 23ff.). Ein zum Korpus gehöriger Ausschnitt aus einem Methodentool wird kanonisiert. Verschiedene Korpora laufen quasi an diesem Methodentool vorbei und liefern Ergebnisse, z.B. Wortlisten, statistische Daten, typische semantische Umgebungen eines Wortes. Korpusarbeit wird zukünftig typischerweise in der Kombination beider Verfahrensweisen bestehen. Virtuell gebildete Korpora werden als Monitorkorpora kanonisierten Methodentools unterzogen. Das obige Beispiel zur Dispersivität von Korpora demonstriert diese Kombination der Verfahren, auch wenn die virtuellen Korpora hier "per Hand" und nicht durch automatische Verfahren gebildet wurden.

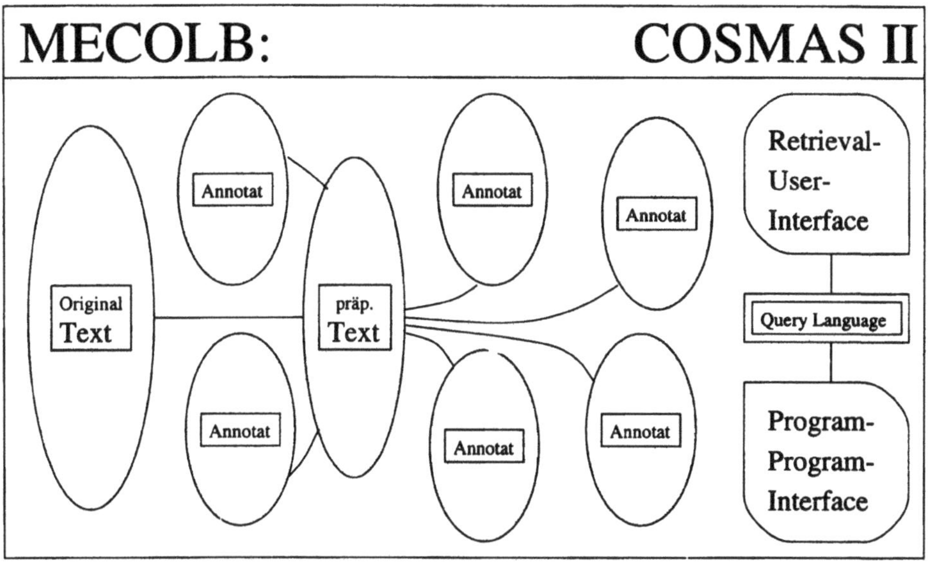

Abbildung 7: Ein *Corpus Storage, Maintenance and Access System*

Die vorgeschlagene Verfahrensweise erfordert als Basissystem ein CORPUS STORAGE, MAINTENANCE AND ACCESS SYSTEM (COSMAS), das in der Lage ist, Korpora von Milliarden von Wörtern anzulegen und darüber quasi on line und im Dialog in "real time" mit menschlichen Benutzern, aber auch mit Programmen, die geforderten "Views" zu bilden. Solche Korpora sind dynamische Systeme, die ständig durch weitere Informationsexplizierungen im Sinne von Annotationen angereichert werden. Die typische Existenzform solcher Systeme kann nicht die CD–Rom sein. Dieses Anforderungsprofil ist meines Erachtens nur durch "computer networking" zu realisieren; die erforderlichen Ressourcen müssen in eine Infrastruktur eingebunden werden und in einem Netzwerk zur Verfügung stehen. Das IDS ist mit dem COSMAS-System (vgl. al–Wadi) den ersten Schritt in diese Richtung gegangen und hat mit dem durch die Europäische Union finanzierten MECOLB (Multilingual Environment for Corpus Based Lexicon Building) den zweiten Schritt begonnen. Das COSMAS-System steht der internationalen Korpusgemeinde und allen Interessierten on line als Korpus–Recherche–System seit Mitte 1992 zur Verfügung, eingebunden in INTERNET und WIN sowie unmittelbar über DATEX–P. Wir hoffen auf kritische Begleitung durch die wissenschaftliche und interessierte Öffentlichkeit und darauf, daß dieser Versuch den Start zu einer nationalen und europäischen Infrastruktur für Sprachtechnologie darstellt.

Literatur

al–Wadi, D. (1994). COSMAS. Ein Computersystem für den Zugriff auf Textkorpora. Version R.1.3 – 1. – Benutzerhandbuch. Institut für deutsche Sprache, Mannheim.

Bauer, F. und G. Goos (1971). Informatik, Eine einführende Übersicht. Berlin, New York, Heidelberg.

Belica C. und R. Neumann (1993). Neologie: Statistische Analyse der Zeitstrukturen in Korpora. Unveröffentlichtes Arbeitspapier, Institut für deutsche Sprache, Mannheim.

Krallmann, G. (1968). Stilistische Textbeschreibung mit statistischen Methoden. In *Nicht-numerische Informationsverarbeitung*, hrsgg. v. R. Gunzenhäuser. Wien, New York.

Rieger, B. (1979). Repräsentativität. Von der Unangemessenheit eines Begriffs zur Kennzeichnung eines Problems linguistischer Korpusbildung. In *Empirische Textwissenschaft*, hrsgg. v. H. Bergenholz und B. Schäder, Königstein.

Shannon, C. und W. Weaver (1949). The Mathematical Theorie of Communication. Urbana.

Sinclair, J. (1991). Corpus, Concordance, Collocation. Oxford.

Womser-Hacker, Ch. (1992). Experimentelle Grundlagen und statistische Auswertung von Hypothesentests zur Mensch-Computeraktion. In: *Sprache und Computer*, hrsgg. v. J. Kraus und L. Witzenberger. Hildesheim, Zürich, New York.

Wothke, K. (1992). Statistisch basiertes Worttagging von deutschen Textkorpora. Einige Experimente. In *Sprache und Computer*, hrsgg. v. H. P. Pütz und J. Haller. Hildesheim, Zürich, New York.

Lothar Lemnitzer

Extraktion rekurrenter Textmuster aus Textkorpora

1 Das Problem

1.1 Segmentierung traditionell

Die computergestützte Analyse natürlichsprachlicher Äußerungen beginnt mit der Segmentierung dieser Äußerung in seine Bestandteile. Bisher wird für diesen Analyseschritt zumeist eine Segmentierungsvorschrift verwendet, die einfach zu handhaben, linguistisch aber zu ungenau und deshalb für den Analysezweck wenig geeignet ist:

> Die Segmentierung eines Textes führt zu einer Folge von Ketten, die aus Zeichen eines Wortalphabets und durch Begrenzerzeichen voneinander getrennt sind. Die resultierenden Segmente werden als orthographische Wörter oder Wortformen bezeichnet.

Diese Segmentierungsvorschrift wirft einige praktische, darüber hinaus auch schwerwiegendere linguistische Probleme auf. Zu den praktischen Schwierigkeiten bei der Anwendung dieser Vorschrift gehört die Tatsache, daß einige Zeichen ambig sind. Der Punkt zum Beispiel gehört in vielen Sprachen sowohl zum Wortalphabet als auch zum Alphabet der Begrenzerzeichen.

Schwerwiegendere Bedenken lassen sich gegen die Auffassung, daß eine Zeichenkette des Wortalphabets zwischen Begrenzerzeichen eine für weitere Analyseschritte brauchbare, linguistisch sinnvolle Größe sei, vorbringen.[1] Diese Auffassung erscheint uns, vor allem angesichts einiger Konventionen, bei der graphischen Repräsentation sprachlicher Zeichen nicht vertretbar:

- In vielen Sprachen werden mehrere Zeichenketten, die Lexeme oder Grammeme repräsentieren, ohne Begrenzerzeichen aneinandergefügt (z.B. werden in den romanischen Sprachen Pronomen oft an Verben angehängt, wie etwa bei dem spanischen *damelo*. Hier werden zwei Personalpronomen an den Imperativ des Verbs *dar* angehängt). Auch die synthetische Kompositabildung, z.B. im Deutschen, kann als Verkettung mehrerer lexikalischer Einheiten zu einer Zeichenkette interpretiert werden.

- Andere sprachliche Zeichen werden durch mehreren Zeichenketten repräsentiert, ihre Ausdrucksseite überschreitet die durch Begrenzerzeichen markierte Grenze (so z.B. die Konjunktion /sondern auch/[2] im Deutschen).

---

1 Die Bedenken werden z.B. von Lenders (Lenders 1990, S. 162) erwähnt, allerdings ohne operationalisierbaren Gegenvorschlag. Lehr betont im Zusammenhang mit Kollokationsanalysen, daß "die Segmentierung von Äußerungen in lexikalische Einheiten ... unbrauchbar" sei (Lehr 1993, S. 7/8).

2 Es gelten folgende graphische Konventionen: Lexikalische Einheiten werden in Striche gesetzt, um sie von textuellen Zeichen abzuheben. Sprachliche Zeichen erscheinen kursiv gesetzt, wenn nur deren Ausdrucksseite gemeint ist.

- Auch komplexere Wendungen, z.B. Phraseme, wird man als elementare Zeichen des Lexikons behandeln, wenn ihre Bildung nicht als Komposition ihrer Einzelglieder zu interpretieren ist (z.B. /schwarzes Schaf/, welches einen negativ auffälligen Menschen bezeichnet)

Die Behandlung dieser und ähnlicher Phänomene der graphischen Repräsentation sprachlicher Zeichen in Linguistik und Lexikologie führten u.a. zu der folgenden Definition des Terms *Wort* :

> "Wort" ist die kleinste, bedeutungstragende, im Satz frei bewegliche, sprachliche Einheit.[3]

Es wird an den hier erwähnten Beispielen deutlich, daß dieser Wortbegriff mit dem in konventionellen Segmentierungsvorschriften verwendeten extensionsverschieden und damit unvereinbar ist. Wie bereits deutlich geworden sein dürfte, werde ich den Term Wort im linguistisch motivierten Sinne verwenden und Segmente, die nach der beschriebenen Methode gebildet werden, einfach Zeichenketten nennen.

2 Ein alternativer Ansatz

Ausgehend von dem oben skizzierten Wortbegriff soll hier eine alternative Segmentierungsvorschrift formuliert werden. Es ist zu erwarten, daß ihre Anwendung zu linguistisch fundierteren und deshalb für die weitere Analyse besser handhabbaren Ergebnissen führt:

> Die Segmentierung einer Äußerung gilt als abgeschlossen, wenn diese Äußerung in eine Folge von bedeutungstragenden, im Satz frei kommutierbaren Einheiten zerlegt ist.

Anmerkung 1 Diese Segmentierungsvorschrift setzt voraus, daß wir Wörter als eine Art von sprachlichen Zeichen, nämlich als textuelle Zeichen, betrachten, anders ausgedrückt: als Realisierungen lexikalischer Einheiten in der parole.
Anmerkung 2 "frei kommutierbar" bezeichnet das Potential des sprachlichen Zeichens. In einer gegebenen Äußerung ist die Position jedes Elementes natürlich fest.
Anmerkung 3 Bereits in der Phase der Segmentierung ist der Zugriff auf das Lexikon notwendig, da die Segmente ja ausdrücklich über Einheiten des Lexikons definiert sind.

Dies hat Auswirkungen auf die Struktur des Lexikons:

Erstens müssen die textuellen Zeichen korrespondierender lexikalischer Zeichen ermittelt werden. Dies kann durch einen einfachen Vergleich zwischen der Ausdrucksseite des textuellen Zeichens und der graphischen Repräsentation eines lexikalischen Zeichens geschehen oder durch die Lemmatisierung der Wortform. In jedem Fall aber muß ein solches lexikalisches Zeichen existieren (**Existenzproblem**).

Zweitens muß bei dem Versuch, eine Zeichenkette auf Lexikoneinheiten abzubilden, bedacht werden, daß diese Zeichenkette sowohl Instanz eines einfachen lexikalischen

---

3 Vgl. zusammenfassend Reichmann 1979, Ullmann 1959 und Juilland 1976. "Frei beweglich" meint hier, daß lediglich grammatische Einschränkungen die Wortstellungsfreiheit im Satz einschränken, nicht aber andere lexikalische Einheiten. Auf in den oben erwähnten Arbeiten ebenfalls erwähnte Versuche, die Einheit Wort phonologisch oder prosodisch von größeren und kleineren Einheiten abzugrenzen, möchte ich hier nicht eingehen. Geschriebene Texte sind der Gegenstand dieser Untersuchungen.

Zeichens als auch Teil einer Instanz eines komplexen lexikalischen Zeichens sein kann. (**Ambiguitätsproblem**; die Zeichenkette *sondern* kann entweder Instanz des lexikalischen Zeichens /sondern/ oder Teil einer Instanz des lexikalischen Zeichens /sondern auch/ sein).

Anmerkung 4 Die hier gewählte Segmentierungsvorschrift kommt wahrscheinlich der Realität kognitiver Prozesse beim Verstehen von Äußerungen näher als die konventionelle Vorschrift und ist deshalb ein Schritt zu einem angemesseneren Modell des Sprachverstehens.[4]

3 Akquisition komplexer Lexikoneinheiten

Im folgenden werden wir uns vor allem mit dem ersten, dem Existenzproblem, beschäftigen. Lexikoneinheiten, die in Texten durch mehrere Zeichenketten realisiert werden, sind sowohl in traditionellen Wörterbüchern als auch in lexikalischen Komponenten sprachverarbeitender Systeme rar. Selbst wenn man in Betracht zieht, daß eine statische Sammlung sprachlicher Zeichen im Verhältnis zu seinem sich ständig wandelnden Gegenstand unvollständig bleiben muß, also keine unrealistischen Maßstäbe anlegt, kann man feststellen, daß der Bestand an komplexen Lexikoneinheiten große Lücken aufweist.[5]

Kein Wunder also, daß einige neuere Untersuchungen den Möglichkeiten gelten, solche komplexen lexikalischen Einheiten automatisch als häufig vorkommende, rekurrente Textmuster aus Textkorpora zu extrahieren.

Bereits Lyons wies auf den Zusammenhang zwischen der Häufigkeit des Vorkommens komplexer sprachlicher Zeichen und deren Lexikalisierung hin:

> "As soon as any regularly constructed expression is employed on some particularly occasion of utterance, it is available for use again by the same person or by others as a ready-made unit which can be incorporated in further utterances; and **the more frequently it is used**, the more likely it is to solidify as a fixed expression, which native speakers will presumably store in memory, rather than construct afresh on each occasion" (Lyons 1977, 536, Hervorh. LL).

Methoden zur Extraktion solcher häufig vorkommender Ausdrücke in großen Korpora wurde an unterschiedlichen Stellen, aber fast immer unter der Etikette "Kollokationsanalyse" erprobt.

Andrea Lehr[6] beschreibt eine allgemeine Methode der Kollokationsanalyse. Sie übernimmt den Terminus Kollokation in der sehr weiten Fassung des frühen britischen Kontextualismus:

> "By collocation is meant the habitual association of a word in a language with other particular words in sentences" (Robinson 1964, zit. nach Lehr 1993, S. 5).

Die von ihr beschriebene Methode läuft auf eine Gruppierung der untersuchten Schlüsselwörter (Kollokanten) zu Gruppen mit ähnlichen Kotexten hinaus. Auch die im Kotext vorkommenden Textwörter werden nach der Ähnlichkeit ihrer Distribution im

---

4 Vgl. neuere kognitiv-linguistische Untersuchungen zum Disambiguierungsproblem, z.B. Frazier 1993.
5 Vgl. Smadja 1993, S. 167, Benson 1990, S. 23-25. Für das Deutsche vgl. Hausmann 1985.
6 in Lehr 1993.

Verhältnis zu den Schlüsselwörtern zu sog. Kollokatspotentialen gruppiert. Was unter "ähnlich" verstanden wird, muß der Untersuchende festlegen.

Frank Smadja[7] dagegen bezieht sich auf die Verwendungsweise von Kollokation in der amerikanischen Lexikographie. Er übernimmt Bensons Definition

> "A collocation is an arbitrary and recurrent word combination"[8],

die ähnlich weit gesteckt ist wie die der Kontextualisten. Das Merkmal der Arbitrarität haben Kollokationen mit (fast) allen lexikalischen Zeichen gemeinsam. Die Kollokationsteile bilden allerdings semantisch selbständige Bestandteile, d.h. sie sind Kombinationen von lexikalischen Zeichen.

Smadja wendet in einem dreistufigen Verfahren sowohl statistische Verfahren als auch Methoden der syntaktischen Strukturanalyse an, um aus einer sehr großen Menge von Textmustern Kollokationen zu ermitteln.[9] Er bewertet das Ergebnis, d.h. die am Ende des dritten Schritts übrig bleibenden Kollokationen, durch einen Vergleich mit der Analyse des gleichen Materials durch einen erfahrenen Lexikographen.

Smadja betont die Relevanz dieser auf das Finden rekurrenter Textmuster aufbauenden Prozeduren für die praktische Lexikographie sowie für die Textgenerierung im Rahmen der Verarbeitung natürlicher Sprache mit dem Computer.

Elisabeth Breidt[10] untersucht die Qualität der Ergebnisse bei der Extraktion von Verb-Nomen-Kollokationen aus deutschen Textkorpora. Sie verwendet den Term Kollokation dabei in einem engeren Sinne, verglichen mit Lehr und Smadja:

> "From a linguistic point of view ... a more restricted use of the term is preferable ... In this paper, collocations shall refer only to word combinations that have a certain affinity to each other in that they follow combinatory restrictions not explainable with syntactic and semantic principles"[11]

Einerseits decken die "combinatory restrictions" das ab, was Smadja als Arbitrarität von Kollokationen bezeichnet. Andererseits ermöglicht diese begriffliche Präzisierung des Begriffs Kollokation eine Extensionserweiterung: unter Kollokation werden bei Breidt nun auch Wortgruppen subsumiert, bei denen die semantische Unabhängigkeit der Bestandteile nicht gegeben ist: Funktionsverbgefüge und verbale Phraseme werden neben Kollokationen im engeren Sinn gestellt. Auch Breidt stellt fest, daß die Kombination statistischer Verfahren mit struktureller Analyse der Kontexte die Suchergebnisse gegenüber einfacher Anwendung quantitativer Methoden verbessert. Sie stellt jedoch fest, daß die für diese Kombination notwendige Basis, ein getaggtes Korpus des Deutschen, nicht vorhanden ist. Auch Elisabeth Breidt betont die Wichtigkeit ausreichend großer Korpora und effektiver Findeprozeduren für die praktische Lexikographie.[12]

---

7 in Smadja 1993. Vgl. auch Smadja 1989, Smadja 1990 und Smadja 1992.

8 Benson 1990, zit. nach Smadja 1993, S. 146.

9 "Xtract consists of a set of tools to locate words in contexts and make statistical observations to identify collocations".

10 in Breidt 1993.

11 Hausmann geht noch weiter und möchte Kollokationen als Einheit der langue verstanden wissen (Hausmann 1985, S. 118). Ich stimme ihm nur insofern zu, als daß ich ebenfalls Kollokationen als Erscheinung der Sprachnorm im Sinne Coserius betrachte.

12 Interessant ist ein Vergleich zu der Arbeit Altenbergs, der in Altenberg 1993 Ähnliches versucht. Während Altenberg "recurrent word combinations, i.e. continuous strings of words occurring more than once in identical form ..." (S. 227) extrahiert, betont Breidt, daß gerade dies für das Deutsche wegen der variablen Wortstellung und der morphologischen Varianz der Formen wenig bringt.

Das im Folgenden beschriebene Verfahren dient in erster Linie der Entdeckung rekurrenter Textmuster. Anhand einiger Fallbeispiele soll verdeutlicht werden, was wir unter rekurrenten Textmustern verstehen. U.E. sollte man "Kollokation" und "rekurrentes Textmuster" nicht gleichsetzen. Kollokationen als Erscheinungen der Sprachnorm sind jedenfalls extensionsverschieden zu Kombinationen von Zeichenketten.

Im nächsten Abschnitt soll eine auf statistischen Methoden basierende Finde- und Auswahlprozedur vorgestellt werden. Die Resultate dieser Findeprozedur, von denen einige Beispiele aus dem Bereich der Funktionswörter präsentiert werden, bedürfen weiterer Klassifikation. Es befinden sich unter ihnen linguistisch irrelevante Kombinationen, aber auch Kollokationen und schließlich Realisierungen komplexer lexikalischer Zeichen.[13] Um diese auszuwählen, müssen weitergehende Methoden gesucht werden. Diese sollen am Schluß skizziert werden.

4 Ermittlung rekurrenter Textmuster

Das Ziel ist, rekurrente Textmuster, Kandidaten für komplexe Lexikoneinheiten, aus großen Korpora extrahieren. Der gewählte Ansatz ist empirisch, insofern er von einer größeren Menge authentischer sprachlicher Äußerungen ausgeht. Grundlage der folgenden Untersuchungen ist das deutsche Korpus im "Münster Linguistic Data Archive". Es besteht überwiegend aus Zeitungstexten und umfaßt ca. 100 Millionen laufende Wörter. Etwa ein Drittel, also 34 Millionen Textwörter, bilden die Grundlage für die folgenden Untersuchungen.

Ein zweifacher Abstraktionsschritt ist notwendig, um aus einer Menge rekurrenter Textmuster zu lexikalischen Einheiten überzugehen (s. Abb. 1):

1. Im ersten Schritt werden Paare von Zeichenketten auf Grundlage der Häufigkeit ihres Kovorkommens bewertet. In diesem Stadium seltener vorkommende sowie "ungleichgewichtige" Zeichenkettenkombinationen werden ausgefiltert.

2. In einem weiteren Abstraktionsschritt werden die übrig bleibenden Kombinationen als irrelevant, als Kollokation oder als Realisierung einer komplexen lexikalischen Einheit charakterisiert. Mitglieder der letzten beiden Gruppen können in das Lexikon aufgenommen werden.

An dieser Stelle soll der erste Abstraktionsschritt, die Ordnung von Zeichenkettenpaaren, beschrieben werden.

Für den hier an einem Beispiel beschriebenen Untersuchungsweg gilt folgendes:

- $zk1$ und $zk2$ seien zwei Zeichenkettentypes. Es soll die Häufigkeit des Kovorkommens der Instanzen (Token) dieser beiden Types untersucht werden. Dabei steht in den untersuchten Textpassagen jedes Token von $zk2$ an der Position *rpos* relativ zu dem jeweiligen Token von $zk1$. Als weitere Selektionsbedingung kann die morphosyntaktische Kategorie von $zk2$ angegeben werden.[14]

---

13 Zu einer ähnlichen Auffassung kommt Béatrice Daille bei der Termextraktion: "The main problem ... is the noise: ... collocations extracted thanks to statistical methods belong to various types of associations: functional, semantical, thematical or uncharacterizable ones." (Daille 1994, Introduction (o.S.))

14 Es handelt sich zwar um Zeichenketten, die morphosyntaktische Kategorie kann aber als Hypothese durch Abgleich mit den Einträgen in einem Vollformenwörterbuch ermittelt werden.

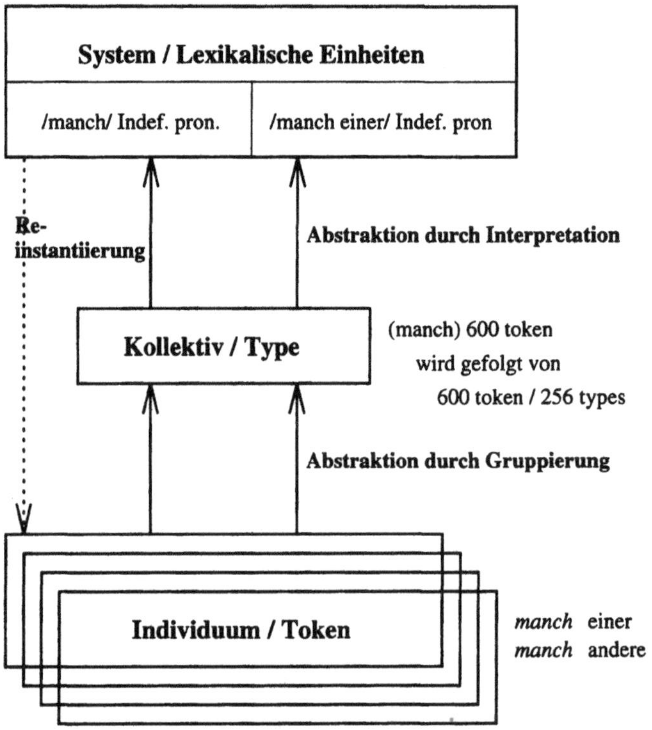

Abbildung 1: Schritte zur Ermittlung rekurrenter Textmuster

- *zk*1 wird festgelegt. Ausgangspunkt der Untersuchungen ist immer eine lexikalische Hypothese. Für eines unserer Beispiele ist dies die Hypothese, daß die Zeichenkette *manch* in manchen Fällen Teil eines komplexen, d.h. aus mehreren Zeichenketten bestehenden, lexikalischen Zeichens ist.[15] Häufiges Kovorkommen einer weiteren Zeichenkette mit *manch* ist eine notwendige, aber noch nicht hinreichende Bedingung dafür, daß die Kombination dieser beiden Zeichenketten lexikalisch relevant ist.

- Wir wenden auf die n-elementige Menge der mit *zk*1 in *rpos* kovorkommenden Zeichenkettentypes *zk*2 die Ordnungsstatistik an, so daß gilt:

  (1) $$freq(zk2_i) \geq freq(zk2_{i+1}), \quad für\ 1 \leq i \leq n.$$

- In die Untersuchungen einbezogen werden für jede untersuchte Zeichenkette *zk*1 die folgenden Kennzahlen:

  Anzahl der Vorkommen von *zk*1 :

  (2) $$B = freq(zk1).$$

15 Anders ausgedrückt: Kovorkommen von Zeichenketten werden von einer der Zeichenketten als Angelpunkt ausgehend untersucht. In Lehr 1993 werden *zk*1 als Kollokant und die verschiedenen *zk*2 als Kollokate bezeichnet.

Dies ist gleich der Zahl der untersuchten Belege.

Anzahl n der kovorkommenden Zeichenkettentypes:

(3) $$n = (sum(zk2)).$$

Frequenz des Vorkommens jeder $zk2_i$ (freq($zk2_i$) für $1 \leq i \leq n$);

Relativer Anteil der Vorkommen jedes Zeichenkettentypes $zk2_i$ an der Gesamtzahl der Vorkommen (B):

(4) $$rA(zk2_i) = \frac{freq(zk2_i)}{B}.$$

- Als nächstes beschränken wir die Menge der mit $zk1$ kovorkommenden Zeichenketten $zk2$, die wir betrachten wollen. Wir wählen als Filter ein Quantil der entsprechenden Verteilungsfunktion. Da es sich bei der Verteilung der $zk2$ um eine diskrete Verteilung handelt, bestimmen wir ein Quantil der Verteilungsfunktion als das kleinste m, für das gilt, daß die Summe der Wahrscheinlichkeiten des Auftretens der ersten m $zk2$ größer oder gleich einem bestimmten Wert ist. Wir setzen hier als Wert 0,5 und erhalten für M den **Median** der Verteilungsfunktion:

(5) $$M = inf\{m \epsilon \mathbb{N} : \sum_{i=1}^{m-1} freq(zk2_i) < \frac{1}{2} \leq \sum_{i=1}^{m} freq(zk2_i)\}.$$

Die Wahrscheinlichkeiten werden hier wieder durch die Vorkommenshäufigkeiten $zk2$ approximiert.

- Für die Zeichenkettenpaare $\{a = zk1; b = zk2_i\}$ $(1 \leq i \leq m)$ bestimmen wir den "mutual information index". Der mutual information index ist ein Maß, welches für zwei Zeichenketten angibt, wieviel mal wahrscheinlicher deren Kovorkommen bei gegebener Verteilung im Verhältnis zur Wahrscheinlichkeit ihres Kovorkommens bei zufälliger Verteilung ist[16]:

(6) $$mi_{ab} = ld\frac{P(a\&b)}{P(a)P(b)}.$$

Die Wahrscheinlichkeit wird approximiert durch relative Vorkommenshäufigkeiten im Verhältnis zur Tokenzahl (T) im Gesamtkorpus:

(7) $$\begin{aligned} mi_{ab} &= ld(\frac{\frac{B}{T}}{\frac{freq(a)}{T}\frac{freq(b)}{T}}) \\ &= ld(T\,\frac{B}{freq(a)freq(b)}) \\ &= ld\,T + ld\frac{B}{freq(a)freq(b)}. \end{aligned}$$

16 m.W. wurde der mutual information index für diese Aufgabe zum ersten Mal von Church, Gale und Hanks vorgeschlagen (vgl. u.a. Church/Hanks 1989).

Die Ordnung bleibt erhalten, wenn wir den Logarithmus von T abziehen. So erhalten wir schließlich:

(8) $$mi_{ab=} ld \frac{B}{freq(a) freq(b)}.$$

- Es wurde bereits an anderer Stelle festgestellt, daß die Aussagekraft des mutual information Wertes sinkt, wenn eine Zeichenkette in den beobachteten Daten sehr selten vorkommt.[17] Um eine Verzerrung der mutual information Kennziffern zugunsten von Zeichenkettenpaaren, deren eines Glied deutlich seltener vorkommt als das andere, zu vermeiden, installieren wir hier einen weiteren Filter: Der Absolutbetrag der Differenz *diff* zwischen der bedingten Wahrscheinlichkeit von b bei gegebenem a und der bedingten Wahrscheinlichkeit von a bei gegebenem b:

  (9) $$|diff| = \frac{P(a\&b)}{P(a)} - \frac{P(a\&b)}{P(b)}.$$

  darf eine gewisse Größe nicht überschreiten.

  Mit diesem Filter berücksichtigen wir, daß die Beziehung zwischen zwei Zeichenketten nicht symmetrisch ist. Im Grenzfall, nämlich wenn a und b gleich häufig und immer zusammen auftreten, nimmt *diff* den Wert 0 an.

Zwei Werte müssen empirisch bestimmt werden:

1. Das Quantil M der Verteilungsfunktion der $zk2_i$. Wir haben als dieses Quantil den Median angenommen. Es kann aber u.U. notwendig sein, das Quantil zu verkleinern, d.h. das erste Auswahlkriterium zu verschärfen oder es umgekehrt zu vergrößern. Erst eine Auswertung größerer Datenmengen kann darüber Aufschluß geben, welche Auswirkungen die Veränderung des Quantils auf die Güte der Ergebnisse (gemessen an Recall und Precision) haben.

2. Der Schwellenwert von *diff*, also der Grad der Asymmetrie, bis zu dem sich gegenseitig stark bedingende Wortpaare berücksichtigt werden sollen. Nach Untersuchung größerer Datenmengen kann aus dem Mittelwert und der Standardabweichung der *diff*-Werte ein Schwellenwert empirisch ermittelt werden.

Die beide Filter passierenden Wortpaare $zk1$ und $zk2_i$ nennen wir **rekurrente Textmuster eines keywords**. Diese sollen weiter daraufhin untersucht werden, ob sie komplexe Lexikoneinheiten repräsentieren. Die Untersuchungshypothesen dabei sind:

Hypothese1 Die Kombination beider Worte in den untersuchten Texten ist zufällig; die Gründe für die Häufigkeit von deren Kovorkommen können nicht ermittelt werden.

Hypothese2 Die beiden kovorkommenden Wörter instantiieren eine komplexe lexikalische Einheit oder bilden eine Kollokation.

---

17 vgl. Church et al. 1991, S. 107. Ähnlich Lehr: "Folglich bezeichnet *kollokiert mit* eine gerichtete Beziehung; x kollokiert mit y, aber nicht umgekehrt (Lehr 1993, S. 6).

Hypothese3 Die beiden kovorkommenden Wörter sind Bestandteil einer größeren Gruppe von Wörtern, die eine lexikalische Einheit (Lexem), eine Kollokation, oder eine Phrasem instantiieren.

Für die Prüfung von Hypothese eins und zwei reichen die erhobenen Daten aus, für die Prüfung von Hypothese drei muß die untersuchte Textsequenz erweitert werden.[18]

Wir wollen nun das beschriebene Verfahren an zwei Fallbeispielen vorführen.

5 Beobachtungsdaten

Da wir, wie oben erwähnt, mit unseren Programmen auf einem nach Wortarten getaggten Korpus aufsetzen können[19], können wir die mit einem Schlüsselwort vorkommenden Zeichenketten entweder über die relative Position zu letzterem oder über die Wortart festlegen. Wir zeigen hier für beide Methoden jeweils ein Beispiel.

5.1 *manch*, *solch* und *welch*

Hypothese : *manch*, *solch* und *welch* sind **auch** Teile unvollständiger sprachliche Zeichen. Sie bilden zusammen mit dem unbestimmten Artikel Vorkommen komplexer lexikalischer Zeichen der Lexemklasse Pronomen.

Daten $zk1$ = **manch** ; Zahl der Belege (B) = 600; *rpos* = +1; Zahl der unterschiedlichen kovorkommenden Zeichenketten ($zk2_i$) = 256; Zahl der Zeichenketten, deren Vorkommenshäufigkeiten mehr als die Hälfte aller Belege ausmacht (m) = 7; für *diff* wurde kein Schwellenwert festgesetzt.

$zk2$	freq($zk2$)	mi_{ab}	*diff*
einer	153	5.532743	0.250912
anderer	34	7.115747	0.051424
ein	34	2.669105	0.055891
anderem	28	6.376533	0.043400
andere	20	4.415020	0.032283
anderen	18	3.773951	0.029241
einen	18	2.914612	0.029448
einem	16	2.533705	0.026207

$zk1$ = **solch** ; Zahl der Belege (B) = 469; *rpos* = +1; Zahl der unterschiedlichen kovorkommenden Zeichenketten ($zk2_i$) = 247; Zahl der Zeichenketten, deren Vorkommenshäufigkeiten mehr als die Hälfte aller Belege ausmacht (m) = 30; für *diff* wurde kein Schwellenwert festgesetzt.

18 Wie dies bei Smadja geschieht: Smadja 1993, S. 157 ff.

19 Im Moment allerdings nur auf einem ambig und unvollständig getaggten.

$zk2$	freq($zk2$)	mi_{ab}	*diff*
ein	71	3.369083	0.090694
einen	28	3.189736	0.035548
einem	27	2.926287	0.034330
eine	26	1.948224	0.033209
einer	17	2.000513	0.021649
fundamentale	5	9.634149	0.028064
drastische	4	7.899673	0.005228
hohen	4	3.282524	0.004713
komplexe	4	8.404667	0.009571
umfassende	4	6.081679	0.002196
enger	3	5.774454	0.001476
großer	3	3.500136	0.003360
Verständnis	2	3.800823	0.001963
abenteuerlichen	2	8.492130	0.013058
....			

$zk1$ = **welch** ; Zahl der Belege (B) = 532; *rpos* = +1; Zahl der unterschiedlichen kovorkommenden Zeichenketten ($zk2_i$) = 314; Zahl der Zeichenketten, deren Vorkommenshäufigkeiten mehr als die Hälfte aller Belege ausmacht (m) = 53; für *diff* wurde kein Schwellenwert festgelegt. Es wurde deshalb auf das Festlegen eines Schwellenwerts für *diff* verzichtet.

$zk2$	freq($zk2$)	mi_{ab}	*diff*
ein	55	3.545480	0.102649
ausgefallenen	27	12.601976	0.134370
große	18	5.054316	0.032719
eine	15	1.699459	0.027993
großer	10	5.781885	0.017090
hohem	8	7.482325	0.009662
einen	6	1.512127	0.011151
großen	6	3.066927	0.010987
hohe	6	4.891830	0.010353
hohen	6	4.412271	0.010603
unterschiedlichen	6	6.369802	0.008776
desolatem	4	12.949450	0.227803
feine	4	8.339946	0.002148
einfachen	3	6.270937	0.003321
großem	3	5.901632	0.003840
großes	3	5.124024	0.004581

Schlußfolgerung Es zeigt sich bei *manch* ganz klar, bei *solch* und *welch* weniger klar, daß sie in starkem Maße mit dem unbestimmten Artikel, im Falle von *manch* auch mit einem weiteren Lexem, *andere* kollokieren. Es zeigt sich zugleich, daß ein zu niedriger Schwellenwert den Recall im Falle von Wortpaaren mit hochfrequenten Funktionswörtern deutlich verschlechtert (Beispiel: *manch* und *einer*).

5.2 weg

Hypothese Die Verbpartikel *weg* steht in Äußerungen am Satzende und bildet mit dem weiter am Satzanfang auftauchenden Hauptteil des Verbs eine Satzklammer, beide Zeichen zusammen realisieren also ein komplexes lexikalisches Zeichen. Es soll nach den im Satz vor der Partikel stehenden Verbteilen gesucht werden.

Daten $zk1$ = **weg** ; Zahl der Belege (B) = 1493; Zahl der unterschiedlichen kovorkommenden Zeichenketten ($zk2_i$) = 639; als Position von zk2 wird als die letzte vor *weg* stehende Verbform festgelegt; Zahl der Zeichenketten, deren Vorkommenshäufigkeiten mehr als die Hälfte aller Belege ausmacht (m) = 64; als Schwellenwert für *diff* wurde 0,5 festgesetzt.

$zk2$	freq($zk2$)	mi_{ab}	*diff*
rannten	6	9.378675	0.087068
fiele	4	7.894018	0.030344
steckte	8	7.384068	0.019159
falle	7	6.827953	0.012385
fielen	21	6.697531	0.005267
fallen	48	6.563268	0.007154
warfen	7	6.499739	0.009275
schauen	10	6.403653	0.007249
lief	13	6.265621	0.004967
liefen	6	6.194466	0.007368
laufen	24	6.109374	0.000650
steckt	12	5.771455	0.002379
fällt	36	5.751859	0.007658
schaut	6	5.735681	0.004684
wirft	13	5.644362	0.001346
warf	12	5.270463	0.000224
brach	5	5.246565	0.003037
nehme	5	5.046021	0.002374
......			
hatte	14	0.203489	0.005642
hatten	4	0.047976	0.001517
werden	11	-0.512828	0.004461
wird	17	-0.501884	0.006944
sagte	6	-0.377383	0.002381

Schlußfolgerung Für Verb/Partikel-Paare gibt der mutual information index eine klarere lexikographische Ordnung als bei den Funktionswortpaaren. Die Häufigkeit der Verben sind ähnlich. Die am unteren Ende der Skala auftauchenden Verbformen sind Formen, die man auch am wenigsten als Teile komplexer Partikelverben betrachten würde. Es zeigt sich, daß die Abbildung der $zk2$ auf Lemmata die Ergebnisse verbessern würden. Dies ist in der nächsten Version des Programms vorgesehen.

6 Ausblick

Bisher konnten wir **rekurrente Textmuster** ermitteln bzw. Paare von Zeichenketten, die öfter miteinander vorkommen, als dies bei einer Zufallsverteilung der Zeichenketten der Fall wäre. Damit ist aber noch nichts über die Klassifizierung dieser Kollokationen im weitesten Sinne des Wortes gesagt.

Weitere Tests sind notwendig, um festzustellen, ob es sich bei einem bestimmten Zeichenkettenpaar um die Realisierung **einer** Lexikoneinheit handelt.
Wenn wir davon ausgehen, daß die Nachbarschaft zweier Lexikoneinheiten im Sprachsystem zur Ähnlichkeit ihrer Distribution in konkreten Äußerungen führt, dann haben wir folgende Testmöglichkeit: Wir vergleichen die syntaktischen Umgebungen zweier Lexikoneinheiten; eine dieser Einheiten ist die Einheit, von der wir annehmen, daß die empirisch ermittelten rekurrenten Textmuster diese repräsentieren. Sind die syntaktischen Umgebungen hinreichend ähnlich, können wir davon ausgehen, daß die von uns angenommene, hinter den rekurrenten Textmustern steckende Lexikoneinheit existiert (Existenzbeweis). So könnte man z.B. die syntaktischen Umgebungen von *solche* und *solch eine*, oder die von *mancher* und *manch einer* vergleichen. Einheiten, die diesen Test bestehen, werden in das Lexikon aufgenommen.
Da wir bisher noch nicht über das dafür benötigte getaggte Korpus verfügen, können wir dies allerdings nur als Richtung weiterer Untersuchungen andeuten.[20]

Literatur

Altenberg, Bengt (1993): "Recurrenct verb-complement constructions in the London-Lund Corpus." In: Aarts / de Haan / Ostdijk (Hgg.): English Language Corpora: Design, Analysis, and Exploitation. Amsterdam.

Benson, M. (1990): "Collocations and General-purpose Dictionaries." International Journal of Lexicography 3.1, S. 23–33.

Breidt, Elisabeth (1993): "Extraction of V-N-Collocations from Text Corpora: A Feasibility Study for German." In: Proc. Workshop on Very Large Text Corpora: Academic and Indistrial Perspectives" Ohio.

Church, Kenneth W.(1989); Hanks, Patrick: "Word association norms, mutual information, and lexicography." In: Proc. 27th annual meeting of the ACL, S. 76–83.

—; Gale, W.A.; Hanks, P.; Hindle. D.M. (1990): "Using Statistics in Lexical Analysis." AT&T Bell Labs, Working Paper.

—; Gale, William; Hanks, Patrick; Hindle, Donald (1991): "Parsing, Word Associations, and Typical Predicate Argument Relations." In: Proc. Int. Workshop on parsing Technologies. Pittsburgh, S. 103-112.

Daille, Béatrice (1994): "Study and Implementation of Combined Techniques for Automatic Extraction of Terminology." Paper, submitted to the 1994 ACL Conference.

Frazier, Lynn; Flores d'Arcais, G.B.; Coolen, R. (1993): "Processing discontinuous words: On the interface between lexical and syntactic processing." Cognition 47.3, S. 219–249.

Hausmann, Franz Josef (1985): " Kollokationen im deutschen Wörterbuch. Ein Beitrag zur Theorie des lexikographischen Beispiels." In: Lexikographie und Grammatik. Akten des Essener Kolloquiums zur Grammatik im Wörterbuch. Tübingen, S. 118–129.

Juilland, Alphonse; Roceric, Alexandra (1976): "The Word and its Definitions." In: Alphonse Juilland (ed.): Linguistic Studies offered to Joseph Greenberg. Vol. I. Saratoga.

Lehr, Andrea (1993): "Kollokationsanalysen - Von der Kollokationstheorie des Kontextualismus zu einem computergestützten Verfahren." In: ZGL 21, S. 2-19.

---

20 Ein Teil der hier beschriebenen Untersuchung und Implementierung konnte im Rahmen des EG-Projekts MULTEXT durchgeführt werden. Ich danke meinen Kollegen, insbesondere Holger Trebbe und Petra Steiner, für ihre Unterstützung und Teilnehmern des Workshops für wertvolle Hinweise.

Lenders, Winfried (1989): "Segmentierung in der Computerlinguistik." In: Bátori/Lenders/Putschke (eds): Computational Linguistics. Berlin/New York, S. 159-166.
Lyons, John (1977): "Semantics." Vol. 2, Cambridge et al.
Reichmann, Oskar (1979): "Germanistische Lexikologie." Stuttgart.
Smadja, Frank (1989): "Lexical Co-occurrence: The missing link." Literary and Linguistic Computing 4.3.
— (1990): "Automatically Extracting and Representing Collocations for Language Generation." In: Proc. 28th Annual Meeting of the ACL, Pittsburgh, S. 252-259.
— (1992): "XTRACT: An Overwiew." Computers and the Humanities 26.5-6, S. 399-414.
— (1993): "Retrieving Collocations From Text." In: Computational Linguistics 19.1, S. 143 - 177.
Ullmann, Stephen (1959): "The Principles of Semantics." Oxford/Glasgow, 2. Aufl.

Nico Weber

Pattern-Based Lexical Analysis: Morphology, Syntax, and Semantics of Dictionary Definitions

1 Introduction

Computational lexicography may be quite generally defined as an applied branch of (computational) linguistics dealing with the automated treatment of linguistic information in ways that are comparable to the contribution of traditional lexicography to the intellectual handling of this information. An outstanding challenge to computational lexicography is the "extraction" of computer-tractable lexical, phrasal, and textual information from qualitatively and quantitatively adequate language corpora (Bergenholtz/Schaeder (eds.) 1979, Meijs (ed.) 1987, Aarts/Meijs (eds.) 1990, Johansson/Stenström (eds.) 1991, Church/Mercer 1993, Aarts/de Haan/Oostdijk (eds.) 1993, Souter/Atwell (eds.) 1993, Oostdijk/de Haan (eds.) 1994). This task, figuring under different headwords like, among others, *linguistic/lexical/semantic information extraction, lexical content exploitation, lexical (knowledge) acquisition* is, likewise, pursued by a branch of computational linguistics of quite recent origin, termed corpus linguistics. Computational lexicography, according to its vocation, mainly aims at dictionaries as source texts, whereas in corpus linguistics it is normally considered desirable that corpora consist of different text types.

There are two main reasons for believing that traditional-style printed dictionaries offer an advantageous platform for developing computational methods of text-based linguistic information extraction: first, "dictionaries are rich sources of detailed semantic information" (Chodorow/Byrd/Heidorn 1985:299),[1] as well as of other linguistic information, and second, "the idea of considering the language of dictionary definitions as a particular sublanguage" (Calzolari 1984:170) is attractive for computational treatment from the point of view that sublanguages may be expected to exhibit reduced complexity in comparison to unrestricted natural language (Grishman/Kittredge (eds.) 1986). At least three factors may be observed to reduce complexity in dictionary definition language:

1. **Enhanced structuring.** Dictionary entries are physically organized in "treatment units" (Hausmann/Wiegand 1989) or articles with a virtual logical structure, its "information program" (Rey-Debove 1970; 1971) or microstructure (cf. Wiegand 1989), frequently marked by layout and typographical devices (markup), such that "physical and logical structure are interlinked" (Boguraev/Neff 1992:111). Through algorithmic interpretations of markup structures logical structures may be recognized which in turn yield information on content structures in dictionary entries.

---

1 Compare Boguraev/Neff 1992:112: "Lexicography assumes a certain amount of knowledge in dictionary users about how the lexicon of their language is constructed; dictionary entries appeal, often implicitly, to this knowledge. This suggests that a hitherto unexplored aspect of dictionary content would be directly relevant to building computational lexicons. This also makes the task of locating and extracting this kind of lexical knowledge — currently identified as core lexical semantics — quite challenging".

2. **Restricted grammar.** Surprisingly enough, not much has been written about syntax in dictionary definitions (as different from NL syntax in quoted examples or its specialties in idioms). Some of its characteristics may be tentatively stated as follows: predominant use of kernel phrases instead of complete (by NL standards) sentences; frequent use of parataxis; a lower degree of variety due to normative and economic endeavours. Of course, there may be significant differences due to dictionary policies and lexicographic tradition in different languages.[2]

3. **Reduced vocabulary.** In parallel to normative tendencies in syntax, the lexical inventory used to formulate definitions in monolingual dictionaries is generally characterized by limited variation. In some dictionaries definitional vocabulary is consciously kept small by number, representative, and function specific. Such dictionaries using a "controlled" or "restricted" vocabulary are preferentially dealt with by computational lexicographers, the presently best-known example being LDOCE (see Boguraev/Briscoe (eds.) 1989; Slator 1989).[3]

LDOCE was used as data and information source in a number of projects, such as machine-readable dictionary (MRD) and semantic database generation, speech recognition, or grammatical tagging — reported on in Boguraev/Briscoe (eds.) 1989, Slator 1989, Voogt-van Zutphen 1987, Janssen 1990, Vossen 1993. A large international project "concerned with the exploitation of machine-readable versions of conventional dictionaries in an attempt to develop substantial lexicons for NLP in a resource efficient fashion" (Briscoe 1993:1) — ACQUILEX — is referred to in Briscoe/de Paiva/Copestake (eds.) 1993. This paper reports on work in a very small-scaled research project on *Computational analysis of German dictionary definitions* funded by the *Deutsche Forschungsgemeinschaft (DFG)* since 10/1991. A bibliography of project papers and publications is listed in an appendix. A brief overview of ongoing activities in the field of computational lexicography will first be given to enable assessment of our contribution. In the following paragraphs, the data will be presented together with our approach to its processing and analysis, results obtained so far, and future perspectives.

2 Aspects of dictionary data processing

An account of first MRD projects, mainly in the USA, from mid-60s to mid-80s was given by Amsler 1984. Amsler 1984:165 reports on a projected cumulation, at Stanford, of several MRDs into one standardized lexicographic database. A project of this kind was realized between 1983 and 1986 for twelve German MRDs (cf. Heß/Brustkern/Lenders 1983; Brustkern/Schulze 1984). Subsequent activities in the USA, Japan, and Europe are described in Evens 1989. We may systematically distinguish three different complexes of activities related to MRDs:

1. Creating MRDs.

2 For most interesting, valuable, and recommendable studies on the logical syntax of French dictionary definitions see Rey-Debove 1966; 1967; 1971.

3 "The use of a restricted vocabulary in LDOCE definitions means that the lexicographers have already engaged in a substantial amount of semantic analysis of word senses that is potentially useful for automatic natural language processing." (Alshawi 1989:163). Another important precondition for computational treatment is, of course, the availability of a machine-readable version of the dictionary.

2. Analyzing dictionary entries and especially definitions.
3. Transforming and reusing dictionary information.

The last point will not be explicitly discussed in this paper. The first one will only be touched upon and the main part of the paper will be concerned with our approach to the second point.

2.1 Creating MRDs

There are basically three ways of creating a MRD:

1. Entering original data onto a carrier.
2. Transferring an existing dictionary by typing in or OCRing a paper version.
3. Taking over computer typesetting or otherwise structured dictionary data.

An example for the first would be COBUILD which was intellectually compiled, together with a large text database, on data processing equipment (cf. Sinclair (ed.) 1987). Décary/Lapalme 1990 report on editing the "Explanatory and Combinatory Dictionary of Contemporary French (DECFC)". On the "informatisation" of an existing dictionary, the "Trésor de la Langue Française (TLF)", see Gorcy 1990 as an example for the second possibility. By the third method, which is the most generally practiced one, publishers' typesetting tapes are "reformatted" (Heyn/Christ/Heid 1992) such as to be structurally and linguistically interpretable.[4] Target structures are either so-called lexical (dictionary) databases, tree structures with attribute-value labelling, or structurally marked sequential data. Visual presentation in printed dictionaries is transformed into symbolic data representation by mapping typesetting codes onto structural identifiers, such as database fields or data record delimiters. The conversion of the LDOCE tape in comparison to similar work on the "Oxford English Dictionary (OED)" and "Oxford Advanced Learner's Dictionary (OALD)" tapes is documented in Boguraev/Briscoe (eds.) 1989 (chapters 2;3;5). Dictionary entry parsing (DEP) and the creation, design, and querying of lexical databases (LDB) in different IBM research projects using LDOCE and other dictionaries are reported on in Neff/Boguraev 1989, Boguraev et al. 1990, Boguraev 1991. The conversion of "Duden Deutsches Universal Wörterbuch (DDUW)" data into an LDB was studied by Bläser/Wermke 1990. As an alternative to LDB conversion, dictionary data may be sequentially organized and provided with instream information on its internal structure. For this purpose, the markup language SGML (cf. Goldfarb 1990),[5] standardized by ISO-8879, has turned out to be very convenient. An SGML-coding of the "Oxford Advanced Learner's Dictionary of Current English (OALDE)" is described in detail by Heyn 1992. Extensions and innovations for different types of dictionaries are currently being discussed (e.g. Fought et al. 1993).

---

4 Structural interpretation refers to the identification of dictionary articles and their constituent parts such as headwords, grammatical information, meaning definitions, examples of primary and idiomatic usage, etc. Once identified, these constituents may be submitted to linguistic interpretation such as morphological and grammatical analysis of the headword, definition string parsing, meaning analysis, etc.

5 SGML stands for "Standard Generalized Markup Language". It provides a tagging syntax for document representation, structuring, and exchange and is recommended by an international cooperation project called "Text Encoding Initiative (TEI)" for dictionary markup among other things.

2.2 Analyzing dictionary definitions

Computer-oriented analyses of dictionary definitions aim at:

- A recognition of the linguistic — especially semantic — properties of the lexical items (headwords) described.
- A recognition of lexical relations (hierarchies) between defined and defining items.
- A formalization (if possible theory-independent) of discursive information on lexical and semantic properties of words described and used in the dictionary to be reused in electronic dictionaries and NL processing systems.

Tools and methods for tracing lexical hierarchies through hypernym and hyponym relations between definienda and definientes were developed and commented on by Calzolari 1984, Chodorow et al. 1985, and Byrd et al. 1987. Quantitative methods in studying "definition sequences and lexeme networks" were introduced by Sambor/Hammerl (eds.) et al. 1991. We may distinguish between interactive (query-based) and non-interactive (index-based) tools. Calzolari 1984 used an on-line query language for temporal (dynamic) activation of lexical relations. Chodorow/Byrd/Heidorn 1985 proposed word relation indexes together with user interventions. A "lexical query language (LQL)" accessing an LDB was developed by Byrd et al. 1987. Access to SGML-coded sequential data will be off-line.

Tools developed for lexical analyses in definitions are generally pattern-based. They operate on lexical (word) patterns, on syntactic (word class) patterns, or on combinations of both. As a principle, word-pattern-based tools aim at an extraction of genus terms called "head finding" (Calzolari 1984; Chodorow/Byrd/Heidorn 1985; Byrd et al. 1987). Interactive browsing of lexeme hierarchies based on hyponym indexes was termed "sprouting" by Chodorow/Byrd/Heidorn 1985 (with "pruning" as subsequent disambiguation), and word selection based on hypernym indexes was called "filtering". Byrd et al. 1987 added "synonym matrices" and some statistically-based retrieval tools. Approaches based on syntactic patterns were described by Alshawi 1987 and Jensen/Binot 1987. Alshawi proposed parsing of LDOCE meaning definitions "by a phrasal analyzer that applies successively more specific phrasal analysis rules. The aim of this analysis is to provide sufficient semantic information" (Alshawi 1987:195). We picked up the idea of defining "phrasal pattern hierarchies" as an informative basis for a syntactic-semantic classification of meaning definitions. Jensen/Binot discussed on-line consulting of meaning definitions in a standard dictionary "as if it were a semantic expert" (Jensen/Binot 1987:251). Their interpretation hinged on phrasal clues considered as "patterns, which are almost systematically used to express specific semantic relations" (Jensen/Binot 1987:254) and "link checking" on lexical hierarchies as established by the definitions.

There are relatively fewer studies on the computational treatment of dictionaries of German. Some preliminaries were formulated by Drewek 1985. Brustkern 1988 reported on the import into a database of lexical information from G. Wahrig's "dtv-Wörterbuch der deutschen Sprache". I already mentioned the study of Bläser/Wermke 1990 on the transfer of DDUW. They adapted the DEP developed at IBM Research in Yorktown Heights (cf. Neff/Boguraev 1989; Boguraev et al. 1990) to DDUW data. Between 1983 and 1986 a "Word Data Base (WDB)" with approximately 300.000 entries was cumulated from twelve MRDs of German at the University of Bonn (see Lenders 1991 for details and references). This sequentially stored data has recently been imported into an ORACLE database. DDUW data is or was used by several other research institutions in Germany and Switzerland, but not as much material was published (to my knowledge) on these activities as on those related to LDOCE.

In the rest of this article I will give a comprehensive overview of work at the Computational Linguistics department of the University of Bonn,[6] carried out up to now or planned for the months to come on part of the DDUW, which we are able to use with the publisher's kind permission. The general methodology of the project may be characterized as follows: structural marking of the data; grammatical tagging of headwords and meaning definitions; systematic classification of headwords and single word definitions according to morphological structures (morpheme patterns), and of multiple word definitions according to phrase structures (word class patterns); assessment of relationships between morphological structures in headwords and syntactic structures in definitions, and of vertical and horizontal relations between tag patterns of varying complexity; semantic interpretation of basic pattern types and their variations; semantic interpretation of meaning definitions on the basis of morphological and syntactic types together with lexical clues.

3 Analyzing meaning definitions in DDUW: morphology, syntax, and semantics

3.1 Preparatory work

Reformatting the original data. We have at our disposal the first 2 MB of computer typesetting data from DDUW ranging from headwords "A" to "Band". Based on previous work at the institute (Schröder 1991),[7] a typesetting data parser (TDP) was conceived and written in Turbo Pascal that produces SGML-marked output (Carla/Elsen/Weber 1992). The TDP interprets the physical structure of the original data, consisting of typesetting codes and text, and results in a categorial structure, marked by user-defined SGML tags. It works in a modular sequential way, such that in principle each module proceeds from interim results and formats produced by its predecessor(s) (Elsen/Hartmann 1993). We opted for a rather unsophisticated markup scheme — considering consistent and flawless identification of categorial elements in the microstructure to be of greater interest than elaborateness of the descriptive scheme. There is no quantitative assessment, but in the course of further processing of the data hardly any errors showed up.

Selectional information extraction. Categories we are primarily interested in are: headwords with word class indication, comments on their meaning(s), and — if applicable — sense number. Accordingly, a definition complex, in our understanding, consists of a headword (tagged `<LEM>`), followed by, among other things, a word class indication (tagged `<GR>` ... `<wa>` ... `</GR>`), and a comment on the headword's meaning — sometimes also on some of its grammatical properties (tagged `<DF>`), or several comments for distinctive meanings labelled by sense numbers (attributed to `<LA lnr=#>`). Other categories, like syntactic and register information for the headword, examples and idioms completing the definition, were properly SGML-marked and may be accessed whenever necessary. For

6 Special thanks to my colleague Harald Elsen for his ongoing organizational and programming support, for his interest, goodwill, and good ideas, and for many critical and stimulating discussions.

7 The adaption of the IBM-origin DEP by Bläser/Wermke 1990 was not available.

the present, we decided to select only the categories specified above, thus working with reduced datasets that are easier to handle and to assess.

Preliminary classification. A *definition*, as derived from the informal specification of a 'definition complex' above and according to the output of the extraction program is, then, a grammatically labelled headword with a single meaning comment, which is sense-numbered only if more than one comment to this headword is to be found in the dictionary. We thus talk about a 6–word definition if a headword has one meaning commented on in the dictionary by a string of six words in length. For an improved synopsis of the data, definitions were classified according to their length counted in number of words. Each class was written into a separate file. If a headword has different meanings, with definitions of various length, it is listed in different files. There are, for a total of 9,640 different headwords, 13,815 senses/definitions with: 1,110 1–word definitions, 1,820 2–word definitions, 1,790 3–word definitions, 4,330 4–6–word definitions, 4,765 $\geq$ 6–word definitions. This grouping is not as arbitrary from a linguistic point of view as it may appear. 1– and 2–word definitions, as well as a part of 3–word definitions, are of a different type (viz. morphological — see below) than longer (syntactic or phrasal) definitions. The following terminological convention is adopted (after Weber 1992; 1993A): comments on meaning consisting of

- a single (synonymous) lexeme, or
- a lexical (autosemantic or categorematic) word belonging to the same wordclass than the headword function (synsemantic or syncategorematic) word satellites only, or
- a paratactic sequence of lexical words

are termed *lexeme definitions*; all other sequences are termed *phrasal definitions*. The middle groups of 3– and 4–6–word definitions hold what could be called prototypical instances of DDUW definitions; longer definitions ($\geq$ 6) often result from a parataxis of kernel phrases of the type represented by $\approx 3-6$–word definitions and, quite frequently, lexeme definitions.[8]

Tokenization of the definition vocabulary. In order to obtain word class information not only on headwords, but on all the other tokens of the definitions, the data tagged by <DF> was verticalized, alphabetically sorted, and submitted to token–type reduction (UNIQ). An interesting problem encountered here, was the resolution of what we termed *morpho-lexical bracketing*. Analogously to syntactic bracketing (for which round parentheses are used in DDUW), on a morpho–lexical level variants of a word are quoted with square brackets around omissible morphemes or sub–lexemes, e.g.:

- grammatical morphemes: *Gaunerei[en]* for: *Gaunerei* (noun singular) and *Gaunereien* (plural);
- derivational morphemes : *[er]mahnen* for: *ermahnen* (prefixed verb) and *mahnen* (simplex);

8 Remember that the "length" is not computed as a result of syntactic parsing, but simply of word count.

- compound lexemes : *[Telefon]gesprächen* (noun dat. pl.) for: *Telefongesprächen* and *Gesprächen*; *[je]doch* (adverb/conjunction) for: *jedoch* and *doch*.

There are more complex cases like: *Fach[hoch]schule* (noun sg.) for: *Fachhochschule*, *Fachschule*, and ?*Hochschule*; *ein[und]einhalb* (numeral) for: *einundeinhalb* and *eineinhalb*, but not **undeinhalb*; *[ab–,herunter]nehmen* (verb) for: *abnehmen*, *herunternehmen*, and *nehmen*. We treated these forms by adopting all possible resolutions of the bracketing as tokens.

Word class tagging. The definition vocabulary was tagged by way of lookup in the definition complex for headwords (9.640) and in the Word Data Base (WDB) for all other items (ca. 23.000). The latter were sequentially stored in a format inspired from the WDB's, and an alphabetical index containing the offset in bytes of each type record was created to enable binary search. Information on noun capitalization and on umlaut, which is not encoded in the WDB, was automatically added. Despite their being full forms, relatively few words are inflected, and verbal as well as nominal infinitives are predominant. The WDB word class system is different from the — very traditional — one applied in DDUW. The approximately 20 categories making up the former are defined according to morphological, syntactic, and semantic criteria (for details see Lenders 1991).

3.2 Morphology

A very large number of DDUW definitions make use of *morphological patterns* in the language. There are basically two techniques:

1. In lexeme definitions, the morphological structure of the headword is in some way structurally related to the (head of) the comment. I termed this *morphological variation*.

2. In phrasal definitions the morphological structure of the headword is in some way taken up and made explicit by the comment. This type was termed *morpho–semantic definition* by J. Rey–Debove.

We developed a number of tools for tackling patterns of variation in a systematic way. In order to compare morphological patterns in words, they first have to be morphologically analyzed. This is performed by a "morphological parser" (MORPAR) producing segmentations marked by hyphens from input words. It does not require intellectual intervention, but it makes heavy use of dictionaries with morphemes, unsegmented, and segmented words. It has non–deterministic components, but it may be tuned, using a starting switch, either to produce all possible solutions in case of prima facie undecidability, or to force a unique solution based on some probabilistic and some arbitrary built–in decision devices (for a detailed description see Weber 1992).

Pairs of hyphenated words may then be input to a "morphological matcher" (MORMATCH) that compares morphological word structures according to user–defined patterns. It may be used to detect all word pairs that have the same stem, but different prefixes, or vice versa, or in which only the middle of three elements is different, etc. up to any number of elements and differences. Applicable patterns are specified in a rule file using regular expressions extended by three special symbols:

M as the first symbol in a line introduces a basic word structure (morpheme) pattern to search for;

V as the first symbol in a line introduces a variation pattern whose matches are to be compared to those of the M–pattern;

% in a V–line indicates that the substring matched by the M–line pattern at the same structural location is to be substituted in the V–line.

A single M–line may be followed by any number (≥ 1) of V–lines. M–lines describe the basic morpheme pattern to be searched for, e.g. words with two morphemes separated by a hyphen. V–lines describe variations of the basic pattern, e.g. words in which the first or the second morpheme is identical/different. A linked list is built up from the input file with pairs of segmented words (headwords and comment words).[9] If one of the elements of a pair matches the pattern given in the M–line, a pattern corresponding to the expression in the V–line is compiled, and the other element is matched against it. The convention is that parts of V–lines that are regular expressions are rematched, whereas for parts marked by % the substring that was matched at the corresponding structural location in the M–line is substituted as a literal. To give an example: A morphological pattern indication: `M^[a-z]+-[a-z]+$` matches lines consisting of one or several lower–case letters followed by a hyphen followed by one or several lower–case letters. It would match, e.g., *down–stream* in one line. A variant indication: `V^[a-z]+-%$` following the M–line is compiled into an expression consisting of one or several lower–case letters followed by a hyphen followed by the litteral that was matched by the expression at the corresponding location in the M–line, i.e. `^[a-z]+-stream$`, matching e.g. *up–stream*. In fact, these expressions describe (a) prefix or (b) lexical variation in words consisting of one bound and one free (a) or two free (b) morphemes:[10]

(a)	<LEM> Abguß	<DF> Aus**guß**.
	<MOA> ab-guss	<MOA> **aus**-guss
(b)	<LEM> Alltag	<DF> Werk**tag**:
	<MOA> all-tag	<MOA> **werk**-tag

Similarly, suffix (c) or third morpheme (d) variation in words with three morphemes may be expressed by: `M^[a-z]+-[a-z]+-[a-z]+$` and `V^%-%-[a-z]+$`, yielding:

(c)	<LEM> **Aufmachung**	<LA lnr=3>	<DF> **Aufmacher**.
	<MOA> auf-mach-**ung**		<MOA> auf-mach-**er**
(d)	<LEM> **akzent**los		<DF> **akzent**frei;
	<MOA> ak-zent-**los**		<MOA> ak-zent-**frei**

Further developments

Pattern variation now has to be described manually in the M/V–format described above. This is rather tiresome, considering e.g. longer patterns with 5–10 morphems and their possible variations (of 1–n morphemes). A feature that makes the program *automatically*

9 M– and V–lines are dynamically compiled and evaluated within our C–programs using PD regular expression processing tools from © University of Toronto.

10 Examples are not constructed anywhere, but cited as recorded in the data, except for format modifications by our programs. They may be found in DDUW under the headword, tagged <LEM>, counting sense numbering from left to right, whatever the original notation: thus, 1a) ...b) ...2) ...etc. become <LA lnr=1>, <LA lnr=2>, <LA lnr=3>, etc. The <MOA> tags are generated, together with the hyphenated words, by the segmentation program.

process all possible variations will be added. As a result we will have a complete pattern-based classification of morphological variation in lexeme definitions in our data which can be linguistically assessed.

A preliminary assessment of *morpho-semantic definition types* resulted in a "thematic classification" based on the kind of morphological information that is made explicit by the meaning paraphrase:[11]

1. Theme == derivational type; comments on the derivational, regular, motivated meaning of the headword.

2. Theme == derivational instance; comments on the idiosyncratic, special, idiomatic meaning of the headword.

3. Theme == affixal modification; comments on the meaning of a special affix in relation to and often with iteration of the headword's stem.

4. Theme == compound meaning; comments on the implicit meaning of compound headwords, generally not on the meanings of the compound elements.

There is a prototype that automatically analyses comments on compound meanings. It works on a string-basis, detecting parts of the compound headword in the comment. The rhematic remainder may then be identified and syntactically and semantically analysed. Performance and linguistic adequacy will be improved by introducing morphological instead of substring matching.

3.3 Syntax

Paratactic and syntactic structures

The syntax of DDUW definitions is different from standard written German syntax. It is generally characterized by the frequent occurrence of paratactic structures with *coordination*, *anaphora* (or *cataphora*), *ellipses*, and by an overall use of *stereotyped phrases* (cf. Weber 1991; 1993A). A parser for standard written language would only produce poor results on such input. A possible solution would be to write a special parser that could directly analyse the particular structures at issue. An alternative would be to resolve paratactic structures into "ordinary syntactic" ones that could be tackled by a more or less conventional parser (except for the conciseness and "incompleteness" of the definitions which, however, rather simplify the task). We tried out this second solution by having a parataxis parser (PARPAR) and an ATN syntactic parser developed in the frame of students' theses. Resolution of parataxes is supported by orthographic and grammatical clues:

; in the middle of a definition string always signals parataxis, e.g.:

`<LEM>` Alkohol [Nom.Mas] `<LA lnr=3>`

`<DF>` Weingeist enthaltendes Getränk; geistiges Getränk:

, signals parataxis if occurring between two items of the same word class, e.g.:

11 For details and numerous examples see Weber 1992.

<LEM> Allgemeinheit [Nom.Fem] <LA lnr=3>
<DF> allgemeine, oberflächliche Redensarten, Bemerkungen; Allgemeinplätze:

The last definition may be resolved into (at least) five expressions. Iteration of the first item, after ',' (often adverb, preposition, or pronoun), is another clue for phrasal coordination:

<LEM> abwesend [Adj] <LA lnr=1>
<DF> **nicht** an dem erwarteten Ort befindlich, **nicht** zugegen, **nicht**
<DF stat=app> vorhanden, **nicht** da:

Word class identity at this position may have the same effect. The main problem is to distinguish elliptic (anaphoric) from non-elliptic (coordinate) structures. Compare the following definitions, which have exactly the same structure, but of which (a) is elliptic and (b) is not:

(a) <LEM> auffordern [V.sw] <LA lnr=3>
<DF> zum Tanz bitten, engagieren: ⇒ zum Tanz engagieren
(b) <LEM> ansprechen [V.st] <LA lnr=5>
<DF> zur Sprache bringen, behandeln: ⇏ *zur Sprache behandeln

Ellipsis may be excluded for two reasons: (1) grammatical, like in (b) above, if a construction is unacceptable, or if there would be a violation of (number, case, ...) selection restrictions; (2) semantic, like in (c) below, which cannot be elliptic, because *Lebenzeit* (*lifetime*) is not countable and thus cannot be modified by *Anzahl der* (*number of*):[12]

(c) <LEM> Alter [Nom.Neu] <LA lnr=3>
<DF> Anzahl der Lebensjahre, Lebenszeit; Lebensabschnitt

"Phrasal pattern" analysis

A partial analysis of semantic structures in dictionary definitions based on phrasal patterns was proposed by Alshawi 1987; 1989. According to this proposition, meaning definitions were to be organized in "a hierarchy of phrasal analysis patterns in which more specific patterns are dominated by less specific ones" (Alshawi 1989:163). Phrasal pattern hierarchies were qualified as "data structures containing information relevant to the classification process" (Alshawi 1987:197) and were to be used for parsing by applying at first very general, and successively more specific patterns to sentences to get at a complete or at least a partial analysis of the sentences. We decided to apply this method to our corpus of grammatically tagged definitions, determining types of word class patterns underlying definitions of different lengths, as well as variant relations between them. Variants can be either "horizontal", with substitutions of parts of patterns by other elements, or "vertical", with extensions (or reductions) of basic patterns by recursive insertion (or removal) of elements.

A prototype for an analyser was developed in a C/Lex/Yacc environment. A lexical analyser written in Lex[13] and C generated our Yacc source code (OURYSC) from an input file with tag pattern types (i.e. with each different tag pattern occurring only once) and

12 For other examples see Weber 1993A.
13 Flex version 2.3 (c) Vern Paxson.

a Yacc skeleton file with definitions and invariable rules. This code could be compiled and linked without any further interventions.[14] The resulting program recognized all different structures found in the input file as represented by sequences of tags, or groups of alternative tags, and punctuation marks. Applied to a file with grammatically tagged definitions of the corresponding length, it could be used to identify the type each definition belonged to. For the last example quoted above we would obtain:

```
<DF>     Anzahl       der     Lebensjahre  ,    Lebenszeit  ; Lebensabschnitt
<TAG>    ('NOM') ('ART' | 'PRO') ('NOM')  ('ITP') ('NOM') ('ITP') ('NOM')
```

The lexical analyser would generate the following rules from this line (the first one applying to the pattern in question):

```
word_class_ SEQ word_class_ SEQ word_class_ SEQ ITP SEQ word_class_
    SEQ ITP SEQ word_class_
word_class_ : OPP grammar_tag CLP
grammar_tag : STRING | grammar_tag ALT STRING.
```

The first rule describes the structure of a definition as a sequence of word class tags (e.g. ('NOM') for noun, concatenation symbols (SEQ for blank(s)), and punctuation marks (ITP). *word_class_* is in turn defined as consisting of opening (OPP) and closing (CLP) parentheses and a *grammar_tag*, which is recursively defined as a STRING or a *grammar tag* followed by an alternation symbol (ALT ('—'))[15] and a STRING. These rules would match all definitions with the same structure in the corresponding file.

One important aspect of the pattern-based approach is that paratactic constructions need no special treatment, but can be treated like any other pattern — at least as long as no distinction is necessary between elliptic and non-elliptic ones. We did not get too far with the prototype, because of technical problems (e.g. keeping track of file pointers and buffers between Lex, Yacc, and user-C-functions). Alternatives are currently being tested and results will be reported later on.

3.4 Semantics

There are, essentially, two methodologies for semantic analyses of dictionary definitions:

1. the *head finding* approach and
2. the *phrasal pattern* approach.

There is no clear-cut distinction between the two methods; they may be, and in fact often are, combined in practical research. The head finding approach (Chodorow/Byrd/Heidorn 1985; Byrd et al. 1987) — following a claim that may be traced back as far as Aristotle[16] that good logical definitions *fiant per genus proximum et differentiam specificam*, and that dictionary definitions comply to that — aims at identifying the

14 Using GNU Bison version 1.19 (c) Free Software Foundation.

15 Tag alternatives are a result of multiple entries, in the WDB, for a lexical item, each with a different word class attribution. The ambiguity might be resolved by a phrase structure analysis, which was not performed at this stage.

16 Ὁ ὁρισμὸς ἐκ γένους καὶ διαφορῶν ἐστίν (Aristot. top. 103 b 15). Δεῖ γὰρ τὸ μέν γένος ἀπὸ τῶν ἄλλων χωρίζειν, τὴν δὲ διαφορὰν από τινος τῶν ἐν τῷ αὐτῷ γένει (A. top. 140 a 27). Δεῖ μὲν διὰ τοῦ γένους καὶ τῶν διαφορῶν ὁρίζεσθαι τὸν καλῶς ὁριζόμενον (A. top. 141 b 25). Aristoteles: Texte zur Logik. Zusammengestellt, übersetzt und kommentiert von Adolf Trendelenburg; bearb. u. neu hrsg. v. Rainer Beer. Rowohlt 1976 [s.l.].

genus term or hyperonym of the headword as the head of a definition and its modifiers as specific restrictions. The phrasal pattern approach (Alshawi 1987; 1989) is complementary to head finding in that evaluating and classifying defining phrase structures in a systematic way enables one to predict, to a certain extent and among other things, the location of head and modifier(s) within determined definition structures. As to the goals of definition analyses, they are again twofold:

1. meaning description analysis based on *local* lexical relations (cf. Vossen/Meijs/den Broeder 1989), or

2. lexeme network analysis based on *global* lexical relations (Sambor/Hammerl (eds.) 1991).

Lexical hierarchies may be represented using network inheritance formalisms (Vossen/Copestake 1993). Several implementations of such formalisms are currently available,[17] and we intend to study the applicability of default inheritance representation to meaning analyses in DDUW dictionary definitions.[18] As to local definition analyses, we adopted the proposition made by Vossen/Meijs/den Broeder 1989 to interpret the data at four different levels: a word sequence level, a word class sequence level, a syntactic pattern level, and a semantic pattern level, "distinguishing types of structure that differ in semantic effect" (op. cit.: 176). Their structural typology of nominal meaning definitions (176 ff.) does not, however, appear to be too insightful. The treatment of classifiers or abstractors (*a period of, piece of, type of, ...*) as "kernels (...) immediately followed by an *of*–complement", instead of (non–autonomous) parts of complex kernels (cf. Vossen/Copestake 1993) is not convincing and engenders a range of problems, as does taking no notice of useful research results in lexical semantics, such as the distinction between taxonomies and meronomies by Cruse 1986. No attempt is made to specify a vague concept such as "semantic weight" and theoretical insights into the morpho–semantic definition type (although not the fact itself: *adorn***ment** — "*the* **act** *of adorning*"; *camp***er** — "*a* **person** *who camps*", ...) are ignored.

Our own approach to semantics in DDUW definitions is presently in a preparatory stage of working out theoretical foundations.[19] Due to space restrictions I can only give a very brief sketch. The interpretation of the data on related structural levels and the allegation of regular correspondences between syntactic and semantic structures directly suggest a *combinatorial calculus* inspired by categorial grammars for the representation of defining phrases and semantic constituent functions. I think of a bidirectional categorial grammar with grammatically tagged lexemes as basic expressions, PS–type category labels for complex constituents, morphological formation rules on morpheme types, as well as syntactic formation rules on word class types for the grammar, and pattern–based morphological and syntactical operations in the vein described above for the processor. The grammar describes the language sample represented by the definition corpus. Patterns of (alternatives of) lexical categories as generated by the tagger are analysed from right to left and are assigned syntactic structures. Non–paratactic 2–word definitions are

17 I know of three: Sussex Prolog DATR by R. Evans at in Brighton/GB; QDATR by J. Kilbury et al. in Düsseldorf/D; and DDATR by D. Gibbon at Bielefeld/D.

18 Note that we cannot algorithmically trace e.g. hyperonym chaining within our data as it represents only a part of the dictionary (essentially letter "A").

19 A larger study by the author on problems of semantic analysis and representation is currently in preparation.

interpreted as extensions of 1-word definitions, 3-word definitions as further extensions of those, etc. Basic structural operations are left and right concatenation. Concatenation on the word (string) level thus is analysed as combination on the lexical (categorial) level which in turn is interpreted as functional application on the semantic (definitional) level. Semantic description of meaning relations between headwords and meaning definitions and between defining items draws on concepts of *combinatorial semantics*[20] as developed by U. Weinrich and I. Melčuk et al. For the representation of lexical items themselves feature structures are now commonly used.

A lot of work remains to be done in this field. It is our hope that by a conscientious and systematic treatment and classification of the data preparatory to semantic analysis proper we might gain further insight into the techniques and characteristics of meaning definitions and obtain some valuable results in the formalization and computational treatment of discursive meaning explicitations.

References

For references not listed here see the next section on project-related literature.

Aarts, Jan / Meijs, Willem (eds.) (1990): Theory and Practice in Corpus Linguistics. Amsterdam / Atlanta, GA: Rodopi.

— / de Haan, Pieter / Oostdijk, Nelleke (eds.) (1993): English Language Corpora. Design, Analysis and Exploitation. 13th International Conference on English Language Research on Computerized Corpora, Nijmegen 1992. Amsterdam / Atlanta, GA: Rodopi.

Alshawi, Hyan (1987): Processing Dictionary Definitions with Phrasal Pattern Hierarchies, Computational Linguistics 13/3-4 (195-202).

— (1989): Analysing the dictionary definitions, in: Boguraev/Briscoe (eds.) (153-169).

Amsler, Robert A. (1984): Machine-Readable Dictionaries, Annual Review of Information Science and Technology 19 (161-209).

— / Tompa, Frank W. (1988): An SGML-based Standard for English Monolingual Dictionaries. Waterloo, Ontario: University of Waterloo, Centre for the New Oxford English Dictionary.

Bergenholtz, Henning / Schaeder, Burkhard (eds.) (1979): Empirische Textwissenschaft: Aufbau und Auswertung von Text-Corpora. Königstein/Ts.: Scriptor.

Bläsi, Christoph / Koch, Heinz-Detlev (1992): Maschinelle Strukturerschließung von Wörterbuchartikeln mit Standardmethoden, Lexicographica 7 (182-201).

Bläser, Brigitte / Wermke, Matthias (1990): Projekt "Elektronische Wörterbücher/Lexika": Abschlußbericht der Definitionsphase. IBM Germany Science Center, Institute for Knowledge Based Systems (IWBS Report 145).

Boguraev, Bran (1991): Building a Lexicon: The Contribution of Computers, International Journal of Lexicography 4 (227-160).

— / Neff, Mary (1992): Text Representation, Dictionary Structure, and Lexical Knowledge, Literary and Linguistic Computing 7/2 (110-112).

— / Byrd, Roy J. / Klavans, Judith L. / Neff, Mary S. (1990): From Structural Analysis of Lexical Resources to Semantics in a Lexical Knowledge Base. Research Report, IBM Research Division. Yorktown Heights, NY: T.J. Watson Research Center.

— / Briscoe, Ted (eds.) (1989): Computational Lexicography for Natural Language Processing. London / New York: Longman.

Briscoe, Ted (1993): Introduction, in: Briscoe/de Paiva/Copestake (eds.) (1-12).

— / de Paiva, Valeria / Copestake, Ann (eds.) (1993): Inheritance, Defaults, and the lexicon. Cambridge: Cambridge U. P.

Brustkern, Jan / Schulze, Wolfgang (1984): The Word Data Base of German, in: Hamesse, Jacqueline (ed.): Computers in Literary and Linguistic Research. XI International Conference of the ALLC. Geneva: Slatkine Reprints.

20 Cf. Nico Weber: Semantic theories and representation. May 1994 [unpublished paper].

Byrd, Roy J. / Calzolari, Nicoletta / Chodorow, Martin S. / Klavans, Judith L. / Neff, Mary S. / Rizk, Omneya A. (1987): Tools and Methods for Computational Lexicology, Computational Linguistics 13/3-4 (219-240).

Calzolari, Nicoletta (1984): Detecting Patterns in a Lexical Data Base, in: Association for Computational Linguistics (ed.): Proceedings of COLING 84 (170-173).

Chodorow, Martin S. / Byrd, Roy J. / Heidorn, George E. (1985): Extracting Semantic Hierarchies from a Large On-line Dictionary, in: Annual Meeting of the Association for Computational Linguistics, vol. 23, Chicago (299-304).

Church, Kenneth W. / Mercer, Robert L. (1993): Introduction to the Special issue on Computational Linguistics Using Large Corpora, Computational Linguistics 19/1 (1-24).

COBUILD = Collins COBUILD English Language Dictionary (1987), John Sinclair (ed. in chief). London / Glasgow: Collins; Stuttgart: Klett.

Cruse, D. A. (1986): Lexical Semantics. Cambridge: Cambridge U.P.

Décary, Michel / Lapalme, Guy (1990): An Editor for the Explanatory and Combinatory Dictionary of Contemporary French (DECFC), Computational Linguistics 16/3 (145-154).

Drewek, Raimund (1985): Vorbemerkungen zu einer computerunterstützten Lösung für die Lexikographie im Verlag als Beitrag zur praktischen SDV, in: Endres-Niggemeyer, Brigitte / Krause, Jürgen (eds.): Sprachverarbeitung in Information und Dokumentation. Berlin [etc.]: Springer (34-45).

DDUW = DUDEN Deutsches Universalwörterbuch (1989). Hrsg. u. bearb. vom Wiss. Rat u. d. Mitarb. d. Dudenred. unter Leitung von G. Drosdowski. - 2., völlig neu bearb. u. stark erw. Aufl., Mannheim / Wien / Zürich: Dudenverlag.

Evens, Martha (1989): Computer-Readable Dictionaries, Annual Review of Information Science and Technology 24 (85-117).

Fought, John / Wesler, Marcia / Davenport, Heather / van Ess-Dykema, Carol (1993): Extending SGML Concurrent Structures: Towards Computer-Readable Meta-Dictionaries, Literary and Linguistic Computing 8/1 (33-38).

Goldfarb, Charles F. (1990): The SGML Handbook. Oxford: Clarendon Press.

Gorcy, Gérard (1990): L'informatisation d'un dictionnaire: l'exemple du Trésor de la langue française, in: Hausmann et al. (eds.) (1672-1678).

Grishman, Ralph / Kittredge, Richard (eds.) (1986): Analysing Language in Restricted Domains: Sublanguage Description and Processing. Hillsdale, NJ / London: Erlbaum Associates.

Hauser, Ralf / Storrer, Angelika (1993): LexParse — Ein Parser zur maschinellen Analyse von Wörterbuchstrukturen. Tübingen: Universität Tübingen, Seminar für Sprachwissenschaft (SfS Report 9-93).

Hausmann, Franz Josef / Wiegand, Herbert Ernst (1989): Component Parts and Structures of General Monolingual Dictionaries: A Survey, in: Hausmann et al. (eds.) (328-360).

— / Reichmann, Oskar / Wiegand, Herbert Ernst / Zgusta, Ladislav (eds.): Wörterbücher. Dictionaries. Dictionnaires. An International Encyclopedia of Lexicography. First Volume (1989); Second Volume (1990); Third Volume 1991. Berlin: de Gruyter.

Heß, Klaus / Brustkern, Jan / Lenders, Winfried (1983): Maschinenlesbare deutsche Wörterbücher. Tübingen: Niemeyer.

Heyn, Matthias (1992): Zur Wiederverwendung maschinenlesbarer Wörterbücher. Eine computergestützte metalexikographische Studie am Beispiel der elektronischen Edition des "Oxford Advanced Learner's Dictionary of Current English". Tübingen: Niemeyer.

— / Christ, Oliver / Heid, Ulrich (1992): Computergestützte Metalexikographie, LDV-Forum 9/1 (23-33).

Janssen, Sylvia (1990): Automatic Sense Disambiguation with LDOCE: Enriching Syntactically Analysed Corpora with Semantic Data, in: Aarts/Meijs (eds.) (105-135).

Johansson, Stig / Stenström, Anna-Brita (eds.) (1991): English Computer Corpora. Berlin / New York: Mouton de Gruyter.

LDOCE = Longman Dictionary of Contemporary English (1978), Procter, Paul (ed.). Harlow: Longman.

Lenders, Winfried (1991): Die Bonner Wortdatenbank: Umfang, Struktur, Inhalt, in: Lenders, Winfried (ed.): Studien zur Maschinellen Lexikographie. Bonn (= IKP-Arbeitsberichte; Abt. LDV; Nr. 11).

Markowitz. J. / Ahlswede, T. / Evans, M. (1986): Semantically significant patterns in dictionary definitions, in: Proceedings of the 24th Annual Meeting of the ACL. New York: Association for Computational Linguistics (112-119).

Meijs, Willem (ed.) (1987): Corpus Linguistics and Beyond. 7th International Conference on English Language Research on Computerized Corpora, Amsterdam, 8.-11. 6. 1986. Amsterdam / Atlanta, GA: Rodopi.
Neff, Mary S. / Boguraev, Branimir K. (1989): From Machine-Readable Dictionaries to Lexical Data Bases. Research Report. IBM Research, Lexical Systems Project. Yorktown Heights, NY.
— / Byrd, Roy J. / Rizk, Omneya A. (1988): Creating and querying lexical data bases. Research Report, in: Proceedings of the Second ACL Conference on Applied Natural Language Processing. Austin, Texas (84-92).
Oostdijk, Nelleke / de Haan, Pieter (eds.) (1994): Corpus-Based Research into Language. In honour of Jan Aarts. Amsterdam / Atlanta, GA: Rodopi.
Pütz, Horst P. / Haller, Johann (eds.) (1993): Sprachtechnologie: Methoden, Werkzeuge und Perspektiven. Jahrestagung 1993 der GLDV. Hildesheim / Zürich / New York: Olms.
Rey-Debove, Josette (1966): La définition lexicographique: recherches sur l'équation sémique, Cahiers de lexicologie 8 (71-94).
— (1967): La définition lexicographique; bases d'une typologie formelle, Travaux de linguistique et de littérature 5/1 (141-159).
— (1970): Le domaine du dictionnaire, Langages 19 (3-34).
— (1971): Ètude linguistique et sémiotique des dictionnaires français contemporains. The Hague / Paris: Mouton.
Sambor, Jadwiga / Hammerl, Rolf (eds.) (1991): Definitionsfolgen und Lexemnetze. Band 1. Lüdenscheid: RAM.
Sinclair, John M. (ed.) (1987): Looking Up. An account of the COBUILD Project in lexical computing. London / Glasgow: Collins.
Slator, Brian M. (1989): Extracting lexical knowledge from dictionary text, Knowledge Acquisition 1 (89-112).
Souter, Clive / Atwell, Eric (eds.) (1993): Corpus-based computational linguistics. Amsterdam / Atlanta, GA: Rodopi.
Voogt-van Zutphen, Hetty (1987): Constructing an FG lexicon on the basis of LDOCE, Working papers in functional grammar 24. Amsterdam.
Vossen, Piek (1993): Polysemy and vagueness of meaning descriptions in the 'Longman dictionary of contemporary English', in: Johansson/Stenström (eds.) (105-123).
— / Copestake, Ann (1993): Untangling Definition Structure into Knowledge Representation, in: Briscoe/Copestake/de Paiva (eds.) (248-274).
— / Meijs, Willem, den Broeder, Marianne (1989): Meaning and structure in dictionary definitions, in: Boguraev/Briscoe (eds.) (171-192).
Wiegand, Herbert Ernst (1989): Der Begriff der Mikrostruktur: Geschichte, Probleme, Perspektiven, in: Hausmann et al. (eds.) (409-462); Arten von Mikrostrukturen im allgemeinen einsprachigen Wörterbuch, in: Hausmann et al. (eds.) (462-501).
Wilks, Yorick / Fass, Dan / Guo, Cheng-Ming / McDonald, James / Plate, Tony / Slator, Brian (1989): A tractable machine dictionary as a resource for computational semantics, in: in: Boguraev/Briscoe (eds.) (193-228).

Appendix: Bibliography of Papers and Publications Related to and Issued from the Project: "Computerorientierte Analyse der Definitionstexte deutscher Wörterbücher"

Carla, Mario / Elsen, Harald / Weber, Nico (1992): Die Überführung des DUW-Satzbandes in ein SGML-konformes Format, Internal project paper. Bonn.
Elsen, Harald / Hartmann, Jörg (1993): Satzbandanalyse und Aufbereitung des Definitionswortschatzes eines deutschen Wörterbuchs, in: Pütz, Horst P. / Haller, Johann (eds.) (169-181) [see Bibliographical References].
Lenders, Winfried (1990): Semantische Relationen in Wörterbucheinträgen - Eine Computeranalyse des DUDEN-Universalwörterbuchs, in: Schaeder, Burkhard / Rieger, Burghard (eds.) Lexikon und Lexikographie. Jahrestagung 1990 der GLDV. Hildesheim / Zürich / New York: Olms (92-105).
— (1993): Strukturelle Eigenschaften von Bedeutungserklärungen deutscher Verben, in: Mattheier Klaus J. et al. (eds.): Vielfalt des Deutschen. Fs. f. W. Besch. Frankfurt/M.: Lang (429-459).

Schröder, Bernhard (1991): Automatische Erkennung und Extraktion von Informationskategorien aus den Worteinträgen des DUDEN-Universalwörterbuchs, in: Lenders, Winfried (ed.): Studien zur Maschinellen Lexikographie. Bonn (= IKP-Arbeitsberichte; Abt. LDV; Nr. 11).

Weber, Nico (1991): Kommentierte Bibliographie zum Projekt "Computerorientierte Analyse der Definitionstexte deutscher Wörterbücher, Internal project paper. Bonn.

— (1991): Onomasiologie und Semasiologie im maschinellen Lexikon, ZPSK 44/5 (614–633).

— (1992): Morpho-semantische Wörterbuchdefinitionen, Sprache und Datenverarbeitung 92/2 (45–63).

— (1993A): Computergestützte Analyse von Definitionstexten in einem deutschen Wörterbuch, in: Pütz, Horst P. / Haller, Johann (eds.) (140–168) [see Bibliographical References].

— (1993B): "Lëtzebuerger Dictionnaire" — Textcorpus und Computereinsatz, Sprache und Datenverarbeitung 17/1 (115–130).

— (1994): Maschinelle Hilfen bei der Herstellung, Verwaltung und Überarbeitung von Fachwörterbüchern, in: Schaeder, Burkhard / Bergenholtz, Henning (eds.): Fachlexikographie. Fachwissen und seine Repräsentation in Wörterbüchern. Tübingen: Narr (191–207).

Ralf Hauser & Angelika Storrer

Probleme und Lösungen beim Parsen von Wörterbüchern

1 Einleitung

Viele neuere Wörterbücher liegen maschinenlesbar nur als Satzbanddateien vor. Diese Satzbanddateien werden bei der Drucklegung des Wörterbuchs vom Setzer mittels einer Satzmaschine erstellt. Ein Wörterbuchparser ist ein Programmsystem, das einen auf Satzband repräsentierten Wörterbuchtext maschinell in seine zentralen Gliederungseinheiten, die Wörterbuchartikel, zerlegt und diesen Wörterbuchartikeln dann relativ zu einer vorgegebenen Grammatik eine Strukturbeschreibung zuweist. Der Wörterbuchparser erzeugt dabei eine Repräsentation des Wörterverzeichnisses, die die hierarchische Struktur der einzelnen Wörterbuchartikel expliziert und damit einen gezielten Zugriff auf die einzelnen lexikographischen Angaben ermöglicht. Eine derartige Repräsentation der Wörterbuchstruktur wird im folgenden als *Wörterbuchdatenbank* bezeichnet und kann in verschiedener Weise genutzt werden:

- In der **praktischen Lexikographie** können Wörterbuchdatenbanken als zentraler Bestandteil eines computerunterstützten Lexikographenarbeitsplatzes fungieren: Die als Datenbank gespeicherten Wörterbücher sind dann direkt am Bildschirm editier- und veränderbar. Die vielfältigen Abfragemöglichkeiten gestatten einen raschen und effizienten Zugriff auf sämtliche Wörterbuchartikel und erleichtern dadurch die Überprüfung der strukturellen und inhaltlichen Konsistenz des Wörterbuchs. Außerdem können sie als Grundlage für künftige elektronische Publikationen von Wörterbüchern verwendet werden (vgl. Bläser/Wermke 1990).

- In der **Computerlinguistik** gab es in den letzten Jahren verschiedene Versuche, das in Wörterbuchdatenbanken gespeicherte lexikalische Wissen für Systeme der maschinellen Sprachverarbeitung nutzbar zu machen. Dabei wurden entweder Sprachverarbeitungsprogramm und Wörterbuchdatenbank durch eine Schnittstelle direkt miteinander verbunden, oder es wurden spezifische Informationen aus der Wörterbuchdatenbank (semi-)automatisch extrahiert und in eine Datenstruktur überführt, die dann von einem oder mehreren Sprachverarbeitungsprogrammen genutzt werden kann (z.B. Boguraev 1991, McNaught 1988 und Boguraev/Briscoe 1989). Die Versuche sind vornehmlich durch das Bedürfnis motiviert, den hohen Zeit- und Kostenaufwand zu senken, der mit der Entwicklung von Lexikonkomponenten für Sprachverarbeitungssysteme verbunden ist.

Die Extrahierbarkeit lexikalischen Wissens aus Wörterbuchdatenbanken ist auch Teil des Forschungsinteresses in dem an der Universität Tübingen durchgeführten ELWIS–Projekt zum korpusgestützten Aufbau lexikalischer Wissensbasen (vgl. Storrer/Feldweg/Hinrichs 1993). Für Experimente zur Extraktion lexikalischen Wissens standen dem Projekt verschiedene lexikalische Datensammlungen zur Verfügung, u.a. Satzbanddateien mit Teilen des Duden-Stilwörterbuchs und des Duden–Bedeutungswörterbuchs.[1] Um auf die für das Projekt relevanten lexikographischen Angaben zu Flexion, Wortbildung und zum kombinatorischen Potential lexikalischer Einheiten (Subkategorisierung, Kollokationen, Phraseolexeme) gezielt zugreifen zu können, mußten diese Satzbanddateien in eine Wörterbuchdatenbank überführt werden. Zu diesem Zweck wurde das LEXPARSE–System entwickelt, ein flexibler und wörterbuchunabhängiger Wörterbuchparser, mit dem beliebige Satzbanddateien geparst werden können.

Im Gegensatz zu vergleichbaren Systemen[2] basiert LEXPARSE nicht auf einem Parser für natürlichsprachige Sätze, sondern wurde von Beginn an speziell auf die Erkennung von Strukturen konzipiert, wie sie für standardisierte Wörterbuchtexte charakteristisch sind. LEXPARSE verfügt über eine benutzerkonfigurierbare Ausgabekomponente, in der die Artikelstruktur in verschiedener Weise dargestellt werden kann. Das System fördert durch Protokollmechanismen und Testhilfen eine zügige und komfortable Grammatikentwicklung und verarbeitet einen kontextfreien Grammatikformalismus mit problemspezifischen Erweiterungen. Den metalexikographischen Hintergrund bei der Systementwicklung lieferte die metalexikographische Texttheorie von H.E. Wiegand (vgl. Wiegand 1989b, Wiegand 1989c, Wiegand 1991), die sowohl eine detaillierte Klassifikation von lexikographischen Textsegmenten als auch die theoretische und methodische Basis zur Entwicklung von Artikelstrukturgrammatiken bereitstellt.

Im zweiten Abschnitt werden wir Aufgabenstellung und Problematik des Wörterbuchparsings an einem Beispiel aus dem Duden-Stilwörterbuch erläutern. Wichtig ist hierbei der Unterschied zwischen der intellektuellen und der maschinellen Strukturanalyse der Wörterbuchartikel: Eine menschliche Benutzerin kann hierbei auf ihr Sprach– und Weltwissen zurückgreifen und ihr Vorwissen über Wörterbuchstrukturen einsetzen. Ein solches Wissen steht einem Wörterbuchparser bei der Analyse der Satzbandrepräsentation des Wörterbuchs nicht zur Verfügung. Dieser ist vielmehr bei der Strukturerkennung auf das Vorhandensein und die eindeutige Interpretierbarkeit von explizit strukturanzeigenden Symbolen (Steuerzeichen, die eine Schriftartenumschaltung anzeigen; Sonderzeichen mit strukturanzeigender Funktion) angewiesen. Hieraus ergeben sich die drei Kernprobleme des Wörterbuchparsings:

- Die Identifikation der relevanten lexikographischen Textsegmente.
- Die Auflösung funktionaler Ambiguitäten bei strukturanzeigenden Symbolen.
- Die Verarbeitung von typographischer Information.

Im dritten Abschnitt werden wir das Systemdesign von LEXPARSE skizzieren und dann zeigen, wie die einzelnen Komponenten bei der Lösung dieser drei Kernprobleme des Wörterbuchparsings zusammenspielen. Dabei steht die informelle Darstellung der Probleme und der in LEXPARSE realisierten Lösungsstrategien im Vordergrund dieses Artikels; für eine ausführliche Darstellung der Gesamtfunktionalität des Systems, dessen Implementierung und eine Diskussion des vom System unterstützten Grammatikformalismus verweisen wir auf Hauser 1993, Hauser/Storrer 1993 und Hauser/Storrer 1994.

---

1 Wir möchten uns bei Dr. Matthias Wermke und der Duden–Redaktion dafür bedanken, daß sie uns diese Datenbestände zur Verfügung gestellt haben.

2 Hier ist vor allem der *Dictionary Entry Parser* zu nennen, ein in Prolog implementiertes System, das im Forschungszentrum der IBM in Yorktown Heights entwickelt wurde (vgl. Neff/Boguraev 1990).

2 Wörterbuchparsing: Aufgabenstellung und Probleme

In der modernen metalexikographischen Forschung werden standardisierte Wörterbücher als Texte beschrieben, deren Konstituenten in komplexer Weise miteinander verbunden sind. Die für das Wörterverzeichnis eines Wörterbuchs spezifischen Strukturen können mit dem theoretischen und methodischen Instrumentarium der lexikographischen Texttheorie von H.E. Wiegand analysiert und repräsentiert werden (vgl. Wiegand 1989b und Wiegand 1991). Die dort vorgeschlagenen Varianten der funktional-positionalen Segmentierungsmethode liefern die Konstituenten der Wörterbuchartikel; diese können dann hinsichtlich ihrer Beziehungen zueinander untersucht werden. Für die Belange des Wörterbuchparsings sind vor allem Teil–Ganzes- und Abfolgebeziehungen zwischen diesen Konstituenten relevant, die gemeinsam die hierarchische Mikrostruktur eines Wörterbuchartikels determinieren.

Die Abbildung im Anhang auf Seite 65 zeigt die konkrete hierarchische Mikrostruktur des Lemmas *Treffen* aus dem Duden-Stilwörterbuch, wie sie von LEXPARSE ausgegeben wird, wenn im Ausgabeformat eine Darstellung als Attribut–Werte–Baum gewählt wird.[3] Der Wurzelknoten `WA` (*Wörterbuchartikel*), der in der zugehörigen LEXPARSE-Grammatik als Startsymbol fungiert, hat als direkte Konstituenten die drei lexikographischen Kommentare `FK` (*Formkommentar*), `SK` (*Semantischer Kommentar*) und `PKP` (*Postkommentar zur Phraseologie*). Der semantische Kommentar (`SK`) verzweigt weiter in verschiedene semantische Subkommentare, in denen die einzelnen polysemen Lesarten des Lemmazeichens abgehandelt werden.

Das Duden-Stilwörterbuch unterscheidet drei Arten von *semantischen Subkommentaren* (`SSK0`, `SSK1`, `SSK2`) durch verschiedene Arten von Zählern: Römische Zahlen indizieren Homographen, arabische Zahlen trennen polyseme Lesarten und Kleinbuchstaben trennen unterschiedliche Bedeutungsvarianten voneinander ab. Die lexikographischen Kommentare setzen sich aus einer Folge von lexikographischen Angaben bestimmter Klassen zusammen; welche Klassen von Angaben potentiell zu einem Lemmazeichen gemacht werden können, ist in Abhängigkeit von der Wortart des Lemmazeichens im Mikrostrukturprogramm eines Wörterbuchs festgelegt. Dabei unterscheiden wir Klassen komplexer Angaben, die noch weiter zerlegt werden können (z.B. besteht die *Beispielgruppenabgabe* (`BeiGA`) aus einer Folge von *Beispielangaben* (`BeiA`)), von Klassen elementarer, nicht weiter zerlegbarer Angaben (z.B. die Klasse der *pragmatischen Angaben* (`PragA`) oder die Klasse der *Beispielangaben* (`BeiA`)). Diesen sind dann die eigentlichen Angabetexte zugeordnet, die in der vorliegenden Notation durch Anführungsstriche gekennzeichnet werden.

Angabetexte sind die terminalen Einheiten der hierarchischen Mikrostrukturen von Wörterbuchartikeln und können ihrerseits aus einer Folge von Wörtern und Zeichen bestehen, ja sogar eine interne syntaktische Struktur besitzen. Dennoch kann eine Wörterbuchbenutzerin im allgemeinen unter Einsatz ihres Sprach- und Weltwissens die relevanten lexikographischen Textsegmente identifizieren, zumal wenn sie über genügend Vorerfahrung im Umgang mit standardisierten Wörterbüchern verfügt. In Zweifelsfällen können die Benutzerhinweise im Vorspanntext des Wörterbuchs zu Rate gezogen werden. Auch die funktional-positionale Segmentierung, als Methode zur wissenschaftlichen Analyse von Wörterbuchstrukturen, greift auf dieses Wissen zurück.

---

3 Äquivalente Repräsentationen als SGML–Struktur oder in einer Pfad–Notation können ebenfalls erzeugt werden; vgl. die Beispiele in Hauser/Storrer 1993.

Treffen, das: **1.** *Zusammenkunft, Begegnung:* regelmäßige, seltene T.; ein T. der Abiturienten; ein T. der Außenminister; ein T. verabreden, veranstalten; an einem T. teilnehmen; zu einem T. kommen. **2.** (militär. veraltet) *Gefecht:* frische Truppen ins T. führen. **3.** (Sport) *Wettkampf:* ein faires, spannendes T.; das T. endete unentschieden; sie konnte das T. für sich entscheiden. * (geh.:) **etwas ins Treffen führen** *(etwas als Argument vorbringen).*

Abbildung 1: Ausschnitt aus dem Duden-Stilwörterbuch (Lemma: *Treffen*; S. 703)

Ein Wörterbuchparser hingegen muß die Struktur von Wörterbuchartikeln ohne Rückgriff auf Sprach- und Weltwissen analysieren. Die korrekte Segmentierung des Wörterbuchtextes in die einzelnen lexikographischen Textsegmente stellt dabei eines der Kernprobleme dar: Herkömmliche Tokenisierungsstrategien führen aufgrund der Mehrgliedrigkeit der terminalen Einheiten nicht unmittelbar zu den elementaren lexikographischen Textsegmenten. Diese müssen vielmehr erst aus ihren Bestandteilen zusammengesetzt und dann einer bestimmten Angabeklasse zugeordnet werden. Hierbei stellt sich das zusätzliche Problem, daß die meisten Angabeklassen nicht über einen festen Wertebereich verfügen: Angabeklassen wie `BeiA` (*Beispielangaben*), `PhrasA` (*Phrasemangaben*) sind relativ frei bildbare Texte, für die keine endliche Menge zulässiger Elemente in einem 'Angabenlexikon' spezifiziert werden kann. Deshalb kann, im Unterschied zum herkömmlichen Vorgehen beim Parsen von natürlichsprachlichen Sätzen, die Zuordnung eines lexikographischen Textsegments zu einer der im Mikrostrukturprogramm vorgesehenen Angabeklassen auch nicht über einen Nachschlageprozess in einem solchen Lexikon erfolgen. Vielmehr muß beides — sowohl die Segmentierung des Wörterbuchtextes in elementare und komplexe lexikographische Textsegmente, als auch die Zuordnung der elementaren Textsegmente zu den entsprechenden Angabeklassen — durch die korrekte Analyse von strukturanzeigenden Symbolen gesteuert werden.

Abbildung 1 (S. 56) zeigt den Wörterbuchartikel für das Lemma *Treffen*, wie es im Stilwörterbuch abgedruckt ist. Auf der Ebene des gedruckten Wörterbuchtextes lassen sich zwei Arten von Strukturanzeigern unterscheiden:

Nicht–typographische Strukturanzeiger sind Symbole, die als Teile des Wörterbuchtextes die hierarchische Mikrostruktur verdeutlichen, indem sie Angaben voneinander separieren und als Elemente bestimmter Angabeklassen kenntlich machen. Im Stilwörterbuch wird beispielsweise, wie im Artikel zu *Treffen* sichtbar, der *Formkommentar* (`FK`) vom *semantischen Kommentar* (`SK`) durch den Strukturanzeiger Doppelpunkt ':' getrennt; der Strukturanzeiger Stern '*' separiert den *Semantischen Kommentar* vom *Postkommentar zur Phraseologie* (`PKP`). Zwischen verschieden *Beispielangaben* (`BeiA`) innerhalb einer *Beispielgruppenangabe* (`BeiGA`) fungiert der Strukturanzeiger Semikolon ';' als Separator.

```
T2ñï5ñTreffen, ï1ñdas: ï3ñ1. ï2ñZusammenkunft, Begegnung:ïvr10ñ }Ã}
ï1ñregelm"Σige, seltene T.; ein T. der Abiturienten; }Ã}
ein T. der AuΣenminister; ein T. verabreden, ver}-}
anstalten; an einem T. teilnehmen; zu einem T. }Ã}
kommen. ï3ñ2. ï1ñ(milit"r. veraltet) ï2ñGefecht:ïvr10ñ ï1ñfrische }Ã}
Truppen ins T. f'hren. ï3ñ3. ï1ñ(Sport) ï2ñWettkampf:ïvr10ñ ï1ñein }Ã}
faires, spannendes T.; das T. endete unentschie}-}
den; sie konnte das T. f'r sich entscheiden. }Ã}
ïRT20ñ*ïRTñπkz(geh.:) ï3ñetwas ins Treffen f'hren ï2ñ(etwas als Argu}-}
ment vorbringen).ïvr10ñë
```

Abbildung 2: Ausschnitt aus der Satzbanddatei für das Duden-Stilwörterbuch (Lemma: *Treffen*)

Typographische Strukturanzeiger sind z.B. die Schriftarten und Schnitte, in denen die Angaben bestimmter Klassen erscheinen. So erscheint in unserem Beispiel die *Lemmazeichengestaltangabe* (LZGA) und die *Phrasemangabe* (PhrasA) in Fettdruck, die *Bedeutungsparaphrasenangabe* (BPA) in Kursivdruck.

Strukturanzeiger unterstützen die kundige Wörterbuchbenutzerin dabei, sich im Wörterbuchartikel zu orientieren und erleichtern einen raschen und gezielten Zugriff auf die gesuchte Information.

Auf der Ebene des gedruckten Wörterbuchtextes treten typographische Strukturanzeiger lediglich indirekt in Erscheinung, d.h. als charakteristische Eigenschaft einer Angabe oder eines Strukturanzeigers. In den Satzbanddateien hingegen, die die Eingabe für den Wörterbuchparser bilden, wird typographische Information direkt repräsentiert: Abbildung 2 (S. 57) zeigt die Satzbandrepräsentation für den Wörterbuchartikel zum Lemma *Treffen* im Duden-Stilwörterbuch. Eine Analyse dieser Satzbandrepräsentation ergibt, daß die Steuerzeichen ô1û und ô2û als Umschaltung in die Schriftschnitte *fett* bzw. *kursiv* zu interpretieren sind. Ebenso gibt es Steuerzeichen, die eindeutig Beginn und Ende eines Wörterbuchartikels identifizieren, und mit deren Hilfe der Satzbandtext relativ problemlos in die einzelnen Wörterbuchartikel segmentiert werden kann.

Die Hauptschwierigkeit des Wörterbuchparsers ist es dann, die hierarchische Struktur dieser Wörterbuchartikel zu analysieren und diese in einem geeigneten Format auszugeben. Hierbei spielt die korrekte Interpretation der Strukturanzeiger und der typographischen Steuerzeichen eine zentrale Rolle. Neben den strukturrelevanten Steuerzeichen finden sich im Satzbandtext auch strukturirrelevante Sequenzen (die z.B. Zeilen- oder Seitenumbruch bewirken), sowie Kopfzeilen, Seitennummern und andere layoutspezifische Zeichenfolgen; diese müssen vom Wörterbuchparser gelöscht oder ignoriert werden können.

Im folgenden Abschnitt wird gezeigt, wie die verschiedenen Module des Systems LEXPARSE, das speziell für die maschinelle Erkennung von Wörterbuchstrukturen konzipiert wurde, bei der Bewältigung dieser komplexen Aufgabenstellung zusammenspielen.

3 Wörterbuchparsing mit LexParse

Der schematische Aufbau des LexParse–Systems wird durch Abbildung 3 veranschaulicht.[4]

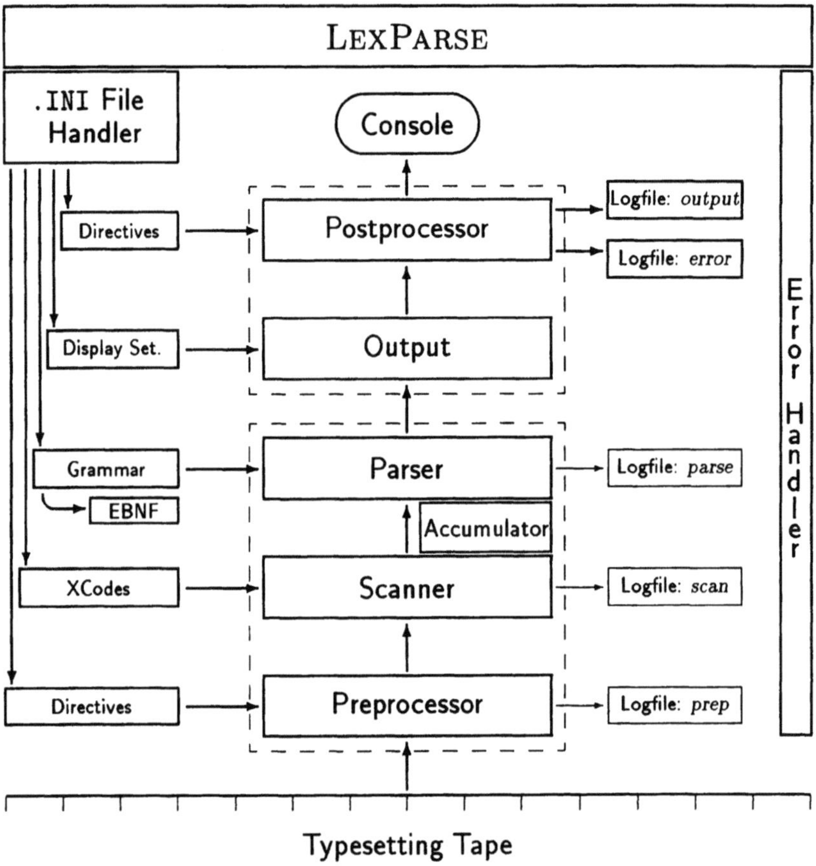

Abbildung 3: Der Aufbau des LexParse Programms (*Quelle:* Hauser 1993)

Das LexParse-System setzt sich aus verschiedenen Subsystemen zusammen:

- aus einem Präprozessor,
- einem Scanner,
- dem Parser,

4 Der funktionale Aufbau des Programms spiegelt sich auch in der Objekthierarchie wieder, die der objektorientierten Implementierung zugrundeliegt.

- und einer Ausgabekomponente, die den erzeugten Ableitungsbaum auf verschiedene Arten darstellen kann.

Der **Präprozessor** liest zeilenweise aus dem Satzband und nimmt eine Umsetzung der satzbandspezifischen Formatangaben und Steuerzeichen vor. Dabei werden nicht benötigte Steuerzeichen verworfen und andere durch Textelemente ersetzt (z.B. bei der Umsetzung der deutschen Umlaute).

Der **Scanner** zerlegt die umgewandelten Zeilen des Präprozessors in einzelne atomare Zeichenketten, die sog. Tokens. LEXPARSE unterscheidet zwei Klassen von Tokens, die sog. *Literal-Tokens* und die sog. *XCode-Tokens.*

Der **Parser** überprüft die vom Scanner gelieferten Tokens und entscheidet anhand der Grammatik, welche Regeln zu expandieren sind. Dabei wird ein Ableitungsbaum konstruiert, der die Struktur des Wörterbuchartikels expliziert.

Der **Postprozessor** kann daran anschließend noch einmal textuelle Umsetzungen am Ableitungsbaum vornehmen. Dies ermöglicht z.B. die Umsetzung von deutschen Umlauten in TEX- bzw. LATEX-Kommandos.

Die Einstellungen für all diese Komponenten (z.B. Ausgabemodi und Formate, Grammatik, Präprozessoranweisungen und sonstige Programmeinstellungen) sind in einer Konfigurationsdatei gespeichert.

3.1 Die LEXPARSE-Strategie zur Segmentierung von Wörterbuchartikeln

Ein zentrales Problem beim Parsen von Wörterbüchern besteht in der korrekten Segmentierung der Wörterbuchartikel, d.h. im Erkennen der lexikographischen Angaben und deren Grenzen. Die LEXPARSE-Strategie unterscheidet sich deutlich von Ansätzen anderer Wörterbuchparser (wie z.B. Neff/Boguraev 1990 und Bläsi/Koch 1991).

Grundsätzlich werden beim LEXPARSE-System alle Wörter, Satzzeichen und Steuerzeichen des Satzbandes in einzelne Tokens zerlegt, d.h. daß eine aus mehreren Wörtern bestehende lexikographische Angabe zunächst mehrere Tokens umfasst.[5] Dabei unterscheidet das System zwischen zwei verschiedenen Klassen von Tokens, den sog. *XCode-Tokens* und den sog. *Literal-Tokens.* Alle Strukturanzeiger (typographische und nichttypographische) resultieren in XCode-Tokens, wohingegen alle anderen Satzzeichen, Wörter und Zahlen in Literal-Tokens resultieren.

Die Tokens werden vom Scanner an den Parser weitergegeben, der anhand der Grammatik überprüft, welche der Ableitungsregeln zu expandieren sind.[6] Innerhalb der Ableitungsregeln lassen sich verschiedene Operatoren verwenden, die jeweils einzelne Tokens oder Folgen von Tokens lizensieren. Die durch die Operatoren lizensierten Tokens werden für die in der aktuellen Grammatikregel abzuleitenden Kategorie (die jeweils einer Klasse lexikographischer Angaben entspricht) in einem sog. *Akkumulator* angesammelt (akkumuliert). Kann die Kategorie vollständig abgeleitet werden, wird ihr der im Akkumulator angesammelte Angabentext zugewiesen.

5 Die Segmentierung in Tokens verläuft weitgehend nach herkömmlichen Regeln: d.h. Wortbegrenzungszeichen, Zeilenwechsel, Wechsel von Buchstabe zu Ziffer etc. resultieren jeweils in getrennten Tokens.

6 Im folgenden werden lediglich die grundlegenden Strategien des LEXPARSE-Systems vorgestellt. Für eine ausführliche Beschreibung von Syntax und Semantik des von LEXPARSE unterstützten Grammatikformalismus verweisen wir auf Hauser 1993 bzw. Hauser/Storrer 1993.

Durch die Aufteilung von Tokens in Tokenklassen und die Verwendung von verschiedenen Operatoren für diese unterschiedlichen Klassen lassen sich Ableitungsregeln für die verschiedensten lexikographischen Angaben spezifizieren.

Die drei zentralen Operatoren sind:

$–Operator: Lizensiert genau ein Literal–Token.
Dieser Operator ist zur Beschreibung von lexikographischen Angaben geeignet, die aus nur einem Wort bestehen, wie z.B. die *Lemmazeichengestaltangabe* (`LZGA`), die durch Regel (1) erfasst werden kann:[7]

```
(1) LZGA -> $.
```

$$–Operator: Lizensiert eine beliebige Folge von Literal–Tokens.
Dieser Operator ist zur Beschreibung von lexikographischen Angaben geeignet, die aus mehreren Wörtern (d.h. aus mehreren Literal–Tokens) bestehen und denen immer unmittelbar ein Strukturanzeiger folgt. Beim Duden-Stilwörterbuch sind einzelne *Beispielangaben* immer durch den Strukturanzeiger ';' (Semikolon) voneinander getrennt; dies kann durch Ableitungsregel (2) erfasst werden:

```
(2) BeiA -> $$.
```

Der $$-Operator in (2) lizensiert eine beliebigen Folge von Literal–Tokens. Diese werden so lange in dem Akkumulator der Kategorie BeiA angesammelt, bis ein beliebiger XCode–Token in der Eingabe vorgefunden wird. Da das Semikolon im Duden-Stilwörterbuch die Funktion eines Strukturanzeigers besitzt, wird es vom Scanner immer als XCode–Token `XPSEM` (XCodePunctuationSEMicolon) generiert und beendet in diesem Fall die Expansion der o.a. Regel.
Da die Expansion aber auch durch jedes andere XCode–Token beendet wird, ist sichergestellt, daß die lexikographische Angabe `BeiA` durch alle in der Eingabe auftretenden Strukturanzeiger von anderen Angaben abgegrenzt wird, d.h. daß eine korrekte Segmentierung stattfindet.

***–Operator:** Lizensiert eine beliebige Folge von Tokens, d.h. sowohl Literal–Tokens als auch XCode–Tokens.
Dieser Operator ist zur Beschreibung von lexikographischen Angaben geeignet, die durch Strukturanzeiger begrenzt sind. So kann z.B. die *Pragmatische Angabe* durch die Regel (3) beschrieben werden:

```
(3) PragA -> XBRPO * XBRPC.
```

Die *Pragmatische Angabe* (`PragA`) wird durch runde Klammern begrenzt. Da diese Klammern als nicht–typographische Strukturanzeiger fungieren, werden sie vom Scanner als XCodes vom Typ `XBRPO` (*XCodeBRacketParenthesisOpen*) und `XBRPC` (*XCodeBRacketParenthesisClose*) generiert. Die Verwendung des *–Operator in

7 Alle hier exemplarisch beschriebenen lexikographischen Angaben finden sich auch in dem vom LEXPARSE–Programm generierten Ableitungsbaum im Anhang auf Seite 65, der einen Wörterbuchartikel des Duden-Stilwörterbuch beschreibt.

(3) erlaubt es, zwischen dem Auftreten des XCodes XBRPO und dem Auftreten des XCodes XBRPC eine beliebigen Folge von Tokens zu akkumulieren, die dann nach erfolgreicher Ableitung der Regel der Kategorie PragA zugewiesen werden. Durch die Verwendung des *-Operators dürfen in dieser Folge von Tokens auch andere XCode-Tokens enthalten sein, d.h. andere Strukturanzeiger (wie z.B. ein Semikolon), die in diesem Kontext die Angabe noch weiter segmentieren, werden ignoriert.

3.2 Die Auflösung funktional ambiger Strukturanzeiger

Ein weiteres Kernproblem beim Parsen von Wörterbüchern besteht darin, daß ein und dasselbe Symbol — je nach Kontext — sowohl in strukturanzeigender Funktion als auch als Teil einer Angabe auftreten kann. Dieses Problem der funktionalen Ambiguität von Strukturanzeigern kann an der Verwendung des Kommas und des Doppelpunktes im Duden-Stilwörterbuch veranschaulicht werden:

- Das Komma trennt bei Nomina das Lemma von der Genusangabe und fungiert damit als nicht-typographischer Strukturanzeiger (*Treffen, das*). Ansonsten tritt es als normales Satzzeichen in Beispielen und Bedeutungserläuterungen auf (*regelmäßige, seltene Treffen*).[8]
- Der Doppelpunkt trennt beim Duden-Stilwörterbuch den *Formkommentar* vom *Semantischen Kommentar* und terminiert verschiedene andere Klassen lexikographischer Angaben.[9] Der Doppelpunkt fungiert also typischerweise als nicht-typographischen Strukturanzeiger. Bei der genaueren Analyse des Wörterbuchs treten aber die Ausnahmen von dieser Regel zutage: In der *Beispielangabe* für das Lemma *trennen*: *die beiden Mannschaften trennten sich 0:0*, separiert der Doppelpunkt nicht zwei Angaben voneinander, sondern ist selbst Teil des Angabetextes.

Bei der Gestaltung einer LEXPARSE-Grammatik stellt sich nun die Frage, wie mit solchen Ambiguitäten zu verfahren ist, d.h. ob die Symbole 'Komma' und 'Doppelpunkt' auf entsprechende XCodes abgebildet werden sollen oder nicht. Die Beantwortung dieser Frage richtet sich danach, ob das betreffende Symbol überwiegend als Strukturanzeiger oder überwiegend als Teil von lexikographischen Angaben fungiert. LEXPARSE unterstützt die folgenden Strategien zur Lösung des Problems:

- Symbole, die überwiegend Teil von lexikographischen Angaben sind, werden nicht auf einen XCode abgebildet, sondern stattdessen direkt als Terminale in Ableitungsregeln integriert:

  ```
  (4)  LZGA -> $ [ ","^ ].
  ```

  Mit Regel (4) kann die Kategorie *Lemmazeichengestaltangabe* (LZGA) zu genau einem Literal Token expandieren, dem fakultativ ein Komma folgen kann. Das Komma ist fakultativ (was durch die eckigen Klammern ausgedrückt wird), weil es in diesem Kontext ausschließlich bei Nomina auftritt. Das Häkchen (^) weist

---

8 Wobei die strukturanzeigende Funktion des Kommas innerhalb solcher elliptischen Konstruktionen bei unserer Betrachtung ignoriert wird.

9 Vgl. auch hierzu den Ableitungsbaum auf Seite 65.

das LEXPARSE-Programm an, das Komma in diesem Falle als Strukturanzeiger zu betrachten und es im Ableitungsbaum nicht darzustellen.[10]

- Symbole, die überwiegend als Strukturanzeiger fungieren, werden auf einen XCode abgebildet. Diese Strategie empfiehlt sich für Fälle wie dem des Doppelpunktes im Duden-Stilwörterbuch. Der Scanner generiert dann für den Doppelpunkt das XCode–Token `XPCOL` (*XCodePunctuationCOLon*) und erlaubt damit die Verwendung entsprechender Operatoren:

```
(5)  WA    -> FK, XPCOL, SK.
(6)  PragA -> XBRPO * XBRPC.
```

Regel `(5)` expandiert die Kategorie *Wörterbuchartikel* (`WA`) zur Kategorie *Formkommentar* (`FK`), dem XCode `XPCOL` und der Kategorie *Semantischer Kommentar* (`SK`). Mit Regel `(6)` wird für die Kategorie *Pragmatische Angabe* (`PragA`) eine Folge beliebiger Tokens lizensiert, die durch runde Klammern (genauer deren XCode–Entsprechungen) begrenzt sind. Dabei kann diese Folge von Tokens ohne weiteres andere Strukturanzeiger (z.B. einen Doppelpunkt) bzw. deren XCode–Entsprechungen enthalten; auch diese werden vom *–Operator lizensiert.

Im Skopus einer *Beispielangabe* hingegen können — wie im o.g. Beispiel gezeigt wurde — Doppelpunkte auch Teil eines Angabetextes sein. In diesen Fällen bietet der LEXPARSE–Formalismus die Möglickeit an, für den Skopus der ensprechenden Angabenklasse eine XCode–Ausnahme festzulegen:

```
(7)  BeiA  -> -XPCOL: $$.
```

Die XCode–Ausnahme `-XPCOL` in `(7)` führt dazu, daß im Skopus der *Beispielangabe* (`BeiA`) der Doppelpunkt nicht als XCode–Token `XPCOL`, sondern als 'normales' Literal–Token ':' generiert wird. Er kann deshalb im Skopus von Regel `(7)` vom $$–Operator lizensiert und damit in den Akkumulator von `BeiA` integriert werden. Beispielsätze wie *die beiden Mannschaften trennten sich 0:0* können damit korrekt segmentiert werden.

3.3 Die Verarbeitung typographischer Information

Typographische Information wird in der Satzbanddatei durch Steuerzeichen kodiert, die einen Wechsel in eine bestimmte Schriftart oder in einen bestimmten Schriftschnitt anzeigen. Da es sich bei dieser Kodierung um typographische Strukturanzeiger handelt, werden diese Steuerzeichen als XCodes vom Typ `XFT**` (*XCodeFormatTypeface*) generiert.

Im Gegensatz zu einem Wörterbuchtext mit expliziter Markierung (wie z.B. einer SGML–Auszeichnung) ist der Skopus einer solchen Schriftumschaltung nicht nur durch die in der Satzbanddatei vorliegenden Steuerzeichen determiniert. Vielmehr gibt es noch andere Ereignisse, die den Wechsel in eine neue (oder alte) Schrift indizieren, wie z.B.:

- die Umschaltung auf ein Sonderzeichen,

10 Der Ableitungsbaum stellt die konkrete Mikrostruktur des Wörterbuchartikels dar und enthält deswegen keine Strukturanzeiger.

- das Ende eines Abschnitts,
- das Ende eines Wörterbuchartikels, etc.

Außerdem verwenden einige Setzer für ihre Satzbänder Makros, die einen Schriftwechsel für eine bestimmte Anzahl von Wörtern denotieren.[11]

Es kann gezeigt werden, daß die Verteilung dieser Steuerzeichen im Satzband deterministisch nicht mit den Mitteln einer kontextfreien Grammatik beschrieben werden kann.[12] Deswegen verfügt das LEXPARSE-System über eine spezielle Einrichtung, die es erlaubt, die Ableitungsregeln der Grammatik zu attributieren. Zu diesem Zweck verwaltet LEXPARSE einen internen Zustandsanzeiger, der durch die o.a. Ereignisse automatisch auf den aktuellen Wert gesetzt wird, so daß der aktuelle Schriftzustand stets abgerufen werden kann. Die durch Schriftartenzustände attributierten Ableitungsregeln können nur dann expandiert werden, wenn die durch die Attributierung beschriebene Schrift und der Wert des internen Zustandsanzeigers zum Zeitpunkt der Expansion übereinstimmen. Beispiele für eine derartige Regelattributierung finden sich in (8):

```
(8)  S  ->  XFTbo: A
         |  XFTit: B
         |  XFTst: C.
```

Kategorie `S` kann nur dann in Kategorie `A` expandiert werden, wenn der Zustandsanzeiger im Zustand 'bo' ist (der XCode `XFTbo` denotiert die Schriftart 'bold' [fett]), Kategorie `S` kann nur dann in Kategorie `B` expandiert werden, wenn der Zustandsanzeiger im Zustand 'it' ist (der XCode `XFTit` denotiert die Schriftart 'italics' [kursiv]), und analog dazu kann Kategorie `S` nur dann in Kategorie `C` expandiert werden, wenn der Zustandsanzeiger im Zustand 'st' ist (der XCode `XFTst` denotiert die Schriftart 'standard').

Die Möglichkeit zur Attributierung von Regeln bringt eine wesentliche Vereinfachung beim Schreiben einer Artikelstrukturgrammatik mit sich. Die Zustandsbedingungen erweitern den kontexfreien Formalismus und erlauben — im Hinblick auf die Verteilung von typographischen Strukturanzeigern — eine kontextsensitive Beschreibung.[13]

Auch über die wechselnde typographische Ausgestaltung bestimmter Angabeklassen kann dadurch hinweggegangen werden: Für solche Angabeklassen wird keine Zustandsbedingung formliert, d.h. der Schriftartenzustand ist für die Expansion der entsprechende Ableitungsregel irrelevant.

---

11 Ein Beispiel eines solchen parametrisierten Makros wird beim Duden von den Setzern verwendet, um die Sperrung auszudrücken. Die Steuerzeichen `ðSWy,xŒ` beschreiben eine Sperrung um **y** Prozent des normalen Weißraums für die nächsten **x** Worte.

12 Vgl. dazu Hauser 1993, Hauser/Storrer 1993. Werden typographische Strukturanzeiger als Terminale der Grammatik betrachtet — eine Betrachtungsweise, die im DEP-Ansatz implementiert ist und die auch das LEXPARSE-System optional unterstützt — können viele dieser terminalen Symbole nur fakulativ spezifiziert werden. Dadurch aber ist eine deterministische Ableitung nicht möglich.

13 Außerdem lassen sich auf diese Weise Inkonsistenzen in bezug auf die Verteilung der Steuerzeichen in der Satzbanddatei behandeln. So kommt es relativ häufig vor, daß z.B. bei einer kursiv gesetzten Angabe, die geklammert ist, die Steuerzeichen für die Umschaltung auf 'kursiv' in der Satzbanddatei abwechselnd einmal vor der öffnenden Klammer bzw. ein andermal nach der öffnenden Klammer gesetzt sind.

3.4 Technische Details

LEXPARSE wurde vollständig in der Programmiersprache C++ entwickelt. Durch die Verwendung von Konzepten der objektorientierten Programmierung wie Kapselung, Vererbung und Polymorphismus ist das Programm sehr übersichtlich, wartungsfreundlich und — auch aufgrund seiner Modularität — einfach zu erweitern. Darüber hinaus ist der Parser schnell und imstande, bis zu 10 Einträge pro Sekunde zu parsen.

Als Übersetzer wurde der BORLAND C++ Compiler für OS/2 Version 1.0 verwendet. Die Programmentwicklung fand unter dem Betriebssystem OS/2 2.0 auf einem IBM kompatiblen PC mit einer Intel '486 CPU statt. Das Programm wurde von Anfang an für eine möglichst einfache Portierung auf andere Plattformen konzipiert.

Das Programm ist quellcodekompatibel zum BORLAND C++ Compiler für DOS Version 3.1, zum GNU C++ Compiler Version 2.4.1. und zum AT&T C++ Compiler Version 3.0. Es läuft z.Zt. unter den Betriebssystemen MS-DOS, OS/2 und UNIX (SUN OS 4.1).

4 Schluß

Die Besonderheiten des LEXPARSE-Programmes lassen sich folgendermassen zusammenfassen:

- Zahlreiche Hilfsmittel unterstützen eine zügige und effiziente Grammatikentwicklung (wie z.B. Protokollmechanismen, Ausgabe maximaler Ableitungsbäume auch für Einträge, die nicht vollständig geparst werden konnten).
- Der Grammatikformalismus ist einfach zu erlernen.
- Der Grammatikformalismus verfügt über spezifische Zusatzkonstrukte, die auf das Parsen von Wörterbüchern hin zugeschnitten sind, wie z.B.:
  - Verwaltung von Schriftarten.
  - Verwaltung und Kontrolle von Zählern, die in Wörterbuchartikeln die verschiedenen homonymen und polysemen Lesarten eines Lemmas durchzählen und identifizieren.
  - Expansion von abgekürzten Lemmazeichen.
  - Behandlung und Erkennung von Fehlern in der Artikelstruktur.
- Die Ausgabekomponente ist benutzerkonfigurierbar und unterstützt z.Zt. drei verschiedene Modi:

  Pfad-Notation: dieses Format ist nützlich für die Auswertung des Wörterbuchs durch Konkordanzprogramme.

  Hierarchische Attribut-Werte-Struktur: dieses Format ist sehr gut zu lesen und kann deswegen zur schnellen Sichtung der geparsten Ableitungsbäume benutzt werden. (Vgl. Abbildung 1 (S. 56).)

  SGML-getaggt: dieses Format dient dem Datenaustausch mit anderen Programmen bzw. der Weiterverarbeitung der geparsten Einträge.

Das LEXPARSE-Programm wurde bisher für folgende Wörterbücher eingesetzt:

- Duden-Stilwörterbuch: ca. 1600 Wörterbucheinträge; 90% aller Einträge sind wohlgeformt, 8% sind fehlerhaft, 2% konnten durch Grammatik nicht beschrieben werden.[14]
- Deutsches Rechtswörterbuch (Akademie der Wissenschaften in Heidelberg): deutlich über 80% aller Einträge können geparst werden.
- Frühneuhochdeutsches Wörterbuch (Germanistisches Seminar der Universität Heidelberg): deutlich über 80% aller Einträge können geparst werden.[15]

Zur Zeit wird LEXPARSE im Rahmen des EU-Projektes COMPASS am Seminar für Sprachwissenschaft der Universität Tübingen eingesetzt, in dem ein kontext-sensitives Nachschlageprogramm "Comprehension Assistant" für das Lesen von fremdsprachigen Texten entwickelt wird. Um mit LEXPARSE das im Projekt benutzte zweisprachige "Collins German-English Unabridged" zu parsen, waren nur minimale Erweiterungen am System notwendig.

5 Anhang

5.1 'Treffen', Duden-Stilwörterbuch, Seite 703

Als Beispiel einer LEXPARSE-Sitzung wurde der Wörterbuchartikel für das Lemma *Treffen* geparst. Abgekürzte Lemmazeichen wurden vom Programm automatisch expandiert.

```
[D:\FOR\SFS\LEXPARSE]lexparse /entry -1 /nowarn lexparse.ini wbs\9-entries.dat

 LEXPARSE V1.208 ß-Code  [Jul  1 1994]  <DEBUG-SRC>  A Dictionary Parser

 (C) 1992-1994 Seminar fuer Sprachwissenschaft at the University of Tuebingen
 (C) 1992-1994 Ralf Hauser
     Created by 'Affie' (k.f. c|o)

 LEXPARSE: Reading configuration: lexparse.ini
 LEXPARSE: Grammar checked and OK.

 Inputfile..........: wbs/9-entries.dat
 Parsing............: Enabled
 Grammar nodes......: 514
 First entry........: 1
 Last entry.........: 1
 Time of day........: Fri Jul  1 10:54:07 1994
```

14 Eine entsprechende Grammatik für das Duden-Stilwörterbuch wurde von Sabine Engelke erstellt. Siehe dazu Engelke 1994.

15 Sowohl beim Deutschen Rechtswörterbuch, als auch beim Frühneuhochdeutschen Wörterbuch handelt es sich um handgesetzte Bücher, die aufgrund ihrer Entstehungsgeschichte Konsistenzprobleme verursachen.

```
----------------------------------------------------------------------
WA (Wörterbuchartikel)
 +--> FK (Formkommentar)
 |  +--> LZGA (Lemmazeichengestaltangabe): "Treffen"
 |  +--> GrA (Grammatische Angabe)
 |     +--> GA (Genusangabe): "das"
 +--> SK (Semantischer Kommentar)
 |  +--> SSK1 (Semantischer Subkommentar 1. Stufe)
 |  |  +--> PAA (Polysemieangabe (arabisch)): "1."
 |  |  +--> PragSemA (Pragmatisch-Semantische Angabe)
 |  |  |  +--> BA (Bedeutungsangabe)
 |  |  |     +--> BPA (Bedeutungsparaphrasenangabe): "Zusammenkunft, Begegnung"
 |  |  +--> BeiGA (Beispielgruppenangabe)
 |  |     +--> BeiA (Beispielangabe): "regelmäßige, seltene Treffen"
 |  |     +--> BeiA (Beispielangabe): "ein Treffen der Abiturienten"
 |  |     +--> BeiA (Beispielangabe): "ein Treffen der Außenminister"
 |  |     +--> BeiA (Beispielangabe): "ein Treffen verabreden, veranstalten"
 |  |     +--> BeiA (Beispielangabe): "an einem Treffen teilnehmen"
 |  |     +--> BeiA (Beispielangabe): "zu einem Treffen kommen."
 |  +--> SSK1 (Semantischer Subkommentar 1. Stufe)
 |  |  +--> PAA (Polysemieangabe (arabisch)): "2."
 |  |  +--> PragSemA (Pragmatisch-Semantische Angabe)
 |  |  |  +--> PragA (Pragmatische Angabe): "militär. veraltet"
 |  |  |  +--> BA (Bedeutungsangabe)
 |  |  |     +--> BPA (Bedeutungsparaphrasenangabe): "Gefecht"
 |  |  +--> BeiGA (Beispielgruppenangabe)
 |  |     +--> BeiA (Beispielangabe): "frische Truppen ins Treffen führen."
 |  +--> SSK1 (Semantischer Subkommentar 1. Stufe)
 |     +--> PAA (Polysemieangabe (arabisch)): "3."
 |     +--> PragSemA (Pragmatisch-Semantische Angabe)
 |     |  +--> PragA (Pragmatische Angabe): "Sport"
 |     |  +--> BA (Bedeutungsangabe)
 |     |     +--> BPA (Bedeutungsparaphrasenangabe): "Wettkampf"
 |     +--> BeiGA (Beispielgruppenangabe)
 |        +--> BeiA (Beispielangabe): "ein faires, spannendes Treffen"
 |        +--> BeiA (Beispielangabe): "das Treffen endete unentschieden"
 |        +--> BeiA (Beispielangabe): "sie konnte das Treffen für sich entscheiden."
 +--> PKP (Postkommentar zur Phraseologie)
    +--> SKP (Subkommentar zur Phraseologie)
       +--> PragA (Pragmatische Angabe): "geh."
       +--> PhrasA (Phrasemangabe): "etwas ins Treffen führen"
       +--> KPB (Kommentar zur Phrasembedeutung)
          +--> PBA (Phrasembedeutungsangabe): "etwas als Argument vorbringen"

 Entry #1: Accepted!
----------------------------------------------------------------------
 Inputfile..........: wbs/9-entries.dat
 First entry........: 1
 Last entry.........: 1
 Entries parsed.....: 1
 Errors.............: 0
 Time of day........: Fri Jul  1 10:54:07 1994
 Time of start......: Fri Jul  1 10:54:07 1994
 Elapsed time.......: 00h 00m 00s
 Average parse time.: < 1 sec.
 LEXPARSE V1.208 ß-Code   [Jul  1 1994]   <DEBUG-SRC>
        Program terminated successfully
```

Literatur

Brigitte Bläser & Matthias Wermke (1990): *Projekt 'Elektronische Wörterbücher / Lexika' Abschlußbericht der Definitionsphase.* IWBS Report 145. Wissenschaftliches Zentrum / Institut für Wissensbasierte Systeme der IBM Deutschland GmbH.

Christoph Bläsi & Heinz–Detlev Koch (1991): *Maschinelle Strukturerschließung von Wörterbuchartikeln mit Standardmethoden.* In: *Lexicographica.* Vol. 7, (1991) 1992, S. 182–201. Tübingen: Niemeyer.

Bran Boguraev (1991): *Building a Lexicon: The Contribution of Computers.* In: *International Journal of Lexicography* Vol. 4, (1991), S. 227-260

— & Ted Briscoe (Hrsg.) (1989): *Computational Lexicography for Natural Language Processing.* London, New York: Longman.

Ted Briscoe (1991): *Lexical Issues in Natural Language Processing.* In: *Natural Language and Speech.* Hrsg.: Klein, E. & Veltmann, F. Symposium Proceedings, Berlin, Heidelberg, New York, 39–69.

Duden–2: Das Stilwörterbuch (1988). *G. Drosdowski (Hrsg.)* 7. neu bearb. und erw. Auflage, Bibliographisches Institut Mannheim.

Duden–10: Das Bedeutungswörterbuch (1985). *W. Müller (Hrsg.)* 2. neu bearb. und erw. Auflage, Bibliographisches Institut Mannheim.

Sabine Engelke (1994, in Vorbereitung): *Grammatikentwicklung für Wörterbücher mit dem* LEXPARSE *Formalismus.* SfS Report, Seminar für Sprachwissenschaft der Universität Tübingen.

Ralf Hauser (1993): LEXPARSE *User's Manual.* SfS Report 10–93, Seminar für Sprachwissenschaft der Universität Tübingen.

— & Angelika Storrer (1993): LEXPARSE — *Ein Parser zur maschinellen Analyse von Wörterbuchstrukturen.* SfS Report 9–93, Seminar für Sprachwissenschaft der Universität Tübingen.

— & Angelika Storrer (1994): *Dictionary Entry Parsing Using the* LEXPARSE *System* In: *Lexicographica.* Vol. 9, (1993) 1994, S. 174–219. Tübingen: Niemeyer.

Franz Josef Hausmann, Oskar Reichmann, Herbert Ernst Wiegand & Ladislav Zgusta (Hrsg.) (1989): *Wörterbücher. Ein internationales Handbuch zur Lexikographie.* Berlin: de Gruyter.

— & Herbert Ernst Wiegand (1989): *Component Parts and Structures of General Monolingual Dictionaries: A Survey.* In: *Wörterbücher. Ein internationales Handbuch zur Lexikographie.* Hrsg.: Franz J. Hausmann, Oskar Reichmann, Herbert E. Wiegand & Ladislav Zgusta. Berlin: de Gruyter, Vol. 1, S. 328–360.

John McNaught (1988): *Computational Lexicography and Computational Linguistics* In: *Lexicographica.* Vol. 4, 1988, S. 19–33. Tübingen: Niemeyer.

Mary S. Neff & Branimir K. Boguraev (1990): *From Machine–Readable Dictionaries to Lexical Data Bases.* Research Report RC #16080 (71353) 8/31/90, IBM Thomas J. Watson Research Center, Yorktown Heights, New York.

Angelika Storrer, Helmut Feldweg & Erhard Hinrichs (1993): *Korpusunterstützte Entwicklung lexikalischer Wissensbasen.* In: *Sprache und Datenverarbeitung* Vol. 17, (1993) Bonn 1994, S. 59–72.

Herbert Ernst Wiegand (1989b): *Der Begriff der Mikrostruktur: Geschichte, Probleme, Perspektiven.* In: *Wörterbücher. Ein internationales Handbuch zur Lexikographie.* Hrsg.: Franz J. Hausmann, Oskar Reichmann, Herbert E. Wiegand & Ladislav Zgusta. Berlin: de Gruyter, Vol. 1, S. 409–462.

— (1989c): *Formen von Mikrostrukturen im allgemeinen einsprachigen Wörterbuch.* In: *Wörterbücher. Ein internationales Handbuch zur Lexikographie.* Hrsg.: Franz J. Hausmann, Oskar Reichmann, Herbert E. Wiegand & Ladislav Zgusta. Berlin: de Gruyter, Vol. 1, S. 462–501.

— (1991): *Printed Dictionaries and their Parts as Text. An Overview of More Recent Research as an Introduction* In: *Lexicographica.* Vol. 6, (1990) 1991, S. 1–124. Tübingen: Niemeyer.

Franz Guenthner & Petra Maier

Das CISLEX-Wörterbuchsystem

1 Elektronische Wörterbücher für das Deutsche: Anforderungen und Aufgaben

Elektronische Wörterbücher unterscheiden sich in mehreren Punkten von traditionellen gedruckten Wörterbüchern[1] einerseits, und den Lexika, die in natürlichsprachlichen Anwendungen als lexikalische Datenbasis eingesetzt werden, andererseits. Die Hauptunterschiede sind in den Anwendungen elektronischer Wörterbücher als Datenbasis für sprachverarbeitende Programme jeglicher Art begründet und beziehen sich im wesentlichen auf die Vollständigkeit, die Abgeschlossenheit und die Korrektheit.

1.1 Vollständigkeit

Ein elektronisches Wörterbuch ist mehr als eine mit Merkmalen versehene Wortliste; es impliziert eine theoretische Einteilung der Objektklassen, denen die verschiedenen beobachtbaren lexikalischen Entitäten zuzuordnen sind. Durch die explizite Auflistung von Grundentitäten und durch die Bestimmung von Operationen auf diesen, werden Mengen von Wortformen identifiziert, bezüglich welcher verschiedene Adäquatheitsbedingungen gestellt werden können. In anderen Worten, man wird für diverse Anwendungen ziemlich genau sagen können, welche Inputbedingungen durch welche Algorithmen zu welchem Output führen bzw. erklären können, warum bestimmte Input-Output-Transformationen nicht zustandekommen. Auch wenn es sich prinizipiell um *offene* Mengen handelt, ist die Bestimmung einer Grundmenge von lexikalischen Entitäten für alle späteren Vergleiche und Evaluationen von besonderer Bedeutung. Über welche Entitäten wird gesprochen und wie werden sie charakterisiert? Im CISLEX ist eine wichtige Grundmenge des Systems die Menge der *einfachen Formen*; in einem anderen System könnte es eine Morphmenge oder eine anders bestimmte Menge sein. Solange jedoch keine solche Bestimmung vorliegt, kann keine Evaluation des Lexikons beginnen. Diese Grundmenge sollte in der Regel so vollständig wie möglich sein, in dem alle möglichen zugänglichen Ressourcen und Intuitionen herangezogen werden; auch eine explizite Einschränkung auf eine konkrete Korpusmenge ist denkbar[2]. Die nächste Intuition, die Vollständigkeit betreffend, hat damit zu tun, daß alle Wortformen in Texten systematisch in Verbindung gesetzt werden müssen mit den Einträgen in der ersten Basismenge. Dies betrifft sowohl die üblichen flektierten Vollformen, als auch die zusammengesetzten Wörter. Jede sinnvolle Analyse bzw. jede Zerlegung von komplexen Einheiten muß auf weniger komplexe - und bekannte - Entitäten im Lexikonsystem beruhen. Nur somit ist ein Anspruch auf Vollständigkeit zu gewährleisten. Solche Anforderungen sind rein formeller Art und betreffen zunächst nur das reine Erkennen von lexikalischen Einheiten.

---

1 Hierzu rechnen wir auch die elektronisch verfügbaren Versionen traditioneller Wörterbücher.

2 "Minikorpora" sind sicherlich für den Aufbau eines brauchbaren elektronischen Wörterbuchs nicht als Datenbasis geeignet.

1.2 Korrektheit

Die Kriterien der Korrektheit betreffen das Herleiten von flektierten Formen aus Grundformen und das Herleiten der Grundformen aus flektierten Formen. Die Minimalanforderung betrifft auf der einen Seite die Flexionsparadigmen der Sprache und auf der anderen die weitaus produktiveren und unregelmäßigeren Bereiche der Derivation.

1.3 Abgeschlossenheit

Das Kriterium der Abgeschlossenheit hängt eng mit dem der Korrektheit zusammen. Hierunter verstehen wir in erster Linie die Kriterien mit denen die morphologischen Regularitäten im Lexikon abgedeckt werden. So ist zum Beispiel das weiter unten angeführte Suffixkriterium ein typisches Beispiel dafür, welche Typen von Einträgen und welche konkreten Einträge man im Lexikon erwarten kann. Kriterien der Abgeschlossenheit betreffen andererseits auch semantische Regularitäten, insbesondere Regularitäten der Lexikalisierung. Hier ist zum Beispiel zu erwarten, daß im Lexikon der komplexen Formen systematisch unterschieden wird zwischen kompositionell interpretierbaren und nicht kompositionell interpretierbaren Formen. Darüberhinaus sind Kriterien anzugeben, mit denen über die Lexikalisierung von Komposita systematisch entschieden wird.

1.4 Weniger ist mehr ...

In den letzten Jahren wird immer mehr auf pragmatisch relevante Eigenschaften von Wörterbüchern hingewiesen, die mit ihrer Beziehung sowohl zu anderen Wörterbüchern, als auch zu Anwendungen zu tun haben. Auch wenn diese Kriterien (Portabilität, Wiederverwendbarkeit und Standards) heute kaum von existierenden elektronischen Wörterbüchern erfüllt werden, ist man sich im klaren darüber, daß sie für industrielle Anwendungen eine wichtige Rolle spielen werden. Hier sollte vor allem nach dem Prinzip "weniger ist mehr" vorgegangen werden. Damit meinen wir, daß es sinnvoller ist, im Lexikon elementare Informationen in korrekter und vollständiger Weise zu repräsentieren, als eine Vielzahl theoretisch interessanter Eigenschaften der Lexeme, für die man i) keine exakten Kriterien definieren kann, und die sich ii) nicht auf breiter Basis kodieren lassen.

Portabilität

Unter Portabilität verstehen wir die Möglichkeit, das gleiche Wörterbuch in verschiedenen Typen von Anwendungen, wie auch in verschiedenen Implementierungsformen einzusetzen. Dies bedingt zum Beispiel, daß das elektronische Wörterbuch zunächst in implementierungsunabhängiger Form existiert und nicht "festverdrahtet" in einer bestimmten Datenstruktur.

Wiederverwertbarkeit ("Reusability")

Die hochgepriesene Reusability ist eigentlich nichts anderes als eine Form der Portabilität, die dafür verantwortlich ist, daß die im Wörterbuch enthaltenen Informationen nicht eindeutig nur mit einem Anwendungstyp zusammenhängen.

"Standards"

Die äußere Form sowie die im Wörterbuch kodierten Informationen sollten weder von der Sprache, für die das Wörterbuch entworfen wurde, noch von den Anwendungen abhängen. Anders formuliert sollten elektronische Wörterbücher für beliebige Sprachen den gleichen formalen Charakter haben.

Das LADL-Format

Ein wichtiger Ansatz, die oben genannten Anforderungen zu erfüllen, wurde vor einigen Jahren am LADL in Paris begonnen. Inzwischen liegen für fünf europäische Sprachen sehr umfangreiche Wörterbücher im gleichen Format vor. Sie sind dadurch gekennzeichnet, daß sie nach den gleichen Kriterien der Vollständigkeit, Korrektheit und Abgeschlossenheit entwickelt wurden, in ihrer externen Form (zumindest was die Lexika der Grundformen und der Vollformen betrifft) identisch konzipiert worden sind und von der Wahl der verwendeten Kategorien soweit wie möglich kompatibel gehalten wurden. Die vielen Anwendungen dieses Lexikons haben gezeigt, daß mit dem gewählten Format und der Auswahlmethodologie ganz verschiedene Anwendungen (Schreibkorrektur, Lemmatisierung, Indizierung, usw.) und ganz verschiedene Implementierungen (relationale Datenbank, DBM-files, Buchstabenautomaten, usw.) realisiert werden können.

2 Die Komponenten des CISLEX

In diesem System gehen wir von geschriebenen Sprachvorkommen[3] aus, wie wir sie aus Korpora verschiedenster Art belegen können. Eine *Wortform* ist eine Buchstabenfolge zwischen *Separatoren*, wobei wir der Einfachheit halber hier davon ausgehen können, daß man unter Separatoren *Leerzeichen*[4] verstehen kann. Im CISLEX-System entsprechen beobachtbare Wortformen im allgemeinen entweder i) *einfachen* Formen (EF), ii) *komplexen* Formen (KF), iii) *Eigennamen* oder EN-Formen, iv) *Fremd- und Fachwörtern* oder F-Formen, *Kurzformen* oder *Sonderformen*. Was ist unter dieser Einteilung der in Texten vorkommenden Wortformen zu verstehen? Die Grundidee dieser Klassifikation ist wie folgt: in einem Text findet man in der Regel Vorkommen von elementaren Wörtern (im CISLEX-System, von einfachen oder komplexen Formen); dies sind in gewisser Weise die interessanten Bausteine der Sprache und zwar aus zwei Gründen: erstens, weil wir hier ein Vollständigkeitskriterium ansetzen können und zweitens, weil die meisten anderen Vorkommen von Wortformen aus diesen konstruiert sind. Wir definieren eine *einfache Form* W des Deutschen als ein Wort, für welches es keine Zerlegung W1W2 gibt, so daß W1 eine Folge von Morphemen ist und W2 ein Wort, aus dessen morphologischen Eigenschaften sich die morphologischen Eigenschaften von W direkt herleiten lassen. In anderen Worten, eine einfache Form ist ein Wort, welches keine einfache Form als (sinnvolles) Suffix hat (aus diesem Grund nennen wir dieses Kriterium auch *Suffixkriterium*). Nach diesem Kriterium sind z.B. *Bahnhof* oder *Frühjahr* und natürlich die meisten Ausdrücke, die

3 Eine der geplanten Erweiterungen des CISLEX-Systems besteht in der Phonetisierung aller Teillexika. Phonetisierung bedeutet die Bildung von Lexika der kanonischen phonetischen Umschriften der orthographischen Wörter.

4 Blanks, neue Zeilen, Tabs, usw. In reellen Anwendungen muß man davon ausgehen, daß man nicht nur ein Satzende-Erkennungsprogramm, sondern auch einen Wortformenpräprozessor braucht, der die im Lexikon nachzuschlagenden Wörter in eine normalisierte Form übersetzt.

umgangssprachlich als Komposita beschrieben sind, keine einfachen Formen. Eine Wortform W heißt *komplexe* Form, wenn es eine Zerlegung W1W2 gibt, so daß W1 eine Folge von Morphemen ist und W2 ein Wort, aus dessen morphologischen Eigenschaften sich die morphologischen Eigenschaften von W direkt herleiten lassen. Die einfachen und die komplexen Formen machen zusammen im CISLEX-System das *Kernlexikon* des Deutschen aus. Hinsichtlich der *einfachen Formen* sind folgende Aspekte zu klären: i) welche Klassen gibt es hinsichtlich des (groben) syntaktischen Verhaltens der Einträge? (Syntaktisches Adäquatheitskriterium); ii) welche Klassen gibt es hinsichtlich des *morphologischen* Verhaltens der Einträge? (Morphologisches Adäquatheitskriterium); und iii) welche Klassen gibt es hinsichtlich des *semantischen* Verhaltens der Einträge? (Semantisches Adäquatheitskriterium). Die Aspekte i) und ii) sind im CISLEX flächendeckend abgehandelt, indem ca. 150 000 Einträge in 16 verschiedene syntaktische Klassen und insgesamt über 300 verschiedene morphologische Klassen eingeteilt worden sind (eine ausführliche Beschreibung dieser Klassifikation erfolgt in Abschnitt 3). Diese Klassifikation beschreibt in impliziter Form[5] ca. 700 000 verschiedene flektierte Wortformen. Die morphologische Beschreibung der einfachen Formen ist daher als adäquat zu bezeichnen, wenn sie alle und nur die richtig flektierten Formen der Einträge im Lexikon der einfachen Formen umfaßt.

Die morphologische Beschreibung läßt sich (mit sehr wenigen Ausnahmen) direkt auf die Menge der komplexen Formen übertragen, da diese ihre morphologischen Eigenschaften von ihren einfachen Formen als Suffixen übernehmen. Bisher wurden im CISLEX-System über 1 000 000 komplexe Formen erfaßt.

Die Kriterien der syntaktischen und semantischen Adäquatheit sind verhältnismäßig viel schwieriger zu gewährleisten. Über die minimale Anforderung hinaus, daß jeder Lexikoneintrag mit einer syntaktischen Kategorie versehen werden muß, gibt es kaum Konsensus darüber, wann ein Klassifikationssystem als adäquat aufzufassen ist[6]. Vielleicht die konkreteste Antwort auf diese Frage wurde von Maurice Gross im Rahmen der *lexique-grammaires* hinsichtlich vor allem der syntaktischen Beschreibung von Verben geliefert. Da diese Problematik weit über das Lexikon hinausführt, wollen wir sie hier nicht weiter betrachten. Während es für die syntaktische Klassifikation von Lexikoneinträgen wenigstens konkrete Kodierungsvorschläge in der Praxis gibt, kann man bis heute auf keine systematische semantische Klassifikation *aller* Einträge eines größeren Wörterbuchs hinweisen.[7] Im CISLEX geht es z.Zt. darum, jedem Eintrag der einfachen Formen, insbesondere jedem Nomen, Verb und Adjektiv, eine semantische Kategorie zuzuweisen. Für die Beschreibung der Nomen wurden bisher über 300 semantische Klassen aufgestellt, anhand derer linguistische Verhaltensweisen festgehalten werden. In Zusammenarbeit mit Gaston Gross (Paris) wird die Liste dieser Kategorien vervollständigt und auf ihre Anwendung in zwei großen Bereichen überprüft.[8] Obwohl diese Arbeiten noch nicht abgeschlossen sind, zeigt sich, daß die deskriptiven Möglichkeiten weitreichende Konsequenzen haben. Das Beispiel der Menschenbezeichnungen möge hier genügen: Die Menschenbezeichnungen sind bisher in 25 Unterklassen aufgeteilt. Einige der Klassen, wie die Kategorie [BERUFSBEZEICHNUNGEN] (Tischler, Professor ...) sind wiederum in Subklassen un-

5 Dies geschieht durch eine Morphologiekomponente in Form eines Prologprogramms.

6 Einen immer noch aktuellen Überblick zu diesem Thema findet man in Bergenholtz und Schaeder (1977).

7 Einen Versuch in dieser Richtung stellt der Ansatz des COBUILD-Wörterbuchs dar, der in Sinclair, Fox et al. (1988) beschrieben ist.

8 Diese sind die automatische Übersetzung und die automatische Indizierung.

terteilt. Diese Unterklassen der Berufsbezeichnungen erlauben eine feinere Unterscheidung verschiedener Berufstypen wie akademische Berufe, Handwerksberufe, usw. Im Zusammenhang mit typischen syntaktischen Mustern, in denen diese Bezeichnungen vorkommen, ermöglichen es die semantischen Klassen, bestimmte Angaben, wie zum Beispiel den Beruf einer Person X, automatisch aus Texten zu extrahieren. Beispiele für solche Muster sind:

X ist [BERUFSBEZEICHNUNG]

X lehrt als [AKAD. BERUF] in X

Zudem lassen die semantischen Klassen eine korrekte Übersetzung syntaktischer Muster der Ausgangssprache in syntaktische Muster einer Zielsprache zu:

X travaille comme menuisier [BERUF] — X arbeitet als Schreiner

X travaille comme un fou [KRANKER] — X arbeitet wie ein Verrückter

Wie schaut nun ein Eintrag im Kernlexikon aus? Zu den Angaben, die wir bisher besprochen haben, kommt noch die Bestimmung des *Bereichs*, dem das jeweilige Wort zuzuordnen ist. Hier orientieren wir uns - so weit es geht - an der gängigen Einteilung der Disziplinen (etwa Medizin, Jura, usw.), obwohl wahrscheinlich kein Vademecum hier einschlägig sein wird. Umsomehr stellt sich auch hier die Frage nach der intendierten Anwendung, für die das Lexikonsystem eingesetzt werden soll. Eine Klassifikation der Bereiche hinsichtlich einer Anwendung im Bereich Information Retrieval wird nicht notwendigerweise gleich ausschauen müßen wie eine Klassifikation der gleichen Einträge hinsichtlich einer Anwendung in der automatischen Übersetzung. Inwiefern hier minimale Entscheidungen getroffen werden, die für ein breites Spektrum an Anwendungen in Frage kommen, ist noch ungeklärt.

In einem gewöhnlichen Text stellen jedoch die Wortformen, die auf einen Eintrag im Kernlexikon des Deutschen zurückgeführt werden können, nur einen Bruchteil dar.[9] Die restlichen Wortformen stammen überwiegend aus den Bereichen der Eigennamen und der Derivate von Eigennamen[10], des Fremd- und Fachwortschatzes und der Sonderformen inklusive der Abkürzungen und Akronyme.

Um diese Fälle alle erfassen zu können, ist das CISLEX im Zusammenhang mit konkreten Anwendungen in 4 Module gegliedert: das deutsche Kernlexikon (DKL), das Eigennamenlexikon (EN), Spezialvokabular und Sonderformen. Diese Module werden im Folgenden näher erläutert.

2.1 Das deutsche Kernlexikon (DKL)

Das deutsche Kernlexikon besteht aus den bereits erwähnten einfachen Formen des Deutschen (EF), dem Abschluß dieser einfachen Formen unter Präfigierung (EF-PRF) und den Komposita (KF). EF und EF-PRF bilden zusammen das Basislexikon (EF+), mit dem sowohl die einfachen Formen des Deutschen als auch die Derivation auf einfachen

9 So enthält ein größeres Korpus einer typischen Tageszeitung (bezogen auf die Types) nur ca ein Fünftel einfache Formen.

10 Irreguläre Derivate, wie etwa *Israeli* müssen im Lexikon im Gegensatz zu den regulären Ableitungen explizit kodiert sein.

Basen vollständig beschrieben sind. Aus diesem Basislexikon wird auf der Basis der morphologischen Kodierung mit Hilfe der Morphologiekomponente das Vollformenlexikon[11] (DKL-FLEX) generiert, das die eigentliche Grundlage für die verschiedenen Anwendungen des Lexikons darstellt. Unabhängig von den einfachen Formen bilden die komplexen Formen einen separaten Bestandteil des Kernlexikons. Alle Komponenten des DKL sind nach einem einheitlichen morphologischen System kodiert, das im nächsten Abschnitt ausführlich dargestellt wird. Beispiele für Einträge des EF- und des FLEX-Lexikons finden sich im Anhang.

2.2 Das Lexikon der Eigennamen (EN)

Der derzeitige Stand des CISLEX-Systems umfaßt ein strukturiertes Eigennamenlexikon (die EN-Formen); es ist eingeteilt in folgende Unterbereiche: i) Vornamen: dieses Lexikon umfaßt z.Zt. ca. 75 000 Einträge, wobei jeder Eintrag mit Angaben über das Geschlecht, die Nationalität und Varianten versehen ist; ii) Persönlichkeiten: dieses Lexikon umfaßt die Nachnamen, Vornamen, und Berufe von Personen; iii) Länder und Provinzen: dieses Lexikon umfaßt alle offiziellen Ländernamen und deren Derivate (Adjektive, Bewohnernamen); iv) natürliche geographische Objekte: dieses Lexikon umfaßt alle einschlägigen geographischen Objekte (Berge, Flüsse, Wüsten, usw.); v) Städte und Straßennamen: dieses Lexikon umfaßt die Ortsnamen Deutschlands, für einige Städte alle Straßennamen[12]; vi) konstruierte geographische Objekte: dieses Lexikon umfaßt eine Anzahl von Namen von Bauten, Flughäfen, usw. und vii) Firmennamen: dieses Lexikon umfaßt Angaben zu Firmen (Sparte, Namensvarianten, Sitz, usw.).

2.3 Spezialvokabular

Unter Spezialvokabular verstehen wir einerseits fremdsprachliche Wörter, die sich nicht in das morphologische Klassifikationsschema des DKL einordnen lassen und andererseits den Fachwortschatz[13], der, nach verschiedenen Fachbereichen getrennt, erfaßt wird.

2.4 Sonderformen

Einheiten, die nicht dem Wortbereich angehören, werden als Sonderformen erfaßt. Im Moment enthält das CISLEX an Sonderformen Abkürzungen, Akronyme und Morphe. Die Morphe sind nach ihrer Stellung weiter unterteilt in Präfixe, Suffixe, Fugen und Stämme. Die Morphlisten spielen insbesondere im Hinblick auf die Kompositazerlegung eine wichtige Rolle.

2.5 Lokale Grammatiken

Um auch Texteinheiten, die über den Wortbereich hinausgehen, identifizieren zu können, sind neben den Modulen des CISLEX, deren Aufgabe darin besteht, alle Einheiten, die

---

11 Die Vollformen umfassen sowohl das vollständige Flexionsparadigma der Einträge in EF+ als auch die jeweiligen Fugenformen.

12 Dies ist vor allem für die Auswertung der Zeitungen relevant.

13 Unter Fachwortschatz verstehen wir Fachbegriffe, die nicht zum allgemeinen Wortschatz des Deutschen, wie er etwa durch die großen Lexika (DUDEN, Wahrig, Mackensen, usw.) beschrieben wird, gehören.

zwischen Blanks (oder anderen Separatoren) stehen, korrekt zu identifizieren, sind sogenannte lokale Grammatiken notwendig. Lokale Grammatiken erlauben es, Information, die über die reine Wortebene hinausgeht, in Form von endlichen Übergangsautomaten darzustellen.[14] Lokale Grammatiken finden in verschiedensten Bereichen des Lexikons ihre Anwendung:

- Darstellung orthographischer Varianten
- Erkennung von Mehrwortlexemen
- Repräsentation von Paraphrasenbeziehungen

3 Die morphologische Kodierung

Die bereits eingangs erwähnte Definition der *einfachen Formen* hat zur Folge, daß sich die morphologische Klassifikation weitgehend auf diesen Teil des Lexikons beschränken läßt, da sich nach dem Suffixkriterium die morphologischen Eigenschaften der komplexen Formen aus denen ihrer einfachen EF-Suffixe herleiten lassen. Die einfachen Formen sind nach minimalen syntaktischen Kriterien (im wesentlichen nur die Wortart) und nach ihrem Flexionsverhalten klassifiziert. Im Folgenden soll auf diese beiden Bereiche näher eingegangen werden.

3.1 Das CISLEX-Wortartensystem

Im Gegensatz zu den Wortartklassifikationen herkömmlicher Lexika, die in der Regel eine inkonsistente Mischklassifizierung auf der Grundlage morphologischer, syntaktischer und semantischer Kriterien darstellen, muß eine Wortartklassifikation für ein elektronisches Wörterbuch einerseits auf operationalisierbaren Kriterien aufbauen, um eine konsistente Klassifizierung zu gewährleisten, und andererseits muß die Klassifikation so theorieneutral wie möglich und für die intendierten Anwendungen sinnvoll sein. Dies kann eine semantisch motivierte Klassifikation nicht leisten. Auch eine morphologisch motivierte Klassifikation (d.h. nach den realisierbaren morphologischen Merkmalen und der Art ihrer Realisierung) scheidet aus, da sie i) nicht in der Lage ist, den Bereich der Funktionswörter adäquat zu erfassen und ii) die Klassifizierung von nichtflektierenden Wörtern, die intuitiv flektierenden Wortklassen zuzurechnen sind, erhebliche Schwierigkeiten bereitet.[15] Wir gehen daher von einem Wortartensystem aus, das die Morphologie zwar nicht völlig ignoriert, bei dem aber die distributionellen Kriterien als primär gegenüber den morphologischen Kriterien angenommen werden. Dies erlaubt unter anderem auch eine zufriedenstellende Klassifikation von Nomen mit adjektivischer Deklination, wie *Verwandter*, *Angestellter* oder *Beamter*, die je nach Artikelwahl unterschiedlich dekliniert werden. Dieses Vorgehen hat allerdings auch zur Folge, daß, insbesondere bei den Funktionswörtern, zahlreiche Mehrfachklassifikationen zu verzeichnen sind, da gerade in diesem Bereich viele Wörter unterschiedliche syntaktische Funktionen erfüllen können. Ist für bestimmte Anwendungen eine so feine Unterscheidung nicht notwendig oder durch die damit verbundene

---

14 Für eine detaillierte Beschreibung dieses Formalismus siehe Silberztein(1989).

15 *super* oder *lila* im adjektivischen Bereich sowie *Abakus* oder *Kasus* im nominalen Bereich wären Beispiele für solche Problemwörter, die, will man nicht die verschiedensten Nullmorpheme annehmen, nicht als Adjektiv bzw. Nomen klassifiziert werden könnten.

Mehrfach-Kategorisierung zu aufwendig, können die nichtflektierenden Wortarten als eine Klasse betrachtet werden. Im CISLEX werden folgende Wortarten unterschieden:

Nomen (N) Als Nomen werden im CISLEX alle lexikalischen Einheiten betrachtet, die Kopf einer Nominalphrase sein können und im Unterschied zu Pronomen zusammen mit einem Artikel auftreten können. Nomen sind bezüglich Genus und der Verwendung im Singular und Plural markiert. Nach morphologischen und syntaktischen Kriterien ergeben sich bei den Nomen folgende Subklassen: (i) N: reguläre Nomen mit nominaler Deklination, (ii) NA: Nomen mit adjektivischer Deklination und (iii) NQ: quantorenähnliche Nomen, die sich von regulären Nomen dadurch unterscheiden, daß sie als Maßnomen das Kopfnomen einer Nominalphrase modifizieren können.

Adjektiv (A) Adjektive sind dadurch bestimmt, daß sie pränominal (in der Nominalphrase zwischen Determinator und Kopfnomen) oder prädikativ vorkommen können. In der attributiven Verwendung kongruieren Adjektive, wenn sie flektierbar sind, hinsichtlich Kasus, Genus und Numerus mit dem Kopfnomen; die Art der Deklination ist vom vorangehenden Determinator abhängig. Die Adjektive sind hinsichtlich ihrer Distribution nach den Merkmalen attributiv, prädikativ und adverbial kodiert. Ebenso muß die Möglichkeit der Komparation, die nicht bei allen Adjektiven gegeben ist, explizit kodiert werden.

Verb (V) Die Verben lassen sich im Gegensatz zu den anderen Wortklassen auch rein morphologisch definieren: Ein Verb ist ein Wort, das ein verbales Paradigma hat. Wobei für ein verbales Paradigma in erster Linie die Tempusmarkierung ausschlaggebend ist. Nach der Distribution werden bei den Verben folgende Subklassen unterschieden: (i) Auxiliare und Modalverben, die nicht selbständig eine Verbalphrase bilden können, und (ii) Vollverben.

Determinatoren (DET) Als Determinatoren werden im CISLEX Elemente bezeichnet, die an erster Stelle in einer Nominalphrase, also vor dem Adjektiv stehen (außer den pränominalen Genitivattributen). Typische Vertreter der Determinatoren sind der definite Artikel, Demonstrativa oder Possessiva. Auch ein Teil der traditionellerweise als Quantoren bezeichneten Elemente gehört zu den Determinatoren, falls sie bei einem folgenden Adjektiv ein bestimmtes Deklinationsmuster fordern.

Pronomen (PRON) Pronomen sind Wörter, die allein eine Nominalphrase bilden können und nicht zusammen mit Determinatoren und attributiven Adjektiven vorkommen. Zu den Pronomen gehören Personalpronomen, Relativpronomen, Reflexivpronomen, Fragepronomen usw. Neben diesen ausschließlich pronominal verwendbaren Wörtern gehen wir davon aus, daß jeder Determinator auch pronominal auftreten kann.

Adverb (ADV) Die Adverbien haben als einzige Klasse der nicht-flektierenden Wortarten Satzgliedcharakter, d.h. sie können allein das Vorfeld eines Verbzweit-Satzes bilden.

Partikel (PART) Der Terminus *Partikel* wird in der Literatur unterschiedlich gebraucht. Häufig werden als Partikel alle nicht-flektierenden Wortarten bezeichnet. Wir gehen hier von einem engeren Partikelbegriff aus, der eine Klasse von nicht-flektierenden Wörtern bezeichnet, die sich distributionell von Präpositionen, Adverbien und Konjunktionen unterscheiden. Von den Adverbien unterscheiden sich die Partikeln im wesentlichen dadurch, daß sie nicht vorfeldfähig sind. Im Gegensatz zu Konjunktionen verknüpfen sie keine Satzteile miteinander, und im Gegensatz zu Partikeln haben Präpositionen keine Kasusrektion. Die Klasse der Partikeln ist also in gewissem Sinn eine Restklasse im Bereich der nicht-flektierenden Wortarten. Typische Partikeln sind *also, bloß, eben, sehr, nur*, usw.

Verbpartikel (VPART) Der größte Teil der vorkommenden abtrennbaren Verbpartikeln sind Elemente anderer Wortklassen, die auch in anderer Funktion frei vorkommen und müssen deshalb nicht speziell klassifiziert werden. Die Klasse *Verbpartikel* ist nur für solche Lexeme gedacht, die nur in dieser Funktion vorkommen, wie beispielsweise *inne* in *innehalten* oder *abhanden* in *abhandenkommen*. Da diese Elemente in Verbzweitsätzen in abgetrennter Form vorkommen, müssen sie im Rahmen der einfachen Formen kodiert werden.

Präposition (PRAEP) Die Präpositionen sind dadurch gekennzeichnet, daß sie als Kopf einer Präpositionalphrase den Kasus der folgenden Nominalphrase (im Falle von Postpositionen, die hier nicht von den Präpositionen unterschieden werden, ist natürlich die vorangehende Nominalphrase zu betrachten) festlegen, in manchen Fällen auch die Präposition einer folgenden Präpositionalphrase. An syntaktischer Information wird bei den Präpositionen der Kasus bzw. die Präposition des Komplements kodiert.

Konjunktion (KONJ) Konjunktionen verknüpfen Konstituenten miteinander. Sie haben selbst keinen Satzgliedstatus, können also nicht allein im Vorfeld eines deutschen Satzes stehen. Sie können innerhalb des Satzes nicht verschoben werden. Die Konjunktionen werden unterschieden in subordinierende und koordinierende Konjunktionen. Typische Konjunktionen sind *aber, denn, und, weil*, usw.

Interjektion (INTJ) Die Interjektionen nehmen bei den Wortarten eine Sonderstellung ein, da sie selbst Satzfunktion übernehmen können. Wenn Interjektionen innerhalb eines Satzes vorkommen, so ist das Auftreten beschränkt auf Verbzweitsätze und dort auf die Position vor dem Vorfeld. Beispiele für Interjektionen sind: *ätsch, ahoi, hatschi, frischauf* usw.

3.2 Die morphologischen Kategorien

Die flektierenden Wortklassen Nomen, Verb, Adjektiv, Pronomen und Determinator müssen nach morphologischen Kriterien weitersubklassifiziert werden. Diese Subklassifizierung richtet sich danach, wie die wortart-typischen morpho-syntaktischen Merkmale realisiert werden. Bei der Subklassifizierung stand die Operationalisierbarkeit der morphologischen Kategorien im Vordergrund. Die Frage, was im linguistischen Sinn ein korrekter Stamm und was die entsprechenden Flexionsendungen sind, wurde vernachlässigt zugunsten einer formal-orientierten Oberflächenbeschreibung des Verhältnisses zwischen den verschiedenen Flexionsformen. Die morphologischen Klassen sind einzig dadurch bestimmt, wie aus der Grundform (das ist in der Regel der verbale Infinitiv, die Prädikativform beim Adjektiv und die Nominativ-Singular-Form bei Nomen) die anderen Formen gebildet werden.

Die Nomen wurden hinsichtlich Singularmorphologie und Pluralmorphologie kodiert. Die Eigenschaft von Nomen nur pluralisch bzw. nur singularisch aufzutreten wird als spezielle morphologische Singular- bzw. Pluralklasse aufgefaßt.[16] Zusammen mit der Genusinformation führt diese Kodierung zu insgesamt ca. 250 morphologisch verschiedenen Nomentypen.

Bei den Adjektiven sind für die morphologische Subklassifikation die orthographischen Regularitäten bei der Bildung der Flexionsformen und der Komparationsformen relevant, die zu 18 verschiedenen Typen führen.

Die Verben sind unterteilt in starke Verben, deren Tempusmarkierung durch Ablaut geschieht, schwache Verben, bei denen dem gesamten Paradigma derselbe Stamm zugrundeliegt und unregelmäßige Verben, zu denen sowohl völlig unregelmäßige Bildungen, als auch Präteritopräsentia und die sogenannten Rückumlautverben gehören. Diese drei Typen sind nach den orthographischen Besonderheiten bei der Bildung der Formen weiter unterteilt. Bei den schwachen Verben handelt es sich lediglich um phonologisch bzw. orthographisch bedingte Veränderungen, die bei der Konkatenation mit der Flexionsendung auftreten.

Die Determinatoren und Pronomen werden aufgrund ihrer geringen Anzahl direkt als Vollformen aufgenommen.

3.3 Sonderfälle

Da die Wortklassen neben morphologischen Eigenschaften vor allem auf syntaktischen Funktionen beruhen, kommt es bei Wörtern, die verschiedene syntaktische Funktionen erfüllen können, zu einer Mehrfachklassifikation. Davon betroffen sind sowohl die Funktionswortarten als auch die Hauptwortarten, wie am Beispiel der adjektivischen Nomen bereits deutlich wurde. Hier muß, um eine unnötige Vervielfachung der Einträge zu verhindern, zwischen dem systematischen Vorkommen in anderen Funktionen und zufälligen Idiosynkrasien unterschieden werden. Gibt es eine Regularität, nach der alle (oder bis auf bestimmte Ausnahmen alle) Elemente einer Wortklasse auch in einer anderen syntaktischen Funktion auftreten, so ist dies als allgemeine Regel zu formulieren. Typisch sind hier die adjektivischen Nomen[17] und der adverbiale Gebrauch von Adjektiven[18]. Ein ähnlicher Fall wie bei den adjektivischen Nomen liegt bei Pronomen und Determinatoren vor. Im CISLEX wird davon ausgegangen, daß sämtliche Determinatoren auch pronominal auftreten können.[19] Im Gegensatz zu diesen Fällen handelt es sich bei der Mehrfachklassifizierung vieler Funktionswörter um zufällige Ambiguitäten, die alle kodiert werden mußten.

Während es sich bei den oben besprochenen Fällen um Wortartwechsel bei unveränderter Morphologie (höchstens bei einzelnen Formen eines Paradigmas konnten Unterschiede

16 Wir gehen hierbei von einem morphologischen Begriff Singularia bzw. Pluralia Tantum aus. Das heißt, wenn die entsprechenden Formen morphologisch möglich sind, so werden sie auch als entsprechende Singular- oder Pluralklasse kodiert, unabhängig von semantischen oder pragmatischen Einschränkungen.

17 Nur adjektivische Nomen vom Typ *Beamter*, denen im Lexikon kein Adjektiv entspricht, müssen explizit als adjektivisches Nomen kodiert werden.

18 Das adverbiale Auftreten der Adjektive wird durch ein Merkmal +adverbial beim Adjektiv kodiert. Nur in Fällen, in denen das Adverb lexikalisiert ist und die entsprechenden Konstruktionen ambig sind, wie in *Er sagte das bestimmt.* wird ein gleichlautendes Adverb explizit kodiert.

19 Pronominale Formen, die im Determinatorparadigma nicht auftreten, müssen explizit kodiert werden.

auftreten) handelte, sollen nun Fälle betrachtet werden, bei denen Lexeme ohne explizite Derivation in einer anderen Wortart und mit entsprechend anderer Morphologie auftreten. Beispiele hierfür sind unter anderem die partizipialen Adjektive und die nominalisierten Infinitive. Während im Fall der nominalisierten Infinitive die Morphologie prädiktabel ist (die Genitiv-Singular-Form lautet Infinitiv+s, Plural ist auch morphologisch nicht möglich), lassen sich die morphologischen und morphosyntaktischen Eigenschaften (Graduierbarkeit und attributiver, adverbialer oder prädikativer Gebrauch) nicht eindeutig vom Verb ableiten. Die partizipialen Adjektive wurden deshalb im CISLEX explizit als Adjektive kodiert.

4 Anwendungen

Zum Abschluß wollen wir nun noch näher auf einige typische Anwendungen elektronischer Wörterbücher eingehen. Wir werden anhand der Anwendungsbereiche Lemmatisierung, Indizierung und automatischer Übersetzung die Notwendigkeit der Erstellung und Pflege elektronischer Wörterbücher im Sinne der eingangs gestellten Anforderungen aufzeigen.

4.1 Lemmatisierung und Tagging

Die korrekte Lemmatierung bzw. das korrekte Tagging ist für eine automatische Bearbeitung von Korpora jeglicher Art die wichtigste Grundvoraussetzung. Unter *Lemmatisierung* verstehen wir die Rückführung von Wortformen auf eine kanonische Grundform und die Identifizierung der morpho-syntaktischen Merkmale, die durch diese Wortform repräsentiert werden. Der Begriff des Tagging ist wesentlich allgemeiner gefaßt und bezeichnet lediglich die Annotierung von Text mit bestimmten Etiketten (den sog. Tags). Diese Tags können sowohl lexikalische, semantische als auch Strukturinformation beinhalten. Wir verstehen unter Tagging hier im engeren Sinne eine Annotierung von Texten mit Kategorien, die sich aus dem Lexikon ableiten lassen. In diesem Sinne ist Lemmatisierung als Spezialfall des Tagging zu sehen.

Herkömmliche Lemmatisierungssysteme arbeiten in erster Linie regelbasiert und verwenden nur ein relativ kleines Stamm- oder Grundformenwörterbuch. In einem System wie dem CISLEX reduziert sich die Wortlemmatisierung[20] der einfachen Formen auf den 'lexical look-up' im bereits erzeugten Vollformenlexikon. Die eigentliche Hauptaufgabe besteht in der korrekten Zerlegung der Komposita und der Analyse von Sonderformen (Bindestrichwörter, Zahlen, Mischformen usw.). Auf diese Punkte werden wir im folgenden noch kurz eingehen.

Kompositabehandlung

Wie schon erwähnt, enthält der zentrale Teil des CISLEX zwei Teillexika: die einfachen Formen (EF+) und die komplexen Formen (KF). Obwohl bisher eine große Anzahl von Komposita erfaßt und kategorisiert worden ist, wird man bei der Lemmatisierung nicht davon ausgehen können, daß alle für eine Textanalyse relevanten Lemmata in KF vorhanden sein werden. Die Analyse neuer bzw. bisher noch nicht erfaßter Komposita geschieht anhand eines Kompositazerlegungsalgorithmus. Die Zerlegung beruht auf der Tatsache, daß nach der Definition jede komplexe Form zerlegbar ist in einen maximalen rechten

20 Für eine Disambiguierung der ambigen Formen ist natürlich weiterhin eine Lemmatisierung auf Phrasen- oder Satzebene notwendig.

Teil, dessen Lemmatisierung in EF+ (genauer gesagt im Vollformenlexikon, das auf EF+ basiert) erfolgen kann, und einen linken Teil, der entweder (i) als entsprechendes Präfix im Morphlexikon ist oder (ii) als mögliches Vorderglied in EF+ ist oder (iii) eine Folge von komplexen Formen ist, deren maximaler rechter EF+-Suffix ein mögliches Vorderglied ist.[21] Mit diesem Verfahren lassen sich die Komposita fast ausnahmslos korrekt segmentieren.

Erkennung von Sonderformen

Neben der Segmentierung von Komposita spielt die Erkennung und Analyse von Sonderformen in Texten eine sehr wichtige Rolle. An Sonderformen können die Abkürzungen und Akronyme direkt im entsprechenden CISLEX-Modul nachgeschlagen werden. Daneben gibt es aber noch eine Vielzahl von Formen, die speziell analysiert werden müssen, wie etwa Bindstrichkomposita, Bindestrich-Koordinationsglieder, Wörter, die aus einem numerischen Ausdruck oder Sonderzeichen und produktiven Prä- oder Suffixen bestehen, sowie eine Vielzahl weiterer Konstruktionen, die nicht-alphanumerischen Ketten enthalten (das sind unter anderem alle Zahlenangaben, Datumsangaben usw.). Eine umfassende Behandlung dieser Phänomene ist zur Zeit am CIS in Bearbeitung.[22] Für die hier auftretenden Probleme werden lokale Grammatiken entwickelt, die in der Lage sind, solche Einheiten korrekt zu identifizieren.

4.2 Automatische Textindizierung

Die Indizierung der Dokumente ist die Grundvoraussetzung für Information Retrieval aus Volltexten. Da eine solche Indizierung bei großen Datenmengen nicht mehr manuell vorgenommen werden kann, müssen Methoden entwickelt werden, den Informationsgehalt eines Textes so exakt wie möglich durch die Indizierung abzubilden. Herkömmliche Verfahren zur automatischen Indizierung von Texten basieren im wesentlichen auf einer Trunkierung von vorgegebenen Schlagwörtern. Eine korrekte und vollständige Indizierung ist jedoch nur möglich, wenn zu jedem Stichwort alle Flexionsformen und alle relevanten Vorkommen in Komposita im Text identifiziert werden können. Das setzt aber eine linguistische Aufbereitung der Dokumente voraus. Diese linguistische Aufbereitung kann sich auf verschiedenen Ebenen abspielen. Die elementarste Ebene ist die morphologische Ebene, die Ebene der Textlemmatisierung also. Auf dieser Ebene werden alle Wortformen bzw. das Vorkommen von Wortformen in Komposita nach ihrer Grundform indiziert. Obwohl mit einer korrekten morphologischen Indizierung schon erheblicher Fortschritt erzielt werden kann, ist eigentlich eine Indizierung auf semantischer Ebene wünschenswert, die nicht nur einzelne Wörter, sondern größere Einheiten wie Phrasen, Kollokationen usw. auf eine kanonische *semantische Grundform*, den ausgedrückten Gedanken, zurückführt und nach diesem indiziert. Eine solche kanonische semantische Grundform wird beispielsweise durch die in Silberztein (1989) beschriebenen endlichen Automaten bereitgestellt. Mit Hilfe solcher Automaten ist es möglich, nicht nur nach Stichworten, sondern beispielsweise nach allen möglichen Paraphrasen zu einer semantischen Grundform zu suchen.

---

21 Mögliche EF+-Vorderglieder sind z.B. alle Fugenformen von Nomen, die Verbstämme usw.

22 Einzelne Konstruktionen, wie etwa die Analyse der Bindstrichkomposita oder der numerischen Ausdrücke, sind bereits abgeschlossen.

4.3 Mehrsprachige Wörterbücher

Die Kodierung des CISLEX-Kernlexikons erfolgte bewußt in Übereinstimmung mit den entsprechenden Wörterbüchern für's Französische, Englische, Italienische, Spanische, Portugiesische usw., die entweder direkt am LADL in Paris oder in den entsprechenden Ländern unter Regie des LADL entwickelt wurden. Ein wichtiges Forschungsziel ist die wechselseitige Abbildung dieser Wörterbücher aufeinander. Dies wird mit Hilfe einer automatischen Auswertung paralleler mehrsprachiger Korpora geschehen. Ein derartiges System mehrsprachiger, nach Sprachpaaren verbundener Wörterbücher, zusammen mit der in Entwicklung befindlichen semantischen Klassifizierung der Einträge, eröffnet für die maschinelle Übersetzung völlig neue Möglichkeiten. So ist die schrittweise Weiterentwicklung vom reinen Wörterbuch hin zum Phrasenwörterbuch, in dem sowohl Terminologie als auch Mehrwortlexeme mehrsprachig dargestellt werden, durch die Auswertung der Korpora auf der Basis der einfachen Wörterbücher möglich.

Literatur

Bergenholtz, H. & B. Schaeder (1977): Die Wortarten des Deutschen. Stuttgart: Klett.

Courtois, B. (1989): Un système de dictionnaires électroniques pour les mots simples du français. Report No 9, Laboratoire d'Automatique Documentaire et Linguistique, Université Paris 7.

DUDEN-Redaktion (Hrsg.) (1986): DUDEN "Rechtschreibung der deutschen Sprache und der Fremdwörter". Mannheim; Wien; Zürich: Bibliographisches Institut.

Gross, G. (1991): La forme d'un dictionnaire électronique. LADL-Report, Laboratoire d'Automatique Documentaire et Linguistique, Université Paris 7.

Gross, M. (1989): The Use of Finite Automata in the Lexical Representation of Natural Language. In: Gross, M. & D. Perrin (eds.), Electronic Dictionaries in Computational Linguistics, LITP Spring School on Theoretical Computer Science Saint-Pierre d'Oléron, France, May 1987 Proceedings. Berlin, Heidelberg, New York.

Mackensen, L. (1955): Deutsches Wörterbuch. Laupheim.

Maier, P. (1994): Die morphologische Kodierung des CISLEX. Interner Bericht, CIS, Universität München.

Sinclair, J.M., Fox, G. et al. (1988): Collins COBUILD English Language Dictionary. London: Collins.

Silberztein, M. (1989): Dictionnaires électroniques et reconnaissance lexicale automatique. Thèse de doctorat, Université Paris VII.

Wahrig, G. (1975): Deutsches Wörterbuch. Gütersloh.

Anhang: Auszüge aus CISLEX-EF+

Einträge im Grundformenlexikon (ohne semantische Kodierung):

```
Buhlerei;fem;NS0;NP3
Buhlerin;fem;NS0;NP5
Buhler;mask;NS2;NP1

buhlerisch,.ADJ0

buhlen,.VSW1
```

Die entsprechenden Einträge im Vollformenlexikon:

```
%Buhlerei,Buhlerei.fem(NS0,NP3):snf:sgf:sdf:saf
%Buhlereien,Buhlerei.fem(NS0,NP3):pnf:pgf:pdf:paf
%Buhlerin,Buhlerin.fem(NS0,NP5):snf:sgf:sdf:saf
%Buhlerinnen,Buhlerin.fem(NS0,NP5):pnf:pgf:pdf:paf
%Buhler,Buhler.mask(NS2,NP1):snm:sdm:sam:pnm:pgm:pam
%Buhlern,Buhler.mask(NS2,NP1):pdm
%Buhlers,Buhler.mask(NS2,NP1):sgm

%buhlerisch,buhlerisch.ADJ0:pos
%buhlerische,buhlerisch.ADJ0:pos_e
%buhlerischem,buhlerisch.ADJ0:pos_m
%buhlerischen,buhlerisch.ADJ0:pos_n
%buhlerischer,buhlerisch.ADJ0:pos_r

%buhle,buhlen.VSW1:spi1:spk1:spk3
%buhlen,buhlen.VSW1:inf:ppi1:ppi3:ppk1:ppk3
%buhlend,buhlen.VSW1:part1
%buhlest,buhlen.VSW1:spk2
%buhlet,buhlen.VSW1:ppk2
%buhlst,buhlen.VSW1:spi2
%buhlt,buhlen.VSW1:spi3:ppi2
%buhlte,buhlen.VSW1:sii1:sii3:sik1:sik3
%buhlten,buhlen.VSW1:pii1:pii3:pik1:pik3
%buhltest,buhlen.VSW1:sii2:sik2
%buhltet,buhlen.VSW1:pii2:pik2
%gebuhlt,buhlen.VSW1:part2
```

Martin Hoelter

Deriving HPSG Lexical Entries from a Natural Language Dictionary

1 Introduction

Most current NLP systems suffer from the lack of sufficiently complex lexical information. On the one hand, the number of lexical entries available for the systems is frequently not adequate to cover larger ranges of text in practical use. On the other hand, those lexical entries that are available focus on syntactic information and display little more than argument positions when it comes to semantic information.

These shortcomings can be remedied if lexical information from natural language dictionaries can be supplied as input to NLP systems. Dictionaries like *Collins Cobuild Student's Dictionary*, 1990 contain semantic information in abundance, and, moreover, this information reflects conceptual knowledge, appropriateness of usage, selectional restrictions, and hierarchical storage of semantic knowledge. It is a truism that NLP systems can, however, only make use of this rich lexical information if the grammars underlying their design facilitate its processing. The theoretical framework of HPSG provides exactly the needed capacity of an integrated semantic and syntactic approach that is strongly lexicon-based.

The purpose of the present paper hence is two-fold: first, it aims at demonstrating the systematic relationship between Cobuild definitions and HPSG lexical entries, and, secondly, the basic asssumptions underlying the automatic extraction of semantic information from the dictionary will be outlined. Section 2 briefly sketches the characteristics of Cobuild definitions and their inherent logical structure, in Section 3, the relevant theoretical aspects of HPSG are discussed, and Section 4 finally shows how the information contained in the dictionary definitions is extracted from Cobuild and mapped to HPSG lexical entries.

2 The Structure of Cobuild Definitions

The crucial difference between Cobuild dictionaries and traditional dictionaries is Cobuild's definition style:[1] the definitions are given in plain English sentences using no specifically lexicographic terms and abbreviations within the definition text. Consider, for example, the following definitions[2]:

1 VB WITH OBJ
If you *acquire* something, you obtain it.

---

1 For more detailed accounts of the Cobuild philosophy, its style, lexicographic techniques, and underlying metalanguage of definitions, see Hanks, 1987, Sinclair, 1987, and Barnbrook and Sinclair, 1994. Cf. Schnelle, 1991, pp. 483–527 for a thorough analysis of Cobuild's underlying logic.

2 The digits in boldface correspond to the sense numbers identifying the different readings of the defined headword.

1 COUNT N
A *boy* is a male child.

1 ADJ
Something that is *spindly* is long, thin, and weak.

The present approach rests on the assumption that the lexicographic structure underlying these definition types legitimates a logical reading of the entries not only in isolation but also in relation to each other. All of the definitions have to be interpreted as consisting of a "left-hand side" (LHS) and a "right-hand side" (RHS) (cf. Barnbrook and Sinclair, 1994 and Hanks, 1987 for a detailed lexicographic account of the definition strategies). This constellation is equated here with conditional statements where the LHS corresponds to the antecedent and the RHS to the succedent. This necessitates, first, association of textual elements with predicates, and secondly, regularization of the Cobuild metalanguage of definitions (Cf. Hoelter, 1994 and Schnelle, 1991 for details). Consider the logical reformulation of the entry for *boy* as a brief sketch of the basis of the conversion strategy involved.

- Definitions are understood as first order expressions. Here, the entries are levelled to *if ... then* format. Predicates are isolated and disambiguated, i.e. labelled with a sense number.

  $$\forall x[boy.1(x) \rightarrow [male.1(x) \wedge child.1(x)]]$$

- The following equivalence will become important in the subsequent mapping to typed feature structures (cp. Section 3.2):

  $$(boy.1(x) \rightarrow male.1(x) \wedge child.1(x)) \iff$$
  $$((boy.1(x) \rightarrow male.1(x)) \wedge (boy.1(x) \rightarrow child.1(x)))$$

It should become obvious that via this interpretation the definitions can be seen as forming a partially ordered set: since the dictionary is self-contained, all entries formulate a relation between a more general expression in the LHS and a more specific expression in the RHS. By the transitivity of the conditional, the apparent disjunction of entries in the dictionary is replaced by a complex semantic network.

For the remainder of the paper, it will be important to keep in mind that the relation between the LHSs and the RHSs is interpreted, first, as placing a weak partial order on the set of entries in the dictionary — thus inherently establishing a lexical hierarchy when associated with semantic types — and secondly, as reflecting a relational theory of meaning, as expressed by Hanks, 1987, p. 135: "If you use the word *boy*, you can expect to be presumed to be talking about a male child."

3 The Structure of Lexical Entries in HPSG

3.1 CONTEXT Information

This section will focus on the claim that while information in the value range of the HPSG CONTEXT feature has not been treated in sufficient detail yet, the RHSs of Cobuild definitions supply extremely rich information for precisely this attribute. This claim is supported by a brief sketch of an alternative HPSG treatment of common nouns under the aspect of pronominal reference and several collective nouns in connection with aggregate and nonaggregate determiners. Consider now for example the standard HPSG entries for *he* and *who* below:

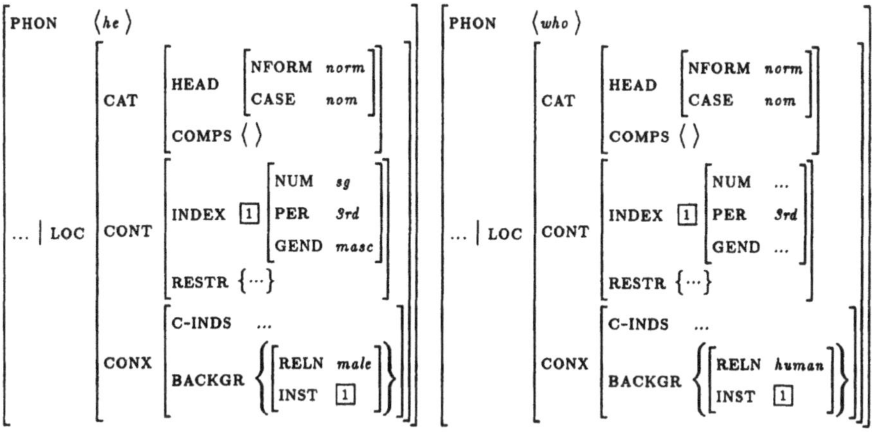

Oversimplifying, one might say that the pronoun *he* actually doesn't mean anything on its own. Only when you refer to someone by it does it get a certain meaning. That is why the CONT | RESTR range is empty in the HPSG entry. On the other hand, though, you can only refer to someone by *he* when this person is male — and this boils down to *male*(x) — or you'll deviate from normal usage. This is expressed by the CONX | BACKGR value, which states that the normal usage context or utterance situation always requires a male referent for *he*. Analogously, the same holds for *who*, where normal usage requires a human referent. So far so good, but how can the entry for *boy* 'tell' that the referent of this expression is perfectly suitable for being referred to by both *he* and *who*. It lies at hand that the relevant information in *boy* should also be stored in the CONX value range, which is not normally the case in standard treatments. And this is where a dictionary like Cobuild comes in very handy. As pointed out above, it states precisely what we want to have available for an NLP system — and in a linguistic theory — i.e., once again:

1 COUNT N
A *boy* is a male child.

This enables us to encode the predicates *male*(x) and *child*(x) in the CONX range of *boy* — just like before with *male*(x) and *human*(x) in the cases of *he* and *who*, respectively.

$$\begin{bmatrix} \text{PHON} & \langle \textit{boy} \rangle \\ \text{SYNSEM}\,|\,\text{LOC} & \begin{bmatrix} \text{CAT} & \begin{bmatrix} \text{HEAD} & \begin{bmatrix}\text{NFORM} & \textit{norm}\\ \text{CASE} & \ldots\end{bmatrix} \\ \text{SPEC} & \langle\langle\, \text{DET}\,\rangle\rangle \\ \text{COMPS} & \langle\,\rangle \end{bmatrix} \\ \text{CONT} & \begin{bmatrix} \text{INDEX} & \boxed{1}\begin{bmatrix}\text{NUMBER} & \textit{sg}\\ \text{PERSON} & \textit{3rd}\\ \text{GENDER} & \textit{masc}\end{bmatrix} \\ \text{RESTR} & \left\{\begin{bmatrix}\text{QUANTS} & \langle\cdots\rangle\\ \text{NUCLEUS} & {}_{\textit{boy}}\begin{bmatrix}\text{ARG.1} & \boxed{1}\end{bmatrix}\end{bmatrix}\right\}\end{bmatrix} \\ \text{CONX} & \begin{bmatrix}\text{C-INDS} & \ldots \\ \text{BACKGR} & \left\{ {}_{\textit{male}}\begin{bmatrix}\text{ARG.1} & \boxed{1}\end{bmatrix}, {}_{\textit{child}}\begin{bmatrix}\text{ARG.1} & \boxed{1}\end{bmatrix}\right\}\end{bmatrix}\end{bmatrix}\end{bmatrix}$$

Using a grammatical principle which checks the consistency of the CONX values and types the unification of e.g. *male* and *female* would result in a failure. Encoding information of Cobuild in this fashion, however, makes additional revisions of the CONX complex necessary: the principle of contextual consistency will have to be formulated more restrictively.

It will only work, though, if the consistency of the types is mentioned explicitly elsewhere, which necessitates statements of type subsumption relations for each entry. In the case of *boy*, we need to state in feature terms that

$$\textit{boy}(x) \rightarrow \textit{male}(x) \wedge \textit{child}(x)$$

or that the type *boy* is an extension of both the types *child* and *male*.[3]

Consider the Cobuild entry for *child*: "A *child* is a human being ...". We get an RHS (hence also CONT value) — *child*(x) — which implies the RHS (or CONX value) — *human*(x) — resulting in the corresponding type subsumption statement. This guarantees that in the case of *who* and *boy* their respective CONX values (*human* and *child*) unify. Once tied to a 'boyish' referent, *who* now carries the CONT semantic information of *boy*, so to speak. The procedure with *he* works analogously.

The question now is: why encode this type of information at all in the CONX value range, if a type subsumption statement is required in any case? Consider the definition below:

1 ADJ
Fierce means very aggressive or angry.

Whereas in the case of *boy* it is reasonable to assume that it inherits information both from *male* and *child*, it is certainly nonsensical to claim that *fierce* inherits information

3 Cp. Section 3.2 below for a discussion of predicates vs. types.

from both *very* and *aggressive* in the same way.[4] *Fierce* does, however, place a very specific restriction on its supertype that cannot be expressed in a hierarchy. Storing this information in the BACKGROUND instead — with the superordinate *agressive* as an argument of the type *very* — has the nice effect of predicting that "slightly fierce" sounds slightly odd.

Next consider the treatment of aggregate versus nonaggregate determiners in Pollard and Sag, 1994, pp. 83–88. The relevant data are repeated here:

a. Every faculty is/*are homogenous.

b. Every faculty meets/*meet on a monthly basis.

c. All faculty *is/are required to submit midterm grades by March 12.

d. All faculties *meets/meet on a monthly basis.

Their analysis of the nonaggregate determiner *every* and the aggregate determiner *all* predicts the data above. They further claim that the class of collective nouns showing the same behavior as *faculty* includes *staff*, *clergy*, and *nobility*, and that nouns like *family*, *committee*, and *government* "disallow aggregate quantification with the singular forms" (Pollard and Sag, 1994, p. 83). Now compare the following entries from Cobuild:

1 COLL N OR UNCOUNT N
A *family* is a group of people who are related to each other, especially parents and their children.

1 COLL N
A *committee* is a group of people who represent a larger group or organization and make decisions for them.

1 COLL N
A *government* is the group of people who are responsible for governing a country or state.

1 COLL N
The *staff* of an organization are the people who work for it.

1 PLURAL N
The *clergy* are the religious leaders of a Christian church.

2 COLL N
The *nobility* of a society are all the people who have titles and high social rank.

The correspondence is striking. In the cases of *family*, *committee*, and *government*, the definitions contain the superordinate "a group of people", which in our analysis would hence be encoded as BACKGROUND information triggering exactly the same predictions as

4 The disjunction is, admittedly, a totally different story. Strictly speaking, one could argue that this necessitates two separate entries, unless one finds an appropriate treatment of disjunctive compound infons.

in Pollard and Sag, 1994. BACKGROUND information not corresponding to a "group of" reading would then predict the ungrammaticality of the aggregate quantification with the singular forms indicated in c. and d. in the cases of *faculty*[5], *staff*, *clergy*, and *nobility*.

3.2 Hierarchical Semantic Information

The present logical analysis of the dictionary is couched in the situation semantics module assumed in HPSG. It lies at hand that this strategy employs a translation of the disambiguated predicates into complex feature structures via mapping to infons. For exemplification, consider the following standard HPSG AVMs now:

$$\begin{bmatrix}\text{RELN} & \textit{orange}\\ \text{INST} & \boxed{1}\end{bmatrix} \quad \begin{bmatrix}\text{RELN} & \textit{pink}\\ \text{ARG} & \boxed{1}\end{bmatrix} \quad \begin{bmatrix}\text{RELN} & \textit{walk}\\ \text{WALKER} & \boxed{1}\end{bmatrix} \quad \begin{bmatrix}\text{RELN} & \textit{love}\\ \text{LOVER} & \boxed{1}\\ \text{LOVED} & \boxed{2}\end{bmatrix} \quad \begin{bmatrix}\text{RELN} & \textit{give}\\ \text{GIVER} & \boxed{1}\\ \text{GIVEN} & \boxed{2}\\ \text{GIVEN-TO} & \boxed{3}\end{bmatrix}$$

There are five different n-place relations, which obviously correlate with predicates in the logical sense. Each of them also introduces differently labelled argument positions as further attributes which correspond to rather specific semantic roles. As a first step of the present re-interpretation, the argument positions are generalized to ARG.1 to ARG.n:

$$\begin{bmatrix}\text{RELN} & \textit{orange}\\ \text{ARG.1} & \boxed{x}\end{bmatrix} \quad \begin{bmatrix}\text{RELN} & \textit{pink}\\ \text{ARG.1} & \boxed{x}\end{bmatrix} \quad \begin{bmatrix}\text{RELN} & \textit{walk}\\ \text{ARG.1} & \boxed{x}\end{bmatrix} \quad \begin{bmatrix}\text{RELN} & \textit{love}\\ \text{ARG.1} & \boxed{x}\\ \text{ARG.2} & \boxed{y}\end{bmatrix} \quad \begin{bmatrix}\text{RELN} & \textit{give}\\ \text{ARG.1} & \boxed{x}\\ \text{ARG.2} & \boxed{y}\\ \text{ARG.3} & \boxed{z}\end{bmatrix}$$

This, however, goes along with a different analysis of the value ranges of ARG.x. Take, for example, the lexical entry for *snore*, where in a standard treatment one would assume a semantic role like SNORER or perhaps a more general role like AGENT or EXPERIENCER. Consider now the following Cobuild definition:

1 VB
When someone who is asleep *snores*, they make a loud noise each time they breathe.

Given the present analysis, a representational means must now be provided that expresses which specific type of arguments the relation *snore* can take. The dictionary defines this by placing *someone* in the subject position of the verb. The expression *someone* is in Cobuild to be treated as a term of the metalanguage of dictionary definitions, though, and carries much more meaning than the corresponding pronoun (Cp. Barnbrook and Sinclair, 1994, p. 6). This is expressed here by defining an infon with the one-place relation *s-o*:

$$\ll \text{s-o}, \dot{x}, 1 \gg$$

5 The sense of *faculty* under discussion is not given in (*Collins Cobuild Student's Dictionary* 1990) — it is only defined in the senses of "capability" and "group of departments". In *Collins Cobuild English Language Dictionary*, 1987, p. 507, however, the term *faculty* is additionally defined as referring to "the staff who belong to it [group of departments]". Hence, the analysis above would hold in the unabridged dictionary.

In concordance with standard HPSG approaches, it is assumed throughout this report that following correspondences holds

$$pred(a_1, \ldots, a_n) \quad \approx \quad \ll \mathrm{reln}, a_1, \ldots, a_n, 1 \gg \quad \approx \quad \begin{bmatrix} \mathrm{RELN} & \mathit{reln} \\ \mathrm{ARG.1} & \boxed{a_1} \\ \vdots & \vdots \\ \mathrm{ARG.}n & \boxed{a_n} \end{bmatrix}$$

Provided these mappings, it can now be stated that *snore* places a condition on the parameter of its argument that corresponds to the type *s-o*:

$$\begin{bmatrix} \mathrm{RELN} & \mathit{snore.1} \\ \mathrm{ARG.1} & \boxed{2} \begin{bmatrix} \mathrm{RELN} & \mathit{s\text{-}o} \\ \mathrm{ARG.1} & \boxed{1} \end{bmatrix} \end{bmatrix}$$

Additionally allowing conjunctive compound infons, one could even further restrict the argument role and follow the dictionary by claiming

$$\begin{bmatrix} \mathrm{RELN} & \mathit{snore.1} \\ \mathrm{ARG.1} & \boxed{2} \begin{bmatrix} \mathrm{RELN} & \mathit{s\text{-}o} \wedge \mathit{asleep.1} \\ \mathrm{ARG.1} & \boxed{1} \end{bmatrix} \end{bmatrix}$$

The present approach naturally involves the formulation of a hierarchy of the above semantic types. Consider these AVMs in Pollard and Sag, 1994, p. 338

$$\begin{bmatrix} \mathrm{RELATION} & \mathit{love} \\ \mathrm{LOVER} & \begin{bmatrix} \; \end{bmatrix}_{\mathit{ref}} \\ \mathrm{LOVED} & \begin{bmatrix} \; \end{bmatrix}_{\mathit{ref}} \end{bmatrix}_{\mathit{qfpsoa}} \qquad \begin{bmatrix} \mathrm{RELATION} & \mathit{love} \\ \mathrm{INFLUENCE} & \begin{bmatrix} \; \end{bmatrix}_{\mathit{ref}} \\ \mathrm{INFLUENCED} & \begin{bmatrix} \; \end{bmatrix}_{\mathit{ref}} \\ \mathrm{SOA\text{-}ARG} & \begin{bmatrix} \; \end{bmatrix} \end{bmatrix}_{\mathit{qfpsoa}}$$

The problem with these feature structures is that they are not totally well-typed, i.e. it is not the case that they bear all the attributes introduced by a specific type and only those. This is a restriction on typed feature logics that is commonly assumed. In Pollard and Sag, 1994, p. 338 then, the above AVMs are replaced by matrices in which the function of the atomic values in the RELN range is now performed by corresponding sorts, as for example, in:

$$\begin{bmatrix} \mathrm{LOVER} & \begin{bmatrix} \; \end{bmatrix}_{\mathit{ref}} \\ \mathrm{LOVED} & \begin{bmatrix} \; \end{bmatrix}_{\mathit{ref}} \end{bmatrix}_{\mathit{love}} \qquad \begin{bmatrix} \mathrm{INFLUENCE} & \begin{bmatrix} \; \end{bmatrix}_{\mathit{ref}} \\ \mathrm{INFLUENCED} & \begin{bmatrix} \; \end{bmatrix}_{\mathit{ref}} \\ \mathrm{SOA\text{-}ARG} & \begin{bmatrix} \; \end{bmatrix} \end{bmatrix}_{\mathit{persuade}}$$

However, Pollard and Sag additionally assume that the relation between the above atomic sorts is captured by a sortal hierarchy where the following subsumption relations hold:

$$\begin{array}{lclcl} \mathit{qfpsoa} & \sqsubseteq & \mathit{influence} & \sqsubseteq & \mathit{persuade} \\ \mathit{qfpsoa} & \sqsubseteq & \mathit{feeling} & \sqsubseteq & \mathit{love} \end{array}$$

The necessity for this constellation arose from their analysis of control verbs, which will not be repeated here. It is crucial for the present approach, though, that the formalism allows that types do not introduce any additional features locally, as implied by Pollard and Sag's analysis. Here, obviously, the type *persuade* does not introduce any features locally, since both INFLUENCER and INFLUENCED are inherited from *influence*.

Let us now recapitulate the strategy for the conversion of the predicates assumed here to typed feature structures. The correlation, exemplified by the NUCLEUS value of *boy*, is the following:

- First order: $boy.1(x)$
- Infonic: $\ll$boy.1, $\dot{x}$, 1$\gg$
- AVM: $\begin{bmatrix} \text{RELN} & \textit{boy.1} \\ \text{ARG.1} & \boxed{x} \end{bmatrix}$
- AVM: $_{\textit{boy.1}}\begin{bmatrix} \text{ARG.1} & \boxed{x} \end{bmatrix}$

Provided with the predicate logic analysis in Section 2, we can now represent the information on *boy* as types in a hierarchy with multiple inheritance:

$$_{\textit{boy.1}}\begin{bmatrix} \text{ARG.1} & \boxed{x} \end{bmatrix} \sqsupseteq {}_{\textit{male.1}}\begin{bmatrix} \text{ARG.1} & \boxed{x} \end{bmatrix}$$

$$_{\textit{boy.1}}\begin{bmatrix} \text{ARG.1} & \boxed{x} \end{bmatrix} \sqsupseteq {}_{\textit{child.1}}\begin{bmatrix} \text{ARG.1} & \boxed{x} \end{bmatrix}$$

where " $\sqsupseteq$ " denotes the dual of the subsumption relation " $\sqsubseteq$ ". Hence we assume the following to hold for the lexicon encoded in typed (complex) feature structures:

- it is a weak partial order under the subsumption relation
- it forms a semi-lattice with *n* maximal elements, but no greatest
- it forms a hierarchy of semantic types

3.3 Selectional Restrictions

Selectional preferences are expressed in plain English in the LHSs of Cobuild definitions. Consider, for example, the following entries:

1 VB
If a king or queen *abdicates*, he or she resigns.

1 VB WITH OBJ
When a woman *breast-feeds* her baby, she feeds it with milk from her breasts, rather than from a bottle.

2 VB WITH OBJ
When you *butter* bread or toast, you spread butter on it.

1 VB

When a horse *gallops*, it runs very fast so that all four legs are off the ground at the same time.

Practically the only means HPSG provides for covering issues like these are the subcategorization principle and semantic roles.[6] The AVM below depicts the standard HPSG lexical entry for *abdicate*:

$$\begin{bmatrix} \text{PHON} & \langle \textit{abdicate} \rangle \\ \text{SYNSEM} \mid \text{LOC} & \begin{bmatrix} \text{CAT} & \begin{bmatrix} \text{HEAD} & \underset{\textit{vhead}}{[\ ]} \\ \text{SUBJ} & \langle \text{NP}[\textit{nom}]\boxed{1} \rangle \\ \text{COMPS} & \langle\ \rangle \end{bmatrix} \\ \text{CONT} & \begin{bmatrix} \text{QUANTS} & \langle \cdots \rangle \\ \text{NUCLEUS} & \begin{bmatrix} \text{RELN} & \textit{abdicate} \\ \text{ABDICATOR} & \boxed{1} \end{bmatrix} \end{bmatrix} \end{bmatrix} \end{bmatrix}$$

With only fairly specific semantic roles like ABDICATOR and a subject NP with co-indexed INDEX information, there are no explicitly formulated principles that predict other grammaticality judgements than the following:

(1) a. The queen abdicated.
b. The general abdicated.
c. The donkey abdicated.
d. * The king abdicated the queen.
e. * The queen abdicated the general.
f. * The queen abdicated the donkey.

Sentences (1)d.–f. do not obey the subcategorization principle, since the verb phrase contains an additional noun phrase not indicated on the COMPS list of the head daughter. Hence they are regarded as being ungrammatical in the same sense as the sentence *"Abdicated." lacking a subject noun phrase. Also, there is nowhere an explicit statement that prevents the filling of an ABDICATOR role by *donkey*. A tentative solution could be to encode the preference information on the SUBJ list of the lexical entry:

6 Cp. Pollard and Sag, 1987, p. 143: "The feature SUBCAT provides the basis for the treatment of lexical dependencies in HPSG: [...] semantic role assignment [...] and perhaps certain semantic selectional restrictions as well."

$$\begin{bmatrix} \text{PHON} & \langle \textit{abdicate} \rangle \\ \text{SYNSEM} \mid \text{LOC} & \begin{bmatrix} \text{CAT} & \begin{bmatrix} \text{HEAD} & \begin{bmatrix} \; \end{bmatrix}_{\textit{vhead}} \\ \text{SUBJ} & \left\langle \text{NP}[\textit{nom}]\text{: RESTR} \mid \text{NUCLEUS} \begin{bmatrix} \text{RELN} & \textit{king} \vee \textit{queen} \\ \text{INST} & \boxed{1} \end{bmatrix} \right\rangle \\ \text{COMPS} & \langle \rangle \end{bmatrix} \\ \text{CONT} & \begin{bmatrix} \text{QUANTS} & \langle \cdots \rangle \\ \text{NUCLEUS} & \begin{bmatrix} \text{RELN} & \textit{abdicate} \\ \text{ABDICATOR} & \boxed{1} \end{bmatrix} \end{bmatrix} \end{bmatrix} \end{bmatrix}$$

This strategy fits into a number of approaches within the wider HPSG framework (and also NLP), and hence is practicable. In the strict sense of the theory, however, it predicts the following judgments on the well-formedness of the above sentences:

(2) a. The queen abdicated.
b. * The general abdicated.
c. * The donkey abdicated.
d. * The king abdicated the queen.
e. * The queen abdicated the general.
f. * The queen abdicated the donkey.

which is not the intended result. Ideally, the grammar should express a number of different aspects in this set of sentences. First, b. might be "ungrammatical" when, for example, uttered by a native speaker of German who simply assumes, that the same selectional preferences hold for *abdanken* and *abdicate* — in German, high-ranking officer can "abdicate", so to speak. The same sentence uttered by a native speaker of English will probably carry a slightly different meaning, i.e. it would insinuate that the general perceives himself as a royalty, or something similar. In c., an analogous reading would be difficult. Sentence d. is not ungrammatical, but could very well be meant ironic, if we, for example, anchor the king under discussion to Henry VIII. It would in this case mean that the queen "was abdicated" (and probably beheaded). This trick can be performed with a wide range of transitive verbs, though, and hence is not an idiosyncratic behavior of *abdicate*. In e., the ironic reading of d. might be obtained if we think of a queen like Elisabeth I "abdicating" a prominent figure like Sir Francis Drake, but f. can only with difficulty be interpreted in this way.

This constellation might be expressed by a differentiation of the several well-formedness constraints involved in the data under discussion, perhaps very roughly along the following lines:

(3) a. The queen abdicated.
b. $^{?_{\mathit{cont}}}$ The general abdicated.
c. $^{??_{\mathit{cont}}}$ The donkey abdicated.
d. $^{??_{\mathit{cont/comps}}}$ The king abdicated the queen.

e. ??$_{cont/comps}$ The queen abdicated the general.

f. ???$_{cont/comps}$ The queen abdicated the donkey.

First, this is meant to reflect hat sentences b.–f. are not considered ungrammatical in the absolute sense of being hardly understandable, but as in some way deviating from "normal" usage. Admittedly, the HPSG framework is currently not designed to cover the various degrees of severity of lexical selection ranging from mere preferences to restrictions hardly to be overruled. For instance, you can of course say without any problem that somebody *butters* a croissant instead of bread or toast as indicated in the dictionary, but in order to find a context where someone correctly states that a woman *breastfeeds* somebody or something other than a baby, it takes a very moving scene in Steinbeck's *Grapes of Wrath*. We can, however, distinguish in HPSG between different types of information, as indicated by *cont* and *comps* in the above list. Consider the AVM below, where these expressions correspond to the features CONT and COMPS:

$$\begin{bmatrix} \text{PHON} & \langle \textit{abdicate} \rangle \\ \text{SYNSEM} \mid \text{LOC} & \begin{bmatrix} \text{CAT} & \begin{bmatrix} \text{HEAD} & \underset{\textit{vhead}}{[\ ]} \\ \text{SUBJ} & \langle \text{NP}[\textit{nom}]_{\boxed{1}} \rangle \\ \text{COMPS} & \langle\,\rangle \end{bmatrix} \\ \text{CONT} & \begin{bmatrix} \text{QUANTS} & \langle \cdots \rangle \\ \text{NUCLEUS} & \begin{bmatrix} \text{RELN} & \textit{abdicate} \\ \text{ARG.1} & \boxed{2}\begin{bmatrix} \text{RELN} & \textit{king} \vee \textit{queen} \\ \text{ARG.1} & \boxed{1} \end{bmatrix} \end{bmatrix} \end{bmatrix} \end{bmatrix} \end{bmatrix}$$

This notation expresses the view that selectional preferences constitute an inherent part of the meaning of the word and that its syntactic combinatorics are just a reflection of them. In the case of *abdicate* it is the relation *abdicate.1* itself which determines the restriction on the parameter in the value range of its single argument. In terms of situation semantics[7] we would express this fact by the infon

$$\ll \text{abdicate.1}, \dot{x}, 1 \gg$$

where $\dot{x}$ denotes a restricted parameter for which the following condition holds

$$\dot{x}_1 = IND_1 \upharpoonright \ll \text{king.1}, IND_1, 1 \gg \ \vee \ll \text{queen.1}, IND_1, 1 \gg$$

which, intuitively, means that the restricted parameter $\dot{x}$ filling the argument role of *abdicate* can only be anchored to a certain individual (a parameter of the type *IND*) if this individual meets the condition introduced by "$\upharpoonright$", namely that this individual must either be a king or a queen. This condition is denoted by the disjunctive compound infon above. This strategy, however, necessitates a complex re-formulation of the semantics principle since only the INDEX information is co-indexed on the COMPS list. A perhaps easier compromise is illustrated by the AVM below:

7 Cf. Devlin, 1991 for a discussion of restricted parameters and semantic roles in situation semantics.

$$\begin{bmatrix} \text{PHON} & \langle \textit{abdicate} \rangle \\ \text{SYNSEM} \mid \text{LOC} & \begin{bmatrix} \text{CAT} & \begin{bmatrix} \text{HEAD} & {}_{\textit{vhead}}[\ ] \\ \text{SUBJ} & \langle \text{NP}[\textit{nom}]\cdot \boxed{2} \rangle \\ \text{COMPS} & \langle\ \rangle \end{bmatrix} \\ \text{CONT} & \begin{bmatrix} \text{QUANTS} & \langle \cdots \rangle \\ \text{NUCLEUS}_{\textit{abdicates}} & \begin{bmatrix} \text{ARG.1} & \boxed{2}\ {}_{\textit{king} \vee \textit{queen}}\begin{bmatrix} \text{ARG.1} & \boxed{1} \end{bmatrix} \end{bmatrix} \end{bmatrix} \end{bmatrix} \end{bmatrix}$$

where RELN has been replaced by the corresponding types, and where the substructure

$${}_{\textit{abdicate}}\begin{bmatrix} \text{ARG.1} & \boxed{2}\ {}_{\textit{king} \vee \textit{queen}}\begin{bmatrix} \text{ARG.1} & \boxed{1} \end{bmatrix} \end{bmatrix} \quad \text{expands to} \quad {}_{\textit{abdicate}}\begin{bmatrix} \text{ARG.1} & \boxed{2} \left(\begin{array}{c} {}_{\textit{king}}\begin{bmatrix} \text{ARG.1} & \boxed{1} \end{bmatrix} \\ \vee \\ {}_{\textit{queen}}\begin{bmatrix} \text{ARG.1} & \boxed{1} \end{bmatrix} \end{array} \right) \end{bmatrix}.$$

Recall that NP[*nom*]· $\boxed{2}$ abbreviates a path leading to NUCLEUS information. The reformulation of the subcategorization principle (and Immediate Dominance Schemata) to a set of bi-partite constraints, one co-indexing INDEX information, the other NUCLEUS information, could be a tractable strategy for the needed differentiation, provided analyses like the above.

It must be noted here that the preceding AVM is incomplete — it lacks the necessary specification of the CONX value range. The BACKGROUND information within this range has been motivated before, but the present approach also necessitates the incorporation of contextual indices in the semantic information of phrases. Consider the sentence "The man abdicated." which is perfectly acceptable in a context like "Edward VIII had insurmountable social problems concerning his wife. The man (Edward VIII) abdicated." Now, provided our treatment of hierarchical semantic types, *Edward VIII* would extend *king* and *king* would extend *man*, hence we get a correct interpretation of our above sentence. The same sentence uttered in the context "The researcher had insurmountable scientific problems with his report. The man abdicated." is very odd unless the researcher happens to be a king. This fact can only be captured in a description, if it is possible to identify the contextual indices and check the type of the individual under discussion.

4 The Mapping of Dictionary Information

The automatic mapping of the dictionary information to HPSG lexical entries is performed by two separate systems: the Birmingham parser — specified in Barnbrook and Sinclair, 1994 — which analyses the Cobuild definitions employing a Cobuild-specific lexicographic grammar, and the program d21[8], which converts the output of the Birmingham system to AVMs. Two levels at which the dictionary information is mapped to HPSG format can be distinguished: the "outer level" and the "inner level". Apart from the specific theoretical assumptions underlying this algorithm, these levels reflect more general tactics of breaking up the informational components of the dictionary definitions. For exemplification, let us now consider the Cobuild entry for *permit*,

8 mnemonic for "dictionary to logic"

1 VB WITH OBJ
If you *permit* something, you allow it.

and the corresponding output of the Birmingham parser:

```
(   (def_number     19842)
    (sense          1)
    (def_type       1)
    (lemma          '(permit permits
                      permitting permitted ))
    (grammar        '(VB with OBJ))
    (pre
        (co-text0
            '()
        )
    )
    (op-word
        (hinge
            '(if)
        )
    )
    (lhs-1
        (co-text1
          (match1
            '(you)
          )
        )
        (head1
            '(permit)
        )
        (co-text2
          (match2
            '(something)
            '(,)
          )
        )
    )
    (rhs-2
        (match1
            '(you)
        )
        (synonym
            '(allow)
        )
        (match2
            '(it)
        )
    )
    (post
        (note '(a formal use.)
        )
    )
)
```

The general template for the information content of the "outer level" analysis and representation comprises the storage of the Cobuild **grammar**, **lhs-1**, and **rhs-2** information in the value ranges of the HPSG features CAT, CONT, and CONX, respectively. In concordance with common HPSG practice, the PHON value range is specified by **lemma** information. A full-fledged HPSG analysis would of course entail the encoding of the phonetic information readily available in Cobuild. Filling the general template below

$$\begin{bmatrix} \text{PHON} & \langle \text{“}\textit{lemma/head1}\text{”} \rangle \\ \text{SYNSEM} \mid \text{LOC} & \begin{bmatrix} \text{CAT} & \text{“}\textit{grammar}\text{”} \\ \text{CONT} & \text{“}\textit{lhs-1}\text{”} \\ \text{CONX} & \text{“}\textit{rhs-2}\text{”} \end{bmatrix} \end{bmatrix}$$

with specific information would, in the case of *permit*, yield the following pseudo-entry:

$$\begin{bmatrix} \text{PHON} & \langle \textit{permit} \rangle \\ \text{SYNSEM} \mid \text{LOC} & \begin{bmatrix} \text{CAT} & \textit{``VB with OBJ''} \\ \text{CONT} & \textit{you permit something} \\ \text{CONX} & \textit{you allow it} \end{bmatrix} \end{bmatrix}$$

In order to build the remaining information gradually up to more complex feature structures, we now have to proceed not only by further translating the meta expressions of the Birmingham system but also by inserting several feature complexes by default. Consider the general "inner level" template for transitive verbs below:

$$\begin{bmatrix} \text{PHON} & \langle \textit{``lemma/head1''} \rangle \\ \text{SYNSEM} \mid \text{LOC} & \begin{bmatrix} \text{CAT} & \begin{bmatrix} \text{HEAD} & \textit{``VB''} \\ \text{SUBJ} & \langle \text{NP}[\textit{nom}] \cdot \boxed{3} \rangle \\ \text{COMPS} & \langle \textit{``with OBJ''} \rangle \end{bmatrix} \\ \text{CONT} & \begin{bmatrix} \text{QUANTS} & \langle \cdots \rangle \\ \text{NUCLEUS} & \begin{bmatrix} \text{ARG.1} & \boxed{3} \begin{bmatrix} \text{ARG.1} & \boxed{1} \end{bmatrix}_{\textit{``match1''}} \\ \text{ARG.2} & \boxed{4} \begin{bmatrix} \text{ARG.1} & \boxed{2} \end{bmatrix}_{\textit{``match2''}} \end{bmatrix}_{\textit{``lemma/head1'' + . ``sense''}} \end{bmatrix} \\ \text{CONX} & \begin{bmatrix} \text{C-INDS} & \ldots \\ \text{BACKGR} & \left\{ \begin{bmatrix} \text{QUANTS} & \langle \cdots \rangle \\ \text{NUCLEUS} & \begin{bmatrix} \text{ARG.1} & \textit{``match1''} \\ \text{ARG.2} & \textit{``match2''} \end{bmatrix}_{\textit{``synonym''}} \end{bmatrix} \right\} \end{bmatrix} \end{bmatrix} \end{bmatrix}$$

In the value range of the feature CAT — which has not involved a complex value in the "outer level" description — the **grammar** information supplied by the Birmingham output is broken up into three different HPSG feature specifications: HEAD, SUBJ, and COMPS. The list value of SUBJ contains a default insertion of a defined HPSG abbreviation reflecting the assumption that transitive verbs lexically require a nominative NP subject syntactically realizing the first semantic argument. The remaining feature paths are filled in a similar fashion.

Finally, by replacing the remaining variables in the general verb template we arrive at the HPSG-entry corresponding to the first sense of *permit*:

$$\begin{bmatrix} \text{PHON} & \langle \textit{permit} \rangle \\ \text{SYNSEM} \mid \text{LOC} & \begin{bmatrix} \text{CAT} & \begin{bmatrix} \text{HEAD} & [\ ]_{\textit{vhead}} \\ \text{SUBJ} & \langle \text{NP}[\textit{nom}]\cdot \boxed{3} \rangle \\ \text{COMPS} & \langle \text{NP}[\textit{acc}]\cdot\boxed{4}\rangle \end{bmatrix} \\ \text{CONT} & \begin{bmatrix} \text{QUANTS} & \langle \cdots \rangle \\ \text{NUCLEUS} & \begin{bmatrix} \text{ARG.1} & \boxed{3} \begin{bmatrix}\text{ARG.1} & \boxed{1}\end{bmatrix}_{\textit{you}} \\ \text{ARG.2} & \boxed{4}\begin{bmatrix}\text{ARG.1} & \boxed{2}\end{bmatrix}_{\textit{s-th}} \end{bmatrix}_{\textit{permit.1}} \end{bmatrix} \\ \text{COXT} \mid \text{BACKGR} & \left\{ \begin{bmatrix} \text{QUANTS} & \langle\cdots\rangle \\ \text{NUCLEUS} & \begin{bmatrix}\text{ARG.1} & \boxed{3} \\ \text{ARG.2} & \boxed{4}\end{bmatrix}_{\textit{allow.n}} \end{bmatrix} \right\} \end{bmatrix} \end{bmatrix}$$

References

Barnbrook, G. and Sinclair, J. M.: 1994, Parsing Cobuild entries, *in* J. M. Sinclair (ed.), *ET-10/51 (Semantic Analysis — Using a Natural Language Dictionary): Final Report*, Commission of the European Communities, Luxembourg, chapter 2.

Collins Cobuild English Language Dictionary: 1987, Edited by J. M. Sinclair et al. Collins ELT, London.

Collins Cobuild Student's Dictionary: 1990, Edited by J. M. Sinclair et al. Collins ELT, London.

Devlin, K.: 1991, *Logic and Information*, Cambridge University Press, Cambridge, UK.

Hanks, P.: 1987, Definitions and explanations, *in* J. M. Sinclair (ed.), *Looking Up*, Collins ELT, London, pp. 116–136.

Hoelter, M.: 1994, Logical aspects of the dictionary, *in* J. M. Sinclair (ed.), *ET-10/51 (Semantic Analysis — Using a Natural Language Dictionary): Final Report*, Commission of the European Communities, Luxembourg, chapter 4.

Pollard, C. and Sag, I.: 1987, *Information-based Syntax and Semantics*, Vol. 1, Center for the Study of Language and Information, Stanford, CA. [Distributed by University of Chicago Press].

— and Sag, I.: 1994, *Head-Driven Phrase Structure Grammar*, Center for the Study of Language and Information, Stanford, CA. [Distributed by University of Chicago Press].

Schnelle, H.: 1991, *Die Natur der Sprache: die Dynamik der Prozesse des Sprechens und Verstehens*, deGruyter, Berlin.

Sinclair, J. M. (ed.): 1987, *Looking Up: an account of the COBUILD Project in lexical computing*, Collins ELT, London.

Marc Light, Sabine Reinhard & Marie Boyle–Hinrichs

INSYST: An Automatic Inserter System for Hierarchical Lexica*

1 Introduction

Recently, in computational linguistics, there has been increasing interest in using hierarchical formalisms to represent lexical information. They facilitate the expression of theoretically interesting generalizations and help to reduce redundancy. In addition, it seems that the use of hierarchical formalisms will simplify maintenance, modification, and extension of large lexica. See *e.g.* Flickinger et al. 1985, Flickinger 1987, Evans & Gazdar 1989, Daelemans & Gazdar 1990, Briscoe et al. 1992, Gazdar & Daelemans 1992.

However, both researchers using a hierarchical formalism as a tool for lexical research and those using a hierarchical formalism for creating a large lexicon need to be able to insert lexical items into their hierarchies quickly; the first to test the posited generalizations when designing the lexical hierarchy, the second to transfer large amounts of lexical items from raw data files or some other classification scheme when using a finished lexical hierarchy. Up until now no automated system for these insertion tasks existed. We call such a system an insertion system since classification can be seen as the task of inserting items into the hierarchy (see Figure 1).

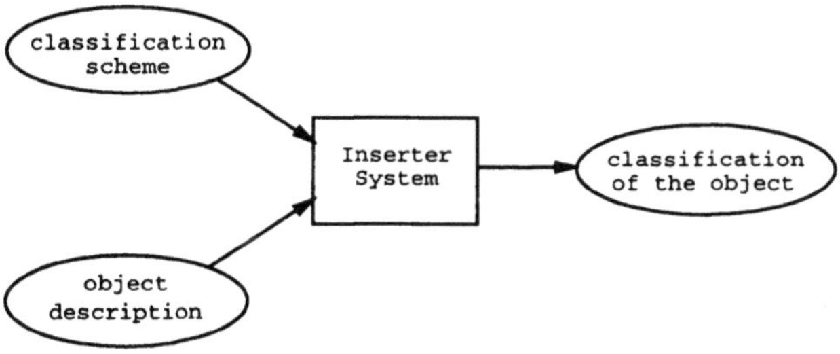

Figure 1: The Input and Output of an Inserter System

In this paper, we describe INSYST (INserter SYSTem), which can efficiently (Light 1993) insert lexical items under the appropriate nodes in lexical hierarchies. It currently handles hierarchies specified in the default-based DATR formalism (Evans & Gazdar 1989, Gibbon 1989, Reinhard & Gibbon 1991); the general approach, however, is applicable to similar formalisms (*e.g.* typed feature structure hierarchy formalisms (Krieger & Nerbonne 1992, Riehemann 1993).

INSYST has been developed within ELWIS[1], a project for the construction of reusable lexical knowledge bases (cf. Storrer et al. 1993, and see Figure 2). Lexical information is

* This work is supported by a grant from the Land Baden–Württemberg.

1 ELWIS is an acronym for Entwicklung Lexikalischer WISsensbasen.

extracted from machine readable lexica and annotated corpora, and descriptively stored in a lexical database, i.e. stored without hierarchical structuring or any further linguistic generalisations. From this database the lexical information is transferred to theoretical lexica, where theory dependent descriptions of the respective phenomena are specified in DATR and typed feature structures, which then serve as the actual knowledge bases.

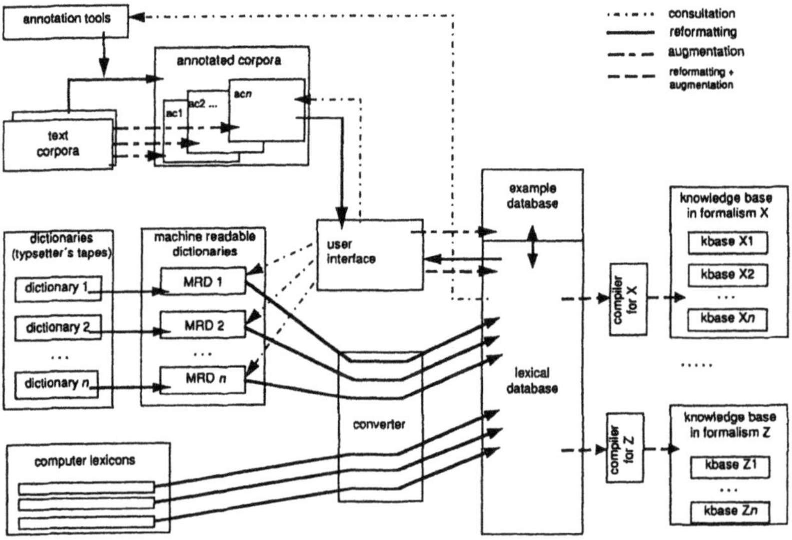

Figure 2: The ELWIS-Scenario

In this context, another advantage of such an inserter system emerges: it becomes possible to test the correctness of the lexical data being inserted. Whenever an item cannot, or only incorrectly, be classified it might have been incorrectly encoded due to mistakes in the machine readable resources. Thus, INSYST can also be seen as a link between corpus-based and inheritance-based research.

In the sections that follow, the architecture of INSYST will be described, followed by a short sketch of the database interface and a brief discussion of experimentation with the system done so far.

2 The INSYST-Architecture

The architecture of INSYST is illustrated in Figure 3. The boxes represent the modules of the system and the ovals represent the data that is passed between modules. Several modules preprocess the input DATR theory, since the DATR formalism does not explicitly state the information required by the INSYST-Classifier module. In order to insert an object into a classification scheme, *i.e.* to decide where in the hierarchy the item should go, the classifier needs the following information: i) the features that can be inherited from each node[2], and ii) the features of the item to be inserted. The INSYST-Compiler and the INSYST-Inheritance Closure modules combine to answer question (i). The INSYST-Interface to the database answers question (ii). All the modules are implemented in the programming language C.

In the sections that follow, we will discuss the function of each of these modules in some detail and give examples of the data that is passed between the modules.

The following terms will be used when discussing DATR classifications schemes: *theory* (*i.e.* classification scheme), *node* (*i.e.* class), *object node* (*i.e.* the node used to store information specific to one object, here a lexical item), *path-value pair* (*i.e.* complex feature[3]), *parent node* (*i.e.* a node from which a given node inherits), and *clash* (*i.e.* when the paths of two path-value pairs are equal but the values are different).

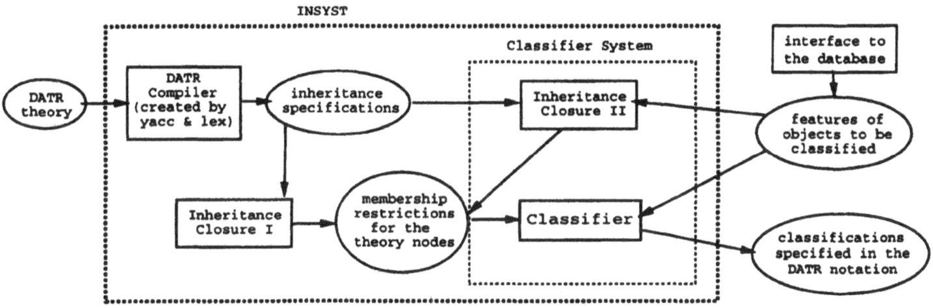

Figure 3: Internal Structure of INSYST

2.1 The INSYST-Compiler and Inheritance Closure modules

As mentioned above, the INSYST-Classifier needs an input that explicitly lists the features that can be inherited from each node in a DATR theory. The INSYST-Compiler reads the input DATR theory from a file, and creates internal representations for each node and connects these prepresentations to others as they are encountered. It was implemented by using the standard Unix compiler-development tools FLEX , a lexical analyzer generator, and YACC , a LR(1) compiler generator, (for documentation of these programs see Kernighan & Pike 1984, chap. 8).

The output of the Compiler provides the basic node list which the Inheritance Closure module "expands" by finding and explicitly listing all the path-value pairs associated with each node, *i.e.* by moving all the values down to the children nodes. This expansion is necessary because of the complex DATR inheritance mechanisms, *i.e.* the DATR syntax allows one to state that a node inherits all the values for paths that start with a certain prefix from a parent node (*i.e.* default inheritance). In addition, there can be other complex inheritance descriptors, such as global paths, embedded paths and lists. Thus,

2 These features can also be viewed as the membership restrictions of the class (*i.e.* node).
3 DATR uses complex features that consist of a path and a value. In the simpliest case, the path is a sequence of symbols and the value is a single symbol.

exactly what features will be inherited by a given node is not explicitly stated in the DATR specification of the node. Consider the specifications for the node **Noun_EN** in the example theory below; it states that for any given path (other than the path **<plur suffix>**), the value for that path is the list of the value for that path at the nodes **Stem** and **Suffix**.[4] Exactly which path-value pairs **Noun_EN** will be inherited from **Stem** and **Suffix** is unclear from its specification. What is needed is a way for nodes to "seek out" the inherited values from their parents.

The INSYST-Inheritance Closure module is called twice. In the first pass (Inheritance Closure I), all inheritances are resolved and listed, except for the global (quoted) paths. These are resolved on the second pass (Inheritance Closure II), which is called when a node is being inserted. This is necessary because the values for the quoted paths are taken from the node currently being inserted. An example input DATR theory and the corresponding output is given below.

```
     DATR Theory:                        Output of Inheritance I:

Noun_EN:
 <> == (Stem Suffix)               <sing> == ("<stem sing>" Sing:<"<morph gender>">)
 <plur suffix> == en.              <plur> == ("<stem plur>" "<plur suffix>")
                                   <plur suffix> == en.
Noun_E:
 <>  == (Stem Suffix)              <sing> == ("<stem sing>" Sing:<"<morph gender>">)
 <plur suffix> == e.               <plur> == ("<stem plur>" "<plur suffix>")
                                   <plur suffix> == e.
Stem:
 <>  == "<stem>".                  <> == "<stem>".

Suffix:
 <sing> == Sing                    <sing> == Sing:<"<morph gender>">
 <plur> == "<plur suffix>".        <plur> == "<plur suffix>".

Sing:
 <sing> == <"<morph gender>">      <sing> == Sing:<"<morph gender>">
 <femn> == S_1:<sing suffix>       <femn>  == 0
 <masc> == S_2:<sing suffix>.      <masc> == 0
                                   <masc gen> == en.
S_1:
 <sing suffix> == 0.               <sing suffix> == 0.

S_2:
 <sing suffix> == 0                <sing suffix>      == 0
 <sing suffix gen> == en.          <sing suffix gen> == en.
```

The Inheritance Closure module loops through the node list, calling a recursive function that "expands" path-value pairs, for each path-value pair in each node. This "expansion" function gets inherited values from the parent node (recursively calling itself if the parent inherits this value from elsewhere), and creates a new path-value pair that uses the values from the parents instead of the inherited values. If more than one value can be inherited from the parent, then a new path-value pair is created for each of the inherited values, as seen in the path-value pair **<> == (Stem Suffix)** of node **Noun_EN** in the example above.

4 Upper case initial letters mark node names in DATR

2.2 The INSYST-Classifier

Now that the inheritable features are explicitly stated, the INSYST-Classifier can perform the classification. Consider *Elefant* and *Maus* as the items to be inserted, their features are listed below:

```
Objects to be inserted:

'Elefant':
<stem> == elefant
<morph gender> == masc
<sing suffix gen> == en
<plur suffix> == en

'Maus':
<stem> == maus
<stem plur> == maeus
<morph gender> == femn
<plur suffix> == e
```

The INSYST-Classifier will produce the following output for the input DATR theory above:

```
Output of Classifier:

Elefant:
 <>             == Noun_EN
 <stem>         == elefant
 <morph gender> == masc.

Maus:
 <>             == Noun_E
 <stem>         == maus
 <stem plur>    == maeus
 <morph gender> == femn.
```

The correctness of the fulfilled insertion task can be verified by DATR theorems some of which are stated below:

```
DATR theorems for Noun1, DATR file "noun1.dtr":

Elefant:<sing> = (elefant 0)
Elefant:<sing gen> = (elefant en)
Elefant:<plur> = (elefant en)
Maus:<sing> = (maus 0)
Maus:<sing gen> = (maus 0)
Maus:<plur> = (maeus e)
```

The INSYST-Classification Algorithm

The classifier strives to maximize the number of path-value pairs an object node inherits from its parent nodes. In addition, it attempts to minimize the total number of parent nodes. The algorithm it uses can be classified as a greedy algorithm since it always picks the current best node to inherit from and never goes back on its choice. It runs in time polynomial in both the size of the object feature set and the number of nodes in the DATR theory (see Light 1993).

An algorithm similar to the one below was implemented. It works as follows: It takes as input a set $\mathcal{F}$ of path-value pairs for the item being classified and a set $\mathcal{N}$ of sets of path-value pairs. Each of the sets in $\mathcal{N}$ represents a node in the DATR theory (from which these features can be inherited). The algorithm produces an object node $\mathbf{N}_{new}$ that lists explicitely or inherits, all the path-value pairs in $\mathcal{F}$. The main loop starts on line 2 and ends on line 10. During each iteration of this loop, the most suitable parent is chosen by **Compute-Max** from $\mathcal{N}_{temp}$ (line 4) and $\mathbf{N}_{new}$ inherits as much as possible from it (lines 5-8), *e.g.* for **Elefant**, `<plur suffix>==en` from node **Noun_EN** or `<sing suffix`

gen>==en from node S_2. The pairs that are inherited from the new parent are subtracted from $\mathcal{F}_{temp}$ (line 7) and the new parent is deleted from $\mathcal{N}_{temp}$ (line 9). The main loop is repeated until no pairs can be inherited from the remaining nodes in $\mathcal{N}_{temp}$. Finally, the remaining pairs[5] in $\mathcal{F}_{temp}$ are listed in $\mathtt{N}_{new}$ (lines 11-13) and the algorithm halts. To pick the most suitable parent, the function **Compute-Max** loops through the set of remaining path-value pairs of the object ($\mathcal{F}_{temp}$). As it considers each path-value pair, it gives a point to each node that has the pair and subtracts a point from each node that has a clashing pair. The node with the highest final score wins (*e.g.* node **Noun_EN** for **Elefant**).

```
Classifier Algorithm
1.  F_temp := F ; N_temp := N ; F_prev := ∅
2.  while F_temp ≠ F_prev
3.      F_prev := F_temp
4.      S_max := Compute-Max(F_temp,N_temp)
5.      Forall ⟨p_max,v_max⟩ ∈ S_max
6.          if ∃ ⟨p_obj,v_obj⟩ ∈ F_temp s.t.  p_max = p_obj ∧ v_max = v_obj then
7.              add to N_new 'p_max == S' ; F_temp := F_temp - {⟨p_max,v_max⟩}
8.      end
9.      N_temp := N_temp − {S_max}
10. return
11. Forall ⟨p,v⟩ ∈ F_temp do
12.     add to N_new 'p == v'
13. end
```

```
Function Compute-Max(F,N)
Let C be an array of size |N| initially filled with zeros
Number the members of N from 1 to |N|
Forall ⟨p,v⟩ ∈ F do
    Forall nodes S_i ∈ N do
        case
            ⟨p,v⟩ ∈ S_i :  increment C[i]
            ⟨p,v⟩ ∉ S_i ∧ ∃v_c s.t.⟨p,v_c⟩ ∈ S_i :  decrement C[i]
        end
    end
end
compute S_max s.t.  ∀S_i ∈ N_temp C[max] ≥ C[i]
return S_max
```

3 The INSYST-Interface to the Database

The linguistic items to be inserted by INSYST into a classification scheme are in our case transferred from the ELWIS lexical database (Feldweg & Storrer 1992). The interface to this consists of a simple data transfer: INSYST provides C structures which are filled by the database. Empty structures are given to the database and completely filled structures (*i.e.* filled with all lexical knowledge available in the database) are returned. Partially filled structures can be used to specify selectional criteria in order to select certain lemmata (*e.g.* nouns ending in *-en*).

The correspondence between the structure field labels and the features used in the hierarchy are stated in translation tables by the researcher who set up the hierarchy. An

5 These pairs are the idiosyncratic properties of the item (*e.g.* for **Elefant**, **<stem>==elefant** and **<morph gender>==masc**).

example for the structure field labels used in the ELWIS data base and a corresponding translation table for the DATR theory of the preceeding examples are stated below:

ELWIS data base:

graphrep	genus	uml	pl_stamm	gensg	datsg	akksg	nompl	genpl	datpl	akkpl
Mann	M	j	Maenn	(e)s	(e)		er	er	ern	er
Staat	M			(e)s	(e)		en	en	en	en
Elefant	M			en	en	en	en	en	en	en
Maus	F	j	Maeus				e	e	en	e
Milch	F						-	-	-	-

Translation table for DATR theory[6]:

```
Noun1.dtr

Null -> 0
Genus -> masc femn neutr
Remove

<stem> -> <graphrep>
<sing> -> <graphrep nomsg>
<sing gen> -> <graphrep gensg>
<plur> -> <pl_stamm nompl>
<morph gender> -> <genus>
<plur suffix> -> <nompl>
```

4 Experimentation with the System

Various DATR theories covering German nominal, adjectival, and verbal inflection have been set up. They vary in the complexity of the modelled generalizations (*e.g.* complex conditions for morphophonological processes such as umlaut and e-epenthesis or noun class membership inferable from particular features; see also Reinhard 1990) as well as in the complexity of the DATR inheritance mechanisms used. Further implementations are intended to cover derivation and compounding as well.

Experimentation so far has been successfully made with small DATR theories which make use of all possible DATR inheritance descriptors, *i.e.* local and global inheritance with lists and embedded paths. However, more extensive experimentation is needed to evaluate the performance of the system.

5 Conclusion

The INSYST system automates the process of inserting items into lexical hierarchies specified in DATR. DATR has a number of particulary complex inheritance features (*e.g.* default inheritance, multiple inheritance, global paths, embedded paths, lists etc.). Thus,

6 `Null -> 0` means that the null value in the database will correspond to a 0-affix in the DATR theory; `Genus -> masc femn neutr` means that the label `Genus` in the data base corresponds to the features `masc`, `femn`, and `neutr` in the theory; `Remove` means to remove the brackets indicating alternative values in the database in order to have a single value in the theory.

by building a system for DATR, the plausibility of such a design has been shown. We feel that INSYST or systems like it will become a standard tool for researchers using or designing lexical hierarchies.

References

Briscoe, Ted, Anne Copestake & Valeria de Paiva (eds.). *Default-Inheritance within Unification-Based Approaches to the Lexicon*. Cambridge: Cambridge University Press, 1992.

Daelemans, Walter & Gerald Gazdar (eds.). Inheritance in Natural Language Processing. Workshop Proceedings. Institute for Language Technology and AI, The Netherlands, 1990.

Evans, Roger & Gerald Gazdar (eds.). "The DATR Papers", Cognitive Science Research Papers, University of Sussex, 1989 and 1990.

Gazdar, Gerald & Walter Daelemans (eds.). Special Issue on Inheritance: I & II. *Computational Linguistics*, v.18, n.2 & 3, 1992

Gibbon, Dafydd. PCS-DATR: A DATR Implementation in PC Scheme. English/Linguistics Interim Report No.3, University of Bielefeld, 1989

Feldweg, Helmut & Angelika Storrer. ELWIS' lexikalische Datenbank: Beschreibung der Datenbankstruktur. Technical Report, University of Tübingen, 1992.

Flickinger, Daniel, Carl Pollard & T.Wasow. Structure-Sharing in Lexical Representation. In: *Proceedings of the 25th ACL*, 1985.

Flickinger, Daniel. Lexical Rules in the Hierarchical Lexicon. PhD thesis, Stanford University, 1987.

Kernighan, W. Brian & Robert Pike. The UNIX Programming Environment. Prentice-Hall, Inc., 1984.

Krieger, Hans-Ulrich & John Nerbonne. Feature-based Inheritance Networks for Computational Lexicons. In Briscoe et al. 1992.

Light, Marc. Classification in Feature-based Default Inheritance Hierarchies. In: *Proceedings of KONVENS-94*, 1994, Springer-Verlag.

Reinhard, Sabine. Verarbeitungsprobleme nichtlinearer Morphologien: Umlautbeschreibung in einem hierarchischen Lexikon. In: B. Rieger & B. Schaeder (eds.). *Lexikon und Lexikographie*. Hildesheim: Olms, 1990. (N.B. Printing errors).

— & Dafydd Gibbon. Prosodic Inheritance and Morphological Generalisations. In: *Proceedings, ACL European Chapter Conference*, Berlin, 1991.

Riehemann, Susanne. Word Formation in Lexical Type Hierarchies - a case study of bar-adjectives in German. SfS-Report02-93, 1993.

Storrer, Angelika, Helmut Feldweg & Erhard Hinrichs. Korpusunterstützte Entwicklung lexikalischer Wissensbasen. In: *Sprache und Datenverarbeitung*, 1-2, 1993.

Susan Armstrong

MULTEXT: Multilingual Text Tools and Corpora*

1 Introduction

The growing interest in corpus-based studies for NLP has resulted in a proliferation of software programs for text processing tasks ranging from tokenization, segmentation and lexical analysis tools to tagging, alignment and terminology or collocation extraction tools. Yet in spite of the increasing number of such programs reported on in the literature, no common basic set of programs has emerged on which others could build. One reason is that many centers are just beginning corpus-based analysis work and thus wish to build up in-house expertise by building their own programs. This is particularly the case for centers beginning work on new languages and multilingual issues. The relative scarcity of non-English electronic data has also meant a lack of resources on which to build and test these tools.

Text analysis tools that are available[1] suffer from a number of shortcomings. The tools are typically written for in-house use and thus embedded in large, non-adaptable systems. Decisions concerning input and output behavior are built in and language specific assumptions are often taken for granted and cannot be modified. The documentation accompanying available tools is often too sketchy or even incorrect. And in any case, most corpus tools are not adequate for the modern document mark-up codes increasingly found in the newer sets of electronic data.

The MULTEXT project (Multilingual Text Tools and Corpora) was elaborated in view of rectifying this situation. The starting point is the elaboration a set of clean, modular and well-documented tools for standard, state-of-the-art text processing tasks for a variety of languages. The acquisition of a set of multilingual texts to serve as the basis for tool development and elaboration of annotation standards is foreseen under a related project entitled MLCC (Multilingual Corpora for Cooperation).[2] The text collection acquired by MLCC will contain a variety of texts in numerous languages, a portion of which is parallel material in all nine official EU languages. These texts, as well as most of the tools developed for MULTEXT will all be publicly available.

In this paper we describe the basic tools under development in the MULTEXT project. We will first give an overview of the project goals. The basic components will then be presented in terms of language resources, annotation and exploitation tools. This will set the context for a discussion of design issues and development choices of such a tool set, in particular in view of the multilingual aims of the project. A final section will be

---

* The work reported on here is being carried out under the Linguistic Research and Engineering Program managed by the Commission of the European Communities, DG-XIII. This work is funded by the EU and the Swiss Federal government.

1 Either public domain or affordable for an average research center.

2 The MULTEXT project is funded under the EU Linguistics Research and Engineering Program. The MLCC project is part of the EU International Scientific Cooperation Program also under the Linguistics Research and Engineering Program.

devoted to the acquisition of the multilingual text collections for tools development and annotation. We will conclude with a summary of the challenges facing this project.

2 Project Overview

In this section we present the basic components of the project. We begin with a background summary describing the goals and basic structure of the project. The core tools are presented in view of the foreseen annotation tasks. One section describes the language resources these programs must have access to. And in the section on exploitation tools we present the programs for accessing the annotated data and using the tools as a basis for subsequent processing tasks.

2.1 Background

The goal of the MULTEXT project is the development of a set of basic tools for the processing of multilingual texts as a basis for future corpus-based studies and NLP applications. The project components can be summarized as follows:

- annotation tools
- language resources
- exploitation tools
- prototype industrial applications
- textual resources

This toolkit will include the necessary resources for initial text analysis in six different languages, namely, English, Dutch, French, German, Italian, and Spanish.

The project aims to provide a clean, flexible, extendable and well-documented set of tools for public distribution. The tools will be developed for and tested on a variety of text types in the different languages. Hand validation of the annotated texts will provide the basis for evaluation of tool performance and result in a clean set of texts for future tool development and evaluation activities.

MULTEXT is by far the largest project currently funded under the LRE program. The intent is to provide the basis for multilingual corpus studies to a wide variety of users and thus curtail the duplication of effort currently underway in numerous laboratories. This toolkit and set of annotated texts is also intended as the basis for future R & D efforts. The industrial partners within the project will test these tools for in-house product development of aids for terminology extraction and MT lexicon acquisition. The interests of both the academic and industrial sectors as well as multilingual European concerns are well represented in the consortium which consists of 16 centers located across Europe. The overall structure of the project and a list of the partners is given as an appendix. The project is foreseen to run over two years with an initial phase for development of basic annotation tools (to be refined throughout the project) and a second phase for validation of these tools by industrial partners in view of more ambitious future product development.

2.2 Text Markup

In view of the diverse annotation activities foreseen in the project, an important concern is to define an encoding standard for the different objects that will be accessed during processing. We distinguish four levels of mark–up to reflect the different types of information proposed for text annotation — the first two are for document mark–up, the latter two for the annotation of linguistic objects. The four levels are defined as follows:

- **Level 0: Document–wide markup** for bibliographic description, character sets and encoding conventions
- **Level 1: Gross structural markup** for structural units such as volume, chapter, section, titles, headings, footnotes, list items, etc.
- **Level 2: Sub–paragraph structures** for sentences, quotations, words, names, abbreviations, dates, etc.
- **Level 3: Analytic annotation** for morphological information, part–of–speech tags, alignment of parallel texts, prosody markup, etc.

The first two levels describe information typically produced by modern document markup schemes, the latter two are for interpretive information introduced into the text. Whereas *Level 2* objects can be identified essentially on syntactic grounds, the identification of *Level 3* objects requires more sophisticated linguistic and statistical processing. The basic mark-up scheme will build on existing standards as defined for SGML; the specific goal is to test and extend the recommendations of the Text Encoding Initiative (TEI) Sperberg-McQueen and Burnard 1994.

2.3 Annotation Tools

The starting point for annotation is a set of texts marked up in SGML for gross structural properties — *Level 1* and *2* as described above. The tools for preparing the texts to this level (i.e. converting a variety of coding schemes to a minimal logical structure) do not figure in this process. We have identified the following major modules (each of which can in turn be broken down into smaller modules).

- **tokenization** – identifying the objects in the text
- **segmentation** – identifying and interpreting sequences of objects
- **lexical annotation** – identifying and interpreting words and wordforms
- **tagging** – assigning the most probable tag to each word in a sequence
- **alignment** – establishing correspondences between parallel text segments

An additional set of tools not listed in these core modules includes all of the data handling tools in conjunction with the tool shell. Given a text initially marked up with gross logical structure such as chapters, titles and paragraphs, we first need a set of tools to distinguish between natural language text and markup codes. For texts subsequently annotated with linguistic interpretive codes, we also need a set of tools to distinguish and manipulate the different types of objects contained in the texts. The tool shell will provide the interface to tools according to the operation at hand. A lexical analysis component, for example, will need to process wordforms, perhaps irrespectively of where they are located in the text. The tagger, on the other hand, will need to know about the sequence of the words. In each case, it is assumed that the output of a program will add annotation to the text. The data handling utilities can thus be seen as general purpose tools to be used by all core tools.

Though there is a large degree of interdependency between the modules as listed above, they are not necessarily to be interpreted as implying a strict sequential processing. Our purpose is to identify the basic tasks in corpus processing, independently of their interaction with other tasks. Though tokenization may be seen as a prerequisite to lexical annotation, alternatively, we could assign the task of ultimate tokenization to a lexical analysis phase. Similarly, segmentation might depend on the tagger, i.e. determining sentence boundaries on the basis of the most probable sequence of tags.

Tokenization and Segmentation

We separate tokenization from segmentation in order to make the distinction between recognition and interpretation. The simplest case of tokenization is simply defining legitimate sequences of characters that can make up a token. A sequence of alpha–numeric characters followed by a full stop and one or more spaces can be seen as one token, e.g. an abbreviation or as a sequence of two tokens, e.g. a word followed by a punctuation marker. The segmentation program will identify and assign interpretations to segment boundaries such as end of sentence markers. The segmentation process might be realized in conjunction with or following lexical analysis. This separation allows different text and language specific resources to be used as appropriate. Resources necessary for these programs are a definition of types of tokens, a list of abbreviations and a set of rules for defining segment boundaries.

Lexical Annotation

The lexical annotation phase is meant to cover a variety of possible programs for assigning lexical codes to word forms. In the simplest case, assuming a large word list of previously annotated full form words, this will simply be a lexical lookup function. Given a text (or list of words from a text) the program would simply annotate these words with the lexical descriptions found in the list. But in view of the productive nature of language to create new words and the lack of adequately annotated lexical lists for any text set, an explicit morphological component has also been foreseen in MULTEXT. This program will provide the mapping between base forms and full forms either to analyze word forms in texts or to generate all possible word forms from a given base form. The lexical codes assigned to the word forms are not necessarily the same as corpus tags used in the tagging module (cf. below).

This set of tools provides the basis for working with new text collections that will certainly contain previously unseen words. Aside from facilities to constantly increase the set of words that can be recognized and annotated, another program will be developed to guess the properties of unknown words. Resources for these tools are a list of annotated base forms and a set of rules to define the mappings between base forms and full forms.

Tagging

The tagger for MULTEXT is defined to be a program that takes as input a sequence of words annotated with all of its possible tags and returns the most likely tag for each word in the text based on statistical generalizations over the most probable sequence of tags. A prerequisite to this tool is the means to associate one or more tags to each of the words. Another prerequisite is the means to calculate the probabilities of tag sequences. Whereas previously this implied a large corpus of correctly tagged text, there are now known methods for deriving these probabilities from untagged data Cutting et al. 1992 — this will be the starting point for MULTEXT. The challenge for the project will be to test this method on numerous languages by experimenting with a range of tagsets.

For the tagging modules, we can identify three distinct phases: 1) text preparation, 2) training and 3) tagging. This separation of tasks will provide the necessary flexibility for experimentation with varied language resources, unlike other programs which have collapsed all of these steps into one monolithic tagging program. The text preparation, in particular, is where different resources can be used as input and where new tagsets can be defined. The input is a list of words annotated with lexical descriptions and a table specifying the mapping between lexical descriptions and tagsets. The text is then annotated with these tags in preparation for the following steps. The training phase calculates probabilities of tag sequences and tag membership in a class as well as a table of initial tag probabilities. The tagging phase uses these probabilities to calculate the most probable tag sequence over a given text. Initially we only foresee producing the best path, though in future versions we will explore retaining n–best tag sequences.

Alignment

The alignment program will automatically establish correspondences between regions of pairs of parallel texts. The initial prototype will be based on length regularities of regions across the texts, where a region is defined as segments of 0–to–2 paragraphs or sentences Gale and Church 1993. The program runs in two passes, first calculating the best match over paragraphs and then over sentences. After the first pass, a user may intervene to correct any misalignments, thus improving the possible outcome of the second pass. A second prototype is foreseen that will take advantage of other regularities across the texts such as names and numbers and will investigate the incorporation of the document structure into the alignment process. The output will be annotations to the texts which will uniquely identify the pairing of segments across two texts.

Post–editing

A last set of annotation tools not listed above are post–editing tools to aid in manual correction of the output of the preceding tools. One goal of MULTEXT is to produce a set of annotated texts as a resource for future studies and as a basis for comparative evaluation. In view of this goal and in light of performance of state–of–the–art tools, a set of programs will be provided to aid humans in correcting the automatically annotated texts. Given that the accuracy for a given tool will depend on the accuracy of its input, manual correction is foreseen for three of the core tools, i.e. segmentation, tagging and alignment.

This set of tools provides the basis for standard start–up work for corpus–based studies. As can be seen from this summary, the emphasis is on implementation of state–of–the–art tools rather than exploring new methods and tasks. The focus is on modular and flexible tools to be used by a wide range of users. The modular approach should ensure that each of the programs can be used independently for a variety of tasks. This emphasis, along with the clear separation of programs and resources, represents a major improvement on currently available programs. We now turn to a description of the resources which not only imply that these tools will be useful for work with a variety of languages, but which will also provide a valuable set of data for future tasks.

2.4 Language Resources

As input to the tools described above four sets of language specific resources are foreseen.

- abbreviation lists
- segmentation rules
- lexical lists
- morphology rules

The abbreviation lists and segmentation rules will be used by the segmenter to determine sentence boundaries. The lexical lists and morphology rules will serve as the resource to analyze wordforms or generate word forms from base forms. The rules will consist of a morphosyntax part to be written as a simple version of unification grammar, plus a morphographemic part in the form of a 2–level system.

The lexical descriptions associated to the word forms will be used as input to the preparatory phase of the tagger. However, as suggested above, the lexical descriptions do not necessarily correspond one–to–one to the tagset. They will serve as the basis for experimenting with different tagsets. The goal of the project is to establish lists of at least 15,000 base forms per language plus an extensive list of all expanded word forms. The list of abbreviations will be extracted from the texts to be annotated within the project. All of these resources will be publicly available.

2.5 Exploitation Tools

The goals of the MULTEXT project go beyond the development of annotation tools and their use as aids in annotating text. One major component of the project is to test and use these texts and tools in view of future development of NLP products. A related goal is to provide the environment in which the annotated resources can be used for a variety of language studies. In view of these goals, we have defined a set of exploitation tools, which as the term suggests, will use the results for some ulterior purpose. In other words, annotation tools are the means to produce a set of annotated texts and exploitation tools are the means to access them. In practice, similar tools (e.g. tools to calculate statistical regularities) may serve both purposes.

The tools in MULTEXT classified as exploitation tools include programs for indexing, storage and retrieval of annotated data. Given the various types of annotations foreseen — from textual structure to morphological analysis and alignment correspondences —

important issues of data organization and efficient access mechanisms will be addressed. Different types of queries on the data will be possible with a set of statistical tools which go beyond currently available tools in that they will know about the various annotations contained in the text. They will thus provide the means to measure not only regularities over words and word sequences but also according to other properties associated to the words and possibly dependent on a given linguistic or textual context.

Another set of programs which can be classified with exploitation tools are the user interfaces. These programs will allow different access to the data according to the user. Facilities will be developed to package any subset of the core modules together in different configurations according to a defined end goal. Interfaces will be provided for human users as well as input to other programs (APIs).

3 Issues for MULTEXT Tool Design

The development of a multilingual toolkit implies a number of considerations not necessarily apparent when working in a monolingual environment. Aside from the obvious problems of accommodating different character sets and a variety of coding and ordering conventions, there are basic issues in tool design in view of adapting the programs to a multilingual setting. Language specific resources must be accommodated. Different measures will be required to account for salient properties of different languages. Of utmost importance is the necessity to clearly separate language specific options and core program functions. This basic principle implies that programs for multilingual processing must be *flexible* and *parametrizable* to accommodate language specific phenomena. In this section we review the basic underlying principles governing the tool and resource development in MULTEXT.

3.1 Modularity

A major emphasis in the project is on giving a clear definition to the minimal units that contribute to a set of increasingly larger and more complex tools and resources. From this premise emerges the principle of *atomicity* for software development. Tools are to a high degree broken down into a set of small tools that can be run independently or combined to produce a complex program. We also refer to this notion of building up programs from minimal independent modules as the Lego approach. Other choices influencing the software design are the adoption of the operator/stream approach, the use of a unique data type (as a stable basis for cyclic development of prototypes) and the elaboration of internal standard formats to facilitate communication between modules and as the basis for future extensions.

Modularity also underlies the definition of input resources used by the programs. We provide a clear set of interfaces to the language resources, e.g. tokens, lexical data, tagsets, etc., as appropriate for a given component. The rules and data sets are held in files outside of the programs that use them. This principle of *language independence* extends beyond different natural language resources, e.g. French vs. Spanish lexical lists to allow for different specifications for the same natural language.

A breakdown of what current tagging programs do will help to illustrate the principles of atomicity and language independence. The tagging programs reported on in the literature such as Church 1988 or Cutting et al. 1992 typically combine a number of sub-modules into one large program. Initial steps we can identify are the modules for tokenization, segmentation and lexical analysis. These programs all make use of language resources such as word lists, tables of abbreviations and language specific rules for segmentation and morphology. In MULTEXT these resources are separate modules, thus avoiding built-in biases prevalent in other programs.

Tagging programs also do not typically make a distinction between lexical descriptions and tagsets. No separate morphological component is contained in the program (aside from a trivial lexical look-up and perhaps a set of simple heuristics to guess unknown words). Therefore the full-form lexical lists exhaustively define the list of tags used in the tagging phase proper. In the MULTEXT project, these distinct tasks have been clearly identified and assigned in part to lexical analysis components and in part to text preparation prior to tagging.

The training and tagging modules can also be decomposed according to the basic statistical calculations over tag sequences, the probabilistic models they employ and the (re-)organization and storage of the intermediate results used within the modules. Current programs often merge these functions into one large program and in addition, build in preset probabilities that cannot be modified. Separating out the various modules in terms of their functionality and making them independent may allow their re-use for other tasks.

3.2 Flexibility

Developing tools adequate for a number of languages naturally implies that the tools must be *flexible* not only to allow for different language input but also to accommodate the behavior of language specific phenomena. Even with respect to one language we wish to provide the possibility of experimenting with the use of a variety of resources. The separation of the resources and the programs that make use of them is a starting point. Flexibility is offered in the fact that resource modules can be easily interchanged.

Beyond this, we offer the means to easily modify portions of a given data set. The morphology component, for example, which can generate full form words from base forms offers the possibility to revise full form word lists relatively easily. New features associated to base forms can automatically be generated for all expanded forms. The definition of separate tables for mapping between lexical descriptions and tagsets, as opposed to directly annotating the wordforms, is another example. Tagsets can easily be modified and tested simply by defining a new mapping between lexical descriptions and tags. The tools developed for the preparation to the tagger will automatically apply this new definition to the word lists and subsequently annotate the text with the new tagset.

These examples demonstrate our commitment to building open and flexible tools for experimenting with corpus annotation. The basic position is that we will not impose a given view on what should be coded, nor how it should be interpreted. The abundance of different tagsets currently in use for English, serves to illustrate the fact that we are in no position to specify the optimal annotation scheme. This is all the more important for languages where we have much less experience. The tools must be flexible enough to experiment with the optimal organization of the data according to the task at hand and the language in question.

The principle of minimal program modules offers a flexible base for a large variety of users working in different environments and with different interests. A user only interested in deriving large lexical lists, for example, can use the morphology tools independently of any other program. Another user interested in translation studies may only need the alignment program as input to an in-house concordancing program. The user interface and exploitation tools will provide a access to the fully annotated texts for more in-depth language studies. The MULTEXT toolkit provides flexible means to use each of the modules independently or in a user-specified package.

3.3 Language specific concerns

In an enterprise as ambitious as MULTEXT in the range of tasks, the number of languages and the different types of users the tools must accommodate, careful attention must be paid to the many language specific idiosyncracies often taken for granted when only working on one language.

The choice of character coding is a first issue. Whereas all of the languages currently under consideration in MULTEXT can be accommodated by a standard such as ISO Latin-1, this is not adequate even for all official EU languages (Greek, in particular).[3] Another simple example, but for which no general solution exists (cf. for example, standard Unix sort on any language other than English) is the choice of alphabetical ordering of word lists. Again, the tools must be flexible to allow for different configurations according to the language.

One important aim of the MULTEXT project is to provide to the general community a basic set of resources for initial corpus analysis work. But whereas much of these resources exist for English, this is not the case for the other languages. The project is committed to assuring that all languages are adequately covered in terms of lexical data and morphology rules to map between full form words and base forms. The initial goal is a start-up list of 15,000 lemmas containing the most frequent words in the languages. For any application, these lists will have to be augmented with corpus specific words.

Similar to the resource problem for languages other than English, is the relatively poor tradition in tagging practices. The numerous standard tagsets and annotated corpora that exist for English are simply not available for other languages. The choice of a tagging algorithm that does not rely on previously tagged text is thus a practical necessity for a project whose aim is to develop adequate tagging tools for a number of languages.

Moreover, the English tagsets currently in use are not necessarily appropriate for other languages given the relatively simple inflectional system of English. Whereas a verb tag distinguishing between 'third person singular' and 'not third person singular' may be appropriate for English, this is certainly not the case for languages that display differing wordforms for each instance of person and number. It would thus be premature to invest the large amount of human resource necessary to hand tag a training corpus without experience regarding which of these tags actually display the statistically relevant distributional properties which current tagging algorithms rely on.

3.4 Working towards common standards

It is assumed that only after some empirical testing and evaluation will we be in a better position to define the MULTEXT tagsets to be used for the more extensive annotation foreseen towards the end of the project. The mapping tools from morphosyntactic features (lexical descriptions) to different tagsets will also allow for comparison with already

---

3 There is also the possibility that this project will be enlarged to include Eastern European languages.

existing tagsets. And in view of future users, these experimentation tools will provide a basis for those who might wish to use other lexical resources in the future.

One goal in MULTEXT, somewhat in conflict with the principle of open and experimental tools, is that of defining common standards across all languages. Current discussions are underway on what linguistic properties can be identified that are common across all languages while allowing for individual language specific features to be included when necessary.[4] The aim is to employ these common descriptions, where possible, in order to facilitate cross language comparison.

4 Multilingual Texts

The MULTEXT project is not only to build multilingual corpus processing tools but also to provide a set of multilingual textual resources. The texts in the six languages will serve as the basis for testing annotation conventions for the four levels of information described above.[5] The texts will provide the necessary basis for tool development and testing on a range of text types reflecting differing use of language. These texts will also provide the data that will be annotated and hand-validated in the latter part of the project. The resulting annotated text set is intended as a future resource for other projects and will enable the evaluation and sharing of results.

The initial acquisition and preparation of the data will be carried out under the related project **MLCC** (Multilingual Corpora for Cooperation). In the following sections we briefly describe the MLCC project.[6]

4.1 Corpus design

Though much could be said about the ideal corpus design as a basis for general, flexible, multilingual corpus processing tools and the creation of an annotated corpus for future language studies, the guiding principle for this project is simply *availability* of sufficient data. Aside from the requirement that texts are available in all six languages represented in the project, an additional requirement, in view of the alignment work, is that a subset of the texts consist of parallel data (i.e. translations). Other desirable characteristics include a wide range of format types and texts to ensure that the annotation standards are not too limited and a set of texts that represent broad coverage and varied use of the languages. The latter characteristic would help ensure that the tools and resources developed in the project are adequate for a variety of texts.

Two distinct corpora have been envisaged to meet these needs — one *parallel* set of data in all six languages (Dutch, English, French, German, Italian and Spanish) and one *comparable* set of documents in all the languages. Whereas the former set provides the basis for the alignment work and subsequent translation studies, it is well-known that translated texts are not necessarily representative of native language use (i.e. texts written by and for a monolingual audience). Large available collections of parallel texts

---

4 This work in MULTEXT is meant to complement the EAGLES studies for lexical and corpus standards currently underway. The MULTEXT tools and resources will provide an ideal testbed for the EAGLES proposals in view of validation and/or extension and refinement.

5 The starting point for this work is the TEI guidelines Sperberg-McQueen and Burnard 1994 which have yet to be tested in linguistic processing applications.

6 This project is carried out under LRE contract LRE-61101, held by Pisa. The acquisition and preparation work is being done at HCRC, Edinburgh and ISSCO, Geneva.

are generally text type and topic specific — characteristics which can be an advantage for the development of automated translation aids, but not necessarily for general language studies. The comparable set taken from newspapers is meant to provide an instance of a more general use of language (albeit as found in newspapers).

The initial mark-up will be similar to that currently defined for the European Corpus Initiative (McKelvie and Thompson 1994), i.e. TEI conformant mark-up to the Level 2 information as described above. A portion of this material will be further annotated and hand-validated in the MULTEXT project.

4.2 Multilingual Comparable Corpus

The target for the multilingual comparable corpus is the collection of a minimum of 10,000 documents in each of at least six major European languages. The domain is financial news stories drawn from major national newspapers. Documents can be expected to range from 250 to 1000 words in length. It is likely that substantially more material can be collected in other languages, but as the time to negotiate agreements with publishers is difficult to anticipate in advance, we set a minima for the MLCC project on the basis of what expert opinion suggested was the least required to make a resulting collection widely useful.

The purpose of a comparable document collection in various languages is to allow for similar work to be carried out across centers and countries. Aside from its initial use for MULTEXT development and testing, the proposed collection, with obvious connections to the TREC/TIPSTER materials in the US, will enable comparability in research in Information Retrieval and NLP system development.

4.3 Multilingual Parallel Corpus

The aim of the parallel collection is to provide a set of texts substantially larger than any heretofore available (except for the French-English corpus of the Canadian Hansard Debates and the French, English and Spanish recently acquired from the UN). The material will be drawn from the Official Journal of the EU and the official record of the Proceedings of the European Parliament. A minimum of 20 million words covering most likely all 9 EU working languages will be collected, normalized and marked up.

These texts will provide the basis for the development of alignment tools and other translation aids. The broad range of issues discussed in these documents should provide a rich set of data for translation studies. We are also exploring the acquisition of other parallel material of a more technical nature in view of multilingual terminology extraction and to serve as a basis for the development of machine translation systems and related translation tools in limited domains.

The parallel data, as well as the comparable collection described above, is destined to be published on CD-ROM and distributed at cost with minimal restrictions. For use in subsequent evaluation efforts, a portion of the two collections (parallel and comparable) will be withheld for use in subsequent evaluation efforts.

5 Conclusion

In this paper we have presented the basic corpus processing tools to be developed in the MULTEXT project. We have identified the core modules for typical annotation tasks from tokenization and segmentation to tagging and alignment. Building on state-of-the-art techniques, we have described how these tools are intended to go beyond currently available programs to better meet the needs of a wide range of users working on a variety of languages. The principles of modularity and flexibility, in particular, should help to ensure that these tools provide a broad basis for future corpus-based studies and additional tool development.

The starting point for the MULTEXT project is to build a start-up toolkit of publicly available tools in order to avoid duplication of efforts. However, the goal to build on state-of-the-art techniques as the basis for a set of tools adequate for a variety of users working on different languages has yet to be tested. The success rate reported for current programs such as taggers, can in part be attributed to their ability to take advantage of language specific phenomena and their tuning to a given set of resources. These characteristics are, however, somewhat in conflict with the stated aims in MULTEXT of providing flexible tools that can accommodate a large number of languages and different resources.

The goal of developing core tools that are directly useful for the development of industrial NLP products has also to be tested. Programs reported on the literature have typically been developed in research labs, essentially for in-house use. Little is said about their use in development efforts. To what degree the tools foreseen in MULTEXT can truly meet industrial needs will be evaluated first by internal partners and ultimately by the NLP product developers at large.

The text collections developed and used in the project and subsequently made available to the community are intended to meet the need for publicly available textual resources in many European languages. The annotated texts will provide the basis for future comparative studies and evaluation activities. The lexical resources developed for the six languages represented in the MULTEXT project will also provide a valuable public resource for future NLP work.

References

Church, K. (1988). A stochastic parts program and noun phrase parser for unrestricted texts. In *Proceedings of the Second Conference on Applied Natural Language Processing*, pages 136–143, Austin, Texas.

Cutting, D., Kupiec, J., Pedersen, J., and Sibun, P. (1992). A practical part of speech tagger. In *Proceedings of the Third Conference on Applied Natural Language Processing*, pages 133–140, Trento.

Gale, W. and Church, K. (1993). A program for aligning sentences in bilingual corpora. *Computational Linguistics*, 19-1:75–102.

McKelvie, D. and Thompson, H. (1994). Tei-conformant structural markup of a trilingual parallel corpus in the eci multilingual corpus. In *Second Annual Workshop on Very Large Corpora*, Kyoto.

Sperberg-McQueen, C. M. and Burnard, L., editors (1994). *Guidelines for Electronic Text Encoding and Interchange*. Text Encoding Initiative, Chicago and Oxford. (in press).

Appendix: MULTEXT and MLCC Overview

MULTEXT (Multilingual Text Tools and Corpora)	
Coordinator: J. Veronis, Laboratoire Parole et Langage, CNRS	
Start date	Jan. 1994
Duration	26 months
Resources	238.5 person/months
Estimated total cost	3.210.000 ECU
Partners	**Country**
CAP Debis Systemhaus KSP	DE
CNRS	FR
Digital Equipment B.V.	NL
EUROLANG-SITE	FR
INCYTA	ES
ISSCO	CH
University of Edinburgh (HCRC/LTG)	UK
University of Pisa (ILC/CNR)	IT
Associated Partners	**Country**
Rank Xerox Research Center	FR
Siemens Nixdorf Informationssysteme AG	DE
Universidad Autonoma de Barcelona	ES
Universidad Central de Barcelona (FBG)	ES
Universiteit Utrecht (STT)	NL

MLCC (Multilingual Corpora for Cooperation)	
Coordinator: A. Zampolli, University of Pisa, ILC/CNR	
Duration	9 months
Resources	14 person months
Estimated total cost	100.000 ECU
Partners	**Country**
S. Armstrong, ISSCO	CH
H. Thompson, HCRC/LTG	UK

Oliver Christ und Bruno M. Schulze

Ein flexibles und modulares Anfragesystem für Textcorpora

1 Einführung

Die Verfügbarkeit annotierter Corpora und von Werkzeugen, die Corpora mit linguistischer Information annotieren, führt zu einem erweiterten Corpusbegriff — neben dem eigentlichen Corpustext stehen Annotationen verschiedener Typen zur Verfügung, z.B. Angaben zur Wortklasse, morphosyntaktische Angaben, semantische Annotationen, Satz- und Absatzgrenzen etc. Außerdem stehen zunehmend — insbesondere für das Englische — Wissensquellen zur Verfügung, deren Informationen in Corpusanfragesystemen nutzbar sein sollten (z.B. maschinenlesbare Wörterbücher, on-line Thesauri wie WORDNET (Miller et al. 1993), Morphologische Wissensbasen wie CELEX (Baayen et al. 1993) etc.), um es dem Lexikographen oder Linguisten zu erlauben, eine Corpusanfrage so genau wie möglich auszudrücken, damit die Anfrage zu einer möglichst kleinen Menge spezieller, aber für das Problem relevanter Belege führt, anstatt zu einer großen Menge von Konkordanzen, die nachträglich manuell inspiziert und zusätzlich gefiltert werden müssen. Dabei soll es dem Anwender eines Anfragesystems verborgen bleiben, aus welchen Quellen oder auf welche Art und Weise die Information aus den zur Verfügung stehenden Informationsquellen extrahiert wird.

Neben der interaktiven Nutzung eines Corpusanfragesystems als Datenschnittstelle im linguistischen und lexikographischen Beschreibungsprozeß ist zusätzlich eine Nutzung durch NLP-Systeme oder NLP-Werkzeuge denkbar, wobei die aus einem Corpus gewonnene Information z.B. für Disambiguierungsaufgaben in Parsern oder in einem Generierungssystem zur Bestimmung lexikalischer Präferenzen herangezogen werden kann.

Die unterschiedlichen Anwendungssituationen und die unterschiedlichen Eigenschaften der Informationsquellen machen eine flexible und modulare Architektur des Anfragesystems nötig. Ausgehend von diesen Überlegungen haben wir die folgende Architektur entworfen und implementiert: um von den unterschiedlichen Zugriffsmethoden auf Wissensquellen zu abstrahieren, wird der Zugriff auf die Corpusinformationen zwischen einer "physikalischen Zugriffsebene" und einer "logischen Zugriffsebene" aufgeteilt. Die physikalische Zugriffsebene hat dabei die Aufgabe, eine einheitliche Schnittstelle zu den Corpusdaten zur Verfügung zu stellen und vollständig von unterschiedlichen Zugriffsmethoden zu abstrahieren. Die logische Zugriffsebene nutzt diese einheitliche Schnittstelle und implementiert einen Interpreter für eine Corpusanfragesprache, die es erlaubt, die Information aller zu einem Corpus annotierten Informationsquellen in Anfragen zu verwenden, ohne jedoch von individuellen Zugriffsmethoden abhängig zu sein. Innerhalb dieser Architektur können unterschiedliche Anwendungssituationen durch unterschiedliche Schnittstellen zur logischen Zugriffsebene implementiert werden, wobei es für Werkzeuge auch möglich ist, direkt über die physikalische Zugriffsebene auf die Corpusdaten zuzugreifen, sofern kein Zugriff über die Anfragesprache notwendig ist. Diese Gesamtarchitektur ist in Abbildung 1 dargestellt.

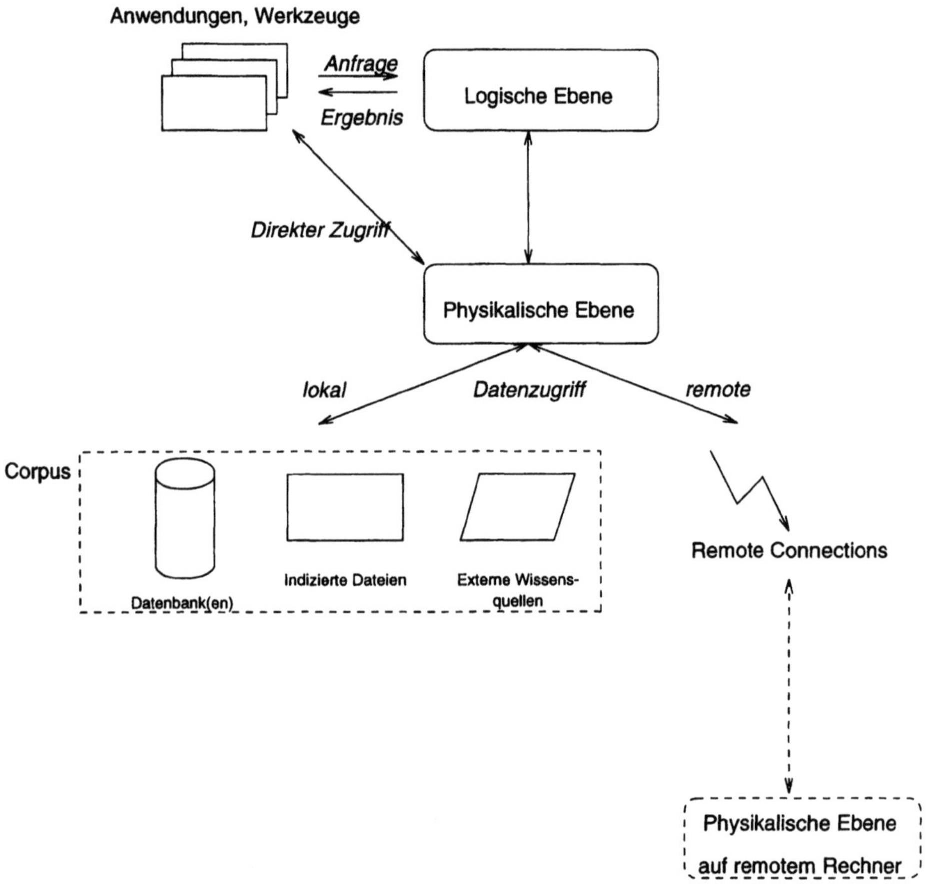

Abbildung 1: Die Gesamtarchitektur des Anfragesystems

Die einzelnen Module werden in den folgenden Abschnitten detaillierter dargestellt: Abschnitt 2 beschreibt die Aufgaben der physikalischen Ebene, in Abschnitt 3 werden die logische Zugriffsebene und der darin implementierte Anfrageinterpreter CQP beschrieben. Um in einer interaktiven Nutzungssituation den Umgang mit den Werkzeugen zu erleichtern, wurde die graphische Benutzeroberfläche XKWIC entwickelt, die in Abschnitt 4 vorgestellt wird.

2 Die physikalische Zugriffsebene

Die Aufgabe der physikalischen Ebene ist es, eine einheitliche, von individuellen Zugriffsmethoden abstrahierende Schnittstelle zu den Dateien, Datenbanken oder anderen Informationsquellen zur Verfügung zu stellen, in denen Corpusinformationen abgelegt sind. Innerhalb dieser Ebene sind auch Methoden zur Erzeugung der verschiedenen Hilfsdateien (insbesondere Indizes) implementiert.

Der Zugriff auf Corpusinformationen erfolgt meist über die *Corpusposition*: das Corpus wird dabei als eine durchnumerierte Sequenz von Wörtern und anderen Informationen betrachtet.

Innerhalb der physikalischen Ebene wird zwischen mehreren Attributtypen unterschieden:

- *Positionale Attribute* sind Attribute, bei denen jeder Corpusposition eine Zeichenkette zugeordnet ist. Insbesondere zählt die Sequenz der Wörter, aus denen das Corpus aufgebaut ist, zu den positionalen Attributen.[1] Weitere Annotationen dieses Typs sind z.B. Wortklasseninformationen, Lemmata, morphosyntaktische Informationen etc. Die Anzahl der positionalen Attribute eines Corpus ist unbeschränkt. Abbildung 2 illustriert die abstrakte Sicht auf positionale Attribute:

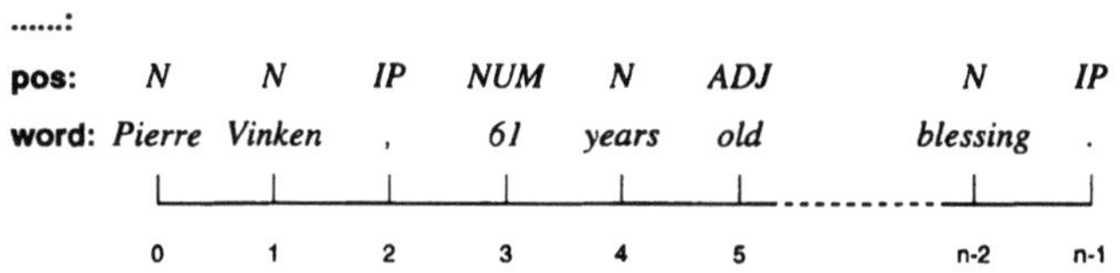

Abbildung 2: Positionale Attribute

  jeder Corpusposition (im Bereich von 0 bis $n-1$, wobei n die Corpusgröße ist) und jedem positionalen Attribut (word und pos) sind Zeichenkettenwerte zugeordnet;

- *Strukturelle Attribute* enthalten Informationen über Satz- und Absatzgrenzen etc. Rekursive Strukturen, also z.B. NPs mit eingebetteten NPs, können gegenwärtig nicht repräsentiert werden. Strukturelle Attribute werden als Corpusintervalle repräsentiert, deren Anfangs- bzw. Endpunkte die Corpuspositionen sind, an denen die Struktur beginnt bzw. endet;

- *Bigramm-Tabellen* enthalten zu einem deklarierten positionalen Attribut Informationen über die absolute Häufigkeit des adjazenten Auftretens zweier Werte aus dem Wertebereich dieses positionalen Attributs innerhalb einer bestimmten Fenstergröße. Zu jedem positionalen Attribut können solche Bigram-Tabellen definiert werden. Bigram-Tabellen können, neben dem Zugriff durch die logische Zugriffsebene, z.B. direkt von Werkzeugen zur automatischen Wortklassenzuweisung (Taggern) verwendet werden;

- *Mapping-Tabellen* sind zu jeweils zwei positionalen Attributen des Corpus deklariert und enthalten Informationen über die absolute Häufigkeit, mit der ein Wert des ersten Attributs und ein Wert des zweiten Attributs an der gleichen Corpusposition annotiert sind. Auch dieser Informationstyp kann in Taggern verwendet werden;

- *Alignment-Informationen* können zu zwei parallelen, alignten Corpora deklariert werden und enthalten Informationen über sich entsprechende, übersetzungsäquivalente Bereiche. Es ist in der gegenwärtigen Implementierung nicht möglich, zu einem Corpuspaar Alignment-Informationen auf mehr als einer Ebene zu definieren,

1 Die Wortsequenz wird stets durch den Attributnamen word bezeichnet und muß immer annotiert sein. Weitere Annotationen neben der Wortsequenz sind optional und corpusspezifisch.

also zusätzlich zu alignten Sätzen noch Informationen über alignte Phrasen oder Wörter abzulegen;

- *Dynamische* oder *virtuelle* Attribute schließlich binden externe Wissensquellen an das Corpus, ohne daß die durch diese Wissensquellen repräsentierten Informationen direkt annotiert wären ("virtuell"). Dieser Attributtyp verhält sich ähnlich wie eine Funktion: zu jedem solchen Attribut ist eine Argumenttypenliste und ein Rückgabewerttyp definiert, sowie ein Kommando, das zur Berechnung des Attributwertes zum Zeitpunkt des Zugriffs mit entsprechenden aktuellen Parametern aufgerufen wird und einen Wert zurückliefert, der dann weiterverarbeitet wird ("dynamisch"). Indexdateien können für solche Attribute nicht erzeugt werden.[2]

Vor der Bearbeitung mit dem Anfragesystem müssen Corpora aufbereitet werden. Die dabei notwendigen Schritte sind in erster Linie Zeichensatznormierung, Tokenisierung, Satzgrenzenerkennung und die Erzeugung von Indexdateien (vgl. Christ 1994). Der eigentliche Corpustext wird nach der Aufbereitung nicht mehr benötigt.

Nach der Aufbereitung muß ein Corpus *registriert* werden. Dabei wird in einer allgemein zugänglichen Datei festgehalten, welche Annotationen zu einem Corpus deklariert sind und wo innerhalb des Dateisystems die einzelnen Dateien abgelegt sind. Gleichzeitig wird durch die Registrierungsdatei ein symbolischer, eindeutiger Name für jedes Corpus definiert. Alle Werkzeuge greifen ausschließlich über diesen symbolischen Namen auf ein Corpus zu, so daß die Benutzer nicht wissen müssen, wo und auf welche Weise die Corpusdaten abgelegt sind.

```
NAME    "Hansard corpus (Englischer Teil)"
ID      hansard-e
HOME    /corpora/encoded/hansard-e

ATTRIBUTE word
ATTRIBUTE pos
ATTRIBUTE lemma

DYNAMIC ishuman(STRING):INT "/corpora/utils/cmd/wn-hypen '$1' human"

ALIGNED hansard-f            # franzoesischer Teil
```

Abbildung 3: Eine vollständige Registrierungsdatei mit mehreren Attributen

Abbildung 3 zeigt eine Registrierungsdatei für den englischen Teil der Hansard-Corpora.[3] Zu dem Corpus sind drei positionale Attribute (`word, pos, lemma`) definiert,[4] weiterhin

2 Der Begriff des *virtuellen* Attributs wurde von Herrn Prof. Rieger, Universität Trier, vorgeschlagen. Während durch *virtuell* die indirekte Kopplung der externen Informationsquelle an das Corpus charakterisiert wird, bezeichnet der Begriff *dynamisch* die Art und Weise des Zugriffs auf die Annotation und das Vorgehen bei der Evaluierung. Wir möchten am Begriff *dynamisch* festhalten.

3 Die Hansard-Corpora sind Transkriptionen kanadischer Parlamentsdebatten und liegen parallel in Französisch und Englisch vor.

4 Die Lemmatisierung des Corpus wurde mit Hilfe des in Karp et al. 1992 beschriebenen Werkzeugs durchgeführt.

ein dynamisches Attribut `ishuman`, das zum Zeitpunkt der Anfrageevaluierung für eine Argumentzeichenkette über einen Aufruf des Online–Thesaurus WORDNET bestimmt, ob das Argument ein "human object" denotieren könnte. Das Corpus ist alignt zum französischen Teil der Hansard–Corpora.

Verschiedene Annotationen eines Corpus werden in verschiedenen Dateien gehalten, so daß ein Corpus auch nach der Registrierung erweitert, aktualisiert oder vervollständigt werden kann, ohne daß dafür Änderungen an bereits bestehenden Annotationen (Reindizierungen etc.) notwendig werden (sofern die Corpusgröße konstant bleibt).

Zu Testzwecken wurde innerhalb der physikalischen Ebene ein TCP/IP–basiertes Kommunikationsprotokoll definiert, das es ermöglicht, Corpora oder auch nur einzelne Annotationen, verteilt auf verschiedenen Rechnern, die über das Internet erreichbar sind, abzulegen. Beim Zugriff auf extern abgelegte Corpusdaten wird eine Netzwerkverbindung aufgebaut und — falls der Benutzer mit den notwendigen Zugriffsrechten ausgestattet ist — die verlangte Information zurückgeliefert. Der netzwerkbasierte Corpusdatenaustausch ist zwar langsam, kann aber nützlich sein, wenn Anfragesysteme auf Rechnern zur Verfügung stehen sollen, die selbst zuwenig Speicherplatz für die lokale Installation der Corpora bieten oder nicht effizient genug sind. Der netzwerkbasierte Datenaustausch ist ausschließlich innerhalb der physikalischen Ebene implementiert, so daß der Zugriff auf externe Daten von Werkzeugen, die auf der physikalischen Ebene aufsetzen, transparent erfolgt.

Die wichtigste Anwendung, die auf der physikalischen Ebene aufbaut, ist die logische Zugriffsebene, die eine Corpusanfragesprache und einen entsprechenden Anfrageinterpreter implementiert. Andere Werkzeuge jedoch nutzen ausschließlich die Dienste der physikalischen Zugriffsebene, z.B. Werkzeuge zur Ausgabe von Frequenzlisten oder Mutual-Information–Werten.

3 Die logische Zugriffsebene und die Corpusanfragesprache

Die logische Zugriffsebene nutzt die von der physikalischen Ebene bereitgestellten Datenzugriffsmethoden, um Corpusanfragen zu evaluieren und das Ergebnis zu präsentieren oder an andere Werkzeuge, die auf der logischen Ebene aufbauen, weiterzureichen.

Innerhalb der logischen Zugriffsebene ist ein Interpreter für eine Corpusanfragesprache implementiert. Mit Hilfe dieser Anfragesprache werden unter Einbeziehung der Corpusannotationen Bedingungen angegeben, die für eine Teilsequenz des Corpus gelten müssen, um in die Ergebnismenge der Anfrage übernommen zu werden.

Das zentrale Konstrukt der Anfragesprache ist der *Attributausdruck*. In einem solchen Ausdruck werden durch einen booleschen Ausdruck die Bedingungen beschrieben, die — wenn der Ausdruck für eine bestimmte Corpusposition evaluiert wird — die Werte der verschiedenen Corpusannotationen an dieser Corpusposition erfüllen müssen.

Der Attributausdruck (1)

(1) `[word="ver.*" & pos != "FIN"]`

liefert "wahr" für alle Corpuspositionen, an denen der Wert des `word`–Attributs dem regulären Ausdruck `"ver.*"` genügt[5] und der Wert des `pos`–Attributs ungleich `"FIN"`

---

5 In Attributwerten können reguläre Ausdrücke über das Buchstabenalphabet gemäß dem POSIX–egrep–Standard verwendet werden.

ist.[6]

Eine Anfrage besteht im Allgemeinen aus einem regulären Ausdruck über Attributausdrücke. Beispiel (1) ist also bereits eine Anfrage, allerdings muß innerhalb des Anfrageinterpreters jede Anfrage (und jedes Kommando) mit einem Strichpunkt “;” abgeschlossen werden. Als “Matchall”-Zeichen (entsprechend dem Punkt in regulären Ausdrücken über das Buchstabenalphabet) kann in der Anfragesprache der “leere” Attributausdruck `[]` verwendet werden.[7]

Bei der Evaluierung einer Anfrage extrahiert der Anfrageinterpreter alle Corpusintervalle, die dem regulären Ausdruck über Attributausdrücke genügen. Die Grenzen eines einzelnen Ergebnisintervalls sind dabei der Anfangs- und der Endpunkt der kürzesten den Anfragebedingungen genügenden Teilsequenz des Corpus, also Beginn und Ende der “matchenden” Sequenz. Das Ergebnis einer Anfrage ist dann eine Menge von Corpusintervallen, die aufgrund von Wiederholungsoperatoren und optionalen Teilausdrücken unterschiedliche Länge haben können.

Die folgenden Beispiele illustrieren einige Eigenschaften der Anfragesprache.

Die Anfrage (2)

(2) `[pos="SUB"] [pos="FIV"] [pos="PRP"] [pos="PER"] []* [pos="PTZ2"];`

sucht nach einer Sequenz von Nomen (`SUB`), finiter Verbform (`FIV`), Präposition (`PRP`), Personalpronomen (`PER`), beliebig vielen unspezifizierten Formen und einem abschließenden Partizip (`PTZ2`), wobei ein entsprechendes Tagset zugrundeliegt. Die folgenden Beispielbelege wurden durch Anfrage (2) aus einem Corpus aus einigen Verbmobil-Dialogen extrahiert, wobei der die Anfragebedingungen erfüllende (“*matchende*”) Bereich kursiv dargestellt ist:

> denn die andern *Montage sind bei mir dann auch schon belegt* , aber ja
>
> Kongreß , der *Donnerstag ist bei mir absolut ausgebucht* . also ja

Wenn in einem Attributausdruck nur auf das (Standard-)Attribut `word` Bezug genommen wird und der Operator “`=`” verwendet wird, können die umschließenden Klammern sowie die Attributgleichung `word =` weggelassen werden. Dadurch läßt sich ein Attributausdruck

```
[word="gehen|ging|gegangen"]
```

durch

```
"gehen|ging|gegangen"
```

abkürzen.

Auf Werte von dynamischen Attributen wird ähnlich zugegriffen:[8]

(3) `"kill.*" []? [pos="N.*" & ishuman(word)]`

---

6 Die Menge der annotierbaren Wortklassen (“Tagsets”), auf deren Werte in diesem Beispiel über den Attributnamen `pos` zugegriffen wird, ist corpusspezifisch und nicht vom Anfragesystem vorgegeben. Da die Menge der positionalen Attribute beliebig ist, können unterschiedliche Tagsets unter verschiedenen Attributnamen parallel annotiert werden.

7 Wie in regulären Ausdrücken über Buchstaben wird direkte Adjazenz durch aufeinanderfolgende Attributausdrücke (bzw. reguläre Ausdrücke über Attributausdrücke) ausgedrückt. Weitere Konstrukte sind Optionalität (?), Disjunktion (|), Stern-Hülle (*), Plus-Hülle (+), Repetitionsintervalle ($\{n, m\}$) etc. Klammern können in der üblichen Weise verwendet werden.

8 Da der online-Thesaurus WordNet, über den der Wert des dynamischen Attributs `ishuman` berechnet wird, nur für das Englische zur Verfügung steht, wurde die Anfrage auf einem englischen Corpus evaluiert.

Wie in der Registrierungsdatei in Abbildung 3 deklariert, liefert der Aufruf des dynamischen Attributes `ishuman` einen Zahlenwert zurück. Falls die rechte Seite der Attribut-Wert-Gleichung beim Aufruf eines zahlenwertigen dynamischen Attributs fehlt, liefert die Evaluierung des Teilausdrucks "wahr", falls der zurückgelieferte Zahlenwert ungleich 0 ist, sonst "falsch". Das Ergebnis der Beispielanfrage (3) sind Sequenzen, die aus einem Wort bestehen, das mit `kill` beginnt, gefolgt von einer optionalen, nicht weiter spezifizierten Form (beispielsweise "by"), schließlich gefolgt von einem Nomen, für das die WORDNET-Konsultation "wahr" zurückliefert, wenn beim Aufruf der Wert des `word`-Attributes des Nomens übergeben wird. Beispielbelege für die Anfrage lauten:

and Lane that he would *kill the Indian* . Three weeks later following his
by the sheriff for *killing an old_man* named Asher_Jones , the warrant for

Es gibt einige vordefinierte Funktionen, die ähnlich wie dynamische Attribute verwendet werden, nicht aber dynamisch durch Zugriff auf externe Informationsquellen berechnet werden. Die Funktion "`f`" beispielsweise liefert die absolute Häufigkeit der Argumentzeichenkette im Corpus zurück:

(4) `"love.*" []? [pos="N.*" & f(word)>10 & ishuman(word)];`

In Beispiel (4) wird zusätzlich verlangt, daß die absolute Häufigkeit des Wertes des `word`-Attributs im Corpus größer ist als 10. Ähnliche Funktionen erlauben den Zugriff auf Bigram- und Mapping-Tabellen.

Auf strukturelle Attribute kann in einer SGML-ähnlichen Weise zugegriffen werden:

(5) `[pos="N.*"] [] <s> [pos="ART"]`

In Anfrage (5) wird verlangt, daß zwischen dem Nomen, einer beliebigen darauffolgenden Form (dem Satzendezeichen) und dem Artikel eine Satzgrenze liegt.

Im allgemeinen Fall wird bei Wiederholungsoperatoren bis ans Corpusende gesucht, falls die Evaluierung des regulären Ausdrucks nicht früher zu einem Ergebnis führt.[9] Um zu fordern, daß die Grenzen des Ergebnisintervalls innerhalb einer annotierten Struktur liegen oder um eine Beschleunigung der Anfrageevaluierung zu erreichen, kann in der Anfrage eine Suchgrenze angegeben werden. Diese Grenze kann entweder als maximale Zahl von Corpuspositionen angegeben werden, oder es kann eine der deklarierten Strukturannotationen verwendet werden, wie das folgende Beispiel zeigt:

(6) `"ver.*" []* "\"uber" within s;`

Hier muß die gesamte Ergebnissequenz innerhalb eines Satzes liegen.[10]

Ein weiteres Konstrukt der Anfragesprache sind Referenzen auf Attributwerte an vorangegangenen Corpuspositionen. Dazu wird ein Attributausdruck mit einer Markierung versehen:

---

9 Reguläre Ausdrücke über Attributausdrücke werden mit einer *First-Match-Strategie* evaluiert. Um z.B. bei falschgeschriebenen oder im Corpus nicht auftauchenden Wörtern nicht bis ans Corpusende suchen zu müssen, ist intern eine feste Suchgrenze von 100 Corpuspositionen, gezählt vom Beginn des "Matches", festgelegt. Diese Grenze kann vom Benutzer beliebig verändert werden.

10 Falls eine Eingabe von 8Bit-ASCII-Zeichen nicht möglich ist, können solche Zeichen, z.B. Umlaute, entweder in ihrer LaTeX-Umschreibung oder als Oktalcode eingegeben werden.

(7) `a:[pos="N.*"] ...`

In einem folgenden Attributausdruck kann dann auf Attributwerte der der Markierung zugeordneten Corpusposition Bezug genommen werden, wie in Beispiel (8):

(8) `a:[pos="N.*"] []* [pos="V.*" & num=a.num] within s;`

In dieser Anfrage wird also eine Übereinstimmung bezüglich des Numerus-Wertes des Nomens und des Verbs gefordert. Zusätzlich muß die gesamte Ergebnissequenz innerhalb eines Satzes liegen. Anfrage (9)

(9) `a:[pos="N.*"] ([]* [word=a.word] ){2} within s;`

liefert Konkordanzen, bei denen das gleiche Nomen mindestens dreimal innerhalb eines Satzes auftritt.

Bei aligntén, parallelen Corpora erlaubt es die Anfragesprache, zusätzliche Bedingungen über den aligntén Teil des zu testenden Corpusintervalls zu formulieren. Anfrage (10)

(10) `"hot" :HANSARD-F "chaud";`

liefert Konkordanzen für *hot*, wobei im alignten, französischen Teil gleichzeitig das Wort *chaud* vorkommen muß. Die Negation ist ebenfalls möglich:

(11) `"hot" :HANSARD-F ! "chaud";`

Das Ergebnis sind Konkordanzen, in denen das Wort *chaud* im alignten Teil nicht vorkommt. Im allgemeinen Fall kann im Bedingungsteil über das alignte Corpus wiederum ein regulärer Ausdruck über Attributausdrücke verwendet werden.

Neben einigen Kommandos zur Corpus- und Dateiverwaltung unterstützt der Anfrageinterpreter *inkrementelle Anfragen*. Dabei ist es möglich, eine Anfrage nur auf dem Ergebnis einer früheren Anfrage zu evaluieren, was zu erheblichen Effizienzgewinnen führen kann. Beispielsweise können aus einem großen Corpus zuerst alle Sätze extrahiert werden, in denen eine bestimmte Wortform vorkommt. Anschließend wird nur die Menge dieser Sätze z.B. nach bestimmten syntaktischen Phänomenen untersucht. Zusätzlich stehen *Mengenoperationen* zur Verfügung, mit deren Hilfe der Durchschnitt, die Vereinigung und die Differenz von Anfrageergebnissen berechnet werden kann. Das Ergebnis einer solchen Mengenoperation wird wie ein durch eine Anfrage berechnetes Ergebnis behandelt, so daß darauf aufbauend weitere inkrementelle Anfragen oder Mengenoperationen durchgeführt werden können. Alle durch Mengenoperationen oder Suchanfragen entstandenen Ergebnismengen können statisch in Dateien abgelegt werden und stehen dadurch in nachfolgenden Sitzungen innerhalb des Anfrageprozessors wieder zur Verfügung. Eine Beschreibung der einzelnen Kommandos, der genauen Syntax der Corpusanfragesprache sowie ein einführendes Tutorial stehen in Schulze & Christ 1994 zur Verfügung. Eine formale Darstellung des Entwurfs, der Semantik und der Implementierung der Anfragesprache sowie ein Vergleich mit anderen Corpusanfragewerkzeugen, wird in Schulze 1994 gegeben.

Der Anfrageinterpreter kann im interaktiven Modus oder als Batch-Prozessor verwendet werden. Für den interaktiven Modus stehen sowohl eine kommandobasierte Benutzeroberfläche zur Verfügung als auch eine komfortable, graphische Benutzeroberfläche, die im nächsten Abschnitt vorgestellt wird.

4 Das Interaktionswerkzeug XKWIC

XKWIC (vgl. Christ 1993) ist eine auf OSF/Motif(tm) und dem X Window System basierende graphische Benutzeroberfläche, die neben den Kommandos, die über die kommandobasierte Benutzeroberfläche zum Anfrageprozessor zur Verfügung stehen, noch zusätzliche Kommandos und Funktionen anbietet:

- das Anfrageergebnis wird in einer KWIC-Konkordanz präsentiert, wobei der angezeigte Ausschnitt über *Scrollbars* verändert werden kann;
- das präsentierte Anfrageergebnis kann nach unterschiedlichen Kriterien sortiert werden;
- durch Selektion einer einzelnen Konkordanzzeile wird diese mit einem erweiterten, benutzerdefinierbaren Kontext angezeigt;
- das Anfrageergebnis oder ein selektierbarer Teil davon kann in einer Datei textuell abgespeichert werden;
- einzelne Konkordanzzeilen können manuell aus dem Anfrageergebnis gelöscht werden, oder es können neue Ergebnismengen manuell durch Kopieren aus anderen Ergebnismengen erzeugt werden;
- bei parallelen, alignten Corpora kann durch Selektion einer Konkordanzzeile der entsprechende Bereich im alignten Corpus mitangezeigt werden.

Zusätzlich wird innerhalb von XKWIC eine einfache *Query-History* unterstützt. Diese Query-History besteht aus einer Liste, in der der Anfragetext und der Name des zugrundeliegenden Suchcorpus aller eingegebenen Corpusanfragen festgehalten wird. Eine in der Liste gespeicherte Anfrage kann durch Selektieren erneut ausgeführt werden, oder der Anfragetext kann in das Anfrageeingabefenster übernommen werden, um erst nach eventuellen Änderungen ausgeführt zu werden. Die Query-History kann in einer Datei abgespeichert werden und steht somit in nachfolgenden Sitzungen wieder zur Verfügung.

Abbildung 4 zeigt XKWIC nach der Bearbeitung einer Anfrage. Der obere Bereich des Fensters dient zur Eingabe einer Anfrage und des Suchcorpus. Die Menge der verfügbaren Suchcorpora wird durch Selektion des mit dem Fragezeichen versehenen Buttons rechts neben dem Eingabefenster für das Suchcorpus in einem separaten Dialogfenster angezeigt.

Der mittlere Teil des Fensters dient zur Anzeige des Anfrageergebnisses, wobei der angezeigte Ausschnitt durch den Scrollbar rechts des Fensters in der üblichen Art und Weise verändert werden kann. Beim Selektieren einer Konkordanzzeile wird diese invers unterlegt und mit einem benutzerdefinierbaren, erweiterten Kontext im untersten Fenster dargestellt.

In XKWIC kann momentan bei der Anzeige einer Konkordanzzeile lediglich die Sequenz der Wortformen ausgegeben werden. Die Ausgabe der Werte anderer positionaler oder struktureller Attribute, die einem Corpus zugeordnet sind (z.B. POS-Tags), wird derzeit noch nicht unterstützt.

Innerhalb von XKWIC wurde ein auf dem *X Windows Inter-Client Communications Protocol* basierendes Kommunikationsprotokoll implementiert, das es ermöglicht, Anfragen von anderen Programmen an XKWIC zu senden, um sie dort evaluieren und präsentieren zu lassen. Dadurch wurde z.B. die Anbindung des Lisp-basierten Typed Feature Systems (TFS, Emele 1994) an XKWIC möglich. Im Rahmen des DELIS-Projektes

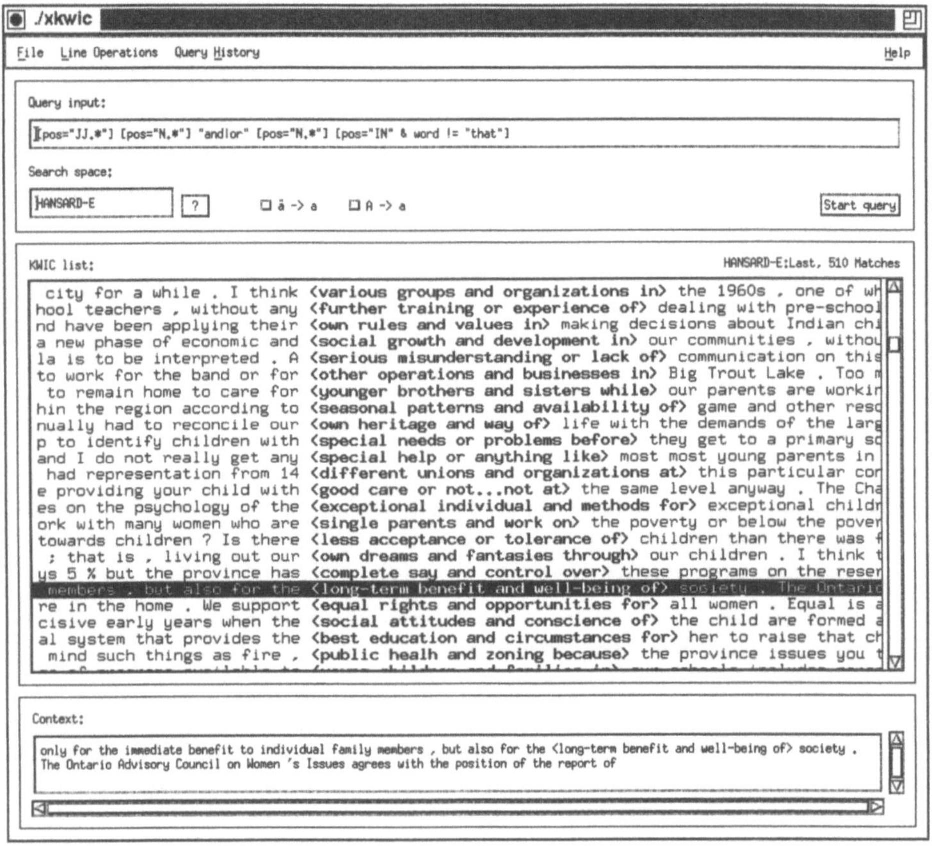

Abbildung 4: Das Präsentations- und Interaktionswerkzeug XKWIC

(Heid & Emele 1994), in dem unter anderem ein interaktives System zur corpusbasierten Lexikonentwicklung implementiert wird, werden dabei in TFS spezifizierte syntaktische Informationen über Lemmata in Corpusanfragen an ein mit speziellen Informationen annotiertes Corpus abgebildet. Diese Corpusanfragen werden dann über das Kommunikationsprotokoll an XKWIC zur Evaluierung und Präsentation gegenüber dem Benutzer geschickt.

Zusätzlich zu der Möglichkeit, innerhalb von XKWIC den aligNten Teil einer einzelnen Konkordanzzeile anzeigen zu lassen, erlaubt das Programm `print--aligned` die textuelle Ausgabe eines vollständigen Anfrageergebnisses zusammen mit der jeweils jeder einzelnen Konkordanzzeile zugeordneten Übersetzung. Die Ausgabe von `print--aligned` für die Anfrage

(12) `"den" ".*(tag|woch)" [pos="INF"]`

lautet ausschnittsweise

> vmob-d: und ich seh grade , die Freitage danach hab ich auch mehr Platz . vielleicht sollten wir dann *den Freitag festhalten* für dieses Seminar .

vmob-e: And I see that I have more time on the subsequent Fridays. Maybe we should settle on Friday then , for this seminar.

---

vmob-d: halt ich fest , notier ich eben , dann muß ich die Wochenplanung vielleicht mal auf *den Mittwoch verschieben* ,

vmob-e: I'm noting that down , then I'll have to move the scheduling of the week to Wednesday.

5 Effizienz der Anfrageevaluierung

Die Effizienz der Anfrageevaluierung hängt wesentlich von der Komplexität des Anfrageausdrucks ab. Dabei ist im Allgemeinen der erste Teilausdruck der Anfrage von entscheidender Bedeutung. Wird bei großen Corpora innerhalb des ersten Teilausdrucks ein regulärer Ausdruck auf der Attributwertebene verwendet, so kann die Evaluierung der Anfrage beträchtliche Zeit in Anspruch nehmen. Enthält der erste Ausdruck jedoch keine regulären Ausdrücke, ist der Zugriff auf die Corpusdaten durch die verwendeten Indizierungstechniken effizient genug für die interaktive Anwendung.

Die einfache Anfrage (13)

(13) `"Bre.*zel";`

benötigt zur Evaluierung auf einem 36 Millionen Wörter umfassenden deutschen Zeitungscorpus ca. 17 Sekunden.[11] Das Ergebnis der Anfrage (14)

(14) `"Brezel";`

wird dagegen in 0.7 Sekunden berechnet, wobei die absolute Häufigkeit des Wortes im Corpus auch ohne die Verwendung regulärer Ausdrücke Auswirkungen auf die Effizienz hat. So benötigt die Evaluierung der Anfrage (15)

(15) `"Kohl";`

ca. 9 Sekunden und liefert 4812 Vorkommen.

Das Ergebnis der Suchanfrage (16)

(16) `"gehen|ging|gegangen";`

wird in ca. 224 Sekunden berechnet. Innerhalb der Anfragesprache stehen jedoch zwei weitere Möglichkeiten zur Verfügung, um die Anfrage zu formulieren:

(17) `"gehen" | "ging" | "gegangen";`

(18) `[word="gehen" | word = "ging" | word = "gegangen"];`

In (17) liegen disjunktiv verknüpfte Attributausdrücke vor, so daß die Disjunktion auf der Ebene des endlichen Automaten behandelt wird. In (18) wird nur ein Attributausdruck verwendet, wobei die Disjunktion innerhalb des booleschen Ausdrucks bearbeitet

---

11 Außer "Brezel" (23 Vorkommen) werden im Suchcorpus durch den verwendeten regulären Ausdruck nur noch die Schreibungsvariante "Bretzel" und der Eigenname "Brentzel" (die jeweils nur einmal auftreten) beschrieben. Alle Zeitmessungen wurden auf einer 2–Prozessor SparcStation 10 (Betriebssystem SunOS 4.1.3) unter normaler Belastung durchgeführt.

wird. Das ursprüngliche Beispiel (16) behandelt die Disjunktion auf der Ebene regulärer Ausdrücke in Attributwerten.

Die beiden Anfragen (17) und (18) werden erheblich schneller berechnet (in beiden Fällen ca. in 28 Sekunden), da keine regulären Ausdrücke innerhalb der Attributwerte verwendet werden. Alle drei Anfragen berechnen natürlich das identische Ergebnis (15837 Vorkommen). Durch interne Datencaching-Mechanismen des Betriebssystems kann allerdings die Zeitmessung erheblich gestört werden: so wird das Ergebnis von Anfrage (18) bei einer sofortigen erneuten Ausführung in ca.einer Sekunde berechnet.

Der erste Teilausdruck einer Anfrage (ebenso der 1. Ausdruck eines disjunktiv verknüpften weiteren Teilausdrucks) ist deshalb von für die Effizienz entscheidender Bedeutung, da durch ihn die "Startpositionen" für die Evaluierung des aus dem regulären Anfrageausdruck gebildeten endlichen Automaten festgelegt werden. Liegen diese Startpunkte fest, wird der Automat für jeden dieser Startpunkte angestoßen und überprüft, ob die in den Attributausdrücken formulierten Bedingungen an den jeweils betrachteten Positionen erfüllt werden. Dabei ist klar, daß einfachere und "kürzere" Automaten auch schneller evaluiert werden können.

Dynamische Attribute sind aufgrund der mit jeder Wertberechnung verbundenen Shell-Aufrufe sehr ineffizient, weshalb sie in den Beispielen nur jeweils innerhalb der letzten, mit anderen Attribut-Wert-Gleichungen konjunktiv verknüpften Attribut-Wert-Gleichung verwendet wurden, da durch die vorausgehenden Attribut-Wert-Gleichungen innerhalb des gleichen Attributausdrucks die Anzahl der Aufrufe eines dynamischen Attributs stark eingeschränkt werden kann.

Durch Verwendung weiterer Indexdateien und verschiedener Optimierungstechniken bei der Anfrageevaluierung könnte die Effizienz des Anfragesystems erheblich gesteigert werden. Dies bezieht sich insbesondere auf Mechanismen, die die Evaluierung regulärer Ausdrücke in Attributwerten beschleunigen könnten.

Für den Benutzer des Anfragesystems ergibt sich die Folgerung, daß bei großen Corpora reguläre Ausdrücke am Anfang eines Anfrageausdrucks vermieden werden sollten oder in eine Aufzählung wie bei (17) oder (18) umgeformt werden sollten. Bei kleineren Corpora ist eine Umformung nicht notwendig. Ein weiterer Effizienzgewinn ergibt sich, wenn das Corpus lemmatisiert vorliegt und so z.B. die Aufzählung konjugierter Formen eines Verbs überflüssig wird.

6 Zusammenfassung

Mit dem hier vorgestellten System steht ein Corpusanfragesystem zur Verfügung, das den effizienten Zugriff auf große, annotierte Textcorpora ermöglicht. Durch die Aufteilung des Gesamtsystems in unterschiedliche Module wird auf der Seite der Werkzeuge eine hohe Flexibilität erreicht, was die Entwicklung spezieller Werkzeuge, die Corpusinformation benötigen, auf der Grundlage bestehender Module und Werkzeuge stark vereinfacht. Auf der Seite der Corpusdaten wird durch unterschiedliche Attributtypen, die Trennung der verschiedenen einem Corpus annotierten Attribute und durch die Aufteilung der Informationen in verschiedene Dateien ebenfalls eine hohe Modularität erreicht, so daß einzelne Annotationen eines Corpus hinzugefügt, erweitert, aktualisiert oder korrigiert werden können, ohne daß Änderungen an bestehenden Annotationen notwendig werden. Über netzwerkbasierten Corpusdatenaustausch ist auch eine über verschiedene Rechner verteilte Datenrepräsentation möglich.

Beim Entwurf der Anfragesprache wurde versucht, auf bekannte Beschreibungselemente wie reguläre Ausdrücke, Attribut–Wert–Gleichungen und boolesche Ausdrücke zurückzugreifen, was das Erlernen der Anfragesprache und den Umgang mit den Anfragewerkzeugen erleichtert. Durch die graphische Benutzeroberfläche XKWIC zum Anfrageprozessor wurde eine zusätzliche Benutzerfreundlichkeit erreicht.

Die Unterstützung inkrementeller Anfragen und die Möglichkeit, Anfrageergebnisse durch Mengenoperationen kombinieren zu können, kann zu erheblichen Effizienzgewinnen bei der Anfrageevaluierung führen. Außerdem wird dadurch die Entwicklung einer Anfragestrategie unterstützt: der Anwender des Systems kann im Vorfeld der eigentlichen Corpusarbeit bereits einen Teil der Vorgehensweise planen, mit der durch schrittweise verfeinerte, aufeinander aufbauende inkrementelle Anfragen aus zuerst großen Belegmengen nach und nach detaillierte, kleine Belegmengen gefiltert werden.

Ein weiterer Vorteil des vorgestellten Systems ist es, externe linguistische Wissensquellen über zum Zeitpunkt der Anfrageevaluierung berechnete Attributwerte an ein Corpus binden zu können, beispielsweise Thesauri, Terminologiedatenbanken o.ä. Die durch diese Wissensquellen angebotene Information kann dann in Corpusanfragen verwendet werden.

Die Möglichkeit, auf einfache Weise in annotierten Corpora zu suchen, erlaubt eine wesentlich detailliertere Spezifikation der im Corpus zu suchenden Belege, woraus eine kleinere Anzahl, dafür aber unter Umständen umso relevanterer Belege resultiert. Insgesamt kann durch detailliertere Anfragemöglichkeiten die Zahl der eventuell manuell zu filternden Belege stark reduziert werden, was im linguistischen Beschreibungsprozeß, insbesondere bei großen Corpora, positive Auswirkungen auf die Effizienz hat, mit der eine auf einer Konkordanz basierende Beschreibung erstellt werden kann.

Literatur

R. H. Baayen, R. Piepenbrock, H. van Rijn. The CELEX Lexical Database (CD–ROM). Linguistic Data Consortium, University of Pennsylvania, Philadelphia, PA, 1993.

Oliver Christ. *The Xkwic User Manual.* Institut für maschinelle Sprachverarbeitung, Universität Stuttgart, 1993.

Oliver Christ. *The IMS Corpus Workbench Technical Manual.* Institut für maschinelle Sprachverarbeitung, Universität Stuttgart, 1994.

Martin Emele. TFS – The Typed Feature Structure Representation Formalism. Erscheint in: *Proceedings of the International Workshop on Sharable Natural Language Resources (SNLR)*, 1994.

Ulrich Heid, Martin Emele. DELIS: Tools for Corpus Based Lexicon Building. Erscheint in: *Proceedings of KONVENS '94*, 1994.

Daniel Karp, Yves Schabes, Martin Zaidel, Dania Egedi. A Freely Available Wide Coverage Morphological Analyzer for English. In *Proceedings of COLING '92, Nantes*, 1992.

George A. Miller, Richard Beckwith, Christiane Fellbaum, Derek Gross, Katherine Miller. Introduction to WordNet: An On–line Lexical Database. Technischer Bericht, Cognitive Science Laboratory, Princeton University, 1993.

Bruno M. Schulze, Oliver Christ. *The CQP Users's Manual.* Institut für maschinelle Sprachverarbeitung, Universität Stuttgart, Version 1.0d, Mai 1994.

Bruno M. Schulze. Entwurf und Implementierung eines Anfragesystems für Textcorpora. Diplomarbeit Nr. 1059, Institut für maschinelle Sprachverarbeitung (IMS) and Institut für Informatik, Universität Stuttgart, Januar 1994.

Matthias Galle & Oliver Jakobs

Zum Aufbau sehr großer Sprachkorpora ($> 10^7$ Wörter) und ihre Analyse im Rahmen der VLLC-Projekte der LDV/CL an der Universität Trier

1 Einleitung

Dieser Artikel stellt ein an der Universität Trier entwickeltes System zur Erleichterung des Zugriffs auf sehr große Sprachdatenbestände vor. Im Fach Linguistische Datenverarbeitung an der Universität Trier wurde vor etwa zwei Jahren begonnen, größere Sprachkorpora, die hauptsächlich aus aktuellen Zeitungstexten bestehen, zu sammeln (vgl. Galle (1993)). Nachdem die ersten größeren Datenbestände gesammelt und aufbereitet waren, stellte sich heraus, daß es bei weitem nicht ausreicht, die Korpora auf irgendeinem Rechner in irgendeinem Verzeichnis zu lagern. Diese Lagerung ist für einzelne BenutzerInnen nicht durchsichtig. Oftmals scheitert ein Forschungsvorhaben bei dieser Vorgehensweise dann schon an der Frage nach dem Zugang zu den Datenbeständen. Der erste Ansatz, sich den gesamten Datenbestand auf die Platte der eigenen Workstation oder sogar des eigenen PCs zu kopieren, führt bei Korpora dieser Größenordnung zu Problemen mit dem verfügbaren Plattenspeicher. Hier muß eine Lösung gefunden werden, die eine zentrale Speicherung mit Zugriffsmöglichkeiten von anderen Rechnern beinhaltet, eine passende Anwendung für ein Client-Server-Modell. Bevor wir aber ausführlicher auf diese Problematik und den dafür im Rahmen der Trierer VLLC-Projekte entwickelten Lösungsansatz eingehen, möchten wir zunächst kurz die in Trier vorhandenen Korpora vorstellen.

2 In Trier vorhandene Zeitungskorpora

2.1 Das dpa-Korpus

Das erste große Zeitungskorpus, das für die Forschung aufbereitet wurde, war das „dpa-Korpus". Die Rohdaten für dieses Projekt wurden der Linguistischen Datenverarbeitung der Uni Trier von der Deutschen Presseagentur zu Forschungszwecken zur Verfügung gestellt. Die Daten umfassen alle Artikel des „Basisdienstes der Deutschen Presseagentur" der Jahre 1988 und 1989. Das Korpus besteht aus insgesamt 357.275 Artikeln, und diese bestehen inclusive aller Überschriften und sonstiger Hilfstexte aus ca. 68.000.000 Token (laufenden Wörtern). Das Korpus ist vollständig bearbeitet und steht der Forschung zur Verfügung.

2.2 Das taz-Korpus

Um für die Forschung auch tatsächlich gedruckte Artikel zur Verfügung zu haben (die Texte der dpa werden oftmals noch redaktionell aufbereitet, bevor sie gedruckt werden), wurde kurze Zeit später das „taz-Korpus" in der gleichen Weise aufbereitet (vgl. Galle et al. (1992)). Die Linguistische Datenverarbeitung der Uni Trier erhielt von der Berliner "tageszeitung" Bänder mit allen in der „taz" erschienenen Artikel von Mitte 1988 bis

August 1992. Diese umfassen insgesamt ca. 35.000.000 Token. Auch dieses Korpus ist seit einiger Zeit vollständig bearbeitet und kann zu Forschungszwecken verwendet werden.

2.3 Das FR-Korpus

Ein neueres Projekt, das ebenfalls aktuelle Zeitungsartikel umfaßt, ist das „FR-Korpus". In diesem Korpus werden alle in der Frankfurter Rundschau seit August 1993 erscheinenden Artikel gesammelt. Das Korpus wird wöchentlich aktualisiert. Diese Aktualisierung ist für einige Untersuchungen natürlich besonders interessant, da, wenn die Bearbeitung abgeschlossen ist, Texte, die vor ca. zwei Wochen in der Frankfurter Rundschau erschienen sind, bereits im Korpus vorhanden sind. Die Erstellung von Prozeduren zur Konvertierung in das Trierer Korpusformat erfolgt zur Zeit und steht kurz vor dem Abschluß.

3 Ein Client-Server-Modell zum Zugriff auf Korpora

Wie oben bereits angedeutet, sind oftmals die auf Workstations oder PCs verfügbaren Massenspeicherkapazitäten nicht ausreichend, um große Korpora zu beherbergen.

Dies ist ein typisches Problem, das mittels einer Client-Server-Anwendung gelöst werden kann: Ein oder mehrere Rechner mit hinreichender Massenspeicherkapazität übernehmen dabei die Serverleistung, nämlich die Bereitstellung von Korpusdaten. Falls der entsprechende Rechner neben der Speicherkapazität auch noch genug CPU-Leistung besitzt, können auch Vorverarbeitungsaufgaben von diesem übernommen werden. Falls beispielsweise eine Wortliste gewünscht ist, braucht nicht das gesamte Korpus erst vom Server auf den Client transferiert werden, sondern die Liste kann bereits auf Serverseite erstellt werden, was eine nicht unerhebliche Einsparung an Netzleistung bedeutet.

Ein weiterer Vorteil der zentralen Datenhaltung ist die erheblich größere Datenkonsistenz. Veränderungen bzw. Verbesserungen im Datenbestand stehen sofort für jede/n Benutzer/in zur Verfügung. Wenn ein Korpus auf mehreren Workstations gleichzeitig vorgehalten wird, ist die Erhaltung der Konsistenz des Datenbestandes recht schwierig. Neben den Konsistenzproblemen sollte man auch die durch die zentrale Haltung erheblich erleichterte Datensicherung der Korpusdateien nicht außer acht lassen. Gerade bei großen Datenbeständen ist eine regelmäßige Sicherung unabdingbar, da ein Verlust eines Korpus die Aufbereitungsarbeit von teilweise mehreren Monaten zunichte machen kann.

In der Computerlinguistik der Universität Trier war der zentrale Rechner, eine Cadmus 9600, als Ausbildungsrechner bereits vollkommen ausgelastet, so daß er für die Speicherung der benötigten Korpora nicht in Frage kam. Auf der anderen Seite sollten aber die Textdaten auch für Ausbildungszwecke bereitstehen, ohne daß alle Studierenden auf verschiedenen Rechnern Zugangsberechtigungen für die Korpusarbeit bekommen müßten und die jeweiligen Bearbeitungsprogramme auf jedem Rechner neu zu installieren hätten. Es gab allerdings verschiedene Rechner innerhalb des lokalen Netzes, die hinreichend große Massenspeicher hatten, ohne daß diese durch den normalen Betrieb ausgenutzt wurden.

Auf diesen Rechnern wurden die Korpusdateien dann abgelegt, wobei anfangs ein Zugriff über eine einfache Programmierbibliothek vorgesehen war. Bald stellte sich jedoch heraus, daß eine Sammlung von Lese- und Auswahlfunktionen den Anforderungen nicht gerecht werden würde: alle AnwenderInnen hätten eine Benutzerkennung auf den Korpus-Rechnern gebraucht, wodurch der Bearbeitungsaufwand erhöht würde, sowohl auf Administrations-, wie auch auf Benutzungsseite. Daraufhin wurde ein Zugriff über das lokale Netzwerk (LAN) in Betracht gezogen. Ein Prototyp wurde implementiert, um die

Möglichkeiten eines vernetzten Korpuszugriffs zu erkunden. Diese stellten sich als sehr vielversprechend heraus.

Das prototypische Front-end bot nur sehr eingeschränkte Optionen, die über Kommandozeilenparameter zugänglich waren. Auf der Serverseite wurde lediglich die gewünschte Korpusdatei ausgewählt und über das Netz an den Client übermittelt. Dabei entstand natürlich ein gewisser Overhead, da nicht alle Daten auch tatsächlich gebraucht wurden. Für komplizierte Auswahlmechanismen war das Programm allerdings nicht geeignet, eine Erweiterung wäre unter strukturiertem Gesichtspunkt nicht möglich gewesen.

Um hier nun ein Fundament für ein flexibles und erweiterbares System zu legen, wurde zuerst eine passende Architektur entworfen, die in Abbildung 1 dargestellt ist.

Durch die zusätzliche Ebene 'CO-Lib' (kurz für Corpus-Library) wird die Anforderung und Verarbeitung von Daten über das LAN erheblich erleichtert, da die dort bereitgestellten Funktionen die relativ komplexe Netzwerkprogrammierung völlig von der Anwendung kapseln, d.h. die Anwendungen ohne Kenntnisse der Netzwerkfunktionen programmiert werden können. Auf der Client-Seite können beliebige Applikationen mit den Bibliotheksfunktionen implementiert werden, so daß nicht auf spezifische Anforderungen bezüglich einer konkreten Benutzeroberfläche, Programmfunktionalität oder ähnliches eingegangen werden muß. Denkbar sind hier sämtliche Arten von Anwendungen, vom X-Browser bis hin zum spezialisierten Textmaß-Programm.

Flexibilität ist auch durch die Erweiterbarkeit auf Server-Seite gegeben: es können beliebige Filter und Filterkombinationen vom Client spezifiziert und auch später zum Server hinzugefügt werden. Hier muß das Protokoll soweit offen gehalten werden, daß die Angabe von Filtern nicht eingeschränkt ist. Auch sollten die Standard-Steuerkonstrukte (Iteration, Verzweigungen) verwendbar sein. Der Zuwachs an Komplexität wird durch die Mächtigkeit möglicher Bearbeitungsabläufe leicht aufgewogen.

4 Funktionsweise des Client-Server-Modells

4.1 Ablauf auf Clientseite

Alle Spezifikationen des Zugriffsmodus werden lokal gespeichert, bis der erste Lesezugriff erfolgt. Bei diesem Zugriff wird die Verbindung zum Server aufgebaut, die Spezifikationen werden übertragen, und der Server beginnt mit der Auswertung der Daten. Für die Clientseite sind Kenntnisse dieser Einzelheiten nicht sichtbar und auch nicht relevant.

Aus der Clientperspektive sieht der Ablauf also wie folgt aus: es werden nach Bedarf Spezifikationen definiert, zu denen nicht nur Selektionskriterien, sondern auch Filterprozeduren gehören können. Wenn hinreichend Kriterien angegeben wurden, kann ein Element mittels einer Funktion ausgelesen werden.

Das Auslesen erfolgt jeweils zeilenweise. Weitere Filter können diese bei Bedarf dann in Wörter oder Buchstaben zerlegen.

4.2 Ablauf auf Serverseite

Der Ablauf des Zugriffs auf Serverseite ist sehr stark abhängig davon, in welcher Form die Korpusdaten auf dem System vorliegen. In der momentanen Ausbaustufe sind die Daten jeweils in nach Jahren sortierten Unterverzeichnissen abgelegt, wobei die Artikel eines Monates in einer Datei zusammengefaßt sind. Die Anordnung der Daten ist willkürlich, d.h. man könnte auch alle Dateien, die zu einem Korpus gehören, in ein einziges Verzeichnis

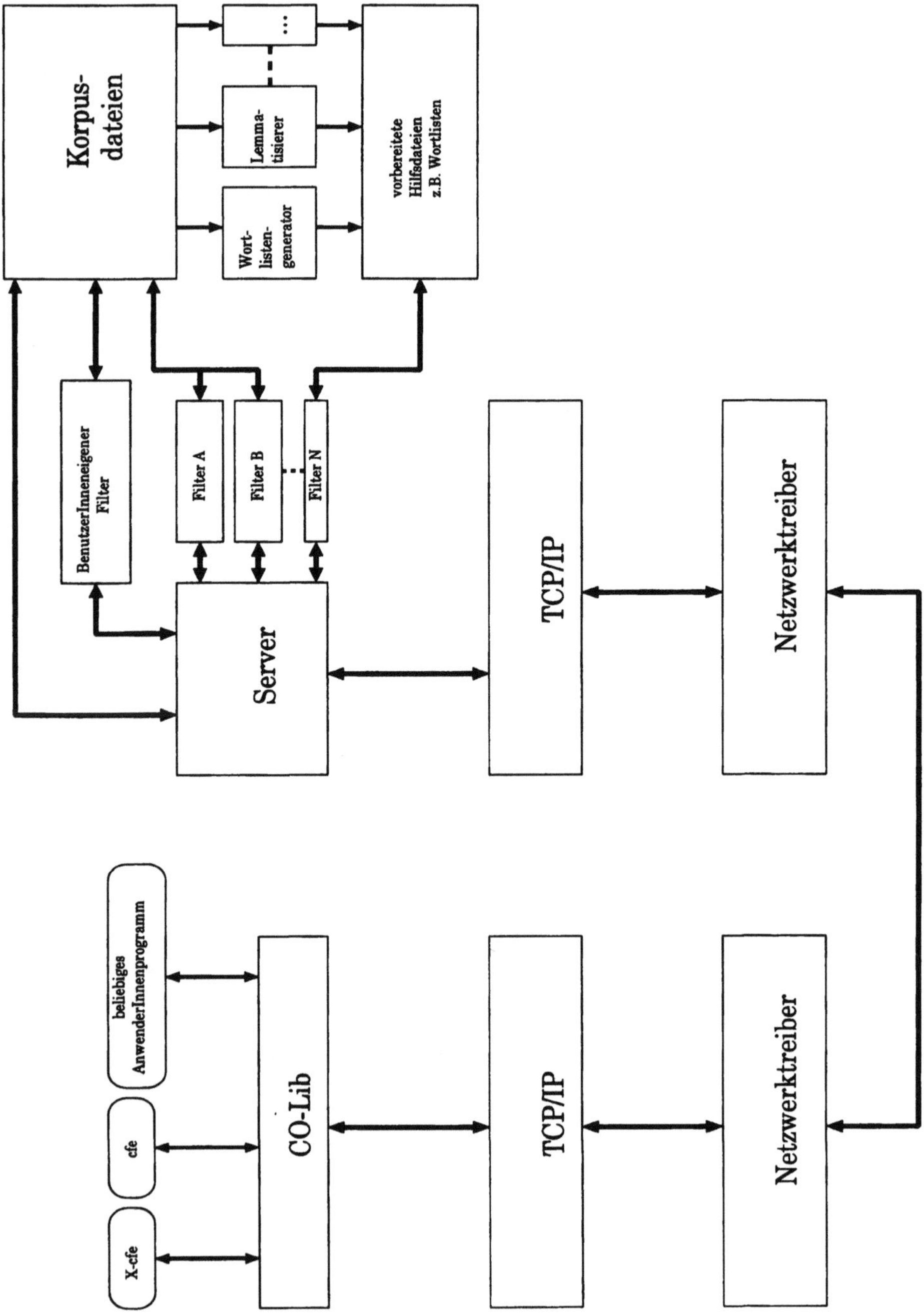

Abbildung 1: Architektur des erweiterten Client-Server-Modells

stellen und die Angaben über Jahr und Monat im Dateinamen kodieren. Diesbezügliche Details können von der Systemverwaltung jederzeit geändert werden, ohne daß dies für die Anwendungen auf Clientseite irgendwelche Auswirkungen hat.

Über die Angabe von Jahr und Monat kann die entsprechende Korpusdatei selektiert werden. Falls entweder kein Jahr oder aber kein Monat angegeben ist, sollte per Default das Gesamtkorpus berücksichtigt werden, so daß es ohne Schwierigkeiten möglich ist, beispielsweise alle Artikel des Monats August über alle Jahre oder alle Artikel des Jahres 1992 auszuwählen. Es muß also als erstes geprüft werden, welche Dateien für den Zugriff relevant sind, indem die Jahres- und Monatsangaben ausgewertet werden. Auf den so selektierten Dateien kann nun die weitere Verarbeitung aufsetzen.

4.3 Datentransport

Das für die Verbindung verwendete Protokoll TCP/IP ist nach Comer (1988) ein zuverlässiges (*reliable*), Stream-orientiertes Protokoll. Dadurch entfallen Probleme, die mit dem konkreten Transport von Datenpaketen zusammenhängen. Während bei anderen Protokollen nicht gewährleistet ist, daß alle Pakete ankommen und daß sie in der richtigen Reihenfolge ankommen, kann eine Verbindung über TCP/IP genauso behandelt werden wie das Lesen und Schreiben aus einer Datei oder einer UNIX-Pipe.

Beim Datentransport stellt sich also nur noch die Frage, wie die Anfragen und Spezifikationen vom Client an den Server übertragen werden, und wie der Server die angeforderten Daten an den Client übermittelt. Da bezüglich der Form der Daten keine Einschränkungen gemacht werden sollen, stellt sich hier ein ernsthaftes Problem.

Durch die *Stream*-haftigkeit der Verbindung liegt es nahe, die Anfragen als Strings zu übertragen. Dies hat den großen Vorteil der leichten Lesbarkeit durch Menschen, so daß beim Auftreten von Fehlern oder Unstimmigkeiten leicht nachvollzogen werden kann, wo diese entstanden sind. Andere Kodierungen hätten zwar Vorteile in der maschinellen Verarbeitung, jedoch auf Kosten der Transparenz. Da die Spezifikations-Texte im Verhältnis zu den zu übermittelnden Datenmengen eher von geringem Umfang sind, kann der zusätzliche Verarbeitungsaufwand leicht verkraftet werden.

Ein Problem tritt bei der Kennzeichnung von Daten (im Gegensatz zu Befehlstoken) auf: falls Bezeichner der Meta-Sprache in den Daten auftreten, ist keine Eindeutigkeit und Zuverlässigkeit mehr gegeben. Daher müssen die Daten so gekapselt werden, daß Verwechslungen mit den Bezeichnern nicht möglich sind.

Es ist bei der Implementation also darauf zu achten, daß Daten und Befehlstoken nicht gemischt auftreten. Da Spezifikationsdaten lediglich in der ersten Phase nach dem Verbindungsaufbau übertragen werden, sollte es zu keinen Konflikten kommen. Problematisch ist lediglich, daß Fehlermeldungen von Filterprogrammen über den Datenkanal geschickt werden. Die Verarbeitung sehr großer Datenmengen erfolgt in der Regel für Menschen unsichtbar, so daß mit dem Datenkanal vermischte Fehlermeldungen nicht als solche erkannt werden und damit in die linguistische Untersuchung einfließen.

Hier kann man jedoch ausnutzen, daß Daten- und Fehlerkanal vor der Netzwerkschnittstelle noch getrennt verlaufen und erst bei der Übertragung auf den Zielrechner vereinigt werden. Sobald also eine Ausgabe über den Fehlerkanal erfolgt, wird diese an allen folgenden Filtern vorbeigeleitet. Um die Fehlermeldungen von den Daten zu trennen, wird daher intern als letzter Filter das Programm `corpuscode` aufgerufen, welches allen Eingabezeilen ein Markierungszeichen voranstellt. Falls in einem der übrigen Filter ein Fehler auftritt,

- `int KorpusDefiniereAuswahl(char *attrval);`
- `int KorpusLesen(char **textpuffer);`
- `int KorpusEnde(void);`

Abbildung 2: C-Prototypen der Zugriffsfunktionen

wird dieser über den Fehlerkanal ausgegeben, der nicht weiter gefiltert wird. Daraus folgt, daß Fehlermeldungen normalerweise *nicht* mit dem Markierungszeichen beginnen.

Beim Auslesen der Daten auf der Clientseite wird das erste Zeichen einer jeden Zeile getestet: Falls es das Markierungszeichen war, wird dieses entfernt und der Text wird als Korpuszeile behandelt; falls nicht, handelt es sich um einen Fehlertext, der als Fehlermeldung entsprechend ausgegeben wird. So ist sichergestellt, daß es keine Vermischung von Daten mit Fehlertexten geben kann. Ein kritischer Punkt ist dabei die Auswahl des Markierungszeichens. Die Wahrscheinlichkeit, daß ein Fehlertext mit demselben anfängt, sollte möglichst klein gehalten werden. Die Auswahl fiel daher auf das '@' (*at-sign*).

4.4 Filter

Als Filter ist jedes Programm einsetzbar, das eine Eingabe über die UNIX-Standardeingabe (`stdin`) einliest, also mittels Tastatureingabe oder Dateiumleitung Daten erhält, diese in irgendeiner Weise modifiziert und dann auf den Standardausgabekanal (`stdout`) ausgibt. Damit lassen sich eine erhebliche Anzahl von Bearbeitungsschritten auf dem Server durchführen, so daß der Client-Rechner und das Netz entsprechend entlastet werden.

Durch die Universalität einiger Interpreter (`awk`, `perl`, usw.) können auch eigene Filterprogramme auf dem Server zur Ausführung gebracht werden. Das Programm muß dann nur als Script in der entsprechenden Programmiersprache geschrieben werden.

4.5 C-Funktionen

Es werden drei Funktionen bereitgestellt, die zum Zugriff auf Korpora notwendig sind. Deren Prototypendeklaration in der Programmiersprache C sind in Abbildung 2 dargestellt.

Die Verwendung dieser Routinen läßt sich am besten an einem Beispielprogramm (siehe Abbildung 3) verdeutlichen: dieses Programm zeigt zuerst die Anzahl der Zeilen des taz-Korpus vom Januar 1989 an, gefolgt von den ersten zehn Zeilen des Jahres 1992, in denen der String „Kohl" vorkommt. Diese Zeilen sind numeriert und jedes 'K' ist durch ein '@' ersetzt. Eine alternative Möglichkeit zur Leseschleife wäre die Verwendung des Unix-Dienstprogrammes `tail` als Filter, da in dieser Version das ganze Korpus mit `sed` bearbeitet wird.

Bei den als Zeichenketten übergebenen Attribut-Wert-Paaren ist Groß- und Kleinschreibung nicht relevant. An dem Beispielprogramm wird auch deutlich, daß das Metazeichen '@' problemlos innerhalb der Daten verarbeitet werden kann.

Programme, die die bereitgestellten Bibliotheksfunktionen verwenden, funktionieren selbst dann, wenn sich Änderungen in der Konfiguration ergeben, ein Teil des Korpus also beispielsweise auf einem anderen Rechner abgelegt wird. In diesem Fall muß lediglich

```
#include <stdio.h>
#include "corpus.h"

main(int argc, char *argv[])
{
    char *text;
    int i;

    printf("Zeilenzahl von taz 01/89 ist ");
    KorpusDefiniereAuswahl("CORPUS   TAZ");
    KorpusDefiniereAuswahl("jahr   89");
    KorpusDefiniereAuswahl("monat   01");
    KorpusDefiniereAuswahl("filter wc -l");

    KorpusLesen(&text);    /* read filter output */
    if(text != NULL) {
        printf("%s\n",text);
        free(text);
    }
    else printf("nicht berechenbar\n");
    KorpusEnde();

    KorpusDefiniereAuswahl("CORPUS   TAZ");
    KorpusDefiniereAuswahl("jahr   92");
    KorpusDefiniereAuswahl("filter  grep Kohl");
    KorpusDefiniereAuswahl("filter awk '{print NR,$0}'"); /* line nr. */
    KorpusDefiniereAuswahl("FiLteR sed \"s/K/@/g\""); /* repl. K by @ */

    for(i = 0; i < 10; i++) {    /* print top 10 lines */
        KorpusLesen(&text);
        if(text != NULL) {
            printf("%s\n",text);
            free(text);
        }
    }
    KorpusEnde();
}
```

Abbildung 3: Beispielapplikation

eine Anpassung der Konfigurationsdateien durch die Systemverwaltung erfolgen. Eine ausführliche technische Dokumenation des Programmsystems findet sich in Jakobs (1994).

5 Zusammenfassung und Ausblick

Das vorgestellte Programmsystem erlaubt die verteilte Bearbeitung sehr großer linguistischer Korpora. Dadurch wird einerseits die Datenhaltung stark vereinfacht, andererseits kann die Rechenleistung von mehreren Workstations gleichzeitig zur Bearbeitung eines Korpus eingesetzt werden. Das offene Konzept des Programmsystems erlaubt eine einfache Erweiterung.

Für die BenutzerInnen ist eine recht komfortable Schnittstelle zu dem System implementiert, die kein Wissen über die interne Datenhaltung oder über interne Strukturen des Programmsystems erfordert. Um eine einfache Vorauswahl der Texte aus den verschiedenen Korpora zu erlauben, wurde ein Browser entwickelt. Dieser Browser läuft unter X-Window und ist somit auf einer Vielzahl von Rechnern verfügbar. Mittels dieses Tools können WissenschaftlerInnen einfache Suchaufgaben in den Korpora erledigen, ohne eine einzige Zeile Programm entwickeln zu müssen. In der Zukunft soll dieser Browser noch um eine interaktive Dialogkomponente erweitert werden, mit der dann die Programmierung von einfachen Fragestellungen interaktiv entwickelt werden kann. Diese Erweiterung erlaubt dann sogar ForscherInnen ohne Programmierkenntnisse auf die Korpora bzw. Teile davon zuzugreifen. Neben der Erweiterung des Browsers ist die Portierung des Clients für verschiedene Betriebssystem-Plattformen geplant. Neben dem Zugriff auf Korpora soll das System auch noch zum Zugriff auf Lexika erweitert werden. Diese Erweiterung betrifft eigentlich nur die Clientseite, da der Server durch die Architektur mit frei wählbaren Filtern an sich nicht verändert werden muß. Es müssen lediglich einige neue Filter für den Zugriff auf die Lexika entwickelt werden.

Literatur

Comer, Douglas E. (1988) *Internetworking with TCP/IP: Principles, Protocols, and Architecture.* Prentice Hall: Englewood Cliffs, NJ.

Galle, Matthias (1993) *Methodische Grundlagen und formale Voraussetzungen der praktischen Auswertbarkeit sehr großer linguistischer Korpora (VLLC).* In: Pütz, Horst P. und Haller, Johann (Hrsg.): *Sprachtechnologie: Methoden, Werkzeuge, Perspektiven*, S. 246–261, Georg Olms Verlag: Hildesheim, Zürich, New York.

Galle, Matthias, O. Jakobs, P. Kesten, A. Kolompár und A. Mehler (1992) *Dokumentation des Studienprojektes 'Aufbereitung des dpa–Korpus'.* Technischer Report, Linguistische Datenverarbeitung, Universität Trier. (Unveröffentliches Manuskript, beim Autor als dvi- bzw. PostScript-Datei erhältlich).

Jakobs, Oliver (1994) *Implementation eines Client-Server-Modells zum Zugriff auf VLLCs innerhalb eines Rechner-Netzwerkes.* Technischer Report, Linguistische Datenverarbeitung, Universität Trier. (Bisher unveröffentliches Manuskript, beim Autor als dvi- bzw. PostScript-Datei erhältlich).

*István Bátori**

Konstruktionsprinzipien für Testsatzsammlungen

1 Motivation des Beitrags

Die Legitimation das Thema Testsatzsammlungen im korpuslinguistischen Rahmen zu behandeln, leitet sich von der Einsicht ab, daß die Kommunikation zwischen Korpuslinguistik und (theoretischer) Linguistik unzureichend ist, und daß wir auf beiden Seiten der "Demarkationslinie" die Probleme der jeweils anderen Disziplin im eigenen Interesse verfolgen müssen. Bei der Konstruktion von Testsatzsammlungen sind insbesondere im Hinblick an die *linguistischen Annotationen* drei Positionen auseinanderzuhalten:

1. Die Position des Korpuslinguisten, der sich strikt, wie er meint, auf die sprachliche Empirie stützt;

2. Die Position des Sprachsoftware-Evaluators, der um die Güte der angebotenen Systeme zu erfassen, TSS-en als Meß-Instrumente benutzt und

3. die Position des Sprachforschers, der - heute zunehmend maschinengestützt - für die Aufstellung und Verifizierung seiner Hypothesen Testsätze benötigt, die er systematisch in TSS-en zusammenstellt.

Testsatzsammlungen werden zusammengestellt, um die Leistungsfähigkeit grammatikalischer Verarbeitungsverfahren zu erfassen.[1] In der Entwicklung computergestützter Grammatiken sind Testsätze doppelt benötigt:[2]

1. Um die grammatikalischen Problemfälle sichtbar zu machen und die Grammatikentwicklung zu steuern und

2. Um den Geltungsbereich der Grammatik zu dokumentieren.

Die TSS-en der zwei Bereiche (Evaluierungsverfahren und Grammatikentwicklung) zeigen Ähnlichkeiten. Es gibt jedoch auch bereichsspezifische Zielsetzungen und Gesichtspunkte für ihre Kompilierung.

---

* Ich danke Herrn Dr. des. Martin Volk an dieser Stelle für seine Unterstützung beim Schreiben dieses Aufsatzes.

1 Für die Sprachsoftware gelten generell die allgemeinen Software-Evaluierungskriterien, insbesondere das Prinzip der Verhältnismäßigkeit von Aufwand- und Leistung sowie die daraus resultierenden Konsequenzen. Diese Kriterien darf man auch bei der Konstruktion der Testsatzsammlungen nicht aus dem Auge verlieren.

2 In erster Linie in Analyse- und Syntheseverfahren, aber auch für rein deskriptive Modellierung.

1.1 TSS-e in Evaluierungsverfahren

TSS-e sind in Evaluierungsverfahren Instrumente für Leistungserfassung, sie dienen insbesondere der Bestimmung des Geltungsumfangs und des Zeitverhaltens des Systems. Die Leistungsbeurteilung kann allerdings nicht mechanisch von der Anzahl der erfolgreich getesteten Testsätze abgeleitet werden. Den Besonderheiten der natürlichen Sprachen muß man Rechnung tragen:

1. *Berücksichtigung der Komplexität*: Vorkommenshäufigkeit und Komplexität der Satztypen sind umgekehrt proportional zu einander: Einfache Sätze sind häufig, komplexe selten. Die Fähigkeit, komplexe Konstruktionen verarbeiten zu können, schließt (normalerweise) die Verarbeitung der einfachen Sätze ein.

2. *Repräsentativität in textlinguistischem Sinn*: TSS-en für Evaluierungsverfahren streben Repräsentativität für die Erfassung der grammatikalischen Phänomene der Sprache an, d.h. möglichst alle typischen Varianten müssen berücksichtigt werden.

3. Bei den Evaluierungsverfahren (und darunter speziell auch bei der Konstruktion von Testsatzsammlungen für Evaluierungsverfahren) spielen auch *allgemeine software–technische Gesichtspunkte*, wie Wirtschaftlichkeit, Leistung/Aufwandverhältnis, Fehleranfälligkeit, Wartbarkeit, Benutzerfreundlichkeit u.ä. nicht-linguistisch und nicht spezifisch computerlinguistisch begründete Kriterien eine wichtige Rolle.

1.2 TSS-en für Grammatikentwicklung

Die TSS-en sind – wie gesagt – in Grammatikentwicklung Steuerungs- und Kontrollinstrumente, und sie ermöglichen die Dokumentation des grammatikalischen Systems. Um diesen Aufgaben gerecht zu werden, werden an die TSS-en besondere Anforderungen gestellt:

1. *Inkrementatibilität*: TSS-en sollen erweiterbar sein, d.h. sowohl die Menge der Testsätze, als auch das System der Annotationen sollen erweiterbar sein.

2. *Kontrolliertes Vokabular*: Um den lexikalischen Aufwand zu minimieren soll die TSS sich auf ein Basisvokabular stützen, das in der Lexikonkomponente des Systems garantiert vorhanden ist.

3. Um eine unparteiische Kontrollinstanz zu schaffen, ist es erstrebenswert, Grammatik und TSS unabhängig zu konstruieren. Da sich Grammatik und die TSS auf dieselbe Sprache stützen, ist es verständlich, daß zwischen *Annotationen in der TSS und der Grammatik eine Konvergenz* zu beobachten ist.

Besonders kritisch ist die Erweiterbarkeit. Aus rein korpuslinguistischer Sicht mag eine feste maximale Testsatzmenge mit ebenfalls festen standardisierten Annotationen erstrebenswert sein. Dies ist jedoch unbefriedigend aus linguistischer Sicht, denn es geht in der linguistischen Forschung eben um die Erschließung von bisher verborgener sprachlicher Regularitäten, deren Klassifizierung aus keiner Annotation abgelesen werden kann, oder in einer eventuell bereits vorliegenden Annotation falsch ist.

Solange die Korpuslinguistik davon ausgeht, daß sie auch für die linguistische Forschung die fertige *linguistische Annotation* liefern kann, kann der forschende Linguist mit den angebotenen Hilfsmitteln wenig anfangen. Erst wenn ein inkrementell konzipierter Annotationskode angeboten wird, wird es vorstellbar, daß die annotierten Korpora in der linguistischen Forschung benutzt werden.

Grammatik und das linguistische Annotationssystem sind auf den ersten Blick unabhängig von einander. Allerdings besteht zwischen Grammatik und *dem* linguistischen *Annotationssystem* doch ein Zusammenhang: Das Annotationssystem spiegelt eine Grammatik wieder. Dies gilt auch dann, wenn dies dem Autor des linguistischen Annotationssystems nicht bewußt ist, bzw. er dies nicht beabsichtigt.

2 Allgemeine Prinzipien für TSS-en

Testsatzsammlungen sind Artefakte, die konstruiert werden. Für ihre Kompilierung und Nutzung müssen verbindliche Leitlinien aufgestellt werden, sonst können sie nicht von zufälligen Satzkonglomeraten unterschieden werden und ihre Aufgabe erfüllen.

1. *Grammatizität*: Die Testsätze sind gewählt (konstruiert) um die grammatikalische Wohlgeformtheit zu exemplifizieren, die auch in der getesteten Grammatik reflektiert wird. Es genügt nicht, zu zeigen, daß korrekte Sätze richtig verarbeitet werden, es muß auch gezeigt werden, daß fehlerhafte Non-Sätze abgelehnt werden.

2. *Normalität*: Die Testsätze der Sammlung entsprechen den üblichen, hochsprachlichen[3], allgemein befolgten Sprachnormen in jeder Hinsicht, insbesondere in Rechtschreibung und Wortgebrauch. (Anomalien werden als solche markiert und von der Grammatik abgelehnt.)

3. *Systematizität*: betrifft sowohl die Sammlung als auch die Verwendung der Testsätze.

   (a) In eine TSS aufgenommen werden Repräsentaten für Satzklassen und nicht beliebige Instanzen. Mit Hilfe der *Annotation* sind die Testsätze unter sich geordnet.[4]

   (b) Getestet werden Testsatzreihen und nicht isolierte Sätze.

4. *Minimierung des Aufwandes* ist anwendungsbezogen und bedeutet: Mit minimalem Aufwand maximale *coverage* zu erreichen.

   (a) Für eine Menge von Instanzen, die mit denselben Merkmalen beschrieben werden, genügt ein einziger Testsatz.

   (b) Bei rekursiven Strukturen mit variabler Einbettungstiefe müssen die Grenzwerte und der Anschluß getestet werden.

5. TSS-en sollen *quantifizierbare Aussagen* über die relative Mächtigkeit der Grammatik und über den Sprachumfang ermöglichen.

---

3 Im Prinzip wäre es möglich, auch für eine Mundart eine TSS zu entwickeln. In diesem Fall müßte man stets von den mundartlichen Normalformen ausgehen.

4 Vgl. Martin Volk (1994): "Einsatz einer Testsatzsammlung im Grammar Engineering", Dissertation Kapitel 5.

2.1 Testsatzreihen statt improvisierter Einzelfälle

Die Forderung nach systematischem Vorgehen beim Testen ist nicht spezifisch linguistisch, sondern eine generelle Anforderung des Software Engineering. Systematizität ist allerdings problematisch im Hinblick auf die *Grammatikentwicklung*: denn Systematizität bietet erst die Grammatik an, wenn man mit der Konstruktion fertig ist. Die *Entdeckung der Grammatik* ("discovery procedure") ist nicht formalisierbar und auch nicht systematisierbar. Bei der grammatikalischen Erfassung der Sätze kann man lediglich Transparenz anstreben, was weniger ist als umfassende Systemhaftigkeit.

Hingegen kann man bei der Evaluation eines Grammatikmodells systematisches Vorgehen verlangen.

1. Systematisch zusammengestellte Testsatzreihen können sicherstellen, daß die gesamte grammatikalische Leistung zur Verfügung steht und nicht nur disjunkte Teilmengen der Grammatik.

2. Testsatzreihen sind einander zugeordnet, sie setzen einander voraus. Die Ablehnung der *Non-Sätze* zu testen ist nur dann sinnvoll, wenn gleichzeitig auch bestätigt wird, daß die grammatikalisch wohlgeformten Sätze akzeptiert werden.

2.2 Die Gewinnung der Testsätze

Die Zusammenstellung einer TSS kann man prinzipiell in dreierlei Art vornehmen:

1. Man konstruiert die Sätze auf der Grundlage seiner eigenen (anfechtbaren, subjektiven) Kompetenz,

2. Man entnimmt die Testsätze aus einem bereits vorliegenden Korpus (z.B. Schriftum von Imanuel Kant u.ä.)

3. Oder aber stützt man sich *auf eine Grammatik*, die Sätze (Texte, die Sprache) beschreibt (z.B. die *Duden-Grammatik* oder Peter Eisenbergs *Grundriß* u.ä.). und extrahiert die dort bereits systematisch zusammengestellten, aber u.U. konstruierten Beispielsätze.

Wenn die Repräsentativität der Testsätze beachtet werden soll, muß angegeben werden 1. *aus welcher Menge* von natürlichsprachlichen Sätzen 2. *nach welchen Kriterien* 3. *welche spezifischen Sätze* gewählt werden.

Die Testsätze stehen stellvertretend für einen sprachlichen Konstruktionstyp. Man kann entsprechend eine Repräsentanzrelation definieren, die zwischen einem Testsatz und einer potentiellen Satzmenge mit bestimmten *Auswahlkriterien* gilt. Die Repräsentanzrelation kann auf Listen von Auswahlkriterien verallgemeinert werden.

Die Auswahlkriterien beziehen sich auf die Notation der Testsätze, sie reflektieren jedoch die Sprache wie sie sich in Texten oder in einer Grammatik manifestiert.

Wenn z.B. ein Satz mit Subjekt-Verb-Inversion bestimmt werden muß, steht die ganze Menge der potentiellen, invertierten Sätze zur Disposition. Welcher spezifische Satz für die TSS auswählt wird, ist an sich gleichgültig, muß jedoch technisch noch näher festgelegt und optimiert werden.

2.3 Häufigkeit und Komplexität

Häufigkeit und Komplexität stehen in Konflikt miteinander: die einfachen Strukturen, Sätze, Wörter, Phrasen usw. sind stets auch die häufigeren und umgekehrt, die komplexeren Strukturen kommen seltener vor.[5] Die Erkennung der einfachen Sätze (Konstruktionen) ist einfacher, während die komplexeren Sätze aufwendigere Verfahren benötigen. Die eigentliche linguistische Leistung kann erst von der korrekten Verarbeitung der komplexeren Sätzen entnommen werden. Daraus folgt:

1. Die Verarbeitung einfacher (simpler) Sätze hat absolute Priorität, weil hierdurch die große Masse der anfallenden Fälle abgedeckt wird.

2. Die Verarbeitung der einfachen Fälle allein kann nicht als Spitzenleistung angesehen werden, da die Verarbeitung der einfachen Sätze unproblematisch ist.

3. Nur eine geeignete Kombination von einfachen und komplexen Sätzen kann einen Einblick in die Leistung des Systems vermitteln.

In einem Evaluierungsverfahren ist es daher strategisch günstiger, von komplexen Testsätzen auszugehen und anzunehmen, daß die strukturell einfacheren Sätze damit implizit auch eingeschlossen werden, während in einer Grammatikentwicklung die Testsätze in der Reihe ihrer wachsenden Komplexität angesprochen werden.

3 Klassifizierung der Testsätze

Sowohl der *Evaluator* als auch der *Grammatograph* muß festhalten, wofür ein Testsatz eingeführt und getestet worden ist, und er muß, wenn sich die Notwendigkeit später nochmals ergibt, die kritische Satzmenge auch wiederfinden.

Angesichts der Komplexität der natürlichen Sprachen ist es klar, daß für diese Aufgabe eine einfache Durchnumerierung der Testsätze von 1,2,...n unzulänglich ist. Hierfür ist ein flexibles linguistisches Annotationssystem notwendig, das die Möglichkeit bietet, die *grammatikalische Differenzierung* in den Annotationen adäquat nachvollzuziehen. Ein gutes linguistisches Annotationssystem setzt eine gute Grammatik (grammatische Theorie) voraus. Eine gute Grammatik (grammatische Theorie) garantiert jedoch alleine noch nicht ein gutes linguistisches Annotationssystem.

Eine umfassende syntaktische Klassifizierung der Testsätze wird durch mehrere Umstände erschwert, insbesondere:

1. Durch den *Umfang* der Sprache (bzw. der Grammatik) selbst,

2. Durch die Notwendigkeit, daß neue Testsätze u.U. auch später eingeführt werden können: *Erweiterbarkeit*,

3. Dadurch, daß keine Klassifizierung durchgehend ist, überall muß man mit scheinbar *willkürlich verteilten Lücken* in der TSS fertig werden.

---

5 Dies ist eher eine psycholinguistisch orientierte Aussage, denn häufige und für die naiven Sprecher einfache (nicht-komplexe) Sätze (z.B. Ellipsen) können aus der Perspektive der Linguistik hochgradig komplex sein.

Die Forderung nach Erweiterbarkeit des linguistischen Annotationssystems ist dadurch begründet, daß keine von unseren bisherigen Grammatiken als vollständig angesehen werden kann. Größe der Grammatik garantiert die Vollständigkeit nicht. Angenommen, es liegt eine (große) Grammatik vor, von welcher angenommen werden kann, daß sie vollständig ist und wonach sich ein linguistisches Annotationssystem richten kann. Wenn eine Ungenauigkeit in der grammatikalischen Beschreibung entdeckt wird, entsteht das Bedürfnis der Revision der Grammatik und die Notwendigkeit der Erweiterung des linguistischen Annotationssystems.

Das Problem ist: wie können wir in einem solchen Fall die Zerstörung des ganzen linguistischen Annotationssystems vermeiden? Gesucht wird ein Verfahren, das uns ermöglicht, das bestehende System zu erhalten und die Klassifizierung der neu erschlossenen Strukturen zu integrieren. Der Weg der Erweiterbarkeit führt über die Modularisierung (Stratifikation) der TSS-en zu der inkrementellen Konzipierung der Annotationen.

4 Stratifikation und Erweiterbarkeit der Annotationen

Im morpho-syntaktischen Bereich müssen Testbeispiele in drei Klassen vorgesehen und entsprechend annotiert werden:

1. Testsätze für die *Wortformen*, um die morphologische Wohlgeformtheit (d.h. die Richtigkeit der einzelnen Wörter) zu testen,

2. Testsätze, um die verschiedenen *fundamentalen syntaktischen Konfigurationen* zu prüfen und

3. Testsätze für die Prüfung der Richtigkeit der lexikalischen *Valenzmuster* (klassenweise jeweils einen), wobei Valenz nicht allein auf die Verben bezogen zu verstehen ist.

In allen drei Bereichen müssen die minimalen Testsatzmengen bestimmt werden, sonst ist ein kontrolliertes, übersehbares Testverfahren im Sinne des Software-Engineering nicht zu verantworten.

Eine Möglichkeit, mit diesen Problemen fertig zu werden, ist die Benutzung eines *kontrollierten Vokabulars.* Das Vorgehen wird anhand der Verben exemplifiziert und bedarf der Ergänzung und Präzisierung für die anderen Wortarten.

Wortformen können offensichtlich auch autonom in sich getestet werden. Über ein Wort kann man in Isolation entscheiden, ob es fehlerfrei ist, und wenn es der Fall ist, kann man über seinen Inhalt und darunter auch über seine morphologischen Dimensionen Aussagen machen, die auch von einem automatischen Verfahren erwartet werden können. Es ist durchaus möglich, daß die Vereindeutigung einer isolierten Wortform unvollkommen bleibt und die Lösung der Mehrdeutigkeit erst im Kontext erfolgt. Dementsprechend muß das Wort auf der morphologischen Ebene als ambig bzw. unterspezifiziert gekennzeichnet werden. Ich möchte jedoch hier die morphologischen Einzelheiten ausgrenzen und zu dem eigentlich problematischen Syntaxbereich übergehen.

Komplikationen ergeben sich in erhöhtem Maß im syntaktischen Bereich. Das Problem besteht in der Bewältigung der Kombinierbarkeit der Kategorien. Eine freie Kombinierbarkeit darf offensichtlich nicht erlaubt werden. Verneinung oder Passiv ist nicht mit allen anderen Strukturen kombinierbar und dies darf im Annotationssystem auch nicht vorgesehen werden.

Die Lösung wird in der Lexikalisierung gesucht: Von der Beobachtung ausgehend, daß sehr viele Konstruktionen (im Deutschen) lexikalisch verankert sind, läßt sich eine recht kleine Menge von syntaktisch autonomen Basiskonstruktionen bestimmen, die lexikalisch neutral sind und mit allen lexikalischen Einheiten (der jeweiligen Wortklasse) kombiniert werden können, wobei für die linguistische Annotation die lexikalischen Klassenbezeichnungen herangezogen werden. So gesehen ist hier die Bestimmung der syntaktischen Basiskonstruktionen von hervorragender Bedeutung.

Die syntaktischen Basiskonstruktionen kehren in den Kombinationen mit den lexikalischen Klassen wieder, und entsprechend wird der Basiskode mit dem Kode der lexikalischen Klassen konkateniert. Es gibt 2^4 fundamentale syntaktische Satzmuster (siehe unten), die mit allen *Verbvalenztypen* (deren Anzahl in der Dimension von 10^2 bis 10^3 liegen) realisiert werden können. Die verschiedenen Valenztypen bedingen darüber hinaus typenspezifische Strukturen, die jedoch nicht überall möglich sind. Passiv ist nur bei transitiven Verben möglich, Infinitivsätze als Objekt treten nur bei einigen (wenigen) Verbtypen auf usw.. Dementsprechend gehört der Kode für Passiv bzw. Infinitivsatz zu dem Kode der betroffenen Verbtypen und nicht zu dem für alle Verbtypen gleich geltenden syntaktischen Basiskode. Im Folgenden handelt es sich um die Bestimmung dieses Basiskodes.

4.1 Bestimmung der syntaktischen Basiskonfigurationen

Unter einer syntaktischen Basiskonfiguration sind diejenigen Fälle zu verstehen, die nicht wortgebunden sind und daher praktisch mit allen Wörtern konstruiert werden können. Ein Satz *[Tom füttert die Tauben]* im Präsens Indikativ Aktiv ist offensichtlich ein solches Grundmuster. Ein zweites Beispiel ist der Satz mit der Subjekt-Verb-Inversion: *[Füttert Tom die Tauben]* oder die Variante mit der Verbendstellung: *[...Tom die Tauben füttert]*. Dahingegen gehört der Passivsatz nicht zu diesem Konfigurationstyp, da er an den Verbtyp transitiv gebunden ist, d.h. nicht immer bildbar ist, oder die Verneinung, weil sie mit Hilfe des Verneinungswortes, also mit Hilfe von lexikalischen Elementen (*nicht, kein, nein, weder* u.ä.) erfaßt werden kann.

Die folgenden vier fundamentalen syntaktischen Eigenschaften der Sätze müssen erfaßt werden:

1. *Verbendstellung* (im Nebensatz) und Verbzweitstellung (im Hauptsatz)[6]:

	Illustrative Beispiele	Relevante Sturktur
Nebensatz:	er ... liest	... V_{fin}#
	er ... gelesen hat	... $V_{x,2}$ V_{fin}#
0 x x x	er ... gelesen haben kann	... $V_{x,3}$ $V_{x,2}$ V_{fin}#
	es ... gelesen worden ist	... $V_{x,3}$ $V_{x,2}$ V_{fin}#
	es ... gelesen worden sein kann	...$V_{x,4}$ $V_{x,3}$ $V_{x,2}$ V_{fin}#
Hauptsatz	er hat ... gelesen	V_{fin} ...$V_{x,2}$
	er kann ... gelesen haben	V_{fin} ...$V_{x,3}$ $V_{x,2}$
1 x x x	es ist ... gelesen worden	V_{fin} ...$V_{x,3}$ $V_{x,2}$

2. *Anzahl der Verben im Verbkomplex*: einfaches, eingliedriges Verb und andererseits ein mehrgliedriges Verb. Die Anzahl der Hilfs- und Modalverben im Verbkomplex ist

6 In den folgenden stehen V_{fin} für den finiten Teil des Verbs, $V_{x,2}$, $V_{x,3}$ und $V_{x,4}$ für die infiniten Teile, sonst werden die linguistisch üblichen Abkürzungen verwendet.

maximal 4. Die Verbteile bei mehrgliedrigen Verben stehen am Satzende in Nebensätzen bereits in der richtigen Reihenfolge. Alle andere Positionierungen des Verb bzw. der Teile des Verbkomplexes sind falsch.

	Illustrative Beispiele	Relevanzsturktur
eingliedrig	er ... liest	V_{fin}
	er liest ...	V_{fin}
	liest er ...	V_{fin}
x 0 x x	den er ... liest	V_{fin}
mehrgliedrig	er hat ... gelesen	V_{fin} ...$V_{x,2}$
	kann er ... gelesen haben	V_{fin} ...$V_{x,3}$ $V_{x,2}$
	daß es ... gelesen worden ist	V_{fin} ...$V_{x,3}$ $V_{x,2}$
x 1 x x	es kann ... gelesen worden sein	V_{fin} ...$V_{x,4}$ $V_{x,3}$ $V_{x,2}$

3. Neutrale Wortstellung (ohne NP/PP/Adv-Voranstellung) und *mit NP/PP/Adv-Voranstellung*:

Die neutrale Folge der Ergänzugen ist im Deutschen die Subjekt-Objekt-Folge, d.h. die Subjekt-NP steht kanonisch an der ersten Stelle in der Liste der nominalen Ergänzungen. NP/PP/Adv-Voranstellung bedeutet, daß eine Ergänzung vorangestellt, die nicht Subjekt ist[7].

	Illustrative Beispiele	Relevanzsturktur
Keine	er ... liest	# $NP_{Subjekt}$ ... V_{fin} #
Voranstellung	er hat ... gelesen	# $NP_{Subjekt}$ V_{fin} ...$V_{x,2}$ #
x x 0 x	kann er ... gelesen haben	# V_{fin} ...$V_{x,3}$ $V_{x,2}$ #
Vorangestellte	den er ..liest	# NP $NP_{Subjekt}$ ...V_{fin} #
NP, PP, Adv	den er ... gelesen hat	# NP $NP_{Subjekt}$ V_{fin} ...$V_{x,2}$ #
am Satzanfang	den er ... gelesen haben kann	# NP $NP_{Subjekt}$ V_{fin} ...$V_{x,3}$ $V_{x,2}$ #
	von dem es ... gelesen worden ist	# PP $NP_{Subjekt}$ V_{fin} ...$V_{x,3}$ $V_{x,2}$ #
	Jetzt hat er ... gelesen.	# Adv V_{fin} $NP_{Subjekt}$ ...$V_{x,2}$ #
x x 1 x	Jetzt kann er ... gelesen haben.	# Adv V_{fin} $NP_{Subjekt}$ ...$V_{x,3}$ $V_{x,2}$ #

4. Gerade Wortstellung und *Subjekt-Verb-Inversion*:

	Illustrative Beispiele	Relevanzstruktur
Subjekt-	er ... liest	# $NP_{Subjekt}$ ... V_{fin} #
Verb-Folge	er liest ...	# $NP_{Subjekt}$ V_{fin} ...
	er hat ... gelesen	# $NP_{Subjekt}$ V_{fin} ...$V_{x,2}$
x x x 0	er ... gelesen haben kann	... $V_{x,3}$ $V_{x,2}$ V_{fin} #
Verb-Subjekt-	liest er ...	V_{fin} $NP_{Subjekt}$ ...
Folge	kann er ... gelesen haben.	V_{fin} $NP_{Subjekt}$ ... $V_{x,3}$ $V_{x,2}$
x x x 1	Jetzt kann er ... gelesen haben.	... V_{fin} $NP_{Subjekt}$ ...$V_{x,3}$ $V_{x,2}$

NP- und PP-Voranstellung läßt die Grundmuster der Konstituentenfolge nicht unberührt: NP- (PP)Voranstellung löst Subjekt-Verb-Inversion aus: Inversion ist möglich, auch ohne Voranstellung:

7 Die Behandlung der Permutationsmöglichkeiten im Mittelfeld sowie die Problematik bei (emphatischen) Voranstellung des Subjektes werden hier zurückgestellt.

	keine NP/PP Voranstellung	mit NP/PP Voranstellung
gerade Wf	(1) Tom füttert die Tauben.	(2) ???Die Tauben Tom füttert.
Inversion	(3) Füttert Tom die Tauben.	(4) Die Tauben füttert Tom.

Sätze wie (2) sind umgangssprachlich (mit einem starken Druck auf die vorangestellte NP) eventuell möglich, aber sie gelten in der Schriftsprache als fehlerhaft: Dies gilt auch für mehrgliedrige Konstruktionen:

5. **Unser neues Pflegeversicherungsangebot wir präsentieren Ihnen heute.*

6. **Heute wir möchten Ihnen unser neues Pflegeversicherungsangebot präsentieren.*

7. **Ihnen wir können unser neues Pflegeversicherungsangebot präsentiert haben.*

gegenüber den invertierten (wie (4)), grammatikalisch korrekten Sätzen:

9. *Unser neues Pflegeversicherungsangebot präsentieren wir Ihnen heute.*

10. *Heute möchten wir Ihnen unser neues Pflegeversicherungsangebot präsentieren.*

11. *Ihnen können wir unser neues Pflegeversicherungsangebot präsentiert haben.*

Inversion (Subjekt-Verb-Inversion) kann nur bei Verbzweitstellung (also im Hauptsatz und nicht im Nebensatz) realisiert werden:

	Verbzweitstellung (in HSatz)	Verbendstellung (in NSatz)
gerade Wf	(11) Tom füttert die Tauben.	(12) ... Tom die Tauben füttert.
Inversion	(13) Füttert Tom die Tauben.	(14) ?

Weiterhin müssen in der Annotation auch die nominalen Konstituenten (NP, PP und Adv) in dem Kode kenntlich gemacht werden:

1. Die *Anzahl* der nominalen Konstituente Z_{NP} muß angegeben werden. Dies liegt in der Größenordnung von 1 bis max. 5. Eine NP/PP/Adv-Voranstellung kann nur dann wirksam werden, wenn $Z_{NP} \geq 2$ ist.

2. Die *Art* der nominalen Konstituente muß variierbar sein: NP (mit unterschiedlicher Komplexität), Pronomen, Personalpronomen, PP, Adverb usw.

4.2 Syntaktischer Basiskode

Hier folgt eine systematische Zusammenstellung der Annotation der möglichen syntaktischen Basiskonfigurationen.

N-Satz / H-Satz	Arity von VX	NP_Voranstellung	Inversion
Verbendstellung ...$V_{infinit}$: 0	1-gliedrig : 0	$NP_{Subjekt}$ ... ...: 0	$NP_{Subjekt}$ V_{finit} : 0
Verbzweitstellung NP $V_{infinit}$: 1	Mehrgliedrig : 1	NP V_{finit} $NP_{Subjekt}$... : 1	V_{finit} $NP_{Subjekt}$: 1

Der vierstellige Kode erlaubt die Erfassung von 16 Konfigurationen, die entweder richtig sind oder falsch. Beide Möglichkeiten stehen offen, und sie sind eindeutig vorausbestimmbar.

Der Basiskode ist so zusammengestellt, daß die 0-Werte darin die einfacheren Ausgangskonfigurationen (den unmarkierten Fall) kennzeichnen, aus welchen komplexere Formen abgeleitet werden können. Sie werden mit dem Wert 1 kodiert, insbesondere:

1. Es wird angenommen, daß die Verbendstellung "einfacher" ist als als die "Nicht-Verbendstellung".[8]

2. ein Element (d.h. ein einelementiges Verb) ist einfacher als eine Liste von Verben (Hilfsverben, Modalverben)

3. Keine NP-Voranstellung ist einfacher als NP-Voranstellung,

4. Keine Subjekt-Verb-Inversion ist einfacher als die Inversion.

Die Illustration des sytaktischen Basiskodes erfolgt mit einem Satz mit drei nominalen Konstituenten: Subjekt-Phrase, Objekt-Phrase und Zeitbestimmungsphrase. Wenn die Konfiguration einfacher ist (d.h. wenn die Zeitbestimmung fehlen würde), könnte man nicht immer eindeutig entscheiden, ob es sich um Verbend- oder Verbzweitstellung handelt.

		Testsätze	*1*	*2*	*3*	*4*	
0	+	*daß er den Brief jetzt liest*	*0*	*0*	*0*	*0*	
1	-	—	*0*	*0*	*0*	*1*	
2	+	*den er jetzt liest*	*0*	*0*	*1*	*0*	
3	-	*den Brief/den liest er jetzt*	*0*	*0*	*1*	*1*	
4	+	*daß er den Brief jetzt gelesen hat*	*0*	*1*	*0*	*0*	
5	-	*daß hat er den Brief jetzt gelesen*	*0*	*1*	*0*	*1*	
6	±	*den Brief/den er jetzt gelesen hat*	*0*	*1*	*1*	*0*	
7	-	*daß den Brief hat er jetzt gelesen*	*0*	*1*	*1*	*1*	
8	+	*Er liest den Brief jetzt*	*1*	*0*	*0*	*0*	
9	+	*Liest er den Brief jetzt*	*1*	*0*	*0*	*1*	
10	-	*Den Brief er liest jetzt*	*1*	*0*	*1*	*0*	
11	+	*Den Brief liest er jetzt*	*1*	*0*	*1*	*1*	
12	+	*er hat den Brief jetzt gelesen*	*1*	*1*	*0*	*0*	
13	+	*Hat er den Brief jetzt gelesen*	*1*	*1*	*0*	*1*	
14	-	*Den Brief er hat jetzt gelesen*	*1*	*1*	*1*	*0*	
15	+	*Den Brief hat er jetzt gelesen*	*1*	*1*	*1*	*1*	

Der Basiskode bedeutet:

1	*Verbendstellung*	*0*	*Nicht-Verbendstellung*	*1*
2	*Eingliedriges Verb*	*0*	*Mehrgliedriges Verb*	*1*
3	*Vorangestellte SubjNP*	*0*	*Vorangestellte NichtSubjNP*	*1*
4	*Subjekt-Verb-Folge*	*0*	*Verb-Subjekt-Folge*	*1*

8 Diese Annahme kann auch in Rahmen eines Chomskyischen Transformationsmodell begründet werden. Sie bleibt jedoch ohne Folgen, sie dient lediglich der Vereinfachung der Notation.

Das Vorzeichen des Kodes (Spalte 2) besagt, ob der Testsatz korrekt ist oder als ungrammatikalisch beim Testen abgelehnt werden soll. Der eigentliche Syntaxkode setzt sich aus zwei Teilen zusammen: aus dem vierstelligen *Basiskode* (Spalten 4-7) und aus einem variabel langen worttypen- und wortspezifischen lexikalischen Kode[9].

Demnach bilden der Satz (bzw. Satztyp) *0000 ... er die Zeitung jetzt liest* und der Satz *1111 Die Zeitung hat er jetzt gelesen* die zwei Pole der Komplexitätsskala der Annotation.

Zwei Positionen bedürfen noch Erklärungen:

1. Kodemuster 0001 ist nicht realisierbar: Wenn das Verb am Satzende steht, kann es keine Verb-Subjekt-Inversion geben. Jedenfalls stellen die Realisierungen wie *Kommst Du?* als Kodemuster 1001 Verbzweitstellung dar, die bei Zufügen von Ergänzungen sichtbar wird: *Liest er den Brief*, also die Inversion erfolgt nicht am Satzende, sondern zwischen den ersten und zweiten Positionen: *Kommst Du _ _ ?* und nicht _ _ *kommst Du?*.

2. Der Wert von Kodemuster 0110 hängt von dem Einbettungstyp ab: Relativsätze sind korrekt (+): *Den Antrag, den er zu schnell vorgelesen hat, hatte er selber geschrieben*, während sonstige Nebensätze mit dieser Wortfolge *Wir bedauerten, daß den Antrag er zu schnell vorgelesen hat* falsch (-) sind.

4.3 Nutzung der Annotationen in Testsatzsammlungen

Die Annotation der Sätze in Testsatzsammlungen (=TSS) wird eingehend in der Dissertation von Martin Volk (1994) behandelt. Sein System "Die Konstruktion und Nutzung von TSS-en in der Entwicklung computergestützter Grammatiken" wird von Martin Volk in seiner Dissertation (1994) behandelt. In einer Grammatikentwicklung sind nicht nur *Grammatiken (Parser)* und *Lexikon* vorzusehen, sondern auch eine *Testsatzsammlung*, die die empirische Fundierung sichert. Volk bietet Werkzeuge für systematische und theoretisch fundierte Konstruktion von Testsatzsammlungen, insbesondere für ihren Einsatz in der Grammatikentwicklung.

Literatur

Bátori, I.S. und Volk, M. (1993): Das Verhältnis von natürlichsprachlichen Korpora zu systematischen Sammlungen konstruierter Texte. In: Winfried Lenders (Hg.): Proceedings des "Workshop repräsentatives Korpus der deutschen Sprache", Bonn, Oktober 1992

Chinchor, Nancy / Hirschmann Lynette and Lewis, David D. (1993): Evaluating Message Understanding Systems: An Analysis of the Third Message Understanding Conference (MUC-3) CL 19/3:409–450.

Volk, Martin (1994): Einsatz einer Testsatzsammlung im Grammar Engineering. Dissertation an der Universität Koblenz-Landau 1994 (unveröffentlicht)

— und Ridder, H. (1992): GTU — Eine Grammatik Testumgebung mit Testsatzarchiv, in: LDV-Forum 9 (1992) 1:34–37.

9 Ab Spalte 8. Der inkrementell konzipierte *Lexkode* enthält Angaben z.B. für die Relativsätze, die wortartenspezifisch sind und als solche eingeführt werden. Der Lexkode wird hier nicht näher erörtert.

Burghard Rieger

Fuzzy Modellierung

1 Die semiotische Dimension des Ansatzes

Alle Wissenschaften arbeiten mit Begriffen, die im Hinblick auf einige der Entitäten (Objekte, Eigenschaften, Prozesse, Sachverhalte, etc.), mit denen sie umgehen, als *Idealisierungen* gelten müssen. Objektwissenschaften — ebenso wie Metawissenschaften — stehen daher vor der Aufgabe, die von ihnen verwendeten Begriffe einerseits in Form von bestimmten Zeichen (Designatoren) einzuführen und andererseits zu bestimmen, was diese Zeichen jeweils bezeichnen (Designation). Das geschieht im Allgemeinen durch Angabe sog. fachsprachlicher Begriffs- oder Bedeutungsdefinitionen, die in Form von Regeln, Verfahren und/oder Operationen explizieren, wie welche Zeichen (und Zeichenaggregate) sich auf welche Designationen beziehen (lassen). Dabei ist es zweckmäßig, *Zuordnungsbeziehungen*, welche die Möglichkeiten festlegen, korrekte Zeichen-Zeichen-Verbindungen zu aggregieren (*Syntaktik*[1]), von den *Korrespondenzrelationen* zu unterscheiden, welche die Beziehungen zwischen Zeichen (und Zeichen-Aggregaten) einerseits und dem von diesen Bezeichneten andererseits regeln (*Semantik*). Innerhalb jeder Disziplin ergibt sich im Hinblick auf die Ausbildung ihrer jeweiligen Fachsprache eine quasi metawissenschaftliche Aufgabenstellung, der sich die Sprachwissenschaft im Hinblick auf die natürliche Sprache objektwissenschaftlich gegenüber sieht. Aus dieser doppelten Aufgabenstellung linguistischer Forschung ergibt sich die weit über die Linguistik hinausweisende Bedeutung ihrer Begriffs- und Kategorienbildung.

1.1 Überprüfbarkeit

Insbesondere für die empirischen Objektwissenschaften erweist sich, daß sie dem Anspruch der Überprüfbarkeit ihrer Aussagen nur in dem Maße zu genügen vermögen, wie sie die Klärung der *Zuordnungs-* und *Korrespondenzbeziehungen* für ihre fachwissenschaftlichen Notationssysteme haben vorantreiben können. Mit der möglichst eindeutigen Bestimmung und definitorischen Festlegung dieser Beziehungen ergibt sich eine Aufgabenstellung, die von der Linguistik angegangen wird. Was sich in allen wissenschaftlichen Disziplinen als eine wichtige Voraussetzung der Theorienkonstruktion und Modellüberprüfung erwiesen hat, kann daher als ein sehr grundlegendes Problem insofern gelten, als seine Lösung eine Bedingung dafür ist, daß Erfahrungen, die im Umgang mit der Welt gemacht werden, symbolisch dargestellt, über diese Darstellung vermittelt und aufgrund der diese Vermittlung regelnden Verstehensprozesse durch Nachvollzug auch überprüft werden können.

Im Hinblick auf diejenigen Prozesse, die das Verstehen natürlichsprachlicher Repräsentationen vermitteln, hat sich die Sprachwissenschaft und Linguistik engagiert und zum

---

1 Im Unterschied dazu sprechen wir von *Syntax*, wenn diese Zuordnungsbeziehungen in Form von Regeln, Produktionen, etc. selber wiederum in (formal-)sprachlichen Notationen repräsentiert werden.

Objekt ihrer wissenschaftlichen Untersuchungen gemacht, ohne deshalb eine metawissenschaftliche Disziplin zu begründen. Über die beschreibende Analyse und (re–)konstruktive Modellierung der sog. *Form–Funktion*– bzw. *Ausdruck–Inhalt*–Beziehungen haben insbesondere die computerlinguistischen Forschungen etwa zur *Syntax* der natürlichen Sprachen mit der Theorie der formalen Sprachen als auto-maten-theo-retischem Modell, in der *Semantik* der natürlichen Sprache mit (referenztheoretischen und bedeutungsstrukturalen) Repräsenationsformalismen oder auch in einem diese beiden einschließenden, empirisch wie theoretisch begründeten Gegenstandsbereich der *experimentellen Semiotik*[2] mit prozeduralen Modellen der Prozeßsimulation entscheidende Beiträge geliefert. Dabei wird bis heute mit Begriffen und Kategorien gearbeitet, deren Idealisierungen nicht die Konsequenz strikter Theorien– und Modellbildungen sind, sondern oft selber den Grund bilden für eine erschwerte bis unmögliche Hypothesenbildung, die strikte Überprüfung deswegen kaum zuläßt.

1.2 Notation

Solange eine umfassende Sprachtheorie fehlt, welche die formal erklärenden Terme (ihres *theoretischen* Teils) über wohldefinierte Meßoperationen (eines *Zuordnungsteils*) mit quantitativ numerischen Termen (ihres *empirischen* Teils) verbindet, ist es (noch) nicht möglich, linguistische Gesetzeshypothesen generell so zu formulieren, daß daraus beobachtbare Zusammenhänge deduktiv prognostiziert und in Form experimenteller Versuche auch getestet werden könnten. Zusammenhänge, die daher nur aufgrund bestimmter Beobachtungen und eher rudimentärer theoretischer Vorstellungen bestenfalls vermutet werden können, werden—in Ermangelung theoretischer Gesetzeshypothesen, aus denen sie ableitbar wären, und in Ermangelung auch einer damit bereitstehenden formalen Notation, welche sie zu repräsentieren erlaubte—deshalb nur als Zusammenhang von Beobachtungen mitteilbar sein oder als Resultat von Prozesse beschrieben werden können, die für das Zustandekommen dieser Beobachtungen vermutet werden.

Dabei zeigt sich leider, daß das Vermögen, mittels natürlichsprachlicher Zeichen und deren Aggregation *Bedeutungen* konstituieren zu können,[3] wissenschaftliche Aussagen insbesondere solcher Disziplinen zu überprüfen erschwert, deren Forschungsgegenstand "natürlichsprachliche Zeichenketten" bilden, deren Untersuchungsmethoden auf ein "analysierendes Segmentieren und Kategorisieren sprachlicher Strukturen" hinausläuft, und deren Erkenntnisinteresse dem "Erkennen und Verstehen dieser Strukturen und ihrer Funktionen" gilt.

Für die Formulierung diesbezüglicher Hypothesen, die als Behauptungen *vermuteter Zusammenhängen* ein überprüfbares Modell sollen bilden können, ist eine besondere Form ihrer Repräsentation Voraussetzung. Erst sie kann gewährleisten, daß zwischen denjenigen Bedingungen, die eher beim Zustandekommen der *Vermutung* beteiligt sind, und solchen Bedingungen, die eher für die Entstehung der *Zusammenhänge* maßgeblich sind, unterschieden wird. Natürlichsprachlich formulierte Hypothesen können diese Unterscheidung immer nur natürlichsprachlich explizieren, müssen sie daher dem individuellen Akt einer verstehenden Interpretation solcher Hypothesen überlassen, anstatt sie an Kalküle zu de-

---

2 Rieger 1995.

3 Obwohl an anderer Stelle (Rieger et al. 1993), S. 185ff als besondere Leistung und *semiotische* Dimension der natürlichen Sprache hervorgehoben, ist es gerade diese Eigenschaft, welche die Bedeutungen natürlichsprachlich formulierte Aussagen (bisher) ungeeignet sein läßt, etwa durch ein *formales* Verfahren, d.h. anders als durch ihr *inhaltliches* Verstehen, beurteilt zu werden.

legieren. Denn dazu wäre ihre Reformulierung in einer formalen Sprache notwendig, die diese Unterscheidung explizit macht und zu notieren erlaubt. Notationssysteme solcher Art sind daher eine wesentliche Voraussetzung umfassender wissenschaftlicher Theorienbildung.

1.3 Optimierung

Die geschichtliche Entwicklung der Wissenschaft in eine Vielzahl (mehr oder weniger) eigenständiger Disziplinen stellt sich als kontinuierlicher Prozeß primären Gewinnens, vermittelnden Darstellens, lernenden Erwerbs und überprüfenden Veränderns von neuen Erkenntnissen der an diesem Prozeß Beteiligten dar. Dieser durch kritisches Verstehen gekennzeichnete historische Prozeß kann seine optimierende Wirkung offenbar deswegen entfalten, weil die zeichenhaft–symbolische Repräsentation individueller Erkenntnisse sie aus der Gebundenheit an ihre Produzenten und Rezipienten (weitgehend) befreit und (durch zunehmend höhere Auflösungsvermögen der verwendeten Notationssysteme) in eine besondere Form (*Wissen*) überführt, welche die Intersubjektivität des Zugangs (*Verstehen*) wie der Überprüfbarkeit (*Kritik*) sichert. Dies leistet im wesentlichen eine von den Erkenntnisträgern abstrahierende Transformation, durch die die situative (Orts– und Zeit–)Gebundenheit aller Erkenntnis (die *Kontexte*) vereinheitlichend in Repräsentationen (die *Theorien*) überführt wird,[4] die zwischen den Ausgangsbedingungen (*Erkenntnisinteresse*), den Objekten (*Forschungsgegenstand*) und den Verfahren (*Untersuchungsmethoden*) zu unterscheiden und sie zu spezifizieren erlauben. Erst eine (auch notationelle) Differenzierung dieser Bestimmungsstücke von Erkenntnis läßt die (metawissenschaftliche) Präzisierung[5] ihrer wechselseitigen Abhängigkeiten zu und erlaubt die Festlegung von Kriterien der Überprüfbarkeit von Aussagen, die innerhalb so bestimmter Disziplinen als wissenschaftliche Hypothesen gelten können.

Übergreifend kann man daher die zureichende Bestimmtheit *syntaktischer Zuordnungen* und *semantischer Korrespondenzen* als Bedingung insbesondere solcher Prozesse verstehen, die durch standardisierte Zeichenverwendung eben diese Standards zu verändern vermögen.[6] Das ist freilich kein Selbstzweck, sondern Ergebnis und Voraussetzung kommunikativer Interaktionen zeichenverwendender, informationsverarbeitender Systeme mit dem Ziel, durch Veränderungen solcher Standards den variablen Umgebungsansprüchen effizienter genügen und unterschiedlichen Systembedürfnissen effektiver entsprechen zu können.[7] Zur Charakterisierung der Dynamik derart wechselseitig sich anpassender Veränderung, die nicht auf einem bloß kybernetischen Ausgleich vorgegebener *Soll-Ist*-Größen von im übrigen stabilen System- und Umgebungsstrukturen beruht, sondern selbst die Differenzierung systemtheoretisch so grundlegender Unterscheidungen wie zwischen *System* und seiner *Umgebung* als Resultat *emergenter* Strukturierungen durch *selbstorganisierende* Prozesse der Informationsverarbeitung deutet, bietet sich nach (Rie95) das *ökologische* Paradigma der Beschreibung und Analyse an.

---

4 vgl. hierzu etwa die in Rieger 1989 vorgelegte semantische Vagheitstheorie mit ausgearbeitetem formalen und empirischem Teil sowie den beide spezifizierenden Zuordnungs– und Korrespondenz–Teilen.

5 vgl. hierzu schon Rieger 1972, Rieger 1979.

6 Rieger/Thiopoulous 1989.

7 Rieger 1991.

2 Das Defizit der Linguistik

Anders als in den mit *nicht-semiotischen* Forschungsgegenständen befaßten Objektwissenschaften (wie etwa der Experimentalphysik, Chemie, Biologie, etc.), aber auch anders als in den von *semiotisch-vermittelten* Forschungsgegenständen bestimmten Beobachtungswissenschaften (wie etwa Psychologie, Soziologie, Ethnologie, etc.) hat die Linguistik—wie durch ihren *semiotischen* Forschungsgegenstand 'Sprache' verführt—sich von bestimmenden Entwicklungen der modernen Wissenschaftstheorie seit Ende der 70er Jahre[8] nahezu unberührt gezeigt. Dabei scheint die traditionelle *langue–parole–langage*-Differenzierung DESAUSSUREs ebenso wie die nicht minder einflußreiche *competence-performance*-Unterscheidung CHOMSKYs eine ganze Klasse von Problemen nachhaltig überdeckt zu haben, die mit der Frage entstehen, wie denn eine überprüfbare, durch kontrollierte Verfahren wirksame, wechselseitige Vermittlung von formal–theoretischen Konstrukten einerseits und empirisch-deskriptiven Begriffen andererseits so gewährleistet werden kann, daß deren *Theorie*–geleitete, *methodische* Anwendung auf *empirische* Gegenstandsbereiche —durch experimentelle Erprobung hierzu abgeleiteter Modelle gesichert—zur kontinuierlichen Verbesserung dieser Vermittlungsleistung beizutragen vermag.

2.1 Zuordnung und Korrespondenz

Als ein möglicher Grund für die Leichtigkeit, mit der die auch in der Sprachwissenschaft anstehenden Probleme übersehen wurden, mag der folgende Umstand gelten: linguistische Kategorien und Konzepte—obwohl schon in der Vergangenheit als defizitär erkannt und auch bis heute aufgewiesen[9] —verdeckten den Mangel sprachwissenschaftlicher Begriffs- und Theorienbildung offenbar dadurch, daß sie ja meist jeweils einem der beiden für die linguistische Beschreibung des Phänomenbereichs *Sprache* unterschiedenen Untersuchungsgegenstände des Sprachvermögens (*Kompetenz*) oder des Sprachgebrauchs (*Performanz*) zugeordnet werden können.[10] Weitgehend übersehen wurde und wird dabei, daß auf den unteren *semiotischen* Beschreibungsebenen (Phonologie, Morphologie, IC–Syntax)—durch die klassisch strukturalen Verfahren der *Segmentierung* und der *Kategorisierung* vermittelt—noch eine (wenn auch schwache) operationale Klärung der fachterminologischen *Korrespondenzen* zwischen theoretischem Konstruktbegriff und empirische Beobachtungsbegriff methodisch etabliert wird, während dies auf den höheren Beschreibungsebenen (PS–Syntax, Semantik, Pragmatik) fast völlig fehlt. Für diese sind allerdings die *Zuordnungen* meist eingehender spezifiziert, welche die Bildung fachsprachlich korrekter Ausdrücke für den jeweiligen Untersuchungsbereich regeln.

Jedenfalls erweisen sich die weitgehend kompetenztheoretischen Modellierungen linguistischer Begriffe zunehmend als inadäquat und revisionsbedürftig angesichts der Probleme, welche die mit ihnen etablierten Kategorisierungen zur Charakterisierung performativer

---

8 vgl. etwa die bis dahin rege Diskussion zumindest in Deutschland um wissenschaftstheoretische Positionen der Sprachwissenschaft Linguistik Pilch/Richer 1970, Wunderlich 1976, Bergenholtz/Schaeder 1979 etc.

9 etwa Schnelle 1970, Labov 1973, Wunderlich 1976 aber etwa auch aus KI–Sicht Gehr 1989, Trost 1989.

10 So etwa theoretische Begriffe (wie *Phonem, Morphem, Wort, Substantiv und Verb* etc.) zur Bezeichnung abstrakter Konzepte der *langue/competence* und eher empirische Begriffe (wie etwa *Laut, Intonation, Phon, Morph, Äußerung* etc.) zur Bezeichnung beobachtbarer Realisationen der *parole/perfomance*.

Sprachdaten aufwerfen. Regelbasierte Grammatikformalismen, symbolische Repräsentationen, monotone Logiken und deterministische Strukturmodelle diskreter Einheiten führen—trotz ihrer in formal-theoretisch ausgearbeiteten Notationssystemen geklärten *Zuordnungen*—vermehrt zu Randunschärfen, großen Variationsbreiten und vielfältigen Ambiguitäten bei dem Versuch, derartig konzipierten linguistischen Kategorien die beobachtbaren Erscheinungen sprachlicher Phänomene—auch ohne eine ausgearbeitete Systematik methodisch konstituierter *Korrespondenzen*— zu subsumieren.

2.2 Theorie und Empirie

Dieser Umstand erschiene kaum beunruhigend, wenn die Linguistik mit Hilfe ihrer bisherigen Kategorien zur Entwicklung anwendungsstarker Verfahren in der Lage gewesen wäre, was aber nicht der Fall ist. Gerade im Hinblick auf die heute verfügbaren, sehr großen natürlichsprachlichen Textkorpora (mit Sprachdaten in Umfängen von $\geq 10^7$ Wörtern) erweisen sich daher selbst diejenigen Modellbildungen als bestenfalls theoretisch motiviert, über die wir dank langjähriger computerlinguistischer Forschung verfügen. Empirisch testbar—und damit im Sinne wissenschaftlicher Hypothesenbildung überprüfbar—sind die Implementationen der bisher entwickelten Grammatikformalismen allerdings nicht, solange ihr Versagen bei Anwendung auf jeden nicht fragmentierend vor-eingeschränkten Ausschnitt performativer Sprachdaten als natürliche Konsequenz dieser (aus den unterschiedlichsten Gründen) für unangemessen gehaltenen Überprüfung erklärt wird.

So legt die Divergenz von der kategorialen Begriffswelt linguistischen Wissens mit der Welt der beobachteten Spracherscheinungen die Vermutung nahe, daß kompetenztheoretisch motivierte, mit kategorialen linguistischen Begriffen operierende Theorien- und Modellbildungen den Gegenstandsbereich *Sprachkenntnis* zwar (grob) strukturieren, den erfahrbaren Phänomenbereich performativer *Sprachrealität* aber nur sehr unvollkommen zu erfassen vermögen. Hierzu wäre eine empirische Komponente in der Theorien- und Modellbildung nötig, die bisher (weitgehend) fehlt.

Daß zur Überbrückung dieser Divergenz statistische Ansätze nur sehr bedingt einsetzbar sind, liegt in deren wahrscheinlichkeitstheoretischer Fundierung begründet. (Daten-)Schätz- und (Hypothesen-)Test-Verfahren setzen gleichermaßen die Kenntnis jener (theoretischen) Wahrscheinlichkeitsverteilungen von Zufallsvariablen voraus, als deren Realisierungen man die (empirischen) Häufigkeiten von Elementen deuten möchte, welche die traditionellen linguistischen Begriffs- und Kategorienbildung in Sprachkorpora zu identifizieren erlaubt. Beide Konzepte, Zufallsvariable und linguistische Einheit, sind aber möglicherweise—wie unten deutlich werden wird—zumindet zeichentheoretisch unangemessene Abstraktionen.

3 Die zeichentheoretische Revision

Warum sollte eine semiotische Perspektive gerade für die sprachwissenschaftlichen Disziplinen eine Chance eröffnen, das Wissen (über Sprache und die Welt) zu vertiefen und zu erweitern? Sicherlich nicht allein dadurch, daß sie phänomenal begegnende *Mannigfaltigkeit* der beobachtbaren Objektwelt wieder nur—quasi ARISTOTELISCH—unter dem Aspekt der diese Vielheit vereinheitlichenden *Ordnung* beschreibt und—quasi AUGUSTINISCH— unter (immer wieder neuen Begriffsbildungen von) Typen, Klassen und Kategorien subsumiert. Ebensowenig genügt es, Vielheiten aufgrund von Prinzipien ihrer Geordnetheit (von Einheiten über die Eigenschaften und Merkmale zu deren Beziehungen und Relationen) zu analysieren und in Form von *Strukturen* zu repräsentieren, für die eine in ihren *Zuordnungen* und *Korrespondenzen* wohldefinierte formale Zeichennotation gefunden werden kann. Mit *Semiotisierung*, wie sie in (Rieger 1989) entwickelt wurde, ist vielmehr ein Umorientierung gemeint, die über einen durch zeichenhafte Repräsentationen vermittelten Zusammenhang läuft, der—nach den Reduktionsformen *Ordnung* und *Struktur*—die übergreifende Kennzeichnung von Vielheiten durch Bestimmung und Angabe von *Prozessen* sieht, deren Besonderheit darin zu liegen scheint, daß sie in Form von *Prozeduren* repräsentiert werden können. Sie stellen eine neue Notationsform bereit, welche von der Zeitlichkeit von Prozessen zu abstrahieren erlaubt, und deren Simulation in experimentell kontrollierbaren Modelläufen eine neue, quasi-empirische Überprüfung ihres (möglichen) Erklärungswerts darstellt.

3.1 Zur Kritik der kognitiven Perspektive

Im Rahmen der *Kognitionswissenschaften*, deren Erkenntnisinteresse sich auf die Erweiterung der Kenntnisse über das *Wissen* (seine Formen, seine Strukturen, seines Erwerbs, seiner Anwendungen und seiner Realität im Denken) richtet,[11] wird unter sehr unterschiedlichen Wissenschaftsauffassungen und aufgrund der durch sie bestimmten Forschungsgegenstände und Untersuchungsmethoden an der theoretischen wie praktischen Entfaltung dessen gearbeitet, was unter *Kognition* zu verstehen ist.

Verbindlich scheint dabei ein prozessuales Verständnis von Kognition zu sein. *Kognitive Prozesse* können daher—im weiten Sinn: *systemtheoretisch*—als adaptive Leistung von informationsverarbeitenden Systemen verstanden werden, die ihre Umgebungen in jeweils dem Maße in strukturierte Repräsentationen zu überführen vermögen, wie dies ihre jeweils eigene Strukturiertheit erlaubt.

In den Kognitionswissenschaften heißen diese Prozesse *mentale*. Sie gelten als Bedingung dafür, daß *Ordnungen* und *Strukturen* nicht nur entstehen, sondern auch repräsentiert werden. Sofern es sich dabei um (nicht notwendigerweise auch zeichenhaft–symbolische) *Repräsentationen* von für das Zustandekommen von Erkenntnis notwendigen (Zwischen-)Resultaten handelt, wird angenommen, daß auch ihnen (andere) *Prozesse* zugeordnet sind, die einerseits das Enstehen solcher Repräsentationen, andererseits ihre Verarbeitung kontrollieren. Die *Semiotisierung* der kognitionswissenschaftlichen Sicht besteht nun—verkürzt gesagt—in der Suche nach solchen Prozessen (bzw. ihren prozeduralen Modellierungen), die durch die Verarbeitung von schon repräsentierten Einheiten (der einen Stufe) die Repräsentationen von Einheiten (einer anderen Stufe) erst schaffen.[12]

3.2 Zur kognitiven Linguistik

Die *kognitive Linguistik* geht in ihrer Modellbildung von formal konstruierbaren, *mentalen Repräsentationen* aus, welche die Bedingungen und die Möglichkeit *mentaler Prozesse* bilden. Einer aus der Sicht der theoretischen Linguistik motivierten Perspektive,[13] der sich die Fragen nach der Struktur und dem Erwerb von Sprachkenntnis (als *Wissen*)

11 vgl. Johnson–Laird/Wason 1977.

12 Die in dieser Sprechweise suggerierte Abfolge primärer *vor* sekundären Repräsentationen ist der Prozeduralität dieses Phänomens eigentlich unangemessen; die Unterscheidung sowohl der Repräsentationsebenen als auch ihrer zeitlichen Relation sind Kennzeichen der re-konstruktiven Modellierungen der Prozesse, nicht der diesen zugrundeliegenden Prozedur, die von beidem zu abstrahieren erlaubt.

13 vgl. etwa Chomsky 1988, Lecture 1 (S.1–34), wo diese entfaltet wird.

vor denen nach ihrer Anwendung und möglichen (materialen) Realisierung (als *Fertigkeit*) stellen, entsprechen die kognitiven Modellbildungen, welche vor allem die theoretischen Möglichkeiten und formalen Bedingungen des Sprachwissens zu klären suchen. Aufgrund der Prinzipien der *Berechenbarkeit*, *Algorithmisierbarkeit* und *Implementierbarkeit*[14] von Modellierungen dieser Prozesse wird dabei ein *semiotisches* Problem in der kognitiv-linguistischen Modellierung des Sprachwissens sichtbar, auf das Bierwisch (1988) erstmals hinweist. Es stellt sich aufgrund der postulierten Berechenbarkeit und Algorithmisierbarkeit von Sprachwissen als eine *strukturelle Inkongruenz* dar, die auf der Ebene formaltheoretischer Repräsentationen die Unterscheidung von berechenbaren sprachlichen Einheiten (Lexikon) und deren Verkettungsregeln (Grammatik) einerseits betrifft, welche andererseits der Unterscheidung von Gedächtnisstruktur (mentalem Lexikon) und Regelverarbeitung (den Parsern) auf der Ebene der algorithmisierbaren Prozeduren nicht genau entspricht.[15]

Gleichzeitig werden anstelle empirischer Kriterien der Überprüfbarkeit von Hypothesen und Theorien der kognitiven Linguistik—trotz ihrer dem realistischen Paradigma verpflichteten Wissenschaftsauffassung—im wesentlichen nur zwei (voneinander nicht unabhängige, zudem indirekte) Adäquatheitskriterien für die Beurteilung von Aussagen formuliert,[16] die eine intersubjektive Übereinstimmung in der Bewertung der ihnen zugrundeliegenden Hypothesen (*aufrechterhalten / verwerfen*) nur durch die Anerkenntnis ihrer theoretischen Prämissen, nicht durch ihren empirischen Gehalt anbieten können.

3.3 Zur kognitiven Sprachverarbeitung

Die *kognitive Sprachverarbeitung* konfrontiert die eher kompetenztheoretischen Modelle der kognitiven Linguistik mit der performativen Praxis der kommunikativen Produktion und Rezeption natürlichsprachlicher Texte,[17] zu deren Erklärung sie eine *ökologisch* orientierte Kognitionstheorie fordert. Der kognitiv-sprachverarbeitende Ansatz, der konsequenterweise die Bedingungen wissenschaftlicher Kommunikation und deren Modellpluralität einbezieht und als eine besondere, weil explizierte Form situierter Produktion und Rezeption von Zeichen- und Symbolaggregation zu analysieren und zu beschreiben unternimmt, vertritt—im ökologischen Paradigma seiner Wissenschaftsauffassung—eine dynamische Konzeption von Modellierung, deren Überprüfbarkeit weitgehend in der methodischen Realisierung kontextuell situierter *Prozeßsimulationen* begründet ist. Diese können

---

14 nach Marr 1982.

15 Diese Inkongruenz kann als *semiotisch* begründet deswegen gelten, weil sie besagt, "daß die Regeln und Prinzipien aus *G* [der *Grammatik*] auch den *Inhalt* von *ML* [dem *menaten Lexikon*] kontrollieren, daß der *Parser* aber [gerade] nicht allen Regeln und Prinzipien von *G* korrespondiert"(Bierwisch 1988, S.203 [meine Hervorh.]), also eine Algorithmisierungs- bzw. Berechenbarkeits-Lücke der Modellierungen benennt, welche Prozeduren betreffen, die sprachliche Inhalte und Funktionen möglicherweise nicht nur kontrollieren, sondern konstituieren.

16 *Lernbarkeit*: "eine Aussage über die mentale Repräsentation sprachlichen Wissens ist nur dann adäquat, wenn die entsprechende Repräsentation prinzipiell lernbar ist"; *Verarbeitbarkeit*: "eine vorgeschlagene Repräsentation muß insbesondere durch Prozessoren, etwa einen plausible Parser oder Formulator, verarbeitet werden können" (Felix et al. 1994, Einleitung). Damit wird aber *Adäquatheit* der Schnittmenge aller prinzipiell lernbaren Repräsentationen (unabhängig von ihrem Notationsformat) mit allen algorithmisch verarbeitbaren Repräsentationen (sofern es nur plausible Implementationen solcher Algorithmen gibt) zugesprochen, was die Frage der Auswahl, wonach bestimmten Modellen der Vorzug vor anderen zu geben wäre, nicht beantwortet, sondern nur auf das Kriterium der "Plausibilität" von "Parsern und Formulatoren" verschiebt.

17 vgl. Rickheit/Strohner 1993.

dabei als *semiotische* Erklärung für das Entstehen von Strukturen, Ordnungen und Vielheiten deswegen gelten, weil sie—unabhängig von allen übrigen Erklärungsparadigmen—einen durch Berechenbarkeit kontrollierbaren, durch Algorithmisierbarkeit modellierbaren und durch seine Prozeduralität vermittelten Zusammenhang herstellen zwischen Repräsentationen unterschiedlicher Ebenen.

Während das Prinzip der Berechenbarkeit (*computational level*) mögliche Formate, Einheiten und Operationen auf den Repräsentationen verschiedener Ebenen festzulegen erlaubt, sind aus der Menge ihrer möglichen Algorithmisierungen (*algorithmic level*) diejenigen semiotisch interessant, die durch Verarbeitung der Einheiten einer Repräsenationsebene Einheiten einer anderen Ebene erst konstituieren. Sie bilden offenbar eine Teilklasse der Algorithmen, die in Modellen symbolischer Repräsentationen von Einheiten und der regelbasierten (syntaktischen) Festlegung ihrer Konkatenationen gar nicht vorkommen, sondern überhaupt nur in Modellen mit verteilt repräsentierten Einheiten und nicht–syntaktischen Agglomerationen benötigt werden. Denn während die Regel–verarbeitenden Algorithmen in den symbolischen Modellen den Bereich der *Zuordnungen* abdecken, vermögen in den sub–symbolischen Modellen diese Algorithmen offenbar den Bereich der *Korrespondenzen* in dem Maße zu konstituieren, in dem sie Einheiten unterschiedlicher Repräsentationsebenen dadurch zueinander in Beziehung setzen, daß sie (mindestens) eine dieser Ebenen erst schaffen. Die Rede ist von *emergenten* Strukturen, welche bisher nicht–unterscheidbare Einheiten dadurch unterscheiden lassen, daß sie als Resultate von Prozeduren erscheinen, welche die Daten, auf denen sie operieren, verändern.

4 Unscharfe (*fuzzy*) Kategorien

Der Einsatz *quantitativer* Verfahren der Analyse und Beschreibung sprachlicher Elemente und deren beobachtbaren Vorkommens in sehr großen Textkorpora in Verbindung mit den *fuzzy–theoretischen* Möglichkeiten der Modellierung von elastischen Einheiten können dagegen ein durch numerische Spezifizierungen erhöhtes Auflösungsvermögen mit den größeren Toleranzen kombinieren, welche *weiche* Begriffe dadurch erlauben, daß sie Form (Umfang) und Funktion (Inhalt) über die gleiche Bestimmung kennzeichnen lassen.

4.1 Ansatz und Modellierung

Unscharfe (fuzzy) Kategorien heißen dabei solche abstrakten Zuordnungen, deren (leere) Strukturen ebenso wie deren mögliche Füllungen als Resultate von Prozessen erscheinen, die in Form von *Prozeduren* dargestellt werden können. Diese *prozedurale* Form erlaubt

- veränderliche strukturelle Zusammenhänge als *dynamisch* sich verändernde Resultate von Prozessen zu erklären, deren (repetetiver) Ablauf die (topologische) Struktur der Daten, auf denen sie operieren, verändert;

- diese Prozesse als Modell *kognitiver* Leistungen zu deuten, wodurch Elemente (und Elementverbindungen) einer Ebene Elementen einer anderen zugeordnet werden, die beide (Elemente wie Ebene) durch diese Zuordnung erst entstehen;

- diese Zuordnung als prozedurale Explikation einer *Bedeutungskonstitution* zu verstehen, insofern bisher verborgenen (*hidden*) und uninterpretierten Einheiten durch die Prozedur Funktionen zukommen.

Es scheint daher an der Zeit, traditionell-kategoriale Konstrukte und Begriffsbildungen der Linguistik zu überprüfen und gegebenenfalls als *weiche Kategorien* neu zu modellieren.

In diesem Zusammenhang werden in Trier eine Reihe verschiedener Untersuchungen durchgeführt, die in einem ersten Angang—ausgehend von den durchweg traditionellen Begriffsbildungen der strukturellen Linguistik—anhand extrem umfänglicher Datensätze sehr großer Textcorpora[18] und mittels strikter Operationalisierung von Ideen, Vorstellungen und Ansätzen des Distributionalimus nach Strukturzusammenhängen fanden, welche von nicht–quantitativen Ansätzen übersehen werden müssen. Anders als durch den Einsatz bloß numerischer Verfahren des Zählens und Messens brauchen prozedurale Modellierungen unscharfer (fuzzy) Einheiten dabei keine Kontrollstrukturen vorauszusetzen, sondern können Strukturierungsleistung selbst erbringen, wobei deren Resultate —als Zwischenrepräsentationen wie Filter abrufbar—zur optimierenden Kontrolle des modellierten Prozesses (rückkoppelnd) eingesetzt werden. Als Strukturen generierende Analysen tatsächlicher Sprachdaten, welche Konzepte und Techniken der *unscharfen* Modellierung nutzen, gehören diese Untersuchungen in den Bereich der empirisch, (re–)konstruktiv arbeitenden Computerlinguistik, die als *Fuzzy Linguistics* sich derzeit erst abzuzeichnen beginnt.

Ausgehend von der traditionellen Kategorie "Silbe" und unter Nutzung bisheriger phonetischer, phonemischer und morphophonematischer Begriffsbestimmungen und Theoriebildungen[19] als heuristische Hilfen bei der Suche nach solchen Regularitäten, die in schriftsprachlichen Daten wie dem Trierer *dpa*–Korpus vorliegen, konnte eine *dynamische* Kontrollstruktur entwickelt werden. Sie basiert auf der iterativen Agglomeration von Elementen (Buchstaben plus Leerzeichen), welche die syntagmatischen und paradigmatischen Restriktionen kombinatorisch möglicher (aber nicht realisierter) Verbindungen jener Einheiten zusammenzufassen erlaubt, aus denen Silben und Wörter im Deutschen gebildet werden (können).

4.2 Notationen und Definitionen

Zunächst einige notationelle und definitorische Vereinbarungen, die zum Verständnis der im Folgenden entwickelten und beschriebenen Schritte zur Entfaltung des Konzepts *weicher Kategorisierung* und seines formalen Aufbaus notwendig sind:

Als *n–Gramme* werden n–gliedrige Ketten benachbarter Entitäten bezeichnet. Bei $n \geq 2$ lassen sich

Bi–Gramme als geordnete Paare benachbarter Einheiten (Lettern, Graphen, Zeichenketten, Wortketten, etc.) erfassen, welche die Basis bilden, auf der

Abstraktionen über diesen Einheiten als *weiche* kategoriale Typisierungen (von Buchstaben, Graphemen, Morphemen, Silben, Wörtern, etc.) prozedural modellierbar sind. Sie können formal erklärt werden als *dispositionelle Dependenz–Strukturen (DDS)*[20]

18 Das Trierer *dpa*–Korpus umfaßt derzeit das Sprachmaterial von 357.275 Meldungen mit insgesamt rund 68 Mio Wörtern des sog. *Basisdienstes 1990/91*, welches der LDV/CL der Universität Trier dankenswerterweise zu Forschungszwecken von der Deutschen Presseagentur (*dpa*) Hamburg zur Verfügung gestellt wurde. Vgl. Rieger 1992, Galle 1993, Jakobs 1994.

19 In zwei Magisterarbeiten der LDV/CL in Trier (Oerder 1994 und Zubak 1994) wurden unterschiedliche Fragestellungen dieses Ansatzes bisher untersucht und anhand des Trierer *dpa*–Korpus überprüft, dem auch die unten vorgelegten Beispiele entstammen.

20 vgl. Rieger 1989, Kap.9, S.237–289.

von

fuzzy (Teil–)Mengen des jeweiligen Zeichen–Repertoires $\forall x_i \in G^n$; $i, j, k = 1, \ldots, m$ verschiedener Dimensionen $n \geq 1$

$$(1) \qquad \tilde{X} := \{(x_i, \mu_X(x_i))\} \subseteq G^n$$

die aufgrund $(n-1)$–stelliger

fuzzy Relationen definiert sind

$$(2) \qquad \tilde{X}_{(n-1)} \stackrel{\text{def}}{=} \tilde{R}_{(n-1)} \subseteq \underbrace{G \times \ldots \times G}_{n-\text{mal}}$$

Deren Elemente bestimmen sich über

Zugehörigkeitswerte , die ein numerische Ausdruck

$$(3) \qquad \mu_{\tilde{R}_{(n-1)}}(x_i) \; : \; \underbrace{G \times \ldots \times G}_{n-\text{mal}} \longrightarrow [0, 1]$$

der Übergangsneigungen aller linear verketteten Einheiten $x_{(n-1)_i}, x_{n_i} \in G^n$ sind, gemäß

$$(4) \qquad \mu_{\tilde{R}_{(n-1)}}(x_i) = \frac{H_n(x_i)}{H_{(n-1)}(x_i)}$$

wobei $H_n(x_i) = \sum x_i$ mit $x_i \in G^n$ und $H_{(n-1)}(x_i) = 1$ für $n < 2$

Zeilen– und *Spalten-Vektoren* der so erklärten Übergangsmatrizen

$$(5) \qquad \mathcal{R}_{(n-1)} = \begin{bmatrix} \mu_{\tilde{R}_{n-1}} 11 & \cdots & \mu_{\tilde{R}_{n-1}} 1m \\ \vdots & \ddots & \vdots \\ \mu_{\tilde{R}_{n-1}} m1 & \cdots & \mu_{\tilde{R}_{n-1}} mm \end{bmatrix}$$

lassen *weiche* Typisierungen $\tilde{R}^i_{(n-1)}$ dadurch definieren, daß

Restriktionen erklärt werden

$$(6) \qquad \tilde{R}^i_{(n-1)} = \tilde{R}_{(n-1)} \| x_i \stackrel{\text{def}}{=} \{\mu_{\tilde{R}_{(n-1)}}(x_i, x_j) \mid (x_i, x_j) \in \tilde{R}_{(n-1)} \wedge x_i \in G^{(n-2)}\}$$

welche die unscharfen Relationen $\tilde{R}_{(n-1)} \subseteq G^n$ auf jeweils ein Element x_i ihres Vorbereichs $G^{(n-1)}$ einschränken und so als Mengensystem unscharfer (Teil–)Mengen $[\tilde{R}^i_{(n-1)}] \in G^{(n-1)}$ etablieren.

α–Schnitte stellen sicher, daß auschließlich Bindungswerte erfaßt werden,

$$(7) \qquad {}^{\alpha}\tilde{R}^i_{(n-1)} \stackrel{\text{def}}{=} \{\tilde{R}^i_{(n-1)} \mid \mu_{\tilde{R}_{(n-1)}}(x_i) \geq \alpha\}$$

die über der durch α gesetzten (unteren) Schwelle liegen.

Normalisierung der unscharfen Mengen ${}^{\alpha}\tilde{R}^{i}_{(n-1)}$ sorgt schließlich dafür, daß

$$(8) \qquad \mu_{\tilde{R}^{i}_{(n-1)}} = \frac{\mu_{\tilde{R}_{(n-1)}}(x_i)}{\sup_{x \in G^{(n-1)}} \mu_{\tilde{R}_{(n-1)}}(x_i)} \; ; \; \forall x_i \in {}^{\alpha}\tilde{R}^{i}_{(n-1)} \subseteq G^n$$

diese *weichen Typisierungen* mindestens ein Element enthalten, das den (reflexiven) Bindungswert 1.0 annimmt. Auf diese Weise werden

weiche (fuzzy) Kategorien konstituiert, die als Systeme von *Fuzzy*–Mengen der beobachtbaren Verkettungs–Regularitäten definiert sind und aus der Bindungsneigung von Einheiten auf der jeweiligen Ebene *elastische Constraints* ableiten, welche ihre Systemstruktur bestimmen.

n-Gramme	$R = H(G^n)$ (real belegt)	$T = K(G^n)$ (theor. möglich)	$100 \cdot \frac{R}{T}$ Prozent	$F = G \cdot H(G^{n-1})$ (fakt. möglich)	$100 \cdot \frac{R}{F}$ Prozent
1	31	31	100,000	31	100,000
2	817	961	85,015	961	85,015
3	10.175	29.791	34,154	25.327	40,174
4	54.470	923.521	5,898	315.425	17,268
5	164.045	28.629.151	0,572	1.688.570	9,715
6	357.632	887.503.681	0,040	5.085.395	7,032
7	634.767	27.512.614.111	0.002	11.086.592	5,725
Teilkorpus–Umfang	:	3.648.326 Zeichen		502.587 Wörter	

Tabelle 1: Graphen–(Zeichen–)Kombinatorik und ihre (theoretisch und faktisch) möglichen, sowie real belegten *Types* von n-Grammen in einer Teilmenge der Daten des Trierer *dpa*–Korpus

4.3 Darstellung und Repräsentation

Die Darstellung der Entwicklung *weicher* Kategorien als *elastische Constraints* (verschiedener Ebenen) wird über deren formaler Darstellung als (mehrstellige) *fuzzy*–Relationen $\tilde{R}_{n-1}$ und den diesen entsprechenden numerischen Formaten in Übergangsmatrizen $\mathcal{R}_{(n-1)}$ erleichtert. Hierzu wird der Raum aller theoretisch möglichen Kombinationen mit $\tilde{R}_{(n-1)} \subseteq G^n$ nicht nur auf den Raum der real möglichen, sondern der faktisch auch realisierten Kombinationen ${}^{\alpha}\tilde{R}_{(n-1)} \subseteq {}^{\alpha}\tilde{R}_{(n-2)} \times G^n$ eingeschränkt, den die beobachteten Einheiten in den analysierten Texten des Korpus tatsächlich aufspannen. Die Umfänge der theoretisch und faktisch möglichen sowie real belegten Mengen unterschiedlicher Zeichenketten gleicher Längen (n–Gramm–*types*) im Trierer *dpa*–Korpus sind in Tab. 1 zusammengestellt.

So ergäben sich für schriftsprachliche Texte des Deutschen auf Buchstabenebene bei m unterschiedenen Zeichen (Graphen: Buchstaben plus Leerzeichen) und einer maximalen

Länge n der betrachteten Zeichenverkettungen $\forall x_i \in G^n$; $i,j,k = 1,\ldots,m = 31$ und $n = 1,\ldots,7$ zwar *theoretisch* die scharfen Relationen.[21]

$$\begin{array}{rll} Id = R_0 & := \{x_i\} \; ; & x_i \in G \\ R_1 & := \{(x_i, x_j)\} \; ; & (x_i, x_j) \in G \times G \\ R_2 & := \{(x_i, x_j, x_k)\} \; ; & (x_i, x_j, x_k) \in G \times G \times G \\ \vdots & \quad \vdots & \quad \vdots \\ R_{n-2} & := \{(x_1, \ldots, x_{m-1})\} \; ; & (x_1, \ldots, x_{m-1}) \in G^{(n-1)} \\ R_{n-1} & := \{(x_1, \ldots, x_m)\} \; ; & (x_1, \ldots, x_m) \in G^n \end{array}$$

Tatsächlich erfaßt werden müßten daraus aber nur die auch *praktisch* auf jeder der n Ebenen noch zu realisieren möglichen Zeichen-Kombinationen.[22]

$$\begin{array}{rll} Id = R_0 & := \{x_i\} \; ; & x_i \in G \\ R_1 & := \{(x_i, x_j)\} \; ; & (x_i, x_j) \in R_0 \times G \\ R_2 & := \{(x_i, x_j, x_k)\} \; ; & (x_i, x_j, x_k) \in R_1 \times G \\ \vdots & \quad \vdots & \quad \vdots \\ R_{n-2} & := \{(x_1, \ldots, x_{m-1})\} \; ; & (x_1, \ldots, x_{m-1}) \in R_{(n-3)} \times G \\ R_{n-1} & := \{(x_1, \ldots, x_m)\} \; ; & (x_1, \ldots, x_m) \in R_{(n-2)} \times G \end{array}$$

Die *unscharfe (fuzzy)* Modellierung gemäß (4) wird über die relativen Übergangs-Häufigkeiten erreicht, welche die *unscharfen* Relationen für jede der $n-1$ langen Ketten bestimmt. Dabei brauchen die Zugehörigkeitswerte gemäß (3) der betreffenden $n-1$-stelligen *fuzzy* Relationen $\tilde{R}_{(n-1)}$ durch α–Schnittbildung gemäß (7) und Normalisierung gemäß (8) eingeschränkt—nurmehr als *Bi–Gramme* erhoben und berechnet zu werden.

Durch die jeweiligen Restriktionen gemäß (6) kann darüberhinaus ausgenutzt werden, daß in den (jeweils höher–stelligen) *fuzzy* Relationen $\tilde{R}_{(n-1)} \subseteq G^n$ das jeweils erste Glied aller geordneten Paare, die Elemente dieser Relationen sind, aus einer (schon berechneten) *Agglomeration* von Elementen aus jeweils niedriger–stelligen Relationen $\tilde{R}_{(n-2)} \subseteq G^{(n-1)}$ besteht. Dieses nicht nur formale Prinzip der prozeduralen *Selbstähnlichkeit* von n Agglomerationsschritten erlaubt darüber hinaus, aufgrund der besonderen, nach (3) numerisch präzisierten Bindungsneigungen so konstituierter Einheiten die systematischen Strukturen unterscheidbarer Elemente auf der niedrigeren, $n-1$–ten Ebene mit den neuen Einheiten auf der nächst höheren, n–ten Ebene in Beziehung zu setzen und als *elastische Einschränkungen* bzw. *weiche* Typisierungen nicht nur zu modellieren, sondern auch so zu verarbeiten.[23]

$$\begin{array}{rll} Id = {}^{\alpha}\tilde{R}^i_0 & := \{\mu(x_i)\} \; ; & x_i \in G \\ {}^{\alpha}\tilde{R}^i_1 & := \{\mu(x_i, x_j)\} \; ; & \mu(x_i) \in {}^{\alpha}\tilde{R}^i_0 \times G \\ {}^{\alpha}\tilde{R}^i_2 & := \{\mu(x_i, x_j, x_k)\} \; ; & \mu(x_i, x_j) \in {}^{\alpha}\tilde{R}^i_1 \times G \\ {}^{\alpha}\tilde{R}^i_3 & := \{\mu(x_i, x_j, x_k)\} \; ; & \mu(x_i, x_j, x_k) \in {}^{\alpha}\tilde{R}^i_2 \times G \\ \vdots & \quad \vdots & \quad \vdots \\ {}^{\alpha}\tilde{R}^i_{n-2} & := \{\mu(x_1, \ldots, x_{m-1})\} \; ; & \mu(x_1, \ldots, x_{m-1}) \in {}^{\alpha}\tilde{R}^i_{n-3} \times G \\ {}^{\alpha}\tilde{R}^i_{n-1} & := \{\mu(x_1, \ldots, x_m)\} \; ; & \mu(x_1, \ldots, x_m) \in {}^{\alpha}\tilde{R}^i_{(n-2)} \times G \end{array}$$

21 vgl. die *theoretisch* möglichen Häufigkeiten unterschiedlicher n-Gramme in Tab.1, Spalte T.

22 vgl. die *faktisch* möglichen Häufigkeiten unterschiedlicher n–Gramme in Tab.1, Spalte F.

23 vgl. die real belegten Häufigkeiten unterschiedlicher n–Gramme in Tab.1, Spalte R.

Das führt zum Aufbau einer mengentheoretischen *Komposition unscharfer* Relationen oder dem *Produkt*

$$(9)\qquad \prod_{n=(n-1)}^{n} {}^{\alpha}\tilde{R}^{i}_{(n-1)} = \{{}^{\alpha}\tilde{R}^{i}_{(n-1)} \circ \{{}^{\alpha}\tilde{R}^{i}_{(n-2)} \circ \cdots \circ \{{}^{\alpha}\tilde{R}^{i}_{2} \circ \{{}^{\alpha}\tilde{R}^{i}_{1} \circ \{{}^{\alpha}\tilde{R}^{i}_{0}\}\}\}\}\}$$

das durch seine (über die Inklusionsbeziehung) agglomerierende Struktur (relativ elegant) algorithmisiert und (relativ effizient) implementiert werden kann.[24] Repräsentationen der *fuzzy Kategorien*, die die Struktur des *Produkts* (9) in Form von Baumgraphen darstellen, sind in den beiden Abbildungen 1 und 2 für die beiden Buchstaben D und Z vorgelegtr. Die Tiefenpfade der Bäume lassen (bei unterschiedlichen α–Schwellen) die differierenden Silben- bzw. Wortbildungs-Neigungen erkennen, die sich—zunächst nur für die hier dargestellte links–nach–rechts–Verkettung—ergeben.

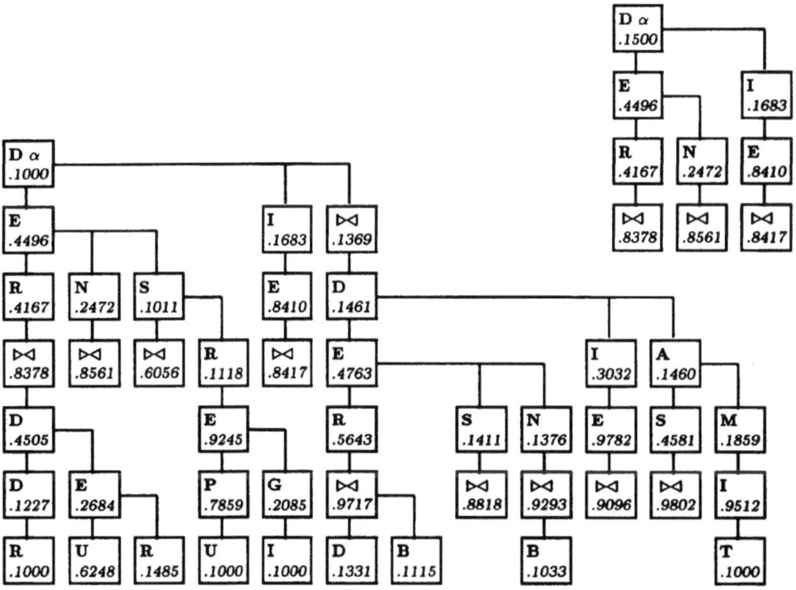

Abbildung 1: Hierarchien höchster Übergangsneigungen des Buchstabens D in Form allgemeiner Baumgraphen (*links:* mit α–Schnitt bei 0.1, *rechts:* mit α–Schnitt bei 0.15); die Ziffern geben die Zugehörigkeitswerte der betreffenden Buchstaben zu den jeweiligen *weichen* Typisierungen einer Agglomerationsstufe an.

24 Der in Oerder 1994 entwickelte und auf einer PCS-Cadmus Risc3000 unter UNIX in C implementierte Algorithmus setzt dabei das schon für die mengentheoretische Rekonstruktion bestimmende Prinzip der formalen *Selbstähnlichkeit* auch für die prozeduralen Verarbeitung vorteilhaft um und nutzt es gleichzeitig zur Generierung der Baumgraphen.

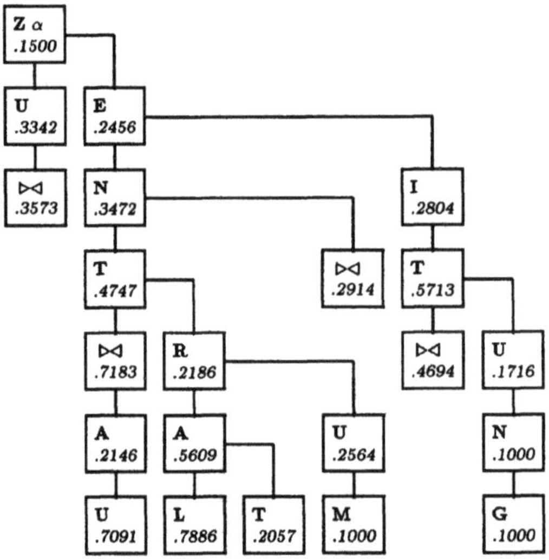

Abbildung 2: Hierarchien höchster Übergangsneigungen des Buchstaben Z in Form allgemeiner Baumgraphen (mit α–Schnitt bei 0.15); die Ziffern geben die Zugehörigkeitswerte der betreffenden Buchstaben zu den jeweiligen *weichen* Typisierungen einer Agglomerationsstufe an.

Literatur

Manfred Bierwisch (1988). "Auspizien einer kognitiven Orientierung der Computerlinguistik". In I.S. Batori, U. Hahn, M. Pinkal, W. Wahlster (Hrsg.), *Computerlinguistik und ihre theoretischen Grundlagen*, Berlin / Heidelberg / NewYork (Springer), S.198–203.

Henning Bergenholtz, Burkhard Schaeder (1979)(Hrsg.). *Empirische Textwissenschaft. Aufbau und Auswertung von Text–Corpora.* Königstein, Ts., (Scriptor) [Monographien Linguistik und Kommunikationswissenschaft 39]

Noam Chomsky (1988). *Language and Problems of Knowledge. The Managua Lectures.* Cambridge, MA / London, (MIT Press) [Current Studies in Linguistics 16].

Sascha W. Felix, Christopher Habel, Gert Rickheit (1994)(Hrsg.). *Kognitive Linguistik. Repräsentation und Prozesse.* Psycholinguistische Studien. Opladen, (Westdeutscher Verlag).

Mathias Galle (1993). "Methodische Grundlagen und formale Voraussetzungen der praktischen Auswertbarkeit sehr großer linguistischer Korpora." In Horst P. Pütz, Johannes Haller (Hrsg.), *Sprachtechnologie: Methoden, Werkzeuge, Perspektiven*, Hildesheim, (Georg Olms), S.246–262, [Sprache und Computer].

Manfred Gehrke (1989). "Begriffsdefinitionen und Referenzidentifikation definiter Beschreibungen". In Johannes Retti, Karl Leidlmair (Hrsg.), *5. Österreichische Artificial–Intelligence–Tagung*, Berlin / Heidelberg / NewYork, (Springer), S.270–277.

Oliver Jakobs (1994). Implementation eines Client–Server–Modells zum Zugriff auf Textcorpora innerhalb eines Rechner–Netzwerks. Technical Report (TR–01–1994), Linguistische Datenverarbeitung / Computerlinguistik, FB II: Universität Trier.

P.N. Johnson-Laird, P.C. Wason (1977)(Hrsg.). *Thinking. Readings in Cognitive Science.* Cambridge / London / NewYork, (Cambridge UP), [Open University Set Book].

Williams Labov (1973). "The boundaries of words and their meaning". In C.J. Bailey, R.W. Shuy (Hrsg.), *New Ways of Analyzing Variation in English*, Washington, (Georgetown U.P.), S.340–373.

David Marr (1982). *Vision.* San Francisco, (Freeman).

Beate Oerder (1994). Zum Problem linguistischer Kategorien: Untersuchungen der Silbenkonstitution im Deutschen und ihre unscharfe Modellierung. (Computerlinguistik Mag.), FB II: Universität Trier.

H. Pilch, H. Richer (1970)(Hrsg.). *Theorie und Empirie in der Sprachwissenschaft.* Basel / München / Paris, (Karger).

Gert Rickheit, Hans Strohner (1993). *Grundlagen der kognitiven Sprachverarbeitung.* Tübingen / Basel, (Francke), [UTB 1735].

Burghard Rieger, Petra Badry, Maria Reicherti (1993). "Bedeutungserwerb mit referentieller Kontrolle. Ein System experimentell überprüfbarer Bedeutungskonstitution". In Horst P. Pütz, Johannes Haller (Hrsg.), *Sprachtechnologie: Methoden, Werkzeuge, Perspektiven*, Hildesheim, (Georg Olms), S.185–245, [Sprache und Computer Bd.13].

— (1972). "Warum mengenorientierte Textwissenschaft? Zur Begründung der Statistik als Methode". *Zeitschr. für Literaturwiss. und Linguistik*, 2(8):11–28.

— (1979). "Repräsentativität: von der Unangemessenheit eines Begriffs zur Kennzeichnung eines Problems linguistischer Korpusbildung". In Henning Bergenholtz, Burkhard Schaeder (Hrsg.), *Empirische Textwissenschaft. Aufbau und Auswertung von Text-Corpora*, Königstein, Ts., (Scriptor), S.52–70, [Monographien Linguistik und Kommunikationswissenschaft 39].

— (1989). *Unscharfe Semantik. Die empirische Analyse, quantitative Beschreibung, formale Repräsentation und prozedurale Modellierung vager Wortbedeutungen in Texten.* Frankfurt a.Main / Bern / Paris, (Peter Lang).

— (1991). "Distributed Semantic Representation of Word Meanings". In Jörg D. Becker, I. Eisele, Friedhelm W. Mündemann (Hrsg.), *Parallelism, Learning, Evolution*, Berlin / Heidelberg / NewYork, (Springer), S.243–273.

— (1992). "Editorial". *LDV-Forum der Gesellschaft für Linguistische Datenverarbeitung*, 9(2):1–2.

— (1995). "Situationssemantik und Computerlinguistik unterwegs zur Informationsökologie". In Klaus Kornwachs (Hrsg.), *Der Informationsbegriff aus Interdisziplinärer Sicht*, Berlin / Heidelberg / New York, (Springer), [in Vorbtg.].

—, Constantin Thiopoulos (1989). "Situations, Topoi, and Dispoditions — On the phenomenological modelling of meaning". In Johannes Retti, Karl Leidlmair (Hrsg.), *5. Österreichische Artificial-Intelligence–Tagung*, Berlin / Heidelberg / NewYork, (Springer), S.365–375.

Helmut Schnelle (1970). "Theorie und Empirie in der Sprachwissenschaft". In H. Pilch, H. Richter (Hrsg.), *Theorie und Empirie in der Sprachforschung*, Basel / München / Paris, (Karger), S.51–65.

Harald Trost (1989). "Begriffsbildung im Bereich Natürlichsprachlicher Systeme". In Johannes Retti, Karl Leidlmair (Hrsg.), *5.Österreichische Artificial-Intelligence–Tagung*, Berlin / Heidelberg / NewYork, (Springer), S.261–269.

Dieter Wunderlich (1976)(Hrsg.). *Wissenschaftstheorie der Linguistik.* Kronberg, Ts., (Athenäum).

Darja Zubak (1994). *Zwischen Graphemen und Silben: vom distributionellen Muster zur fuzzy Modellierung.* (Computerlinguistik Mag.), FB II: Universität Trier.

Eva Ejerhed

Design Principles for a Swedish Corpus Annotation System

1 Description of the Stockholm Umeå Corpus project (SUC)

The title of the project is: *Corpus based research on models for processing unrestricted Swedish text*, the project period: 1989/90–1993/94, and the funding agencies are: HSFR and NUTEK. The SUC project is part of the Swedish Language Technology program funded by these agencies, and it is a joint project between the Universities of Stockholm and Umeå. The project managers are Gunnel Källgren in Stockholm, and Eva Ejerhed in Umeå. The following is the summary of the SUC project objectives, as originally stated:

The goal of the project is to develop, test and compare several different models for the computational analysis of unrestricted Swedish text. The research is to be based on a Swedish corpus of at least 1 million words, in which each word has been tagged, i.e. annotated with **part of speech, inflectional form and lemma**. The corpus will contain texts from different genres, following the principles used in the Brown and LOB corpora.

The first stage of the project (Phase I) will be devoted to composition and collection of the corpus, construction of a system of annotation and implementation of lexical lookup according to that system, automatic lookup of the analyses of each word token, initial manual disambiguation between alternative analyses, and proof reading and correction of the material. The corpus will then (Phase II) begin to serve as a tool for research on methods of lexical and syntactic analysis that are: (1) probabilistic; (2) finitary, i.e. regular subsystems of context-free grammars and categorial grammars; and (3) combinations of (1) and (2).

The results of the research project will be of both theoretical and practical importance in the area of generic technologies for processing unrestricted natural language.

1.1 The background of the SUC project

The SUC project, for which planning was started in 1987 and 1988, came about for two reasons:

(i) There is no corpus of modern Swedish texts from different genres that has been linguistically annotated at the lexical level in a way permitting general purpose linguistic analysis and linguistic knowledge acquisition. The Frequency Dictionary of Modern Swedish (NFO) by Allén and others is based on a corpus of newspaper text only (Press-65), there is no linguistically annotated version of the whole corpus, and frequencies for the highest frequency items (function words) are extrapolated from samples of the corpus rather than based on observed frequencies in the whole corpus. Other corpora of Swedish have been linguistically annotated at word and sentence level to serve special research purposes of a sociolinguistic nature, e.g. the Lund projects Talsyntax and Skrivsyntax of the 70's.

(ii) The creation of a balanced, annotated corpus was judged to require a larger effort than could be mustered by a single research group, and a longer project duration than the usual 3 years. Eva Ejerhed and Gunnel Källgren with their respective research groups decided to start a joint project, combining their experience and interest in large scale surface parsing of Swedish, in order to create the desired corpus.

The goal with respect to the resulting Stockholm Umeå Corpus was divided at the start of the project into two subgoals: (1) an annotated **core corpus** of 1 M words consisting of text excerpts of fixed length (2000 words) from 15 different genres, and (2) a **supercorpus** consisting of the complete texts from which the core corpus is assembled. There were scientific and practical reasons for this decision. A prerequisite for studying the structure of written discourse is to have complete texts available, and not only fixed length excerpts. Another reason is that very large amounts of text are required for statistically based methods of text analysis. The practical reason was that since the SUC project was to collect a large variety of new texts, obtaining from intellectual property holders the right to later distribute these texts in electronic form for research purposes, and since this entails a huge amount of work, there was no reason to limit the target to a single corpus of 1 M words. However, the core corpus remains the primary goal.

During the first year of the project, 1989/90, it was also decided to revise the scheduling of the work outlined under Phases I and II to allow overlap, rather than strict sequencing. The main reason for this decision was that the large number of holders of copyright that had to be contacted for the collection of texts in order to obtain permission for later distribution of the corpus made it necessary to spread the collection over a longer time than envisaged in the original research proposal.

The Stockholm and Umeå groups have shared responsibility for the principles of composition of the corpus, and for the principles of its linguistic annotation scheme, both adopted by joint decisions. The two groups have shared 50–50 the work of manual tagging (contextual disambiguation between given alternative analyses of tokens), which will be concluded mid 1994. Work on automating this process fully, and on development of parsers has also gone on at both sites. The Stockholm group has had the primary responsibility for the collection of texts in electronic form and conversions to a normalized format, for obtaining permission from copyright holders to use the texts for research, for liaison with TEI, and for bibliographic description of the corpus. The Umeå group has had the primary responsibility for the construction, documentation and implementation of the SUC annotation scheme, for lexical lists and lexical lookup of corpus texts, for distribution, collection and post-processing of work, and for the development of annotation tools and corpus management tools.

1.2 Results of the SUC project

The results of the project consist of the Swedish language data acquired during 1990–1994, and the description and manual annotation of 1 M words from this data, and a bibliographic database with information about the sources of the texts.

In order to validate the SUC tagset for purposes of automatic tagging and parsing, a probabilistic tagger using the SUC tagset (including POS and inflectional information) has been developed in Umeå. This tagger agrees with manual annotation to 97% (Åström 1994). Also, a previous finite state parser for Swedish with feature handling capabilities

(SWEDISH-SYNTAX), developed in collaboration between K.W. Church and E. Ejerhed, has been adapted in 1994 to parse with SUC tags as input.

In the process of the work on the SUC corpus, annotation tools and corpus management tools suiting the needs of the project have also been developed in Umeå.

The SUC project has been a participant in TEI, receiving its guidelines as they have emerged and providing it with feedback on their application. It has also participated in the European Corpus Initiative (ECI), contributing a third of the SUC corpus (text ex. Appendix 1, and annotated text, ex. Appendix 3) to its first European corpus collection.

2 Construction of an annotation scheme

The methodological issues in achieving the main project objectives are briefly described below, beginning with the annotation scheme. The development of the linguistic annotation scheme for tagging words in the Stockholm Umeå Corpus has been based on these desiderata:

(i) the syntactic and morphological categories with which words are tagged should support automatic surface syntactic parsing;

(ii) the annotation scheme should support the accumulation of linguistically useful statistics from the tagged corpus, lexical frequencies F(word type|TAG) and contextual frequencies, bigrams F(TAGi|TAGj) and trigrams F(TAGi|TAGj,TAGk);

(iii) compatibility, as far as it is possible to achieve, with previous and ongoing work on dictionaries for large scale parsing of Swedish, as well as with traditional dictionaries for Swedish, and previous corpus based work on Swedish.

The methodological issue here is how to define lexical ambiguity and delimit it vis-à-vis syntactic ambiguity. This is a hard problem, for general reasons. To illustrate it with an example, the issue is whether to consider a word like "den" (it, the) to be lexically ambiguous between an analysis as a pronoun and an analysis as a determiner, or to consider the word to be lexically unambiguous and a pronoun in all of its occurrences. The example could be repeated for other function words and word classes. The choice to consider "den" lexically ambiguous and differently tagged when used as a pronoun and as a determiner is a choice that complicates tagging, but facilitates parsing. The choice to consider it lexically unambiguous facilitates tagging, but complicates parsing. In this and similar cases we have decided in the project to opt for lexical ambiguity, precisely because the tagging of the corpus is not to be the end result of the project. We also aim to develop a statistical parser.

A SUC tagset evolved through several cycles of testing 89/90, 90/91 and 91/92. The annotation scheme is documented in Ejerhed et al. (1992).

2.1 Implementation of lexical lookup according to that system

The methodological issue here is how to achieve compatibility with existing computational and other dictionaries of Swedish. A large coverage computational dictionary and morphological analyzer for Swedish, SWETWOL documented in Karlsson (1992), was made available for use in the SUC project at its start through collaboration with the University of Helsinki. Lexical lookup of corpus texts according to the SUC annotation scheme has evolved through several cycles of testing 91/92 and 92/93. It assigns to a word form all of its analyses according to a dictionary constant, and it is currently accomplished in two stages.

Stage one does lookup in the SWETWOL dictionary and a transduction of its analyses to SUC analyses. The conversion is not a simple one–to–one translation of each SWETWOL analysis of a word form into a SUC analysis. This is due to the fact that some analyses presented as distinct by SWETWOL should, according to the decisions made, be collapsed into a single SUC analysis (e.g. "känd" (known) should only have a single SUC–analysis as a past participle, and not two analyses as past participle or adjective). Also, SWETWOL collapses into a single analysis, two analyses that, according to the decisions made for SUC, and in keeping with the view of internal homography applied in Nusvensk Frekvensordbok (NFO), should be kept distinct (e.g. "hus" (house) should have two distinct SUC–analyses depending on whether a token of it in a text is singular or plural, and not one analysis with underspecified number).

Stage two replaces SWETWOL analyses of all function words and adverbs with SUC analyses of these items by direct lookup in a special dictionary constructed for the SUC project by Ejerhed. It was found necessary to construct a special dictionary, since the analyses of function words that we want to use in the project are not available in any current computational (or non–computational) dictionary.

2.2 Manual disambiguation between alternative SUC analyses provided by lexical lookup

This step is methodologically straightforward. Annotators mark one of the analyses provided (for ex. see Appendix 2), and there are special routines for recording cases of inadequacy of the analyses provided, and cases of uncertainty, which are then taken into account in a post–annotation pass. The results of post–annotation have been collected in Umeå and subjected to final post–processing.

2.3 Methods of lexical and syntactic analysis that are probabilistic and finitary

The methodological issue here is how to eliminate ambiguity automatically, whether to use probabilistic or rule based methods, and of what kind.The project group in Umeå has two aims which are both in accordance with the original research program.

One aim is to develop a statistically based program for assigning unique SUC–tags to words in unrestricted Swedish text, replicating for Swedish the part–of–speech tagger for English described in Church (1988). It is of considerable interest, for both theoretical and practical reasons, to find out for a language with richer inflection than English, in a controlled experiment in which a tag set with both part–of–speech and inflectional information is kept constant, what the contribution toward disambiguation is of lexical versus contextual probabilities, and what improvement is obtained by multiplying them.

Another aim is to develop a rule based, deterministic, finite state parser for Swedish operating on input consisting of text in which each word has a unique SUC–tag, and yielding as output partial surface structure parses. After manual correction of this output, it is to serve as training material for a statistically based parser, replicating for Swedish the work reported in Church (1988) and Ejerhed (1988). It is necessary to use the SUC tagset in parsing a portion of the core corpus in order to get feedback on the adequacy of the tagset for parsing purposes.

3 Description of the annotation system of the SUC project (version 4.3.1 Nov 1992)

The purpose of the system is the annotation of word tokens in Swedish texts with tags containing information about their **part of speech, inflectional form and lemma**. The description of the annotation system is intended for the use of persons tagging text manually, and as a specification of the output of the lexical lookup program that produces SUC–tags by transduction of SWETWOL analyses and lookup in a special lexicon of function words. The description defines the set of well–formed SUC–tags, version 4.3.1, and as such it also provides a basis for accumulating frequencies of observed analyses of word forms in text. After the development of statistical programs assigning unique SUC–tags to word tokens in text automatically, it will be used for verifying the correctness of tags so assigned.

3.1 Overview of the system of tags

In the following table, the Swedish full names of syntactic categories are listed in the left column, and the corresponding two letter abbreviations for the syntactic categories and three letter abbreviations for morphological feature values used in each category are listed on the right. The key to the abbreviations of morphological feature values is presented at the end of this section, along with English translations.

The closest equivalent in English, and abbreviations from the Penn Treebank tag set (Santorini 1990, 1991, Marcus and Santorini 1992) are given in parentheses below the syntactic categories. The SUC tag set is adjusted to the recommendations for grammatical annotation being considered in the Text Encoding Initiative (TEI AI1 W2, 1990), with respect to recurrent features and their values. With respect to the set of categories, there are some minor differences. In the SUC system, proper nouns, numerals, and participles constitute separate categories for reasons of inflectional morphology, and are not treated as subclasses of nouns, adjectives and verbs, respectively, as suggested in TEI AI1 W2.

The verbose version of a tag, ignoring the lemma part of it, is made up of a sequence of abbreviated category and inflectional information in a fixed order. One difference between version 4.3.1 and earlier versions is that within one and the same category, the number of specified inflectional properties is allowed to vary, where that is appropriate for subclasses within a category on grounds of inflectional morphology.

3.2 Categories defined as content words

Substantiv (Nomen) (Noun) (NN,NNS)	NN	UTR NEU	SIN PLU	IND DEF	NOM GEN SMS	
Egennamn (Proprium) (Proper noun) (NP)	PM	NOM GEN				
Adjektiv (Adjective) (JJ, JJR, JJS)	JJ	POS KOM SUV	UTR NEU MAS	SIN PLU	IND DEF	NOM GEN
Räkneord, grundtal (Cardinal number) (CD)	RG	NOM GEN				
Räkneord, ordningstal (Ordinal number) (-)	RO	NOM GEN				
Verb (Verb) (VBZ, VBP, VBD, VB)	VB	PRS PRT INF SUP IMP	AKT SFO			
Particip (Participle) (VBG, VBN)	PC	PRS PRF	UTR NEU MAS	SIN PLU	IND DEF	NOM GEN
Adverb (Adverb) (RB, RBR, RBS)	AB	POS KOM SUV				
Interjektion (Interjection) (UH)	IN					

3.3 Categories defined as function words

Adverb (not adjective derived)	AB				
Frågande/relativt adverb (WH-adverb) (WRB)	HA				
Determinerare (Determiner) (DT, PDT)	DT	UTR NEU MAS	SIN PLU	IND DEF	
Frågande/relativ determinerare (WH-determiner) (WDT)	HD	UTR NEU	SIN PLU	IND	
Possessiv (Possessive pronoun) (PP$)	PS	UTR NEU	SIN PLU	DEF	
Frågande/relativ possessiv (Possessive WH-pronoun) (WP$)	HS	DEF			
Pronomen (Personal and indefinite pronouns) (PP)	PN	UTR NEU	SIN PLU	IND DEF	SUB OBJ
Frågande/relativt pronomen (WH-pronoun) (WP)	HP	UTR NEU	SIN PLU	IND	
Subjunktion =underordnande konj (Subordinating conjunction) (IN)	SN				
Konjunktion = annan konjunktion (Conjunction) (CC)	KN				
Preposition (Preposition) (IN)	PP				
Infinitivmärke (Infinitival marker) (TO)	IE				

3.4 Morphological Features and Feature Values

Feature	Feature value code	Feature value (Sw)	Feature value (Eng)
Gender	UTR	Utrum	common
Gender	NEU	Neutrum	neutre
Gender	MAS	Maskulinum	masculine
Number	SIN	Singular	singular
Number	PLU	Plural	plural
Definiteness	IND	Indefinit	indefinite
Definiteness	DEF	Definit	definite
Case	NOM	Grundform	nominative
Case	GEN	Genitiv	genitive
Case	SMS	Sammansättning	compound
Verb Form	PRS	Presens	present
Verb Form	PRT	Preteritum	preterite
Verb Form	INF	Infinitiv	infinitive
Verb Form	SUP	Supinum	supinum
Verb Form	IMP	Imperativ	imperative
Mood	KON	Konjunktiv	subjunctive
Participle Form	PRF	Perfekt	perfect
Voice	AKT	Aktiv	active
Voice	SFO	S-form	s-form
Degree	POS	Positiv	positive
Degree	KOM	Komparativ	comparative
Degree	SUV	Superlativ	superlative
Pronoun Form	SUB	Subjektsform	subject
Pronoun Form	OBJ	Objektsform	object
Supplementary tags			
Utländskt ord	UO	foreign word	
Förkortning	AN	abbreviation	
Numerisk form	NR	numerical form	

3.5 Changes in tagset version 4.3.2

In the last version of the tagset, adopted in December 1993, it was decided that it would be very valuable to differentiate particles (PL) in verb particle constructions from adverbs (AB). The new tag PL was consequently added to the tag set, and the special lexical lists used in preparing the texts for annotation were revised, based on extensive analyses of concordances of potential particle words.

Exactly which form to use in a SUC–tag as the lemma form for each inflected part of speech was also decided at this time, based on a notion of a lemma (lexical base form) as a set of forms related by inflection. As a consequence of treating participles as a category of their own, distinct from verbs, the lemma form of inflected past participle forms is the form PC PRF UTR SIN IND NOM, e.g. *kastad* 'thrown', and not the infinitive VB INF AKT *kasta* 'throw'. Likewise, the lemma forms of present participles are forms ending in *-ande* or *-ende* 'ing'. Also, the lemmas of words derived by derivational morphology, e.g.

läsningen 'the reading' is the lemma form *läsning* 'reading' and not the lemma form *läsa* 'read'.

4 Outline of the space of options in designing annotation systems

There are several recurrent options involved in the task of designing an annotation system for a new language. These options need to be identified and discussed explicitly in terms of the consequences they have for the kind of linguistic knowledge that can be acquired from an annotated corpus. This is a first attempt to identify options with respect to

- part of speech information
- inflectional information, and
- lemma information

that is assigned to word tokens in corpora by linguistic annotation. The options all have to do with ambiguity. Of N word tokens in a corpus, how many tokens M belong to word types that are ambiguous in the sense of having two or more analyses? If we call the number M/N ambiguity rate, it is interesting to find that different authors have reported different ambiguity rates for the same language. For Swedish, Allén (1970) reports an ambiguity rate of 64.5% and Karlsson (1992) reports an ambiguity rate of 57.3%, for approximately the same N = 1 M. The difference is due to Karlsson using a single underspecified analysis in places where Allén uses several distinct, specified analyses. It is clear that claims about the ambiguity rate of any language cannot be accepted at face value. As in a lot of other cases where counting is involved, the numbers arrived at depend on how you count. It is also interesting to note that in recent and very interesting literature on lexical ambiguity and computational morphology, by Small, Cottrell and Tanenhaus (1988), Sproat (1992) and Ritchie, Russel, Black and Pulman (1992), as well as in literature on annotation schemes (Monachini & Östling (1992)), questions of this nature that need to addressed in constructing linguistic annotation schemes are not addressed. The question of what the number of distinct, linguistically motivated possible analyses of word types is, is becoming an important issue, as attention is being directed to disambiguation efforts, to statistical methods, and to the comparison of statistical and rule based methods of disambiguation.

4.1 What POS set?

How many distinct POS analyses and which POS analyses should be made available for a word type by lexical lookup?

Option 1: The set of POS is based only on criteria of inflectional morphology

Option 2: The set of POS is based both on

2.1 criteria of inflectional morphology and

2.2 criteria of syntactic structure

2.2.1: syntactic structure imposed only by function words

2.2.2: syntactic structure imposed both by
function words (functional heads) and
content words (lexical heads)

Option 1(Penn) **IN**	Option 2 (Brown) **CS vs IN**
he says that_IN it works	he says that_CS it works
he complains since_IN it works	he complains since_CS it works
he works as_IN a salesman	he works as_CS a salesman
he complains since_IN childhood	he complains since_IN childhood
he works in_IN a store	he works in_IN a store
he wins by_IN cheating	he wins by_IN cheating

Option 1 (SvAkadGr) **PN**	Option 2 (SUC) **PN vs DT**
den_PN passar_VB	den_PN passar_VB
'it fits'	
den_PN nyckeln_NN passar	den_DT nyckeln_NN passar_VB
'the/that key fits'	

Option 1(SvAkadGr) **PP**	Option 2(SUC) **PP vs PL**
han tog_VB med_PP skeden	han tog_VB med_PP skeden
'he took with the knife'	
han tog_VB med_PP skeden	han tog_VB med_PL skeden
'he brought the knife'	

Option 1(SvAkadGr) **JJ**	Option 2(SUC) **JJ vs AB**
ett_DT långsamt_JJ tal_NN	ett_DT långsamt_JJ tal_NN
'a slow speech'	
det_PN var_VB långsamt_JJ	det_PN var_VB långsamt_JJ
'it was slow'	
han_PN gick_VB långsamt_JJ	han_PN gick_VB långsamt_AB
'he walked slowly'	

4.2 What set of inflectional analyses?

How many distinct inflectional analyses and which inflectional analyses should be made available for a word type by lexical lookup? The decisions to make here concern the treatment of the neutralization of inflectional distinctions that often occurs in paradigms, illustrated below.

Word forms	Analyses	Word forms	Analyses
vin "wine"			
vin	NN NEU SIN IND NOM	viner	NN NEU PLU IND NOM
vins	NN NEU SIN IND GEN	viners	NN NEU PLU IND GEN
vinet	NN NEU SIN DEF NOM	vinerna	NN NEU PLU DEF NOM
vinets	NN NEU SIN DEF GEN	vinernas	NN NEU PLU DEF GEN
bord "table"			
bord	NN NEU SIN IND NOM	**bord**	NN NEU PLU IND NOM
bords	NN NEU SIN IND GEN	**bords**	NN NEU PLU IND GEN
bordet	NN NEU SIN DEF NOM	borden	NN NEU PLU DEF NOM
bordets	NN NEU SIN DEF GEN	bordens	NN NEU PLU DEF GEN

Option 1: a neutralized word form is treated as unambiguous, having a single analysis

1.1 using an unspecified value
("<bord>"
(NN NEU IND NOM))

1.2 using an underspecified value (SWETWOL option)
("<bord>"
(NN NEU SIN/PLU IND NOM))

Option 2: a neutralized word form is treated as ambiguous between

2.1 two analyses, assumed to be mutually exclusive and sufficient for analyzing all occurrences of the neutralized word form in context (SUC option)
("<bord>"
(NN NEU SIN IND NOM) where $SIN = SIN \wedge \neg PLU$
(NN NEU PLU IND NOM)) where $PLU = \neg SIN \wedge PLU$

2.2 three analyses, assumed to be mutually exclusive and sufficient for analyzing all occurences of the neutralized word form in context
("<bord>"
(NN NEU SIN IND NOM) where $SIN = SIN \wedge \neg PLU$
(NN NEU PLU IND NOM) where $PLU = \neg SIN \wedge PLU$
(NN NEU SIN/PLU IND NOM)) where $SIN/PLU = SIN \wedge PLU$

The reason for considering option 2.2, is that while many occurrences of 'bord' are unambiguous in context as illustrated by examples below (i) *ett bord* "a table", and (ii) *flera bord* "several tables", not all occurrences are unambiguous as illustrated by the example (iii) *hans bord* "his table/tables". When translating (iii) into a language that forces a choice of singular or plural to be made, a human accomplishes this task by relying on world knowledge and prior discourse context, because morphology and syntax provide no clue in this particular case.

For such cases, it would be convenient to have a term. I suggest residual underspecification, in analogy with the distinction between transient and residual structural ambiguity in parsing.

Annotation on option 2.2	Annotation on option 1.2
(i)	
("<ett>"	("<ett>"
(DT NEU SIN IND))	(DT NEU SIN IND))
("<bord>"	("<bord>"
(NN NEU SIN IND NOM))	(NN NEU SIN/PLU IND NOM))
(ii)	
("<flera>"	("<flera>"
(DT UTR/NEU PLU IND))	(DT UTR/NEU PLU IND))
("<bord>"	("<bord>"
(NN NEU PLU IND NOM))	(NN NEU SIN/PLU IND NOM))
(iii)	
("<hans>"	("<hans>"
(PS UTR/NEU SIN/PLU DEF))	(PS UTR/NEU SIN/PLU DEF))
("<bord>"	("<bord>"
(NN NEU SIN/PLU IND NOM))	(NN NEU SIN/PLU IND NOM))

Such residual underspecification of inflectional properties has to be reckoned with in designing an annotation system. Whether it exists is an empirical, rather than a logical issue. If all cases of neutralized inflectional forms are treated as unambiguous and un- or underspecified in all of their occurrences, according option 1, this has the obvious advantage of minimizing ambiguity, but the disadvantage of being uninformative, because there are many neutralized forms that really have fully specified values in context, values that we can be sure about and that we want the annotation to show. Consider the following case of neutralization between different inflectional forms of passive verbs in Swedish.

Vowel stems (Conjugation 1)		Consonant stems (Conjugation 2)	
kasta "throw"		köpa "buy"	
kastas 'is thrown'	VB PRS SFO	köps 'is bought'	VB PRS SFO
kastades 'was thrown'	VB PRT SFO	köptes 'was bought'	VB PRT SFO
kastas 'be thrown'	VB INF SFO	köpas 'be bought'	VB INF SFO
kastats 'been thrown'	VB SUP SFO	köpts 'been bought'	VB SUP SFO

If we decide to take option 1 and all occurrences of *kastas* in a corpus are annotated with a single analysis, either (VB SFO) according to 1.1 or (VB PRS/INF SFO) according to 1.2, then there will be no information on how many present tensed occurrences of *kastas* the corpus contains, as opposed to infinitival occurrences of *kastas*. The distinction between tensed forms and untensed forms of verbs plays an important role in parsing, as argued for in Ejerhed (1988, 1990a, 1990b, 1993), and this is information we want to have as a result of a corpus annotation effort.

A sanguine approach to the problem of underspecification would be to take option 1 anyway, on the assumption that automatic parsing subsequent to annotation would remove all cases of underspecification. Marcus & Santorini (1992) argue for this, based on the ability of Hindle's parser Fidditch to pick the right reading of underspecified forms in parsing. The problem is that we do not generally have parsers that would do this reliably on unrestricted text, and even Fidditch makes a fair number of mistakes. It is to construct such parsers that we do corpus annotation, and the problem of how to treat neutralized forms in a corpus should therefore not be deferred to some later processing stages, but should be addressed when an annotation system is constructed, and when making decisions about how many analyses lexical lookup should return for a given word type.

4.3 What lemmas?

Ambiguity with respect to lemma is not often considered in corpus linguistics based on English corpora, even though it exists, as in the case of:

(i) I see a tear in your coat.

(ii) I see a tear in your eye.

If the lemma of a word type is a part of its analysis in an annotation system, as in the SUC corpus, then the options are:

Option 1: the information on lemma does not identify a lemma uniquely

Option 2: the information on lemma identifies a lemma uniquely

To illustrate this option, consider the following two verb paradigms, and the question of what the analyses are of the coinciding infinitival forms *vara*, on the two options.

är 'is'	VB PRS AKT	varar 'lasts'	VB PRS AKT
var 'was'	VB PRT AKT	varade 'lasted'	VB PRT AKT
vara 'be'	VB INF AKT	**vara** 'last'	VB INF AKT
varit 'been'	VB SUP AKT	varat 'lasted'	VB SUP AKT
var 'be'	VB IMP AKT	vara 'last'	VB IMP AKT

Option 1		Option 2	
("<vara>“		("<vara>“	
	(VB INF AKT "vara")		(VB INF AKT "vara.v5")
	(VB INF AKT "vara"))		(VB INF AKT "vara.v1"))

For option 1, the two analyses of *vara* are undistinguishable, and a person annotating text does not know which one to choose. For option 2, the two analyses are distinguishable, the first being of the strong verb *vara* 'be', the second of the weak verb *vara* 'last'. The particular device used here to distinguish the lemmas is an indication of the paradigm class to which they belong. Option 2 is clearly preferable for several reasons, one being that it permits sorting on unique lemmas as well as on unique word types.

Another issue with respect to lemmatization arises for lexical items that can be inflected according to more than one paradigm without any accompanying change of sense, though possibly one of register or style, since the inflection in the left column as a strong verb is clearly older than the inflection in the right column as a weak verb:

tvingar 'forces'	VB PRS AKT	**tvingar** 'forces'	VB PRS AKT
tvang 'forced'	VB PRT AKT	tvingade 'forced'	VB PRT AKT
tvinga 'force'	VB INF AKT	**tvinga** 'force'	VB INF AKT
tvungit 'forced'	VB SUP AKT	tvingat 'forced'	VB SUP AKT
tvinga 'force'	VB IMP AKT	**tvinga** 'force'	VB IMP AKT

Option 2.1 using no underspecification in lemma membership
2.2 using underspecification in lemma membership

These options are illustrated in the analyses or analysis provided for present tense *tvingar*

(This word also happens to have an analysis as a plural of the noun *tving* 'clamp', not included here)

Option 2.1		Option 2.2	
("<tvingar>"		("<tvingar>"	
	(VB PRS AKT "tvinga.v5")		(VB PRS AKT "tvinga.v5/v1"))
	(VB PRS AKT "tvinga.v1"))		

5 Conclusion

There is a lot of further work to do on principles for the construction of tagsets (cf. the final report from NERC–1), as well as on ways to obtain correctly annotated corpora.

Throughout this paper I have assumed that corpus text to be annotated by human annotators is not passed to them directly, letting them enter tags from some predefined set, as was done when the content words of the Brown corpus were tagged, but it is first preprocessed by lookup in an electronic dictionary and morphological analyzer. The richer the inflectional morphology of a language is, the more important it is to let annotation be a task of selecting one of several possible analyses. The outline of the landscape of options that I have given is as much intended as a check list for those who are constructing morphological analyzers and electronic dictionaries for this purpose, as it is to those who are engaged in the design of annotation systems for languages other than English. In the case of the annotation and linguistic analysis of German text corpora, there are a number of similarities between German and Swedish in inflectional morphology, derivational morphology, compounding and syntactic structure that could be further explored in collaboration between German and Swedish research groups.

References

Allén, S., 1970, Nusvensk frekvensordbok baserad på tidningstext. 1. Graford, homografkomponenter, (Data Linguistica 1), Department of Computational Linguistics, University of Göteborg.

Allén, S., 1971, Nusvensk frekvensordbok baserad på tidningstext. 2. Lemman, (Data Linguistics 4), Department of Computational Linguistics, University of Göteborg.

Church, Kenneth W., 1988, A stochastic parts program and noun phrase parser for unrestricted text, Proceedings of the Second Conference on Applied Natural Language Processing, ACL, Austin, Texas, pp 136–143.

Ejerhed, Eva, 1988, Finding clauses in unrestricted text by finitary and stochastic methods, Proceedings of the Second Conference on Applied Natural Language Processing, ACL, Austin, Texas, pp 219–227.

Ejerhed, E., 1990a. A Swedish clause grammar and its implementation. In J. Pind & E. Rögnvaldsson (eds.), Papers from the Seventh Conference of Scandinavian Computational Linguistics, Institute of Lexicography & Institute of Linguistics, Reykjavík, pp 14–29.

Ejerhed, E., 1990b, On corpora and lexica. In Kristiina Jokinen & Jan–Ola Östman (eds), SKY 1990, The 1990 Yearbook of the Linguistic Association of Finland, Helsinki, pp 77–96.

Ejerhed, E., Källgren, G., Wennstedt, O., and Åström, M., 1992, The linguistic annotation system of the Stockholm–Umeå corpus project, Report 33, Reports from the Department of General Lingusitcs (DGL–UUM–R–33), University of Umeå, Umeå.

Ejerhed, E., 1993, Nouveaux courants en analyse syntaxique, t.a.l. (Traitement Automatique des Langues), Vol 34:1, pp 61–82.

Francis. W.N. & Kucera, H., 1982, Frequency analysis of English usage: Lexicon and grammar. Houghton Mifflin, Boston.

Karlsson, F., 1992, SWETWOL: A comprehensive morphological analyzer for Swedish, Nordic Journal of Linguistics, Vol 15, pp 1–45.

Marcus, M. & Santorini, B., 1992, Building very large natural language corpora: the Penn Treebank. In Report from the Pisa Corpus Workshop, January 24–26, 1992.

Monachini, M. & Östling, A., 1992, Corpus annotation schemes: A survey in view of standardization. (Report to the NERC project, Workpackage 8.4), Istituto di Linguistica Computazionale – CNR, Pisa. (ms)

NERC–1, Network of European Reference Corpora, Final Report, ILC–CNR Pisa, January 1994.

Ritchie, G., Russell, G. & Pulman, S., 1992, Computational morphology – Practical mechanisms for the English lexicon, The MIT Press, Cambridge, Massachusetts.

Santorini, B., 1990. Part–of–Speech Tagging Guidelines For The Penn Treebank Project. MS–CIS–90–47, University of Pennsylvania, Philadelphia. (Revised version March 15, 1991)

Small, S., Cottrell, G. & Tanenhaus, M., 1988, Lexical ambiguity resolution: Perspectives from psycholinguistics, neuropsychology and artificial intelligence, Morgan Kaufmann Publ, San Mateo, California.

Sproat, R., 1992, Morphology and computation, The MIT Press, Cambridge, Massachusetts.

Svenska Akademiens Grammatik (SAG), to appear.

TEI AI 1W2, 1991. List of Common Morphological Features For Inclusion in TEI Starter Set Of Grammatical-Annotation Tags.

Åström, M., 1994, A probabilistic tagger for Swedish, Paper presented at the Workshop Lexicon + Text: Reusable methods and resources for the linguistic analysis of German February 17 – 18, 1994, Schloss Hohentübingen.

Appendix I

Sample of SUC text prior to tokenizing, lexical lookup and annotation.

```
<<<aa01b>>>
@ 365000 deporterades
@
Av DN:s speciella
medarbetare
@
VILNIUS.
@ 1949 deporterades Ricardas Zukauskas
fr}n Litauen tillsammans med far, mor och
syster till Tasejevo, en
by mitt i Sibirien. D} var
han elva }r.
@ P} fredagen blev den litauiska
regeringens kommission
f|r ekonomisk uppg|relse klar
med sin v{rdering av detta
och liknande |vergrepp. Det {r
samma kommission som r{knar
ut Sovjets |vriga skulder
till republiken.
@ Om kommissionens f|rslag
godk{nns i parlamentet kommer
Litauen att kr{va 467
miljoner rubel i ers{ttning f|r
de m{nniskor som deporterats
till Sovjetunionen fr}n }r 1940.
@ - Det {r mycket som inte
g}r att r{kna i pengar, men p}
n}got s{tt ska de betala f|r vad
de har gjort, s{ger Ricardas, i
dag 52 }r gammal.
@ Enligt regeringskommissionen
har Ricardas 365000
olycksbr|der mellan }ren 1940
och 1954.
@
```

where

```
} = å, { = ä,  | = ö
```

and

```
] = Å, [ = Ä, \ = Ö
```

```
@ is paragraph delimiter
```

Appendix II

This sample shows the text after tokenizing and lexical lookup of alternative analyses of words. This is how text has been presented to annotators, who select one analysis for each word token in context. A literal, unidiomatic translation into English is provided after each token, for the purposes of this presentation.

```
("<<<<aa01b>>>>"        <1129>  )
("<365000>"     <1130>                  365000
E       ("365000" RG NOM))
("<deporterades>"       <1131>  were deported
E       ("deportera" VB PRT SFO)
        ("deportera" PC PRF UTR/NEU PLU IND/DEF GEN)
        ("deportera" PC PRF UTR/NEU SIN DEF GEN))
("<*av>"        <1132>                          By
E       ("av" PP)
        ("av" AB)
        ("av" PM NOM))
("<*d*n:s>"     <1133>                  DN's
        ("dn:s" PM NOM)
        ("dn:s" PM GEN)
E       ("dn" PM GEN)
        ("dn" AN))
("<speciella>"  <1134>          special
        ("speciell" JJ POS UTR/NEU PLU IND/DEF NOM)
E       ("speciell" JJ POS UTR/NEU SIN DEF NOM))
("<medarbetare>"        <1135>          coworker
E       ("medarbetare" NN UTR SIN IND NOM)
        ("medarbetare" NN UTR PLU IND NOM))
("<*v*i*l*n*i*u*s>"     <1136>  VILNIUS
E       ("vilnius" PM NOM)
        ("vilnius" PM GEN)
        ("vilniu" PM GEN))
("<$.>" <1137>  )
("<1949>"       <1138>                  1949
E       ("1949" RG NOM))
("<deporterades>"       <1139>  was deported
E       ("deportera" VB PRT SFO)
        ("deportera" PC PRF UTR/NEU PLU IND/DEF GEN)
        ("deportera" PC PRF UTR/NEU SIN DEF GEN))
("<*ricardas>"  <1140>          Ricardas
```

```
E       ("ricardas" PM NOM)
        ("ricardas" PM GEN)
        ("ricarda" PM GEN))
("<*zukauskas>" <1141>          Zukauskas
E       ("zukauskas" PM NOM)
        ("zukauskas" PM GEN)
        ("zukauska" PM GEN))
("<fr}n>"       <1142>                  from
E       ("fr}n" PP)
        ("fr}n" AB))
("<*litauen>"   <1143>          Lithuania
E       ("litauen" PM NOM))
("<tillsammans>"        <1144>          together
E       ("tillsammans" AB))
("<med>"        <1145>                          with
E       ("med" PP)
        ("med" AB)
        ("med" NN UTR SIN IND NOM))
("<far>"        <1146>                          father
E       ("far" NN UTR SIN IND NOM)
        ("fara" VB PRS AKT)
        ("fara" VB IMP AKT))
("<$,>" <1147>                          ,
("<mor>"        <1148>                          mother
E       ("mor" NN UTR SIN IND NOM))
("<och>"        <1149>                          and
E       ("och" KN))
("<syster>"     <1150>                  sister
E       ("syster" NN UTR SIN IND NOM))
("<till>"       <1151>                  to
E       ("till" PP)
        ("till" AB))
("<*tasejevo>"  <1152>          Tasejevo
E       ("tasejevo" PM NOM))
("<$,>" <1153>  )                       ,
("<en>" <1154>                          a
E       ("en" DT UTR SIN IND)
        ("en" RG UTR SIN IND NOM)
        ("en" PN UTR SIN IND SUB/OBJ)
        ("en" AB)
        ("en" NN UTR SIN IND NOM))
("<by>" <1155>                          village
E       ("by" NN UTR SIN IND NOM))
("<mitt>"       <1156>                  middle
        ("min" PS NEU SIN DEF)
        ("mitt" NN UTR SIN IND NOM)
E       ("mitt" AB))
```

```
("<i>"  <1157>                          in
E       ("i" PP)
        ("i" AB))
("<*sibirien>"  <1158>          Siberia
E       ("sibirien" PM NOM))
("<$.>" <1159>  )                       .
("<*d}>"        <1160>                          Then
E       ("d}" AB)
        ("d}" HA))
("<var>"        <1161>                          was
        ("var" HA)
        ("var" DT UTR SIN IND)
        ("var" NN NEU SIN IND NOM)
E       ("vara" VB PRT AKT)
        ("vara" VB IMP AKT))
("<han>"        <1162>                          he
E       ("han" PN UTR SIN DEF SUB))
("<elva>"       <1163>                  eleven
E       ("elva" RG NOM)
        ("elva" NN UTR SIN IND NOM))
("<}r>" <1164>                          years
        ("}r" NN NEU SIN IND NOM)
E       ("}r" NN NEU PLU IND NOM))
("<$.>" <1165>  )                       .
("<*p}>"        <1166>                          On
E       ("p}" PP)
        ("p}" AB))
("<fredagen>"   <1167>          Friday
E       ("fredag" NN UTR SIN DEF NOM))
("<blev>"       <1168>                  was
E("bli" VB PRT AKT))
("<den>"        <1169>                          the
E       ("den" DT UTR SIN DEF)
        ("den" PN UTR SIN DEF SUB/OBJ))
("<litauiska>"  <1170>          Lithuanian
        ("litauiska" NN UTR SIN IND NOM)
        ("litauisk" JJ POS UTR/NEU PLU IND/DEF NOM)
E       ("litauisk" JJ POS UTR/NEU SIN DEF NOM))
("<regeringens>"        <1171>          government's
E       ("regering" NN UTR SIN DEF GEN)
        ("regera" NN UTR SIN DEF GEN))
("<kommission>" <1172>          commission
E       ("kommission" NN UTR SIN IND NOM))
("<f|r>"        <1173>                          for
E       ("f|r" PP)
        ("f|r" AB)
        ("f|r" SN)
```

```
        ("f|r" KN)
        ("f|r" NN UTR SIN IND NOM)
        ("f|r" VB PRS AKT)
        ("f|r" VB IMP AKT))
("<ekonomisk>"  <1174>          economic
E       ("ekonomisk" JJ POS UTR SIN IND NOM))
("<uppg|relse>" <1175>          compensation
E       ("uppg|relse" NN UTR SIN IND NOM))
("<klar>"       <1176>                  ready
E       ("klar" JJ POS UTR SIN IND NOM))
("<med>"        <1177>                          with
E       ("med" PP)
        ("med" AB)
        ("med" NN UTR SIN IND NOM))
("<sin>"        <1178>                          its
E       ("sin" PS UTR SIN DEF))
("<v{rdering>"  <1179>          evaluation
E       ("v{rdera" NN UTR SIN IND NOM))
("<av>" <1180>                          of
E       ("av" PP)
        ("av" AB))
("<detta>"      <1181>                  this
E       ("denna" DT NEU SIN DEF)
        ("detta" PN NEU SIN DEF SUB/OBJ))
("<och>"        <1182>                          and
E       ("och" KN))
("<liknande>"   <1183>          similar
E       ("liknande" PC PRS UTR/NEU SIN/PLU IND/DEF NOM)
        ("likna" NN NEU SIN IND NOM))
("<|vergrepp>"  <1184>          atrocities
        ("|vergrepp" NN NEU SIN IND NOM)
E       ("|vergrepp" NN NEU PLU IND NOM))
("<$.>" <1185>  )
```

Appendix III

Sample of SUC text annotated with unique analyses. 300 000 words annotated with a tagset of 194 tags were used as training material for the first version of Åström's probabilistic tagger.

```
("<<<<aa01b>>>>")
("<@>")
("<365000>"
         ("365000" RG NOM))
("<deporterades>"
         ("deportera" VB PRT SFO))
("<@>")
```

```
("<*av>"
        ("av" PP))
("<*d*n:s>"
        ("dn" PM GEN AN))
("<speciella>"
        ("speciell" JJ POS UTR/NEU SIN DEF NOM))
("<medarbetare>"
        ("medarbetare" NN UTR SIN IND NOM))
("<@>")
("<*v*i*l*n*i*u*s>"
        ("vilnius" PM NOM))
("<$.>")
("<@>")
("<1949>"
        ("1949" RG NOM))
("<deporterades>"
        ("deportera" VB PRT SFO))
("<*ricardas>"
        ("ricardas" PM NOM))
("<*zukauskas>"
        ("zukauskas" PM NOM))
("<fr}n>"
        ("fr}n" PP))
("<*litauen>"
        ("litauen" PM NOM))
("<tillsammans>"
        ("tillsammans" AB))
("<med>"
        ("med" PP))
("<far>"
        ("far" NN UTR SIN IND NOM))
("<$,>")
("<mor>"
        ("mor" NN UTR SIN IND NOM))
("<och>"
        ("och" KN))
("<syster>"
        ("syster" NN UTR SIN IND NOM))
("<till>"
        ("till" PP))
("<*tasejevo>"
        ("tasejevo" PM NOM))
("<$,>")
("<en>"
        ("en" DT UTR SIN IND))
("<by>"
        ("by" NN UTR SIN IND NOM))
```

```
("<mitt>"
        ("mitt" AB))
("<i>"
        ("i" PP))
("<*sibirien>"
        ("sibirien" PM NOM))
("<$.>")
("<*d}>"
        ("d}" AB))
("<var>"
        ("vara" VB PRT AKT))
("<han>"
        ("han" PN UTR SIN DEF SUB))
("<elva>"
        ("elva" RG NOM))
("<}r>"
        ("}r" NN NEU PLU IND NOM))
("<$.>")
("<@>")
("<*p}>"
        ("p}" PP))
("<fredagen>"
        ("fredag" NN UTR SIN DEF NOM))
("<blev>"
        ("bli" VB PRT AKT))
("<den>"
        ("den" DT UTR SIN DEF))
("<litauiska>"
        ("litauisk" JJ POS UTR/NEU SIN DEF NOM))
("<regeringens>"
        ("regering" NN UTR SIN DEF GEN))
("<kommission>"
        ("kommission" NN UTR SIN IND NOM))
("<f|r>"
        ("f|r" PP))
("<ekonomisk>"
        ("ekonomisk" JJ POS UTR SIN IND NOM))
("<uppg|relse>"
        ("uppg|relse" NN UTR SIN IND NOM))
("<klar>"
        ("klar" JJ POS UTR SIN IND NOM))
("<med>"
        ("med" PP))
("<sin>"
        ("sin" PS UTR SIN DEF))
("<v{rdering>"
        ("v{rdering" NN UTR SIN IND NOM))
```

```
("<av>"
        ("av" PP))
("<detta>"
        ("denna" DT NEU SIN DEF))
("<och>"
        ("och" KN))
("<liknande>"
        ("liknande" PC PRS UTR/NEU SIN/PLU IND/DEF NOM))
("<|vergrepp>"
        ("|vergrepp" NN NEU PLU IND NOM))
("<$.>")
```

Christine Thielen & Anne Schiller

Ein kleines und erweitertes Tagset fürs Deutsche

1 Einleitung

Die Bereitstellung großer, linguistisch annotierter (getaggter) Textkorpora ist eine wichtige Voraussetzung für verschiedene computerlinguistische Anwendungen (maschinelle Übersetzung, Textgenerierung, Inhaltsanalyse u.a.), wenn diese Anwendungen über domänenabhängige "Spielsysteme" hinausgehen sollen.

Bei der Größe heute verfügbarer Textkorpora (mehrere Millionen Wörter) ist die manuelle linguistische Annotierung kaum praktikabel. Es müssen deshalb zunehmend Verfahren entwickelt werden, die eine linguistische Annotierung automatisch durchführen oder zumindest unterstützen.

Eine grundlegende linguistische Annotierung von Texten ist das Wortarten–Tagging oder POS–Tagging, das den einzelnen Textwörtern ihre Wortart zuordnet. Die Angabe der Wortart ist eine lexikalische Information, die für viele computerlinguistische Anwendungen wichtig ist und deshalb stets im Lexikon enthalten sein sollte. Tagging deutscher Textkorpora wird zur Zeit an der Universität Stuttgart (TC-Projekt) und an der Universität Tübingen (ELWIS-Projekt) durchgeführt. Es wurden zwei Tagsets definiert, die dem Tagging zugrundeliegen:

- Das sogenannte *kleine Tagset* oder *POS–Tagset* beschreibt distributionelle Eigenschaften von Wortformen und umfaßt 46 verschiedene *tags*.

- Das *erweiterte Tagset* berücksichtigt darüberhinaus auch lexikalische und morphologische Merkmale und umfaßt rund 700 mögliche *tags*.

Um eine weitgehende Übereinstimmung bei der Korpus-Annotation zu erreichen, wurde ein gemeinsames POS-Tagset erarbeitet, das gewährleistet, daß die gegenseitige Nutzung bereits durchgeführter Korpusarbeit ohne umständliche Anpassung an unterschiedliche Tagsets möglich ist. Wir betrachten dieses Tagset als Vorschlag zu einer möglichen Standardisierung eines (deutschen) POS-Tagsets, wie sie vor allem von der TEI (Text Encoding Initiative), aber auch von anderen[1], gefordert wird.

Das erweiterte Tagset wurde an der Universität Stuttgart entwickelt.

2 POS-Tagset

Das hier vorgestellte POS-Tagset ist eine Überarbeitung des Wortartenschemas, nach dem das verwendete Referenzkorpus, das Mannheimer Korpus I (IDS Mannheim), mit dem Lemmatisierungsprogramm SALEM[2] annotiert wurde. Bei den in Stuttgart und Tübingen entwickelten Tagging-Verfahren handelt es sich um statistische Tagger, die sich

1 Cloeren 93, Ejerhed et al. 92, Monachini/Calzolari 93.
2 SALEM 80.

1.	Nomina (N)	7.	Adverbien (ADV)
2.	Verben (V)	8.	Konjunktionen (KO)
3.	Artikel (ART)	9.	Adpositionen (AP)
4.	Adjektive (ADJ)	10.	Interjektionen (ITJ)
5.	Pronomina (P)	11.	Partikeln (PTK)
6.	Kardinalzahlen (CARD)		

Tabelle 1: Die Hauptwortarten und ihre *tags* (in Klammern)

die Übergangswahrscheinlichkeiten der Wortarten und die Häufigkeitsverteilung der Wortarten ambiger Wortformen zu Nutze machen. Aus diesem Grund wurde bei der Entwicklung des Tagsets versucht, in erster Linie einen distributionellen Gliederungsaspekt bei der Einteilung der Wortarten zugrundezulegen. Es wurden jedoch auch morphologische und semantische Aspekte berücksichtigt.

Die Festlegung eines Tagsets selbst gewährleistet noch nicht die eindeutige Zuordnung von Wortarten (*tags*) zu den Wörtern eines Textkorpus. Es sind genaue Richtlinien notwendig, damit auch unterschiedliche Anwender zu denselben Ergebnissen kommen und somit die Konsistenz des Referenzkorpus und daraus resultierender getaggter Korpora erhalten bleibt.[3]

2.1 Struktur des Tagsets und der *tags*

Das POS-Tagset ist hierarchisch strukturiert und orientiert sich weitgehend am "TEI Starter Set Of Grammatical-Annotation Tags"[4]. Es umfaßt 11 Hauptwortarten (Tabelle 1), die unterschiedlich stark subklassifiziert sind. Die einzelnen Wortarten werden in Abschnitt 2.2 erläutert.

Zusätzlich zu den POS-*tags* sind auch *tags* für abgetrennte Wortteile und Satzzeichen vorgesehen. Mehrwortlexeme und fremdsprachliche Wörter werden bisher nicht berücksichtigt. Abkürzungen werden entsprechend ihrer ausgeschriebenen Form getaggt, z.B. *bzw.* als Adverb (ADV).

Die *tags* selber bestehen aus möglichst selbsterklärenden Buchstabensequenzen, die von links nach rechts gelesen, zuerst die Hauptwortart und dann die Unterwortart kodieren, also von der allgemeinen Information zur spezifischeren hinführen. Damit wird eine gewisse Flexibilität erreicht, die dem Benutzer erlaubt, je nach Anspruch, nur auf die Hauptwortarten oder auf wortartenspezifische Informationen zuzugreifen. Die *tags* können jederzeit durch weitere linguistische Merkmale (z.B. morphologische) erweitert werden, sofern dies für eine Anwendung erwünscht oder notwendig ist.

3 Diese Richtlinien liegen an der Universität Stuttgart und der Universität Tübingen als unveröffentlichte Arbeiten vor. Schiller 94, Sailer/Thielen 94.

4 TEI 91.

2.2 Die Wortarten

Bei den **Nomina** gibt es zwei Unterklassen: 'normale' Nomina (NN) und Eigennamen (NE). Damit folgen wir zwar der traditionell semantisch begründeten Unterteilung in Gattungsnamen und Eigennamen, die sich aber auch in unterschiedlichem distributionellen Verhalten wiederspiegelt, besonders bei Genitivformen wie in (1). Während Eigennamen in solchen Konstruktionen stets ohne Artikel verwendet werden, darf er bei 'normalen' Nomina nicht fehlen.
Substantivierte Verben und Adjektive (2) werden als NN klassifiziert.
Beispiele:

(1) *das Auto Peters/NE* vs. *das Auto des Mannes/NN*

(2) *das Gute/NN beim Wandern/NN ist die Bewegung/NN*

Bei den **Verben** wird unterschieden zwischen finiten Verben (VFIN), infiniten Verben (VINF), infiniten Verben mit inkorporiertem *zu* (VIZU) und Partizip Perfekt–Formen (VPP)[5]. Auf eine weitere Subklassifizierung in Vollverben, Hilfsverben und Modalverben oder transitive vs. intransitive Verben wurde verzichtet. Sollte eine solche differenzierte Unterscheidung notwendig werden, kann das Tagset dahingehend erweitert werden.
Beispiele:

(3) *es ist/VFIN schwierig, die Aufgabe zu lösen/VINF*

(4) *er kam/VFIN, um das Regal einzubauen/VIZU*

(5) *er hat/VFIN ein Auto kaufen/VINF wollen/VINF*

(6) *er hat/VFIN ein gebrauchtes/ADJA Auto gekauft/VPP*

Unbestimmte und bestimmte **Artikel** (ART) werden gleich klassifiziert, da sie sich syntaktisch gleich verhalten.
Beispiel:

(7) *die/ART Frau fährt ein/ART schnelles Auto*

Es werden zwei adjektivische Wortarten unterschieden: die flektierten attributiven **Adjektive** (ADJA) und die nicht flektierten prädikativen oder adverbialen Adjektive (ADJD). Prädikative und adverbiale Adjektive werden in einer Klasse zusammengeschlossen, da sie sich i.a. nicht anhand ihrer Distribution voneinander abgrenzen lassen, wie folgende Beispiele zeigen:
Beispiele:

(8) *Maria singt schön/ADJD* → adverbial

(9) *Maria ist schön/ADJD* → prädikativ

(10) *das ist eine zugegeben/ADJD verrückte/ADJA Geschichte*

Zu den eigentlichen Adverbien (ADV) werden nur die einfachen, nicht von Adjektiven abgeleiteten Adverbien gezählt.

Die Klasse der **Pronomina** ist stark subklassifiziert. Es wird unterschieden, ob die Pronomina nomenbegleitende (attribuierende) oder NP–ersetzende (substituierende) oder auch adverbiale Funktion haben, bzw. bei den Personalpronomina, ob sie stets irreflexiv

---

5 zur Problematik der Kategorisierung von Partizipien siehe Abschnitt 2.3.

oder sowohl reflexiv als auch irreflexiv (z.B. *mich, dich, uns, euch, mir, dir*) gebraucht werden, oder stets reflexiv sind (*sich, einander*) und dann zu den echten Reflexivpronomina (PRF) gezählt werden. Demonstrativpronomina und Indefinitpronomina werden, wiederum aus distributionellen Gründen, zu einer Klasse (PRO) zusammengefaßt.
Beispiele:

(11) *darauf/PROAV lieh ich/PPER ihm/PPER mein/PPOSAT Auto*

(12) *welches/PWAT Hotel hat dieser/PROS dir/PPER empfohlen?*

(13) *jene/PROS, die/PRELS nie fragen*

(14) *ein solches/PROAT Kind, dessen/PRELAT Vater im Gemeinderat ist*

(15) *er hat sich/PRF mir/PPERRF vorgestellt*

Es werden vier Sonderklassen von Pronomina eingeführt: nicht flektierende Pronomina (PNFL), Formen von 'all-' (PALL), Formen von 'beid-' (PBEID) und nicht flektierte, nicht attributive Formen von *viel, reichlich, wenig, mehr, zuviel, zuwenig* u.ä.. Die Pronominaklassen PALL und PBEID unterscheiden sich in ihrer attribuierenden Verwendung zusammen mit anderen Pronomina und werden deshalb in getrennten Wortklassen geführt, wie (17) und (18) zeigen.
Beispiele:

(16) *man lacht viel/PVIEL mehr/PVIEL bei solch/PNFL einer lustigen Gesellschaft*

(17) *alle/PALL meine Kinder*

(18) *meine beiden/PBEID Kinder*

Nicht flektierte, nicht attributive Formen von *viel, wenig, zuviel, ...* werden in der Klasse PVIEL geführt, weil sie sowohl adverbial als auch NP-ersetzend verwendet werden. Dies ist schwierig zu bestimmen, ohne zu überprüfen, ob sie durch ein Nomen ergänzt werden können (19) oder nicht (20), und das kann ein stochastischer Tagger nicht leisten.
Beispiele:

(19) *er ißt viel* (Fleisch, Gemüse, ...)

(20) *er lacht viel* (???)

Alle Pronominaklassen sind geschlossene Wortklassen.

Aus der Klasse der Numeralia werden nur **Kardinalzahlen** (CARD) mit einer eigenen Wortart behandelt. Ordinalzahlen sowie alle anderen Wörter, die Zahlausdrücke enthalten, werden gemäß ihrer syntaktischen Funktion als Adjektiv, Adverb oder Nomen klassifiziert. Zu den Kardinalzahlen werden Wortformen gerechnet, die aus Ziffern und eventuell aus Sonderzeichen (Punkt, Querstrich, Bindestrich ...) bestehen und ihre entsprechenden ausgeschriebenen (buchstabierten) Formen.
Beispiele:

(21) *zwei/CARD Kisten Bier kosten 40/CARD DM*

(22) *der 4fache/ADJA Weltmeister gewann zum 3./ADJA Mal 2:0/CARD*

Als **Adverbien** (ADV) werden nur reine, nicht von Adjektiven abgeleitete, nicht flektierbare Modifizierer von Verben, Adjektiven, Adverbialen und ganzen Sätzen verstanden. Außerdem werden in dieser Klasse auch einige Modal– und sonstige Partikel eingeschlossen. Sie grenzt sich von den adverbial verwendeten Pronomina (PROAV, PWAV) ab.
Beispiele:

(23) *heute/ADV hat er ja/ADV ein schnell/ADJD fahrendes/ADJA Auto*

(24) *er kam, (und) doch/ADV ging er gleich wieder*

(25) *trägst du mir bitte/ADV den Kasten runter/ADV?*

Die Wortart **Konjunktion** umfaßt vier geschlossene Unterklassen: unterordnende Konjunktionen, die einen Infinitivsatz einleiten (KOUI); unterordnende Konjunktionen (KOUS), die einen finiten Nebensatz, in der Regel mit Verb-letzt-Stellung, einleiten; nebenordnende Konjunktionen (KON), die (Teil-)Phrasen oder V2-Sätze verbinden und vergleichende Konjunktionen (KOKOM).
Beispiele:

(26) *er spricht, ohne/KOUI nachzudenken*

(27) *ich glaube nicht, daß/KOUS er noch kommt*

(28) *Hans und/KON Peter sind gekommen, aber/KON Maria konnte leider nicht*

(29) *ich als/KOKOM Linguistin freue mich wie/KOKOM ein König*

Die **Adpositionen** werden ebenfalls in vier geschlossene Unterklassen aufgeteilt: Präpositionen (APPR), Präpositionen mit inkorporiertem Artikel (APPRART), Postpositionen (APPS) und rechte Teile von Zirkumpositionen (APCIRC). Da noch keine Mehrwortausdrücke behandelt werden können, wird nur der rechte Teil einer Zirkumposition als solche markiert, der linke Teil seiner Funktion entspechend.
Beispiele:

(30) *wegen/APPR der Ehre*

(31) *der Ehre wegen/APPS*

(32) *um/APPR der Ehre willen/APCIRC*

(33) *einer flog über's/APPRART Kuckucksnest*

Es wird nicht nach lokalen, temporalen, kausalen oder modalen Präpositionen unterschieden.

Unter **Interjektionen** (ITJ) werden Satzäquivalente verstanden, die stets außerhalb des Satzverbandes (abgesondert oder isoliert) auftreten. Sie stehen im Gegensatz zu Modalwörtern (Partikeln), die im Satzverband als ein normales Stellungsglied auftreten.[6]
Beispiel:

(34) *ach/ITJ, oh/ITJ weh/ITJ, was soll das nur werden!*

Fünf Klassen von **Partikeln** werden gesondert behandelt. Es sind das Infinitiv-'zu' (PTKZU), abgetrennte Verbzusätze von Partikelverben (PTKVZS), die Partikeln *am, zu, allzu* bei Adjektiven und Adverbien (PTKA), die Negationspartikel *nicht* (PTKNEG) und Antwortsatzäquivalente wie *ja, nein, bitte, danke, doch* (PTKANT).
Beispiele:

(35) *das ist am/PTKA ehesten zu/PTKZU erwarten*

(36) *er nimmt nicht/PTKNEG an der Tagung teil/PTKVZS*

(37) *nein/PTKANT, ich esse meine Suppe nicht/PTKNEG*

---

6 nach Helbig/Buscha 91, S. 529.

2.3 Probleme

Die Richtlinien für die Zuordnung von *tags* sollen dazu beitragen, die Wortarten möglichst nach syntaktischen Kriterien eindeutig zu identifizieren und voneinander abzugrenzen. Wie solche Richtlinien aussehen und welche Probleme sich dabei für einzelne Fälle ergeben können, soll anhand eines Beispiels im folgenden illustriert werden.

Wir definieren Partizip Perfekt-Formen (VPP) als diejenigen Partizipformen, die in Begleitung eines Hilfsverbs (*sein, haben, werden...*) auftreten. Diese Definition führt aber dazu, daß adjektivische Partizipien wie in (40) nicht unterschieden werden können.
Beispiele:

(38) *er hat ihm die Haare kurz geschnitten/VPP*

(39) *er trägt die Haare kurz geschnitten/ADJD*

(40) *er hat die Haare kurz geschnitten/VPP*

Nach welchen Gesichtspunkten eine Unterscheidung vorgenommen werden kann, wird vielfach diskutiert[7], nach distributionellen Kriterien läßt sich jedenfalls keine Entscheidung treffen.

3 Das erweiterte Tagset

So wie die Hauptwortarten (siehe Tabelle 1) um distributionelle Eigenschaften zu den oben beschriebenen *POS–tags* erweitert wurden, sind weitere Ergänzungen denkbar, um morphologische, syntaktische oder semantische Eigenschaften von Wortformen anzugeben. Diese Erweiterungen entsprechen einer feineren Granulierung der *tags* und verändern nicht die distributionelle Klassifizierung von einzelnen Wortformen.

Im folgenden Abschnitt wird eine Erweiterung der *POS–tags* um morphologische Merkmale beschrieben. Es werden traditionelle grammatische Kategorien wie *Genus, Numerus, Tempus* etc. benutzt, die im Allgemeinen auch durch verschiedene Flexionsendungen der Wortformen markiert sind.
Beispiele:

(41) *er/PPER:3.Sg.Masc.Nom liest/VFIN:3.Sg.Pres.Ind*

(42) *das/ART:Def.Neut.Nom.Sg Buch/NN:Neut.Nom.Sg*

In den Richtlinien zum Tagset ist für jedes *POS–tag* die Anzahl und Reihenfolge der möglichen Attribute festgelegt. Dabei sind die folgenden Attributwerte möglich:

Genus:	{ Masc, Fem, Neut }
Kasus:	{ Nom, Gen, Dat, Akk }
Numerus:	{ Sg, Pl }
Flexion:	{ St, Sw, Mix }
Steigerungsgrad:	{ Pos, Comp, Sup }
Tempus:	{ Pres, Past }
Modus:	{ Ind, Konj, Imp }

Nicht-flektierende Wortarten wie Adverbien (ADV), Kardinalzahlen (CARD), Konjunktionen (KON, KOKOM, KOUI, KOUS), Partikel (PTKNEG, PTKVZS, PTKZU, PTKA)

7 z.B. in Lenz 93.

oder Interjektionen (ITJ) bleiben ohne Erweiterung, ebenso nicht-finite Verbformen (VINF, VIZU, VPP), bei denen die morphologische Information (*Infinitiv, Partizip*) bereits im *POS-tag* integriert ist.

Jedes Attribut hat eine definierte, endliche Wertemenge. Im allgemeinen Fall ist für jedes Attribut auch ein Wert * (= "*nicht definiert*") zulässig, um Sonderfälle von Wortklassen behandeln zu können (z.B. Genusangabe bei Pluraliatantum). Im einzelnen wird in den Richtlinien genau festgelegt, welche Werte tatsächlich zulässig und welche Kombinationen möglich sind.

Nomina (NN, NE) erhalten die Attribute *Genus, Kasus* und *Numerus*. Um Nomina mit adjektivischer Flexion (z.B. *der Beamte* vs. *ein Beamter*) zu unterscheiden, wird außerdem das Attribut *Flexion* definiert, das bei normal flektierenden NN immer den Wert * bekommt.

Bei normalen Nomina (NN), die nur im Plural vorkommen, kann der Wert für *Genus* undefiniert bleiben, *Numerus* und *Kasus* werden immer spezifiziert. Bei Eigennamen (NE) ist für jedes Attribut der Wert * zulässig.
Beispiele:

(43) *der Angestellte/NN:Masc.Nom.Sg.Sw berechnet die Kosten/NN:*.Akk.Pl.* für die Anschaffung/NN:Fem.Akk.Sg.**

(44) *Herr/NN:Masc.Nom.Sg.* van/NE:*.*.* Veen/NE:*.Nom.* fährt mit Klaus/NE:Masc.Dat.Sg nach Hamburg/NE:Neut.Akk.Sg*

Bei allen **Adjektiven** (ADJA, ADJD) wird generell der *Steigerungsgrad* angegeben. Dieser ist aber nicht definiert für Ordinalzahlen oder von Städtenamen abgeleiteten Adjektiven (z.B. "*Stuttgarter*").

Attributiv gebrauchte Adjektive (ADJA) erhalten außerdem Informationen zu *Genus, Kasus, Numerus* und *Flexion*. Die Werte dieser Attribute bleiben undefiniert bei invarianten Adjektiven wie "*lila*" oder "*Frankfurter*".
Beispiele:

(45) *das kleine/ADJA:Pos.Neut.Nom.Sg.Sw Kind im lila/ADJA:Pos.*.*.*.* Kleid*

(46) *die 3./ADJA:*.*.*.*.* Frankfurter/ADJA:*.*.*.*.* Buchmesse*

(47) *er rennt schnell/ADJD:Pos, ist aber langsamer/ADJD:Comp als ich*

Bei den **Verben** werden nur die *tags* von finiten Formen (VFIN) erweitert. Sie erhalten die Merkmale *Person, Numerus, Tempus* und *Modus*. Der Wert * ist nirgends zulässig. Im *Modus* Imperativ sind die Werte für *Person* und *Tempus* eingeschränkt auf {2} bzw. {Pres}.
Beispiele:

(48) *du mußt/VFIN:2.Sg.Pres.Ind gehen*

(49) *er sagte/VFIN:3.Sg.Past.Ind, ich müsse/VFIN:1.Sg.Pres.Konj kommen*

(50) *komm/VFIN:2.Sg.Pres.Imp endlich!*

Die (ir-)reflexiven Personalpronomina (PPER, PPERRF, PRF) erhalten die Attribute *Person, Numerus, Genus* und *Kasus*. Dabei ist Genus nur für die Personalpronomina in der 3. Person definiert. Formen von PPERRF kommen nur in der 1. oder 2. Person im Dativ oder Akkusativ vor.
Beispiele:

(51) *sie/PPER:3.Sg.Fem.Nom hilft mir/PPERRF:1.Sg.*.Dat*

(52) *sie/PPER:3.Pl.*.Nom waschen sich/PRF:3.Pl.*.**

Bei Possessivpronomina (PPOSAT, POSS), Demonstrativ- oder Indefinitpronomina (PROAT, PROS), Relativpronomina (PRELAT, PRELS), Interrogativpronomina (PWAT, PWS) sowie den Sonderformen (PALL, PBEID) werden *Genus, Kasus* und *Numerus* angegeben. Keine Erweiterung bekommen die nicht-flektierenden Formen *manch, solch, welch.*
Beispiele:

(53) *das/PROS:Neut.Nom.Sg ist mein/PPOSAT:Masc.Nom.Sg Vater*

(54) *man/PROS:*.Nom.Sg hat gefragt, wer/PWS:*.Nom.Sg kommt*

Das hier beschriebene erweiterte Tagset wurde bislang noch nicht für automatisches Tagging (z.B mit stochastischen Verfahren) deutscher Korpora eingesetzt. Am IMS Stuttgart wurde aber ein getaggtes Referenz-Korpus mit derzeit 25.000 Wortformen manuell erstellt, das dafür verwendet werden soll, verschiedene Tagging-Verfahren mit großen Tagsets zu testen.

4 Das POS–Tagset im Überblick

Tag–Name	Tag–Erklärung	Beispiele
N	**Nomina**	
NN	'normales' Nomen	*(der) Hut, (das) Singen, (das) Gute*
NE	Eigenname	*Peter, Bonn, Mercedes*
V	**Verben**	
VFIN	finites Verb	*sagt, hat, will*
VINF	Infinitiv	*sagen, haben, wollen*
VIZU	Infinitiv mit "zu"	*einzuatmen*
VPP	Partizip Perfekt	*gesagt*
ART	**Artikel**	*der, eine*
ADJ	**Adjektive**	
ADJA	attributives Adjektiv	*schöner (Baum), Wiener (Oper)*
ADJD	prädikativ oder adverbial gebrauchtes Adjektiv	*(ist) schön, (singt) schön*
P	**Pronomina**	
PPER	stets irreflexives Personalpronomen	*ich, du*
PPERRF	reflexives oder irreflexives Personalpronomen	*mich, dich*
PRF	reines Reflexivpronomen	*sich, einander*
PPOSS	substituierendes Possessivpronomen	*(das ist) meins*
PPOSAT	attribuierendes Possessivpronomen	*mein (Haus)*
PROS	substituierendes Demonstrativ–/Indefinitpronomen	*man (sagt)*
PROAT	attribuierendes Demonstrativ–/Indefinitpronomen	*keine (Menschen)*
PROAV	Pronominaladverbien	*damit (wird behauptet)*
PWS	substituierendes Interrogativpronomen	*wer (geht?)*
PWAT	attribuierendes Interrogativpronomen	*welche (Meinungen?)*
PWAV	adverbiales W-Pronomen	*wieso (wird gelacht?)*
PRELS	substituierendes Relativpronomen	*(der Mann,) der (lacht)*
PRELAT	attribuierendes Relativpronomen	*(die Frauen,) deren (Meinungen)*

Tag–Name	Tag–Erklärung	Beispiele
	Sonderklassen der Pronomina	
PNFL	nicht flektierendes Pronomen	*manch, solch, welch*
PALL	Formen von 'all–'	*(ihr) alle, alle (diese Menschen)*
PBEID	Formen von 'beid–'	*(meine) beiden (Brüder)*
PVIEL	nicht flektierte, nicht attributive Formen von *viel, wenig, zuviel, zuwenig, mehr, weniger, ...*	*(er ißt) viel/wenig/zuviel*
CARD	**Kardinalzahlen**	*1, eins, 2, drei, 1/8, 25348*
ADV	**Adverbien**	*oft, heute, bald, vielleicht*
KO	**Konjunktionen**	
KOUI	unterordnende Konjunktion mit Infinitiv	*ohne (zu fragen)*
KOUS	unterordnende Konjunktion mit (finitem) Satz	*weil, als, daß, ob*
KON	nebenordnende Konjunktion	*und, oder, denn*
KOKOM	vergleichende Konjunktion	*(so groß) wie, (größer) als*
AP	**Adpositionen**	
APPR	Präpositon	*in, auf, um*
APPRART	Präposition mit Artikel	*im, aufs, unterm*
APPS	Postposition	*(des Geldes) wegen*
APCIRC	Zirkumposition rechts	*(um der Ehre) willen*
ITJ	**Interjektionen**	*ach, oh, weh*
PTK	**Partikeln**	
PTKZU	Infinitiv–'zu'	*zu (sagen)*
PTKNEG	Negationspartikel	*nicht*
PTKVZS	abgetrennter Verbzusatz von Partikelverben	*(ich sehe Peter) zu*
PTKANT	Antwortpartikel	*ja, nein, bitte, danke*
PTKA	Partikel bei Adjektiv oder Adverb	*zu/allzu (schnell), am (besten)*
TRUNC	**Kompositions-Erstglied**	*Ein- (und Ausgang), be- (und entladen)*
$	**Interpunktion**	
$,	Komma	,
$(	Klammerzeichen	( ) [ ]
$.	sonstige Satzzeichen	. ; ? ! :
$\Sigma = 46$		

4.1 Anzahl der Tags

		Anzahl
POS–tags	Summe:	46
erweitert	ohne morphologische Erweiterung	26
	NN	112
	NE	60
	ADJA	241
	ADJD	3
	VFIN	26
	ART	30
	PPER, PPERRF, PRF	34
	PPOSAT, PPOSS	27
	PROAT, PROS	40
	PALL, PBEID	24
	PRELAT, PRELS	19
	PWAT, PWS	17
	APPRART	5
	Summe:	664

In dieser Tabelle sind nicht alle kombinatorischen Möglichkeiten von Attributwerten angegeben, sondern nur diejenigen, die durch die Vorgaben in den Richtlinien zugelassen sind. Im manuell getaggten Referenzkorpus kommen tatsächlich nur 422 verschiedene erweiterte *tags* vor.

Literatur

Cloeren, Jan (1993): *Towards across-linguistic tagset.* TOSCA Research Group for Korpus Linguistics, Dept. of Language & Speech, University of Nijmegen. Unpublished document.

Ejerhed, Eva & Gunnel Källgren & Ola Wennstedt & Magnus Åström (1992): *The Linguistic Annotation System of the Stockholm-Umeå Korpus Project.* Dept. of General Linguistics, University of Umeå, Report no. 33, (= DGL-UUM-R-33), Umeå.

Helbig, Gerhard & Joachim Buscha (1991): *Deutsche Grammatik. Ein Handbuch für den Ausländerunterricht.* 15. durchgesehene Auflage 1993. Leipzig, Berlin, München: Langenscheidt, Verlag Enzyklopädie.

Lenz, Barbara (1993): *Probleme der Kategorisierung deutscher Partizipien.* In: Zeitschrift für Sprachwissenschaft 12,1 (1993), Vandenhoeck & Ruprecht, S. 39-76.

Monachini, Monica & Nicoletta Calzolari (1993): *Synopsis and Comparison of Morphosyntactic Phenomena Encoded in Lexicons and Korpora. A Common Proposal and Applications to European Languages.* EAGLES Technical Report (Draft Version: September, 1993), Istituto di Linguistica Computazionale, ILC, Pisa.

Sailer, Manfred & Thielen, Christine (1994): *Ein Tagset fürs Deutsche.* Universität Tübingen, Seminar für Sprachwissenschaft (unveröffentlicht).

Schiller, Anne (1994): *Guidelines für das Tagging deutscher Textkorpora.* Universität Stuttgart, Institut für maschinelle Sprachverarbeitung (unveröffentlicht).

Sonderforschungsbereich 100 "Elektronische Sprachforschung", Projektbereich A (Hrsg.) (1980): *SALEM. Ein Verfahren zur automatischen Lemmatisierung deutscher Texte.* Tübingen: Niemeyer.

TEI AI1W2 (1991): *List of Common Morphological Features For Inclusion in TEI Starter Set Of Grammatical-Annotation Tags.* (Draft Version: June 11, 1991).

Petra Steiner

Anforderungen und Probleme beim Taggen deutscher Zeitungstexte

1 Die Ziele bei der Erstellung eines Tagsets

Im Rahmen des EG-Projektes MULTEXT am Arbeitsbereich Linguistik der Universität Münster soll ein Textkorpus, bestehend aus Zeitungstexten der Frankfurter Allgemeinen Zeitung (1990 - 1992) und der ZEIT (1990 - 1992), annotiert werden. Für diese Aufgabe mußte ein geeignetes Tagset entwickelt werden.

Ein Tagset ist ein spezieller Fall einer Klassifikation. Bei der Beurteilung der Qualität einer Klassifikation haben wir uns an der folgenden Aussage von Altmann und Lehfeldt orientiert:

> Der Wert, den eine Klassifikation [...] besitzt, hängt einzig und allein von dem Maß an gewünschter Information ab, das sie bereitzustellen vermag. Es läßt sich also nicht generell sagen, eine bestimmte Klassifikation sei "besser" oder "schlechter" als eine andere. Man darf ein wertendes Urteil nur mit Rücksicht auf das angestrebte Ziel fällen [...], deren eigener Wert selbst nicht objektiv gemessen werden kann. (Altmann/Lehfeldt 1973:18)

Die Grundlage beim Erstellen eines Tagsets muß also die Betrachtung der Ziele sein, die mit seiner Hilfe erreicht werden sollen. Hierauf muß eine Analyse der Anforderungen, die zur Erreichung dieser Ziele notwendig sind, folgen. Erst nach diesen beiden Schritten kann das für die jeweilige Zwecke geeignete Tagset definiert werden.

Das für das EG-Projekt Multext benötigte Tagset muß folgende Zwecke erfüllen:

1.1 Das Tagset als Grundlage der Annotierung

Das Korpus umfaßt ca. 100 Millionen Token, die annotiert werden sollen, ca. 30000 Token davon wurden mit Hilfe von bereits vorliegenden Informationen ambig getaggt und mit Hilfe eines speziellen Editors intellektuell disambiguiert bzw. annotiert. Es handelte sich hierbei um Zeitungstexte der Frankfurter Allgemeinen Zeitung aus den Rubriken "Blickpunkte", "Briefe an die Herausgeber", "Feuilleton", "Geisteswissenschaften", "Freizeit", "Kultur", "Politik", "Reiseblatt", "Rhein-Main", "Sport", "Technik und Motor", "Unterhaltung", "Deutschland und die Welt" und "Wirtschaft".

1.2 Das Tagset als Grundlage des automatischen Taggens

Die restlichen ca. 99 970 000 Textwörter sollen mit Hilfe von automatischen Verfahren mit einer Trefferquote von mindestens 96 Prozent annotiert werden. Verwendet werden dabei probabilistische Ansätze ((Hidden) Markov-Ketten, vgl. Markov 1913; Viterbi-Algorithmus, vgl. DeRose 1988).

1.3 Das Tagset als Grundlage der Information

Das Tagset soll Informationen für lexikographische und syntaktische Untersuchungen liefern, die auf den annotierten Texten aufsetzen. Texte, die mit dem Tagset annotiert worden sind, müssen brauchbare Ergebnisse bei der Suche nach bestimmten phrasalen Mustern liefern.

1.4 Das Tagset als Grundlage für die Erweiterung der Untersuchungen

Das Tagset soll auf Korpora anderer Textsorten und anderer Sprachen übertragen und angepaßt werden. In diesem Fall sind dies deutsche fachsprachliche Texte (zum Beispiel aus den Bereichen Jura und Wirtschaft), sowie Zeitungstexte der Sprachen Englisch, Französisch, Spanisch, Italienisch und Griechisch. Auch hier sind automatisches Taggen und lexikographische und syntaktische Untersuchungen vorgesehen, so daß die vorherigen Zwecke auch für diese Texte gelten.

1.5 Das Tagset als Grundlage für den Vergleich

Das Tagset soll so beschaffen sein, daß die auf der Grundlage des vorliegenden Korpus durchgeführten morphologischen und syntaktischen Untersuchungen mit Untersuchungen auf der Grundlage anderer Tagsets vergleichbar sind. Nur in diesem Fall ist es sinnvoll, Forschungsergebnisse einander gegenüberzustellen.

2 Die Anforderungen bei der Erstellung des Tagsets

Um die im vorigen Abschnitt aufgeführten Ziele zu erreichen, muß das Tagset folgende Anforderungen erfüllen:

A. (zu Zweck 1)

Das Tagset muß hinsichtlich der manuellen Annotierung und der späteren Interpretation und Benutzung eine *klare Struktur* und *mnemotechnische Qualität* aufweisen, damit schnell und konsistent annotiert werden kann.

B. (zu Zweck 1)

Das Tagset muß *operationalisierbar* und *intersubjektiv* sein, d.h. seine Beschreibung muß Ambiguitäten auflösen und Grenzfälle der zu taggenden Textwörter behandeln.

Die Klassen müssen disjunkt und allumfassend sein, d. h. jeder Wortform muß genau ein Tag zugewiesen werden können.

C. (zu Zweck 2)

Hinsichtlich der probabilistischen Verfahren muß die *Vorhersagbarkeit* der Ereignisse (in diesem Fall die der Tags) möglichst gut sein. Daher müssen die Übergangswahrscheinlichkeiten bezüglich zweier Wortarten paarweise verschieden sein.

Wenn sich zwei Klassen hinsichtlich der Übergangswahrscheinlichkeiten gleich oder sehr ähnlich verhalten, so ist die Möglichkeit der Zuweisung eines falschen Tags bei Mitgliedern dieser beiden Tagklassen besonders hoch. Dies wäre zum Beispiel der Fall, wenn attributive Partizipien und attributive Adjektive unterschiedlichen Klassen zugewiesen werden würden.

Umgekehrt können Tagklassen, in denen sich Unterklassen hinsichtlich der Übergangswahrscheinlichkeiten unterschiedlich verhalten, Werte liefern, die zwischen diesen Unterklassen liegen, für die gesamte Klasse jedoch einen Wert liefern, der weder der ersten, noch der zweiten Unterklasse entspricht. Das würde beispielweise eintreten, wenn attributive und prädikative Adjektive in einer Klasse zusammengefaßt werden würden.

D. (zu Zweck 2)

Eine weitere Bedingung ist, daß der *Umfang des Tagsets* nicht zu groß ist, da mit der Größe des Tagsets die Ungenauigkeit der geschätzten Übergangswahrscheinlichkeiten bei gleichbleibender Größe des Textkorpus zunimmt (vgl. Wothke 1993).

E. (zu Zweck 3)

Um hinsichtlich späterer lexikographischer oder syntaktischer Untersuchungen genügend Informationen zu liefern, muß die *Klasseneinteilung* derart gestaltet sein, daß die einzelnen Tagklassen eine Aussage über die gewünschte Information zulassen.

Einteilungen wie sie etwa bei Schütze (1993) aufgrund von Clusterbildungen erstellt werden, kommen hier also nicht in Frage. Dort befinden sich nämlich einige Verben und Nomen aufgrund ihres probabilistischen Verhaltens in einer Wortklasse.

Andererseits muß ein Gleichgewicht mit der Forderung nach der Vorhersagbarkeit (Punkt C) gefunden werden, die gerade auf solche Einteilungen hinauslaufen würde, wenn sie die alleinige Anforderung an das Tagset stellen wäre.

F. (zu Zweck 3)

Ferner müssen die Tags hinreichend *genau* sein. Eine Klasse NOUN, die etwa Nomina, Kardinalzahlen und unter anderem auch Reflexivpronomen umfaßt (vgl. Wothke 1993:23), ist als Grundlage für Automatische Spracherkennung ausreichend, wird aber als Grundlage eines Parsers nicht genügen.

Bei dieser Anforderung muß jedoch ein Gleichgewicht zur Anforderung eines möglichst geringen Umfangs des Tagsets (Punkt D) gefunden werden.

G. (zu Zweck 4)

Das Tagset muß *auf Texte verschiedener Sprachen und Textsorten anwendbar* sein und *einfach erweitert* werden können. Daher muß der Aufbau der Definitionen der Tags so beschaffen sein, daß sie leicht modifiziert werden und neue Definitionen hinzugefügt werden können.

H. (zu Zweck 5)

Das Tagset muß mit anderen Tagsets *kompatibel* sein oder leicht für andere Korpora *adaptiert* und in andere Tagsets *konvertiert* werden können.

Deshalb müssen die Definitionen des Tagsets so genau sein, daß die einzelnen Tags mit Hilfe einfacher Operationen auf die Definitionen anderer Tagsets abgebildet werden können. Eine zusätzliche Voraussetzung ist dabei allerdings, daß die Definitionen der Tagsets, auf die abgebildet werden soll, ebenfalls hinreichend genau sind.

Die Anforderungen an das Tagset sind teilweise konträr, so daß es notwendig ist, bei der Entwicklung der Klassifikation an einzelnen Punkten eine Gewichtung dieser Anforderungen vorzunehmen.

Im folgenden wird das an der Universität Münster entwickelte Tagset (im folgenden: Tagset Münster) in Hinblick darauf vorgestellt. Die folgenden Tabellen stellen das Kleine Tagset Münster und das Große Tagset Münster, soweit es sich vom kleinen unterscheidet, dar.

Kleines Tagset Münster (44 + 8)

Symbol	Definition	Beispiel
Vfv	finites Vollverb, nicht Imperativ	*liebt*
Vfvc	finites Vollverb, Imperativ	*liebe*
Vfm	finites Modalverb	*darf*
Vfa	finites Auxiliarverb, nicht Imperativ	*habe*
Vfac	finites Auxiliarverb, Imperativ	*habe*
Via	Partizip Perfekt	*geliebt*
Vii	Infinitiv	*lieben*
Vib	Infinitiv mit zu	*anzubeten*
Ng	Nomen Allgemein	*Buch*
Ne	Eigenname	*Gogol*
Pov	Präposition ohne Artikel, vorgestellt	*an*
Pon	Präposition ohne Artikel, nachgestellt	*entlang*
Poa	Präposition ohne Artikel, Circumposition Teil I	*auf (... hin)*
Poz	Präposition ohne Artikel, Circumposition Teil II	*(auf ...) hin*
Pev	Präposition mit enklitischem Artikel, vorgestellt	*ins*
Bg	Adverbien	*heute, (fährt) schnell*
Bp	Pronominaladverbien	*daran*
Bi	Interrogativadverbien	*wohin*
Aa	Adjektive, attributiv	*schöner (Mann)*
Ap	Adjektive, prädikativ	*(ist) schön*
Cs	subordinierende Konjunktion	*falls*
Ci	subordinierende Konjunktion mit Infinitiv	*um (zu)*
Ck	koordinierende Konjunktion	*und*
Cv	Vergleichskonjunktion	*als*
Ca	Konjunktion Teil I	*entweder (oder)*
Cz	Konjunktion Teil II	*(entweder) oder*
Rp	Personalpronomen	*wir*
Rqp	Interrogativpronomen pronominal	*wer*
Rqa	Interrogativpronomen attributiv	*wieviele (Fragen)*
Rr	Relativpronomen	*welcher*
Rba	Possessivpronomen attributiv	*unser (Haus)*
Rbp	Possessivpronomen prädikativ	*(das ist) meins*

Fortsetzung nächste Seite

Symbol	Definition	Beispiel
Rdp	Demonstrativpronomen pronominal	*diese (war Professorin)*
Rda	Demonstrativpronomen attributiv	*dieser (Mann)*
Rip	Indefinitpronomen pronominal	*niemand*
Ria	Indefinitpronomen attributiv	*kein (Mensch)*
Rs	Reflexivpronomen	*sich*
Re	Reziprokpronomen	*einander*
Qi	Infinitivpartikel	*zu*
Qs	Superlativpartikel	*aufs (köstlichste)*
Qv	Verbpartikel	*(er betet) an*
Qc	Gesprächspartikel und Interjektionen	aha
Db	bestimmter Artikel	*die*
Du	unbestimmter Artikel	*eine*
Fe	Satzendezeichen	.!:?
Fa	Anführungszeichen/Klammer auf	"([{
Fz	Anführungszeichen/Klammer zu	")}]
Fb	Bindestrich, Unterstrich, Schrägstrich	— _ /
Fi	Interpunktion innerhalb des Satzes	;,
Abk	Abkürzungen	*etc. Abk.*
Sym	Symbole, Zahlen, ideographische Zeichen	**S**
Eq	Formeln und Gleichungen	*5.1 = 7x*

Großes Tagset Münster (129 + 8)

Symbol	Definition	Beispiel
Vfvai1s	finites Vollverb, Präsens Indikativ, 1.Ps.Sg.	*liebe*
Vfvai2s	finites Vollverb, Präsens Indikativ, 2.Ps.Sg.	*liebst*
Vfvai3s	finites Vollverb, Präsens Indikativ, 3.Ps.Sg.	*liebt*
Vfvai1p	finites Vollverb, Präsens Indikativ, 1.Ps.Pl.	*lieben*
Vfvai2p	finites Vollverb, Präsens Indikativ, 2.Ps.Pl.	*liebt*
Vfvai3p	finites Vollverb, Präsens Indikativ, 3.Ps.Pl.	*lieben*
Vfvak1s	finites Vollverb, Präsens Konjunktiv, 1.Ps.Sg.	*liebe*
Vfvak2s	finites Vollverb, Präsens Konjunktiv, 2.Ps.Sg.	*liebest*
Vfvak3s	finites Vollverb, Präsens Konjunktiv, 3.Ps.Sg.	*liebe*
Vfvak1p	finites Vollverb, Präsens Konjunktiv, 1.Ps.Pl.	*lieben*
Vfvak2p	finites Vollverb, Präsens Konjunktiv, 2.Ps.Pl.	*liebet*
Vfvak3p	finites Vollverb, Präsens Konjunktiv, 3.Ps.Pl.	*lieben*
Vfvac2s	finites Vollverb, Imperativ, 2.Ps.Sg.	*liebe*
Vfvac2p	finites Vollverb, Imperativ, 2.Ps.Pl.	*liebt*
Vfvbi1s	finites Vollverb, Präteritum Indikativ, 1.Ps.Sg.	*liebte*
Vfvbi2s	finites Vollverb, Präteritum Indikativ, 2.Ps.Sg.	*liebtest*
Vfvbi3s	finites Vollverb, Präteritum Indikativ, 3.Ps.Sg.	*liebte*
Vfvbi1p	finites Vollverb, Präteritum Indikativ, 1.Ps.Pl.	*liebten*
Vfvbi2p	finites Vollverb, Präteritum Indikativ, 2.Ps.Pl.	*liebtet*
Vfvbi3p	finites Vollverb, Präteritum Indikativ, 3.Ps.Pl.	*liebten*
Vfvbk1s	finites Vollverb, Präteritum Konjunktiv, 1.Ps.Sg.	*nähme*

Fortsetzung nächste Seite

Symbol	Definition	Beispiel
Vfvbk2s	finites Vollverb, Präteritum Konjunktiv, 2.Ps.Sg.	*nähmest*
Vfvbk3s	finites Vollverb, Präteritum Konjunktiv, 3.Ps.Sg.	*nähme*
Vfvbk1p	finites Vollverb, Präteritum Konjunktiv, 1.Ps.Pl.	*nähmen*
Vfvbk2p	finites Vollverb, Präteritum Konjunktiv, 2.Ps.Pl.	*nähmt*
Vfvbk3p	finites Vollverb, Präteritum Konjunktiv, 3.Ps.Pl.	*nähmen*
Vfmai1s	finites Modalverb, Präsens Indikativ, 1. Ps.Sg.	*darf*
Vfmai2s	finites Modalverb, Präsens Indikativ, 2. Ps.Sg.	*darfst*
Vfmai3s	finites Modalverb, Präsens Indikativ, 3. Ps.Sg.	*darf*
Vfmai1p	finites Modalverb, Präsens Indikativ, 1. Ps.Pl.	*dürfen*
Vfmai2p	finites Modalverb, Präsens Indikativ, 2. Ps.Pl.	*dürft*
Vfmai3p	finites Modalverb, Präsens Indikativ, 3. Ps.Pl.	*dürfen*
Vfmak1s	finites Modalverb, Präsens Konjunktiv, 1.Ps.Sg.	*dürfe*
Vfmak2s	finites Modalverb, Präsens Konjunktiv, 2.Ps.Sg.	*dürfest*
Vfmak3s	finites Modalverb, Präsens Konjunktiv, 3.Ps.Sg.	*dürfe*
Vfmak1p	finites Modalverb, Präsens Konjunktiv, 1.Ps.Pl.	*dürfen*
Vfmak2p	finites Modalverb, Präsens Konjunktiv, 2.Ps.Pl.	*dürfet*
Vfmak3p	finites Modalverb, Präsens Konjunktiv, 3.Ps.Pl.	*dürfen*
Vfmbi1s	finites Modalverb, Präteritum Indikativ, 1.Ps.Sg.	*durfte*
Vfmbi2s	finites Modalverb, Präteritum Indikativ, 2.Ps.Sg.	*durftest*
Vfmbi3s	finites Modalverb, Präteritum Indikativ, 3.Ps.Sg.	*durfte*
Vfmbi1p	finites Modalverb, Präteritum Indikativ, 1.Ps.Pl.	*durften*
Vfmbi2p	finites Modalverb, Präteritum Indikativ, 2.Ps.Pl.	*durftet*
Vfmbi3p	finites Modalverb, Präteritum Indikativ, 3.Ps.Pl.	*durften*
Vfmbk1s	finites Modalverb, Präteritum Konjunktiv, 1.Ps.Sg.	*dürfte*
Vfmbk2s	finites Modalverb, Präteritum Konjunktiv, 2.Ps.Sg.	*dürftest*
Vfmbk3s	finites Modalverb, Präteritum Konjunktiv, 3.Ps.Sg.	*dürfte*
Vfmbk1p	finites Modalverb, Präteritum Konjunktiv, 1.Ps.Pl.	*dürften*
Vfmbk2p	finites Modalverb, Präteritum Konjunktiv, 2.Ps.Pl.	*dürftet*
Vfmbk3p	finites Modalverb, Präteritum Konjunktiv, 3.Ps.Pl.	*dürften*
Vfaai1s	finites Auxiliarverb, Präsens Indikativ, 1.Ps.Sg.	*habe*
Vfaai2s	finites Auxiliarverb, Präsens Indikativ, 2.Ps.Sg.	*hast*
Vfaai3s	finites Auxiliarverb, Präsens Indikativ, 3.Ps.Sg.	*hat*
Vfaai1p	finites Auxiliarverb, Präsens Indikativ, 1.Ps.Pl.	*haben*
Vfaai2p	finites Auxiliarverb, Präsens Indikativ, 2.Ps.Pl.	*habt*
Vfaai3p	finites Auxiliarverb, Präsens Indikativ, 3.Ps.Pl.	*haben*
Vfaak1s	finites Auxiliarverb, Präsens Konjunktiv, 1.Ps.Sg.	*habe*
Vfaak2s	finites Auxiliarverb, Präsens Konjunktiv, 2.Ps.Sg.	*habest*
Vfaak3s	finites Auxiliarverb, Präsens Konjunktiv, 3.Ps.Sg.	*habe*
Vfaak1p	finites Auxiliarverb, Präsens Konjunktiv, 1.Ps.Pl.	*haben*
Vfaak2p	finites Auxiliarverb, Präsens Konjunktiv, 2.Ps.Pl.	*habet*
Vfaak3p	finites Auxiliarverb, Präsens Konjunktiv, 3.Ps.Sg.	*haben*
Vfaac2s	finites Auxiliarverb, Imperativ, 2.Ps.Sg.	*habe*
Vfaac2p	finites Auxiliarverb, Imperativ, 2.Ps.Pl.	*habt*
Vfabi1s	finites Auxiliarverb, Präteritum Indikativ, 1.Ps.Sg.	*hatte*

Fortsetzung nächste Seite

Symbol	Definition	Beispiel
Vfabi2s	finites Auxiliarverb, Präteritum Indikativ, 2.Ps.Sg.	*hattest*
Vfabi3s	finites Auxiliarverb, Präteritum Indikativ, 3.Ps.Sg.	*hatte*
Vfabi1p	finites Auxiliarverb, Präteritum Indikativ, 1.Ps.Pl.	*hatten*
Vfabi2p	finites Auxiliarverb, Präteritum Indikativ, 2.Ps.Pl.	*hattet*
Vfabi3p	finites Auxiliarverb, Präteritum Indikativ, 3.Ps.Pl.	*hatten*
Vfabk1s	finites Auxiliarverb, Präteritum Konjunktiv, 1.Ps.Sg.	*hätte*
Vfabk2s	finites Auxiliarverb, Präteritum Konjunktiv, 2.Ps.Sg.	*hättest*
Vfabk3s	finites Auxiliarverb, Präteritum Konjunktiv, 3.Ps.Sg.	*hätte*
Vfabk1p	finites Auxiliarverb, Präteritum Konjunktiv, 1.Ps.Pl.	*hätten*
Vfabk2p	finites Auxiliarverb, Präteritum Konjunktiv, 2.Ps.Pl.	*hättet*
Vfabk3p	finites Auxiliarverb, Präteritum Konjunktiv, 3.Ps.Pl.	*hätten*
Via	Partizip Perfekt	*geliebt*
Vii	Infinitiv	*lieben*
Vib	Infinitiv mit zu	*anzubeten*
Ngns	Nomen Allgemein, Nom. Sg.	*Buch*
Nggs	Nomen Allgemein, Gen. Sg.	*Buchs, Buches*
Ngds	Nomen Allgemein, Dat. Sg.	*Buch, Buche*
Ngas	Nomen Allgemein, Akk. Sg.	*Buch*
Ngnp	Nomen Allgemein, Nom. Pl.	*Bücher*
Nggp	Nomen Allgemein, Gen. Pl.	*Bücher*
Ngdp	Nomen Allgemein, Dat. Pl.	*Büchern*
Ngap	Nomen Allgemein, Akk. Pl.	*Bücher*
Nens	Eigenname, Nom. Sg.	*Gogol*
Negs	Eigenname, Gen. Sg.	*Gogols*
Neds	Eigenname, Dat. Sg.	*Gogol*
Neas	Eigenname, Akk. Sg.	*Gogol*
Nenp	Eigenname, Nom. Pl.	*Meiers*
Negp	Eigenname, Gen. Pl.	*Meiers*
Nedp	Eigenname, Dat. Pl.	*Meiers*
Neap	Eigenname, Akk. Pl.	*Meiers*

3 Das Tagset Münster

A. Struktur und mnemotechnische Qualität

Die einzelnen Tags sind zunächst in zehn Wortklassen untergliedert, die wiederum in weitere Unterklassen unterteilt sein können. Hinzu kommen Tags für Sonderzeichen und Abkürzungen.

Die Kürzel für die Tags orientieren sich an ihren Bedeutungen. Wo möglich wird zu den Symbolen in der schriftlichen Anleitung zum Taggen eine Merkhilfe geboten.

B. Operationalisierbarkeit und Intersubjektivität

Jeder einzelne Tag wird aufgrund distributioneller und gegebenenfalls auch morphologischer Eigenschaften definiert. Alle BearbeiterInnen bekommen zum intellektuellen Disambiguieren schriftliche und mündliche Richtlinien.

Dennoch sind wir bei Vorversuchen und in der Arbeitsphase der intellektuellen Annotation auf einige Probleme gestoßen, die Gegenstand des nächsten Abschnittes sind. Regelmäßige und häufige Rücksprachen mit den BearbeiterInnen der Texte sind für die Qualität und Konsistenz der getaggten Texte unerläßlich.

Um eine möglichst hohe Intersubjektivität zu gewährleisten, wurde zudem derselbe Text von zwei unterschiedlichen Personen annotiert und die Ergebnisse anschließend auf unterschiedliche Entscheidungen hin untersucht und gegebenenfalls korrigiert.

C. Vorhersagbarkeit

Die Definitionen der Tags wurden aufgrund distributioneller Kriterien, wie sie auch Bergenholtz/Schaeder (1977) verwenden, aufgestellt. Deshalb werden beispielsweise die Partizipia Praesentii bei den attributivischen oder den prädikativischen Adjektiven eingeordnet. Deshalb gibt es keine eigene Klasse für das 'Negationspartikel', weil dieses sich wie ein Adverb verhält und in der einschlägigen Literatur (Bergenholtz/Schaeder 1977:207, Duden 1984:351, Grundzüge 1980:687) auch als solches behandelt wird.

Im Tagset wird auch nicht zwischen Verbpartikeln und Verbpräfixen unterschieden.

Die Kardinal- und Ordinalzahlen werden zu den Adjektiven, Adverbien oder Nomina gezählt, je nachdem in welcher Funktion sie auftreten. Dies reduziert zudem den Umfang des Tagsets (vgl. Anforderung D).

Die Indefinit- und Relativpronomen dagegen werden hinsichtlich ihrer Funktion "pronominal" und "attributiv" unterschieden, da sich diese hinsichtlich der geschätzten Übergangswahrscheinlichkeiten stark unterschiedlich verhalten.

Adverbien werden aufgrund distributioneller Kriterien von Adjektiven abgegrenzt. Also handelt es sich zum Beispiel bei *(Sie fährt) schnell* um ein Adverb und nicht um ein Adjektiv.

D. Der Umfang des Tagsets

Das Tagset umfaßt 52 Tags, davon sind acht für Satz- und Sonderzeichen bestimmt. Ein Tagset mit 137 Tags steht ebenfalls zur Verfügung. Es kann auf das kleinere Tagset abgebildet werden und enthält Tags mit zusätzlichen Informationen zur Flexion der Verben und Nomen. Bei einem Trainingskorpus von ca. 30 000 Textwörtern, das auf der Grundlage des großen Tagsets annotiert wurde, ist zu erwarten, daß die geschätzten Übergangswahrscheinlichkeiten ausreichend genau sind.

E. Klasseneinteilung

Das Tagset Münster orientiert sich an bereits vorhandenen linguistischen Beschreibungen (Duden 1984, Bergenholtz/Schaeder 1977, Helbig/Buscha 1987), so daß es für linguistische Fragestellungen, die gleiche oder ähnliche Grundlagen besitzen, gute Informationen bietet.

Dabei ist die Klasseneinteilung fein genug, um auch der Anforderung C (Vorhersagbarkeit) Genüge zu tun.

F. Genauigkeit

Die linguistische Information umfaßt mit 52 Part-of-Speech-Tags alle gängigen Wortarten; für tiefer gehende Untersuchungen kann das erweiterte Tagset mit 137 Tags gewählt werden.

Sind die geschätzten Übergangswahrscheinlichkeiten auf der Grundlage des großen Tagsets nicht ausreichend genau genug (vgl. Anforderung D), so kann auf das kleinere Tagset zurückgegriffen werden.

G. Anwendbarkeit und Erweiterbarkeit

Es ist zu erwarten, daß zur Erweiterung für andere Textsorten Änderungen bezüglich der Sonderzeichen notwendig sein werden. Gegebenenfalls müssen bei bestimmten Fachtexten Tabellen annotiert werden.

Da wir uns an die Richtlinien von EAGLES (Expert Advisory Groups on Language Engineering Standards) angelehnt haben, erwarten wir keine nennenswerten Probleme bei der Erweiterung des Tagsets auf andere Sprachen.

H. Kompatibilität und Adaptabilität

Da sich das Tagset – mit Ausnahme der Zahlen – an den Richtlinien von NERC (Network of European Reference Corpora) (vgl. Monachini/Östling 1992) orientiert, erwarten wir keine besonderen Schwierigkeiten hinsichtlich Tagsets, die ebenfalls auf der Grundlage dieser Richtlinien erstellt wurden. Beispielsweise kann die Menge der Zahlwörter, die aufgrund der Anforderungen C und D bei anderen Wortklassen eingeordnet wird, gegebenenfalls mit Hilfe einfacher morphologischer Verfahren identifiziert werden.

4 Probleme beim Taggen deutscher Zeitungstexte

Bereits bei Vorversuchen zum Taggen traten Probleme auf, die teilweise zur Modifizierung des Tagsets führten.

4.1 Eigennamen

Besonders bei Eigennamen taucht die Frage auf, wie Mehrwortlexeme annotiert werden sollen. In dem Beispiel

> 1796 dünkten Goethe, in seinem Epos '*Hermann und Dorothea*', einige buntbemalte 'Prototypen' erwähnenswert, welche einen Vorgarten zierten.
> (aus: Frankfurter Allgemeine Zeitung, 19.07.1992, Nr. 29, Schneewittchen und Co.: Kretische Goldgräber? Ein Museum für griesgrämige Gnome und wundersame Wichtel)

erfüllt der komplexe Eigenname 'Hermann und Dorothea' als Gesamtheit eine syntaktische Funktion. Andererseits können die einzelnen graphemischen Zeichen durchaus sinnvoll annotiert werden.

Als Lösung bietet sich hier ein zusätzlicher Operator ($) an, der die *Ist-Teil-von-Relation* markiert. Demnach werden sowohl die einzelnen Bestandteile, als auch das gesamte Konstrukt als solche markiert:

> Hermann/Ne$Ne [1] und/Ck$Ne Dorothea/Ne^Ne [2]

---

1 Hier wird auf der Grundlage des kleinen Tagsets annotiert. Die Annotation auf der Grundlage des großen Tagsets wäre Nens$Nens etc.

2 Das Zeichen ^ kennzeichnet das letzte Element der Ist-Teil-von-Relation. Es kann bei aufeinanderfolgenden mehrteiligen Konstrukten mit gleichen Tags notwendig sein.

4.2 Eigenname oder Appellativum

Bisweilen kann nicht ohne weiteres entschieden werden, ob ein Eigenname oder ein gewöhnliches Nomen vorliegt:

> [...] als Kunstobjekt oder '*Plagiarius*', einem Anti–Preis für Produktpiraterie aus Glas, Keramik, Metall und Holz; als teuer ersteigerte Terrakotta-Rarität aus den Kindertagen des Gartenzwerges oder in Plastik gepreßtes Massenprodukt. (aus: Frankfurter Allgemeine Zeitung, 19.07.1992, Nr. 29, Schneewittchen und Co.: Kretische Goldgräber? Ein Museum für griesgrämige Gnome und wundersame Wichtel)

Ob 'Plagiarius' ein Eigenname oder ein Gattungsname ist, muß aufgrund des Textzusammenhangs oder des Weltwissens der Bearbeiterinnen entschieden werden. Für letzte Zweifelsfälle muß es eine Konvention geben, damit falsche Entscheidungen zumindest systematisch getroffen werden.

4.3 Fremdsprachliche Ausdrücke

Ein ähnliches Problem liegt dann vor, wenn fremdsprachliche oder dialektale Ausdrücke in den deutschen Zeitungstexten auftreten:

> Im übrigen ist dort ebenso wie in der DDR und in der Sowjetunion das '*Coming Out*' noch das vorrangige Problem.(aus: Frankfurter Allgemeine Zeitung, 16.07.1990, Nr. 163, Flucht in die Aggressionen. Nicht Sonderstatus, sondern Gleichberechtigung / Eindrücke vom 'International Gay and Lesbian Film Festival')

Hier bietet sich wie oben (vgl. 4.1) eine Markierung mit dem Ist–Teil–von–Operator an.

4.4 Ambiger Numerus

Beim Taggen mit dem 137 Tags umfassenden Tagsets traten Fälle auf, bei denen nicht entschieden werden konnte, welcher Numerus vorlag.

> Kameramann und *Programmierer* geben in ihr Programm alle Einstellungen und Kamerapositionen ein, die für ein 'Take' vorgesehen sind.
> (aus: Frankfurter Allgemeine Zeitung, 24.06.1990, Nr. 144, High–Tech in der Puppenstube. Wie ein Trickfilm entsteht)

Beim vorliegenden Textbeispiel kann nicht entschieden werden, ob es sich bei 'Programmierer' um eine Plural– oder um eine Singularform handelt. Derartige Token erhalten Tags, die die Angabe zum Numerus offen lassen:

> Kameramann/Ngns und/Ck Programmier/Ngn0

4.5 Ambige Satzstrukturen

Andere Problemfälle ergeben sich aus ambigen Satzstrukturen. Im folgenden Beispiel kann der Wortform 'hin' sowohl der Tag 'abtrennbares Verbpartikel', als auch der Tag 'Adverb' zugewiesen werden:

Sie führe weg von der Deponierung des gemischten Mülls *hin* zur Vermeidung, Wiederverwertung und Kompostierung der getrennt eingesammelten Abfälle." (aus: Frankfurter Allgemeine Zeitung, 05.01.1991, Nr.1, Jahresbilanz als Liste von 'Niederlagen'.BUND: Wie das Jahr aus der Sicht der Natur verlaufen ist.)

'hin' kann einfach als Lokaladverb interpretiert werden, es kann aber auch als Verbpartikel der Verbform betrachtet werden. Nach den Richtlinien zum Tagset Münster werden derartige Zweifelsfälle konventionell als Verbpartikel annotiert.

4.6 Fazit

Konventionen sind bei disjunkten Klassifikationssystemen deshalb notwendig, weil die Wortformen in den Texten den Definitionen nur mehr oder weniger gut entsprechen und es keine graduellen Übergänge zwischen den einzelnen Klassen gibt.

Deshalb werden immer wieder weitere Problemfälle auftreten, die durch ähnliche Konventionen gelöst werden müssen. Die Arbeit an der Entwicklung eines Tagsets ist also ein Prozeß, der letztlich nie wirklich beendet sein wird. Das (vorläufige) Resultat kann aber eine Klassifikation sein, die die Ziele für die Anwendung hinreichend gut erfüllt.

Literatur

Altmann, Gabriel u. Werner Lehfeldt (1973). Allgemeine Sprachtypologie. Prinzipien und Meßverfahren. München: Fink, (Uni-Taschenbücher 250).

Bergenholtz, Henning u. Burkhard Schaeder (1977). Die Wortarten des Deutschen. Versuch einer syntaktisch orientierten Klassifikation. Stuttgart: Klett.

De Rose, Steven J. (1988). Grammatical Category Disambiguation by Statistical Optimization. In: Computational Linguistics (14) 1, 31-39.

Duden (1984). Grammatik der deutschen Gegenwartssprache. Hrsg. u. bearb. von Günther Drosdowski in Zusammenarbeit mit Gerhard Augst, Hermann Gelhaus, Helmut Gipper, Max Mangold, Horst Sitta, Hans Wellmann und Christian Winkler. 4. völlig neu bearb. u. erw. Aufl. Mannheim/Wien/Zürich. Bibliographisches Institut/Dudenverlag. (Der Duden in 10 Bänden; 4).

Helbig, Gerhard u. Joachim Buscha (1987). Deutsche Grammatik. Ein Handbuch für den Ausländerunterricht. 10., unver. Auflage. Leipzig: VEB Verlag Enzyklopädie.

Grundzüge einer deutschen Grammatik (1980). 2. unver. Aufl. Berlin: Akademie.

Markov, A. A. (1913). Primĕr statistitčeskago izslĕdowanija nad tekstom "Evgenija Onegina" illjustrirujuščij svjaz' ispytanij w cep'. In: Ičvestija. Imperatorskoj akademii nauk 7, 153-162.

Monachini, Monika u. Annette Östling (1992). Towards a Minimal Standard for Morphosyntactic Corpus Annotation (Part 2). Instituto di Linguistica Computazionale Technical report.

Schütze, Hinrich (1993). Part-of-Speech Induction from Scratch. Proceedings of ACL 31, 251-258.

Wothke, Klaus et al. (1993). Statistically Based Automatic Tagging of German Text Corpora with Parts-of-Speech — Some Experiments. Heidelberg: IBM Germany, Heidelberg Scientific Center TR 75.93.02.

Helmut Feldweg

Stochastische Wortartendisambiguierung des Deutschen

Dieser Beitrag verfolgt zwei Ziele: zum einen wird eine Einführung in gängige Verfahren der stochastischen Wortartendisambiguierung geben, zum anderen wird eine einzelne Implementierung eines solchen Verfahrens mit Ergebnissen für das Deutsche vorgestellt.

1 Stochastische Wortartendisambiguierung: eine Einführung

1.1 Das Problem

Die Aufgabe der Wortartendisambiguierung besteht darin, Mehrdeutigkeiten bezüglich der Wortart einer gegebenen Wortform aufzulösen. Wortartendisambiguierung ist keineswegs nur von theoretischem Interesse, vielmehr ist sie eine wichtige Voraussetzung für weiterführende Analysen von Texten, sei es zur Erkennung syntaktischer Strukturen (*Parsing*), sei es zur Erleichterung des Nachschlageprozesses in Wörterbüchern durch Disambiguierung von Homonymen.

Eine Zuordnung der richtigen Wortart zu einem ambigen Wort kann nur durch eine Untersuchung der grammatischen, ggf. auch semantischen Umgebung des Wortes geleistet werden. Daß es sich dabei keineswegs nur um triviale Probleme handelt, mögen die folgenden Beispiele demonstrieren:

(1a)	he turned	off$_{\textit{Präp.}}$	the expressway
(1b)	he turned	off$_{\textit{Partikel}}$	the radio
(1c)	he turned	off$_{?}$	the spectroroute

(2)	nach des Alten$_{\textit{Titel}}$ Testament
(3)	die$_{\textit{Artikel}}$ auf der Bank sitzende Frau
(4)	die$_{\textit{Dem.Pron.}}$ helfen der Menschheit

Das englische Beispiel in (1c) zeigt deutlich, daß eine nur auf syntaktischer Information beruhende Disambiguierung zu kurz greift: hier ist tatsächlich Weltwissen notwendig, um zu beurteilen, ob es sich bei *spectroroute* um eine Straße oder ein Gerät handelt, wodurch *off* als Präposition resp. Partikel zu klassifizieren ist. Die Beispiele (2), (3) und (4) zeigen typische Phänomene des Deutschen: in (2) ist *Alten* als Titel zu klassifizieren, im Sinne von *Vater* zu lesen, (3) zeigt eine typisches *long-distance* Phänomen: Artikel und zugehöriges Nomen sind durch eine (beliebig ausbaubare) Präpositionalphrase getrennt, (4) zeigt das Problem einer seltenen Lesart (Demonstrativpronomen) der in anderen Lesarten höchstfrequenten Wortform *die*.

1.2 Lösungsansätze

Die skizzierten Probleme legen nahe, daß eine zuverlässige Wortartenzuordnung nur nach vollständiger Erschließung der syntaktischen und semantischen Struktur eines Textes möglich ist. Automatische Verfahren zur Erschließung dieser Strukturen werden allerdings gerade durch die Wortartenambiguität einzelner Wortformen sehr komplex. Zur Auflösung dieses *circulus vitiosus* sind also Verfahren zur Wortartendisambiguierung gefragt, die nicht auf eine vollständige Analyse des Textes angewiesen sind.

Seit den achtziger Jahren haben sich stochastische Verfahren zur Wortartendisambiguierung weitgehend durchgesetzt. Dabei wird die Disambiguierung alleine aufgrund von Wahrscheinlichkeiten des Auftretens einer Wortform–Wortart–Kombination in ihrem lokalen Kontext durchgeführt. Jeder Wortform eines fortlaufenden Textes werden dabei zunächst die für sie möglichen Wortarten zugewiesen. Dies geschieht durch Nachschlagen in einem entsprechenden Verzeichnis (Vollformenlexikon) oder aber durch eine mehr oder weniger tiefgehende Analyse der Oberflächenstruktur der Wortform. Aus diesen Angaben wird für ein Textsegment ein Netz aller möglichen Wortform–Wortart–Kombinationen erstellt. Übergängen zwischen Wortarten werden dabei Wahrscheinlichkeiten zugeordnet. Außerdem wird meist eine sogenannte *lexikalische Wahrscheinlichkeit*, d.h., die Wahrscheinlichkeit, mit der Wortart *s* als Wortform *w* realisiert wird, gewichtet. Die eigentliche Disambiguierung erfolgt dann durch Auswahl desjenigen Pfades durch das Netzwerk, der die höchste kombinatorische Wahrscheinlichkeit besitzt.

Zur Illustration diene das folgende Beispiel:
Gegeben sei das Textsegment:

die auf der Bank sitzende Frau

Durch Nachschlagen in einem Vollformenlexikon ergeben sich die folgenden Wortform–Wortart Kombinationen:

die	REL	ARTB	PER	DEM
auf	PRP	VZS		
der	REL	ARTB	PER	DEM
Bank	SUB			
sitzende	ADJ			
Frau	SUB			

Mit diesen Angaben läßt sich folgendes Netz konstruieren:

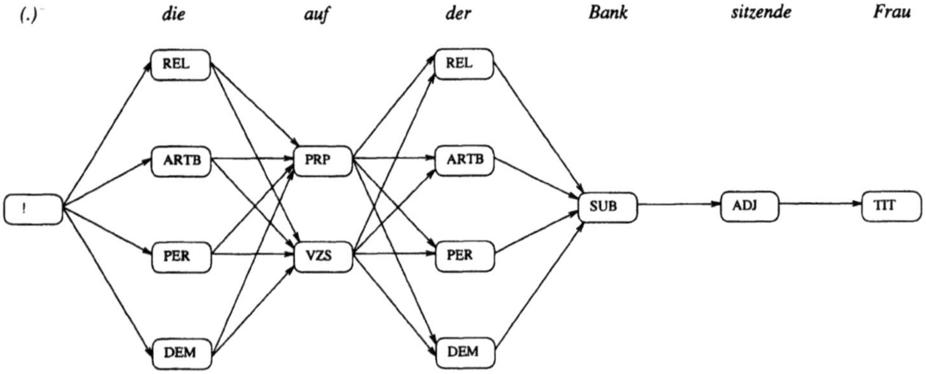

Ordnet man Übergängen zwischen zwei Wortarten Wahrscheinlichkeiten zu, ergibt sich folgendes Bild:

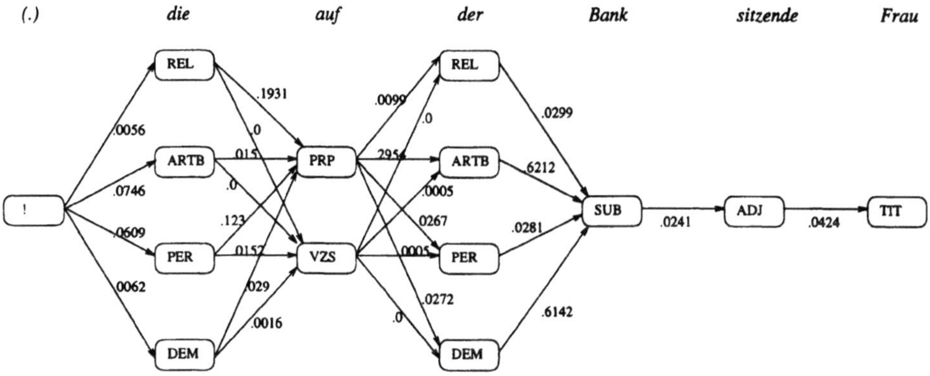

Schließlich kann jeder Wortform-Wortart-Kombination eine Wahrscheinlichkeit zugeordnet werden:

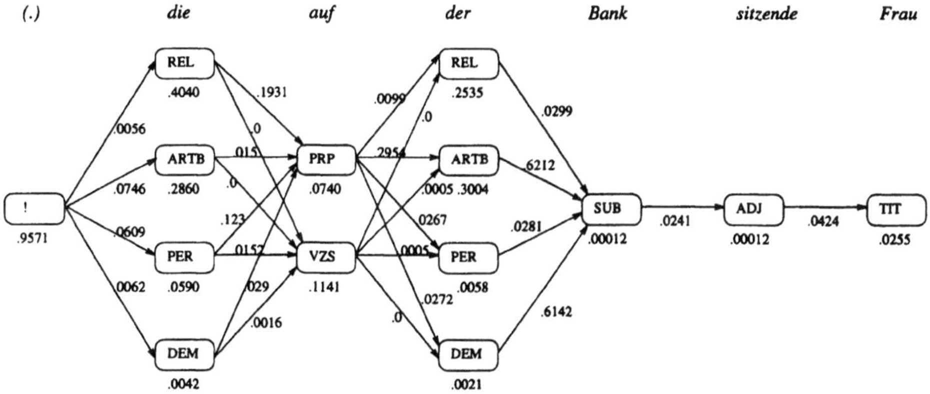

Für jeden möglichen Pfad durch ein solches Netz läßt sich durch Multiplikation der auf dem Pfad liegenden Wahrscheinlichkeiten eine Gesamtwahrscheinlichkeit errechnen. Die Wortartendisambiguierung erfolgt schließlich durch Auswahl der auf dem Pfad mit der höchsten Gesamtwahrscheinlichkeit liegenden Wortform-Wortart-Kombinationen. Das gegebene Textsegment würde nach diesem Beispiel disambiguiert werden als:

die	*auf*	*der*	*Bank*	*sitzende*	*Frau*
ARTB	PRP	ARTB	SUB	ADJ	SUB

Formal betrachtet handelt es sich bei dem dargestellten Verfahren um ein diskretes *Hidden-Markov-Modell* erster Ordnung. Ein solches Modell ist durch die folgenden Parameter definiert:

1. die Menge von n Symbolen

   (1) $$V = \{w_1, \ldots, w_n\}$$

   In unserem Beispiel der Wortartendisambiguierung bildet das Vokabular die Menge V, die Wortformen des Vokabulars sind die einzelnen Elemente w dieser Menge.

2. die Menge von m Zuständen

   (2) $$S = \{s_1, s_2, \ldots, s_m\}$$

Diese Menge entspricht den Wortarten.

3. einer Menge von m^2 Übergangswahrscheinlichkeiten zwischen Zuständen

(3) $$P = \{p(s_1 \mid s_1), \ldots, p(s_i \mid s_j)\},\ 1 \leq i, j \leq m$$

Hier die Übergangswahrscheinlichkeiten zwischen Wortarten.

4. einer Menge von Observationswahrscheinlichkeiten

(4) $$L = \{p(w_1 \mid s_1), \ldots, p(w_k \mid s_l)\},\ 1 \leq k \leq n\ 1 \leq l \leq m$$

Die entspricht der Menge von lexikalischen Wahrscheinlichkeiten: gegeben die Wortart s, wie hoch ist die Wahrscheinlichkeit von Wortform w?

Für eine gegebene Folge von i Symbolen, kann mithilfe dieses Modells die wahrscheinlichste Statusfolge bestimmt werden durch:

(5) $$\max_s \prod_{j=1}^{i} p(s_j \mid s_{j-1}) \times p(w_j \mid s_j)$$

Beim beschriebenen Modell handelt es sich um ein Hidden–Markov–Modell *erster* Ordnung. Übergangswahrscheinlichkeiten werden dabei nur für direkt benachbarte Zustände berücksichtigt. Es handelt sich also um ein Bigramm–Modell, das nur den unmittelbaren lokalen Kontext berücksichtigt. Markov–Modelle sind jedoch keineswegs auf Bigramme beschränkt. Prinzipiell sind beliebig lange Ketten möglich. Da dabei jedoch die Anzahl der für die Beschreibung des Modells notwendigen Parameter exponentiell ansteigen, werden in der Praxis überweigend Markov–Modelle niedriger Ordnung verwendet. Implementationen von Hidden–Markov–Modellen zur Wortartendisambiguierung verwenden Modelle erster (vgl. Marshall 1987 und DeRose 1988), zweiter Ordnung (vgl. Church 1988 und Cutting et al. 1992) oder wahlweise erster und zweiter Ordnung (Wothke et al. 1993 und Schmid und Kempe 1994).

Für Modelle zweiter Ordnung ist Gleichung 3 zu ersezten durch:

(6) $$P = \{p(s_1 \mid s_1, s_1), \ldots, p(s_i \mid s_j, s_k)\},\ 1 \leq i, j, k \leq m$$

Dabei gilt $|P| = m^3$. Entsprechend wird Gleichung 5 ersetzt durch:

(7) $$\max_s \prod_{j=1}^{i} p(s_j \mid s_{j-1}, s_{j-2}) \times p(w_j \mid s_j)$$

1.3 Parametergewinnung

Die Wortartendisambiguierung mittels Hidden–Markov–Modellen gilt als generell sprachunabhängig. Das Verfahren als solches läßt sich für jede Sprache anwenden, allenfalls mag es für bestimmte Sprachen und Sprachgruppen besser oder schlechter geeignet sein.

Voraussetzung für die Anwendung des Verfahrens ist allerdings, daß die in den Gleichungen 1–4 aufgeführten Parameter für die jeweiligen Sprachen bekannt sind. Die Gewinnung solcher Parameter stellt jedoch das eigentliche Problem bei der Anwendung des Verfahrens dar.

Am einfachsten gestaltet sich noch die Bestimmung des Vokabulars der zu untersuchenden Sprache, das meist aus dem zu disambiguierenden Text oder aber aus einem externen Lexikon gewonnen werden kann.

Weitaus schwieriger ist die Frage der zu verwendenen Symbole, d.h., der zu verwendenden Wortartenklassifikation für die jeweilige Sprache. Bis heute haben sich hier kaum Standards durchgesetzt, die Anzahl der zu unterscheidenden Wortarten, die Kritereien nach denen klassifiziert werden soll sowie die Abgrenzung einzelner Wortarten ist noch immer Gegenstand heftiger linguistischer Dispute.

Schwierig aus empirischer Sicht ist jedoch vor allem die Gewinnung der für Markov-Modelle notwendigen Parameter: zuverlässige Werte für die Übergangswahrscheinlichkeiten zwischen Klassen und die Beobachtungswahrscheinlichkeit des Vokabulars in Abhängigkeit gegebener Symbole. Präzise Angaben für diese Parameter bestehen für keine natürliche Sprache, sie können nur mehr oder weniger zuverlässig geschätzt werden.

Zuverlässige Schätzungen dieser Parameter lassen sich auf einfache Weise dann gewinnen, wenn große Textmengen bereits getaggt sind, d.h., wenn jeder Wortform im Text die korrekte Wortart zugewiesen wurde. Durch einfaches Auszählen der Wortartenfolgen (Bi- oder Trigramme) und der Wortart–Wortform–Paare lassen sich daraus AuftretenshäufigkeitAuftretenshäufigkeiten bestimmen. Ist das Textkorpus hinreichend groß und hinsichtlich seiner Zusammensetzung repräsentativ, dann lassen sich durch normalisierte Verwendung dieser Häufigkeiten anstelle der eigentlich notwendigen Wahrscheinlichkeiten vergleichsweise gute Ergebnisse erzielen. In diesem Fall wird davon ausgegangen, daß die Sprache durch das getaggte Textkorpus hinsichtlich der Wortartenverteilung hinreichend gut beschrieben ist, um daraus Schlüsse auf die Gesamtsprache ziehen zu können.

Für die meisten Sprachen sind allerdings hinreichend große, mit Wortarten annotierte Textkorpora nicht verfügbar. Daher werden andere Verfahren zur Schätzung der notwendigen Parameter angewandt, für die solche, extrem arbeits- und damit kostenintensive Ressourcen nicht benötigt werden. Zum einen versuchen diese Verfahren die Anzahl der zu schätzenden Parameter zu verringern. Die hohe Anzahl von Parametern für die lexikalischen Wahrscheinlichkeiten kann beispielsweise dadurch reduziert werden, daß individuelle Werte nur für die hochfrequenten Wortformen ermittelt werden, nicht hochfrequente Formen hingegen ein gemittelter Wert aus der ihnen zugeordneten Ambiguitätsklasse zugewiesen wird. Zu einer solchen Ambiguitätsklasse gehören typischerweise alle (weniger frequenten) Wortformen, die die gleiche Menge möglicher Wortarten teilen.

Zum anderen werden Parameter aus in den meisten Sprachen leichter zugänglichen ungetaggten Textkorpora gewonnen. Übergangswahrscheinlichkeiten zwischen Wortarten und lexikalische Wahrscheinlichkeiten werden dabei zunächst zufällig ausgewählt oder sehr grob abgeschätzt. Mit diesen ungenauen Werten wird dann eine Menge Text getaggt. Da sich die beiden Wertemengen beim Taggen wechselseitig beeinflussen und zugleich die möglichen Wortarten einer Wortform durch ein gegebenes Vollformenwörterbuch festgelegt ist, liefert ein solcher initialer Taggingvorgang Ergebnisse, die besser sind als die dem Prozess zugrundeliegenden Schätzungen. Aus dem so getaggten Text können neue Wertemengen gewonnen werden, die als Ausgangswerte für neue, sich wiederholende Taggingvorgänge über denselben Text verwendet werden. Nach einer Anzahl von solchen Zyklen verändern sich die Wertemengen zwischen zwei Taggingdurchläufen nur noch geringfügig oder gar nicht mehr. Die durch diese Trainingsläufe gewonnen geschätzen Wahrscheinlichkeiten werden schließlich als Parameter in die Gleichungen 3 und 4 eingesetzt und für den eigentlichen Taggingvorgang verwendet.

2 Tübinger Implementierung für das Deutsche: das System LIKELY

Innerhalb des an der Abteilung Computerlinguistik des Seminars für Sprachwissenschaft der Universität Tübingen durchgeführten Projektes *Korpusunterstützte Entwicklung lexikalischer Wissensbasen (ELWIS)*[1] wurden zum Abgleich von lexikalischer Information aus verschiedenen Wissensquellen wie maschinenlesbarer Wörterbücher und Computerlexika umfangreiche Textkorpora herangezogen. Das Fehlen syntaktisch annotierter Textkorpora für das Deutsche stellte sich dabei als Desiderat heraus, da eine qualitativ hochwertige computergestützte Analyse großer Textmengen ohne vorherige syntaktische Disambiguierung der Texte nur in seltenen Fällen möglich ist. Idealiter sollten Texte für solche Zwecke vollständig syntaktisch analysiert sein, ein Ziel das angesichts des Forschungs- und Entwicklungsstandes der automatischen Syntaxanalyse im Rahmen des ELWIS–Projektes nicht realisierbar ist. Um jedoch zumindest rudimentäre syntaktische Analysen der vorhandenen Textkorpora zu ermöglichen, wurden im ELWIS–Projekt die oben beschriebenen Verfahren, die bis dato fast ausschließlich für das Englische angewendet worden waren, für das Deutsche implementiert. Diese Implementierung und Ergebnisse einer Reihe von Taggingversuchen werden in den folgenden Abschnitten beschrieben.

2.1 Technische Realisation

Das Tübinger Taggingsystem LIKELY wurde unter dem UNIX–Betriebssystem Solaris 1.1 in der Programmiersprache C realisiert. Es sind keine betriebsssytemspezifischen Abhängigkeiten bekannt, das Programm sollte mit geringem Aufwand auf andere Plattformen portierbar sein.

LIKELY liest Textdateien oder erwartet wahlweise einen Text von der Standardeingabe. Der Text wird zunächst durch einen Tokenizer in einzelne Wörter zerlegt. Jedes dieser Wörter wird dann in einer Vollformenliste nachgeschlagen, in der für jedes Wort die möglichen Wortarten und deren Beobachtungshäufigkeit für dieses Wort eingetragen ist. Dieses "Lexikon" wird wahlweise beim Aufstarten des Programmes im Hauptspeicher in einer Hash–Tabelle abgelegt, oder aber über einen Patricia–Tree auf der Festplatte verwaltet. Für die Erstellung und Verwaltung dieses Lexikons stehen eigene Werkzeuge zur Verfügung. Wird eine Wortform des Textes nicht in diesem Lexikon gefunden, werden vom Benutzer manipulierbare Regeln zur Zuordnung möglicher Wortarten und deren Wahrscheinlichkeiten konsultiert. Bei diesen Regeln handelt es sich um reguläre Ausdrücke, denen jeweils eine Liste möglicher Wortarten und optional ein Schlüssel zur Berechnung der jeweiligen Beobachtungshäufigkeiten beigegeben werden.

Hinsichtlich der Wortarten ambige Wortfolgen werden auf der Basis eines Hidden–Markov–Modells erster Ordnung[2] mit Hilfe des Viterbi–Algorithmus in linearer Zeit disambiguiert.

Schließlich wird der Text auf der Standardausgabe ausgegeben, wobei jedem Wort des Textes Information über dessen Wortartenzugehörigkeit beigegeben wird. Dabei stehen mehrere Ausgabeformate zur Verfügung: standardmäßig wird die Wortart jedem Wort mit Hilfe eines Trennzeichens angehängt, wahlweise kann der Text von LIKELY aber auch

---

1 ELWIS wird im Rahmen des Forschungsschwerpunkt–Programms vom Ministerium für Wissenschaft und Forschung des Landes Baden–Württemberg mit Personal- und Sachmitteln unterstützt.

2 In früheren Versionen von LIKELY wurden auch Hidden–Markov–Modelle zweiter Ordnung (Trigramme) verwendet. Diese erzeugten jedoch keine signifikant besseren Ergebnisse, weshalb auf das aufwendigere Trigramm–Modell verzichtet wurde.

in interlinearem Format (Wortartangaben jeweils in einer eigenen Zeile unter dem Eingabetext) oder in vertikalem Format (jede Zeile enthält genau ein Wort und die zugehörige Wortartenangabe) ausgegeben werden.

Auf einer Sun Sparcstation 10/40 erreicht LIKELY in Abhängigkeit vom Ambiguitätsgrad des Textes einen Systemdurchsatz von mehreren tausend Wörtern pro Sekunde. Die Verwendung des Viterbi-Algorithmus zur Disambiguierung gewährleistet dabei einen nur proportionalen Anstieg der Verarbeitungsdauer im Verhältnis zur Menge der Ambiguitäten.

2.2 Gewinnung der Systemparameter für das Deutsche

Wie bereits in Abschnitt 1.3 aufgezeigt, besteht ein Haupthindernis in der Anwendung von Hidden-Markov-Modellen in der Gewinnung der für solche Systeme notwendigen Parameter. Ausgangsgspunkt für die Anwendung von LIKELY innerhalb des ELWIS-Projektes waren Daten, die uns freundlicherweise vom Institut für Deutsche Sprache zur Verfügung gestellt wurden. Dort wurde bis zum Sommer 1993 das ursprünglich in den 80er Jahren vom Saarbrückener Sonderforschungsbereich 100 entwickelte Syntaxanalysesystem SATAN eingesezt, um große Mengen vorhandener Textkorpora syntaktisch zu annotieren. Unter anderem generierte SATAN eine Ausgabe, in dem jedem Wort des Textes die zugehörige Wortart und das zugehörige Lemma zugeordnet wurde. Dem ELWIS-Projekt stand ein kleiner Teil dieser Daten im Umfang von ca. 265 000 laufenden Wörtern aus dem *Mannheimer Korpus I* zur Verfügung. Dieses Teilkorpus besteht aus drei Textsegmenten: einem literarischen Roman (Heinrich Böll: *Die Blechtrommel*), einer populärwissenschaftlichen Abhandlung (Rudolf Pörtner: *Die Erben Roms*) und einer wissenschaftlichen Abhandlung (Emil Staiger: *Grundbegriffe der Poetik*).

Diese Daten wurden in einem ersten Arbeitsschritt, teils manuell, teils halbautomatisch unter Verwendung von Editor-Makro-Programmen bereinigt: nicht analysierte Passagen wurden eliminiert und eine Anzahl von konsistenten und unkonsistenten Fehlanalysen wurde bereinigt. Trotz dieser Anstrengungen ist das bereinigte Korpus noch nicht vollständig frei von Fehlanalysen. Diese werden erst durch wiederholtes Nachbearbeiten des Korpus eliminiert werden können.

Das bereinigte Korpus mit verbleibenden ca. 250 000 Wörtern wurde als *Referenzkorpus* zur Gewinnung von Systemparametern und zur Evaluierung des Taggers herangezogen. Das in Tabelle 1 verwendete Tagset im Referenzkorpus umfaßt 40 verschiedene Wortarten und entspricht im wesentlichen dem im Saarbrückener Lemmatisierungsprogramm SALEM verwendeten Klassifizierungsschema (vgl. Sonderforschungsbereich 100 "Elektronische Sprachforschung" 1980)

Das Vokabular, die Übergangswahrscheinlichkeiten und lexikalischen Wahrscheinlichkeiten wurden in einer Testserie aus verschiedenen Teilen des Referenzkorpus gewonnen, dabei wurden die im jeweiligen Teil vorgefundenen Auftretenshäufigkeiten als Wahrscheinlichkeiten übernommen. Die Testserie und deren Ergebnisse werden im Abschnitt 2.3 beschrieben.

Vorstudie: Kalibrierung der Nullübergänge

Auftretenshäufigkeiten sind natürlich nur eine Näherung wirklicher Wahrscheinlichkeiten. Dabei gilt, daß die Näherung um so zuverlässiger ist, je größer und repräsentativer (in Hinsicht auf den zu analysierenden Text) das Korpus ist, aus dem diese Auftretenshäufig-

Sigel	abs. Freq.	rel. Freq. (%)	Wortart
!	32721	13,29	Satzzeichen
ADJ	16249	6,60	Adjektiv
ADP	808	0,33	Partizip, nachgestellt
ADV	25145	10,22	Adverb
ALL	598	0,24	Pronomen, indefint, *all–*
ARTB	20768	8,44	Artikel, bestimmt
ARTU	4386	1,78	Artikel, unbestimmt
BEID	142	0,06	*beide*
DASS	549	0,22	*daß*
DEM	1844	0,75	Pronomen, demonstrativ
EIG	148	0,06	Eigennamen (= Familiennamen)
FIV	24619	10,00	Verb, finit
FRA	240	0,10	Fragewort
IND	963	0,39	Pronomen, indefinit
INF	3914	1,59	Infinitiv
ITJ	45	0,02	Interjektion
IZU	323	0,13	Infinitiv mit infigiertem *zu* (*anzufangen*)
MASO	30	0,01	*manch/solch*
NAM	1422	0,58	Namen
NKO	8114	3,30	Konjunktion, nebenordnend
NUM	1344	0,55	Numeral
OB	48	0,02	Konjunktion *ob*
PER	11591	4,71	Pronomen, personal
POSS	3531	1,43	Pronomen, possessiv
POST	107	0,04	Postposition
PRP	19916	8,09	Präposition
PTZ2	4060	1,65	Verb, Partizip II
REF	1051	0,43	Pronomen, reflexiv
REL	2639	1,07	Prononmen, relativ
SAV	289	0,12	Satzadverb
SBA	1216	0,49	Adjektiv, substantiviert
SBI	416	0,17	Infinitiv, substantiviert
SELB	65	0,03	Partikel, postponiert: *selbst*
SUB	48026	19,51	Substantiv
TIT	2935	1,19	Titel
UKO	2159	0,88	Konjunktion, unterordnend
UOA	231	0,09	Konjunktion, unterordnend, *um*, *ohne*, *anstatt*
VIEL	73	0,03	*viel*, *wenig*, flektiert
VZS	2054	0,83	abtrennbarer Verbzusatz
ZU	1347	0,55	zu, infinitiv

Tabelle 1: Im Referenzkorpus verwendete Wortarten und deren absolute und relative Häufigkeiten

keiten gewonnen wurden. Doch auch bei Verwendung eines hinreichend großen Korpus bedürfen Wahrscheinlichkeiten mit einem Wert von Null besonderer Berücksichtigung, da hier geringe Abweichungen große Auswirkungen haben. Ist in einem zu disambiguierenden Netz auch nur ein Wahrscheinlichkeitswert Null, dann hat dies zur Folge, daß alle durch diesen Wert berücksichtigenden Pfade ausgesondert werden, da durch die Multiplikation der einzelnen Werte ein einziger Nullwert ausreicht, um das Gesamtprodukt auf Null zu setzen.

Tatsächlich aber haben solche Nullwerte in der Praxis unterschiedliche Ursachen: eine echte Nullwahrscheinlichkeit liegt dann vor, wenn ein bestimmte Kombination in der betrachten Sprache nicht auftritt. Im Falle von Übergangswahrscheinlichkeiten zwischen Wortarten dann, wenn eine bestimmte Wortartenfolge in der Sprache nicht auftreten kann, im Deutschen etwa die Kombinationen Adjektiv–Fragewort oder Artikel–unterordnende Konjunktion. Bei geschätzten Wahrscheinlichkeiten treten allerdings häufiger *vermeintliche* Nullwahrscheinlichkeiten auf, nämlich immer dann, wenn grundsätzlich mögliche, jedoch seltene Ereignisse im zur Schätzung herangezogenen Korpus nicht auftreten. Rundungsfehler können zu einer weiteren Art falscher Nullwahrscheinlichkeiten führen, und zwar dann, wenn ein Ereignis im Korpus beobachtbar ist, jedoch so selten auftritt, daß sich durch Rundung eine Wahrscheinlichkeit von Null ergibt. Unsere Implementierung rechnet allerdings mit hinreichend hoher Genauigkeit, daß dieser Fehlertyp nahezu ausgeschloßen ist.

Um die negativen Auswirkungen falscher Nullwahrscheinlichkeiten auszuschließen, werden diese in Implementierungen von auf Annäherungen beruhenden Hidden–Markov–Modellen häufig durch sehr geringe Wahrscheinlichkeiten ersetzt. Dabei wird billigend in Kauf genommen, daß auch auf echte Nullwahrscheinlichkeiten verzichtet wird. In der Praxis ergeben sich tatsächlich signifikant bessere Ergebnisse, wenn diese Nullwerte durch sehr geringe Wahrscheinlichkeiten ersetzt werden.

Zur Gewinnung eines geeigneten Ersatzwertes für Übergangswahrscheinlichkeiten mit einem Wert von Null wurde für LIKELY eine Versuchsreihe durchgeführt. Dabei wurden die Auftretenshäufigkeiten von Wortartenpaaren in den ersten zwei Dritteln des Referenzkorpus in Wahrscheinlichkeiten umgerechnet und als Werte für die Übergangswahrscheinlichkeiten eingesetzt. Unter Variierung des Ersatzwertes für die Nullwahrscheinlichkeiten wurde dann der Text des letzen Drittels des Referenzkorpus mit LIKELY getaggt, die von LIKELY erzeugten Wortarten mit denen des Referenzkorpus verglichen und die Anzahl der Abweichungen in eine Fehlerquote umgerechnet.

Als Ergebnis dieser Versuchsreihe ist in Abbildung 1 die Fehlerquote in Abhängigkeit verschiedener Ersatzwerte graphisch dargestellt. Es zeigt sich, daß sich bei einem Ersatzwert um 0,0004 die kleinste Fehlerquote einstellt. Bei den im folgenden dargestellten Versuchen wurde dieser Wert als Ersatzwert für Nullübergänge eingesetzt.

2.3 Ergebnisse der Taggingexperimente

Die Aufteilung des Referenzkorpus in ein zwei Drittel des Textes umfassendes Trainingskorpus und ein ein Drittel großes Testkorpus wurde in den ersten fünf Versuchen der hier beschriebenen Testserie beibehalten. Die Grenze zwischen Trainings- und Testkorpus wurde dabei rein sequentiell gezogen, d.h., das Trainingskorpus umfaßt die ersten beiden Drittel des Textes, das Testkorpus das letzte Drittel. Im Vergleich zu anderen Aufteilungsverfahren (verbreitet ist bspw. alternierend einen Satz zum Trainings–

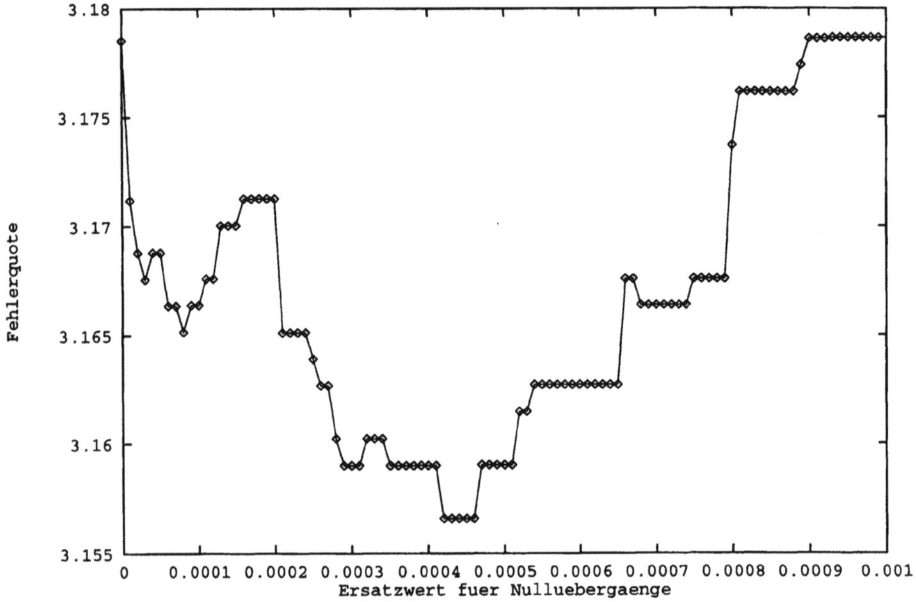

Abbildung 1: Fehlerraten bei verschiedenen Ersatzwerten für Nullübergänge

und zum Testkorpus zuzuordnen) zeichnet sich dieser Ansatz dadurch aus, daß der Tagger in der Testphase mit einer vom Trainingskorpus abweichenden Textsorte konfrontiert wird: in unserem Ausschnitt des Mannheimer Korpus I bestehen die ersten beiden Drittel aus Teilen eines Romans und eines populärwissenschaftlichen Textes, das letzte Drittel aus populärwissenschaftlichem Text und überwiegend aus einem sprachlich schwierigen, wissenschaftlichen Text.

Variiert wurde zunächst der Umfang der verwendeten lexikalischen Daten und die Behandlung unbekannter Wortformen. Bei der Zusammensetzung der lexikalischen Daten, dem von LIKELY verwendeten Wörterbuch, wurden drei Modelle unterschieden:

Vollständiges Wörterbuch: die Liste der Wortformen mit Angaben zu deren Wortartenzugehörigkeiten (Ambiguitätsklassen) und deren Wahrscheinlichkeiten wurden bei diesem Modell aus dem gesamten Referenzkorpus, also einschließlich des Testkorpus gewonnen. In diesem Modell gibt es keine unbekannten Wortformen im Testkorpus und die Auftretenshäufigkeiten der Wortart–Wortform–Paare des Testkorpus flossen in die Kalkulation der zum Testen verwendeten Wahrscheinlichkeiten ein.

Partielles Wörterbuch: bei den Wortformen, Wortartenzugehörigkeiten und Wahrscheinlichkeiten wurde allein das Trainingskorpus berücksichtigt. Formen, die nur im Testkorpus, nicht aber im Trainingskorpus auftreten, wurden als unbekannte Wortformen behandelt.

Reduziertes Wörterbuch: hierbei handelt es sich um eine Mischform des vollständigen und partiellen Wörterbuches. Zur Gewinnung des Wortformeninventars und deren Wortartenzugehörigkeiten wurde wiederum das gesamte Referenzkorpus herangezogen. Die Berechnung der lexikalischen Wahrscheinlichkeiten hingegen beruht allein auf der Analyse des Trainingskorpus.

Für die Behandlung der bei Verwendung des partiellen Wörterbuches auftretenden unbekannten Wortformen wurden wiederum drei verschiedene Methoden angewandt:

Offene Wortarten: unbekannten Wortformen werden alle offenen Wortarten zugeordnet. Eine Gewichtung zwischen mehr oder minder großen Wahrscheinlichkeiten der einzelnen Wortarten findet nicht statt.

Groß–/Kleinschreibung: eine Variante des "Offene Wortarten"–Verfahrens, bei der Zuordnung von Wortarten wird jedoch zusätzlich die Groß– bzw. Kleinschreibung der unbekannten Wortform berücksichtigt.

Reguläre Ausdrücke: unbekannte Wortformen werden Wortarten mittels regulärer Ausdrücke zugeordnet. Der Benutzer hat dabei die Möglichkeit, die Analyse solcher Wortformen durch Manipulation und Auswahl einer Steuerdatei zu beeinflussen. In der Steuerdatei wird eine Liste von regulären Ausdrücken angegeben, die mit im Wörterbuch nicht gefundenen Wortformen abgeglichen wird. Entsprechen sich Wortform und regulärer Ausdruck, dann werden der Wortform die dem Ausdruck beigegebenen Wortarten samt optionalen Wahrscheinlichkeiten zugeordnet. Das Verfahren ist insbesondere geeignet, produktive nicht–lexikalisierte Derivative (etwa Adjektivierungen auf -abel, -bar und -mäßig) zu erkennen.

Bei den ersten fünf Versuchen dieser Reihe wurden die Übergangswahrscheinlichkeiten zwischen Wortarten allein aufgrund der Auftretenshäufigkeiten im Trainingskorpus berechnet. Zu Vergleichszwecken wurden zwei Zusatzmessungen durchgeführt, bei denen einmal mit dem Trainings– und einmal mit dem gesamten Referenzkorpus trainiert, dann aber nicht am Testkorpus, sondern wiederum am Trainings– bzw. Referenzkorpus evaluiert wurde.

Die Ergebnisse der gesamten Versuchsserie sind in Tabelle 2 wiedergegeben.

Versuchs-Nr.	Trainings-korpus	Test-korpus	Wörter-buch	Unbekannte Wörter	Ambiguitäts-rate	Fehler-quote
1	2/3	1/3	vollst.	–	1,53	1,96 %
2	2/3	1/3	part.	15 % offen	3,61	8,69 %
3	2/3	1/3	part.	15 % regex	1,80	5,77 %
4	2/3	1/3	part.	15 % gr./kl.	2,54	6,16 %
5	2/3	1/3	reduz.	–	1,53	2,51 %
6	2/3	2/3	vollst.	–	1,51	1,92 %
7	3/3	3/3	vollst.	–	1,52	1,93 %

Tabelle 2: Ergebnisse der Versuchsreihe

In vergleichbarer Literatur zur stochastischen Wortartendisambiguierung im Englischen (bspw. DeRose 1988 und Church 1988) werden Fehlerquoten um 3 – 4 % angegeben. Den dort verwendeten Evaluationskriterien entspricht unser Versuch Nr. 5: Trainings- und Testkorpus sind disjunkt, für alle Wortformen sind Ambiguitätsklassen im Wörterbuch angegeben, deren Verteilung allerdings nur auf der Basis des Trainingskorpus berechnet wurde. Mit einer Fehlerquote von 2,51 % liefert LIKELY hier sehr gute Ergebnisse. Es muß allerdings einschränkend erwähnt werden, daß dieser Wert aufgrund eines nicht ganz fehlerfreien Referenzkorpus gewonnen wurde. Die in der sechsten Spalte angegebene Ambiguitätsrate ist für die Evaluation eine wichtige Bezugszahl: sie ist ein Maß der Wortartenambiguität des Textes. Ein Wert von 1,53 gibt hier an, daß für jedes Wort im Text gemittelt 1,53 verschiedene Wortarten zu disambiguieren waren. Bei unvollständigem Wörterbuch mit Zuordnung offener Wortarten zu unbekannten Wortformen (Versuch Nr. 2, 4 und 3) steigt dieser Wert stark an, der Disambiguierungsalgorithmus wird stärker gefordert und die Fehlerquote wächst entsprechend an.

Die Versuche Nr. 1, 6 und 7 dienen lediglich Vergleichszwecken, insbesondere zur Einschätzung von Versuch Nr. 5. Versuch 1 und 5 unterscheiden sich nur darin, daß in 1 auch die lexikalischen Verteilungen des Trainingskorpus berücksichtigt wurden. In den Versuchen 6 und 7 sind Trainings- und Testkorpus nicht mehr disjunkt, sie demonstrieren die Leistungsfähigkeit des Disambiguierungsalgorithmus bei einem idealen Sprachmodell: die hier von LIKELY benutzten Wahrscheinlichkeitswerte sind eine direkte Abbildung der dem zu taggenden Text zugrundeliegenden Auftretenshäufigkeiten.

2.4 Fehleranalyse

Eine Analyse der von LIKELY fehlerhaft getaggten Stellen ergab, daß ein großer Anteil der Fehler auf eine kleine Anzahl von Fehlertypen zurückzuführen ist. Die häufigsten Fehlertypen sind:

Personal- vs. Reflexivpronomen: 12,2 % der Fehler sind auf eine solche Fehlzuweisung der Formen *euch, mich, mir* und *mich* entstanden.

finite Verben vs. Infinitiv weitere 11,2 % der Fehler sind durch eine Verwechslung von finiten Verbformen der 2. u. 3. Person Plural mit dem Infinitiv begründet.

Artikel vs. Relativpronomen: eine falsche Auflösung der Wortartenambiguitäten der Formen *der, die, das, dem* und *den* bzgl. bestimmtem Artikel und Relativpronomen ist für 9,7 % der Fehler verantwortlich.

Konjunktion vs. Adverb : 7,5 % der Fehler sind durch Verwechslung nebenordnender (insbesondere *wie, denn, noch*) und unterordnender Konjunktionen (*wie, da*) mit Adverbien begründet.

Die angesprochenen Ambiguitäten können offensichtlich nicht allein aufgrund rein distributioneller Analyse des unmittelbaren Kontextes aufgelöst werden; Markov-Modelle – insbesondere solche niederer Ordnung – sind für die Auflösung solcher Ambiguitäten wenig geeignet. Allerdings kann das verwendete Verfahren genutzt werden, um problematische Disambiguierungen zu erkennen, indem die kombinierte Wahrscheinlichkeit des wahrscheinlichsten Pfades mit den der weniger wahrscheinlichen Pfaden verglichen wird. Bei Unterschreitung eines bestimmten Schwellenwertes könnte dann auf eine vollständige Disambiguierung mittels des Markov-Modells verzichtet, und andere, bspw. aufwendigere, regelbasierte Verfahren zur Lösung des Problems herangezogen werden.

2.5 Weiterentwicklungen

Der hier beschriebene Prototyp von LIKELY wird innerhalb des ELWIS-Projektes weiterentwickelt. Das System wird auf das in diesem Band von Ch. Thielen und A. Schiller vorgestellte kleine Tagset umgestellt und an ein leistungsfähiges Wörterbuch angebunden. Das Disambiguierungsverfahren selbst soll durch Anbindung einer morphologischen Analysekomponente – vor allem für die Behandlung unbekannter Wortformen – verbessert werden.

Literatur

Church, K. W. (1988). A stochastic parts program and noun phrase parser for unrestricted text. In *Proceedings of the Second Conference on Applied Natural Language Processing*, pages 136–143. Association for Computational Linguistics.

Cutting, D., Kupiec, J., Pedersen, J., and Sibun, P. (1992). A practical part-of-speech tagger. In *Proceedings of the Third Conference on Applied Natural Language Processing*, Trento.

DeRose, S. J. (1988). Grammatical category disambiguation by statistical optimization. *Compuitational Linguistics*, 14(1):31–39.

Marshall, I. (1987). Tag selection using probabilistic methods. In Garside, R., Leech, G., and Sampson, G., eds., *The computational analysis of English*, pages 42–56. Longman, London and New York.

Schmid, H. and Kempe, A. (1994). Tagging von Korpora mit HMM, Entscheidungsbäumen und Neuronalen Netzen. In *Lexikon+Text*, Tübingen. Niemeyer.

Sonderforschungsbereich 100 "Elektronische Sprachforschung", P. A., editor (1980). *SALEM. Ein Verfahren zur automatischen Lemmatisierung deutscher Texte.* Max Niemeyer Verlag, Tübingen.

Wothke, K., Weck-Ulm, I., Heinecke, J., Mertineit, O., and Pachunke, T. (1993). Statistically based automatic tagging of German text corpora with parts-of-speech — some experiments. Technical report, IBM Germany, Heidelberg Scientific Center, Heidelberg.

*Helmut Schmid & André Kempe**

Tagging von Korpora mit HMM, Entscheidungsbäumen und Neuronalen Netzen

1 Einführung

Im vorliegenden Artikel werden einige Tagger vorgestellt, mit denen am Institut für maschinelle Sprachverarbeitung der Universität Stuttgart experimentiert wurde und die bis auf einen (den frei verfügbaren Tagger der Firma Xerox) auch in Stuttgart entwickelt und implementiert wurden. Sie basieren auf Hidden-Markov-Modellen (HMM), Neuronalen Netzen und Entscheidungsbäumen.

Bei der Darstellung der mathematischen Grundlagen ist das Kapitel über HMMs knapp gehalten, da bereits an anderer Stelle in diesem Band darauf eingegangen wurde (Feldweg 1994). Nach der Beschreibung der einzelnen Tagger betrachten wir einige Faktoren, die die Fehlerrate beeinflussen. Abschließend werden die Tagger hinsichtlich ihrer Genauigkeit miteinander verglichen.

2 Mathematische Grundlagen

2.1 Hidden-Markov-Modelle

Unter allen Tagfolgen, die einer Wortfolge (Korpus) zugeordnet werden können, soll die wahrscheinlichste ausgewählt werden (Rabiner 1990). Nimmt man vereinfachend an, die einzelnen Tagfolgen seien durch ein *Hidden-Markov-Modell* (HMM) zweiter Ordnung generiert, dann kann die Wahrscheinlichkeit einer einzelnen Tagfolge durch die Gleichung

(1) $$p(\bar{t},\bar{w}) = \pi_{t_0,t_1}\, b_{t_0,w_0}\, b_{t_1,w_1} \cdot \prod_{i=2}^{N-1} (b_{t_i,w_i}\, a_{t_{i-2},t_{i-1},t_i})$$

beschrieben werden. Die kontextuelle Wahrscheinlichkeit (Transitionswahrscheinlichkeit) a_{t_{i-2},t_{i-1},t_i} drückt dabei aus, wie wahrscheinlich es ist, daß das Tag t_i auf die Tags t_{i-2} und t_{i-1} folgt. Sie kann näherungweise aus

(2) $$a_{t_{i-2},t_{i-1},t_i} = p(t_i \mid t_{i-2}, t_{i-1}) = \frac{f(t_{i-2}, t_{i-1}, t_i)}{f(t_{i-2}, t_{i-1})}$$

ermittelt werden (MLE, *Maximum Likelihood Estimation*).

Die lexikalische Wahrscheinlichkeit (Beobachtungswahrscheinlichkeit) b_{t_i,w_i} drückt aus, wie wahrscheinlich das Wort w_i bei gegebenem Tag t_i ist und ergibt sich nach MLE näherungsweise aus

(3) $$b_{t_i,w_i} = p(w_i \mid t_i) = \frac{f(w_i, t_i)}{f(t_i)}$$

---

* Diese Arbeit wurde teilweise vom Land Baden-Württemberg innerhalb des Projektes *Textkorpora und Erschliessungswerkzeuge* und teilweise vom BMFT innerhalb von VERBMOBIL gefördert.

Eine effiziente Methode zur Berechnung der wahrscheinlichsten Tagfolge nach Gleichung (1), ist der *Viterbi-Algorithmus* (Viterbi 1967, Rabiner 1990). Alle Folgen werden dabei in einem Baum zusammengefaßt, wodurch ein mehrmaliges Berechnen derselben lexikalischen oder kontextuellen Wahrscheinlichkeiten ausgeschlossen wird.

2.2 Neuronale Netze

Künstliche neuronale Netze bestehen aus einer großen Zahl einfacher Verarbeitungseinheiten (*Neuronen*), die miteinander verknüpft sind. Wie Nervenzellen besitzen diese Neuronen Aktivierungspotentiale, die über die Verbindungen an andere Neuronen weitergeleitet werden. Die Verbindungen zwischen den Neuronen sind gewichtet: Je nachdem, ob das Gewicht positiv oder negativ ist, spricht man von einer *erregenden* oder einer *hemmenden* Verbindung. Die Größe des Gewichtes entspricht der Stärke der Verbindung.

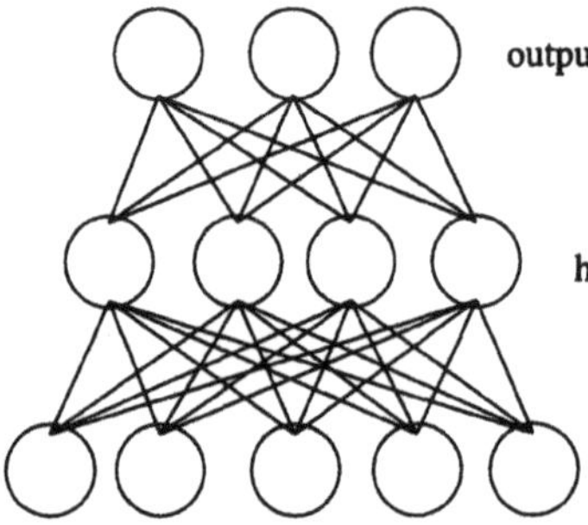

Abbildung 1: Ein Multilayer-Perzeptron-Netz

Bei *Multilayer-Perzeptron-Netzen* (Rumelhart 1984), dem am weitesten verbreiteten Netztyp, sind die Neuronen vertikal in mehreren Ebenen angeordnet (s. Bild 1). Verbindungen sind hier nur zwischen Neuronen in benachbarten Schichten möglich.

Die unterste Ebene bildet die *Eingabeebene* des Netzes. Die Aktivierungen der Neuronen in dieser Ebene repräsentieren die Netzeingabe und werden extern vorgegeben. Die oberste Netzwerkebene bildet die *Ausgabeebene* und repräsentiert das Ergebnis der Verarbeitung. Alle Ebenen zwischen der Eingabeebene und der Ausgabeebene heißen versteckte Ebenen (*Hidden Layers*), da die Aktivierungen ihrer Neuronen extern nicht sichtbar sind.

Die Verarbeitung von Daten erfolgt in einem Multilayer–Perzeptron–Netz, indem die Aktivierungen der Eingabeneuronen (die den Netzinput repräsentieren) über die Neuronen in den Hidden Layers zu den Ausgabeneuronen propagiert werden. Der Aktivierungsvektor der Ausgabeneuronen bildet die Netzausgabe.

Die Weiterpropagierung der Aktivierungen erfolgt gemäß der Formel:

$$net_j = \sum_i a_i w_{ij} + \theta_j \tag{4}$$

$$a_j = \frac{1}{1 + e^{-net_j}} \tag{5}$$

Dabei bildet net_j die Netzeingabe eines Neurons, a_i die Aktivierung von Neuron i, w_{ij} das Gewicht der Verbindung von Neuron i zu Neuron j. θ_j ist ein *Biaswert*, der zur Netzeingabe hinzuaddiert wird, und a_j ist der neue Aktivierungswert von Neuron j.

Ein wesentliches Merkmal von neuronalen Netzen ist ihre Lernfähigkeit. Während eines Trainingslaufes lernt das Netz anhand von Beispielen, Eingabemuster auf entsprechende Ausgabemuster abzubilden. Das "Gedächtnis" des Netzes stellen die Gewichte der Verbindungen dar. Deren Werte werden solange angepaßt, bis das Netz in der Lage ist, die Trainingsmuster hinreichend genau auf die gewünschten Ausgabemuster abzubilden. Als Lernregel für diese Gewichtsanpassung wird zumeist der *Backpropagation–Algorithmus* (Rumelhart 1984) verwendet[1]:

$$\begin{aligned} \delta w_{ij} &= \eta a_{pi} \delta_{pj}, \quad \text{wobei} \\ \delta_{pj} &= \begin{cases} a_{pj}(1-a_{pj})(t_{pj}-a_{pj}), \\ \quad \text{falls } j \text{ ein Ausgabeneuron ist} \\ a_{pj}(1-a_{pj}) \sum_k \delta_{pk} w_{jk}, \\ \quad \text{falls } j \text{ ein Hidden-Layer–Neuron ist} \end{cases} \end{aligned} \tag{6}$$

Dabei ist t_p das zu lernende Ausgabemuster, a_p das tatsächliche Ausgabemuster, δw_{ij} der Betrag, um den das Gewicht w_{ij} angepaßt wird, und η die Lernrate, welche die Größe der einzelnen Adaptionsschritte global steuert.

Das Trainieren mit der Backpropagation-Regel garantiert, daß ein lokales Minimum der Fehlerfunktion erreicht wird. An diesem Punkt können kleine Änderungen an den Gewichtsparametern keine Verbesserung bei den Klassifizierungsergebnissen mehr herbeiführen.

2.3 Entscheidungsbäume

Wie neuronale Netze dienen auch *Entscheidungsbäume* dazu, Muster auf der Basis ihrer Merkmale zu klassifizieren.

Jeder *innere Knoten* eines Entscheidungsbaumes entspricht der Abfrage eines Merkmales. Jedem *Blatt* entspricht ein mögliches Klassifizierungsergebnis. Im eindeutigen Fall ist dies die Ergebnisklasse, im ambigen Fall die Menge der möglichen Klassen mit Bewertungen.

Zur Klassifizierung eines gegebenen Musters wird der Entscheidungsbaum, bei der Wurzel beginnend, entsprechend den Ergebnissen der Testabfragen durchwandert, bis ein Blatt des Baumes erreicht wird und das Ergebnis ausgegeben werden kann.

Ein effizientes Verfahren für die Erstellung von Entscheidungsbäumen aus einer gegebenen Menge von klassifizierten Trainingsmustern ist in Quinlan 1983 beschrieben. Es erzeugt den Baum rekursiv und wählt an jedem Knoten diejenige Testabfrage, die bezüglich der relevanten Menge von Trainingsbeispielen den höchsten Informationsgewinn ergibt.

3 Tagger am IMS

Im folgenden werden mehrere Tagger vorgestellt, mit denen am Institut für maschinelle Sprachverarbeitung experimentiert wurde.

---

1 Es wird angenommen, dass der Biasparameter θ durch ein Gewicht zu einem zusätzlich "On"Neuron realisiert ist, das immer die Aktivierung 1 hat. Hierdurch ergibt sich eine einfachere Darstellung der Formel.

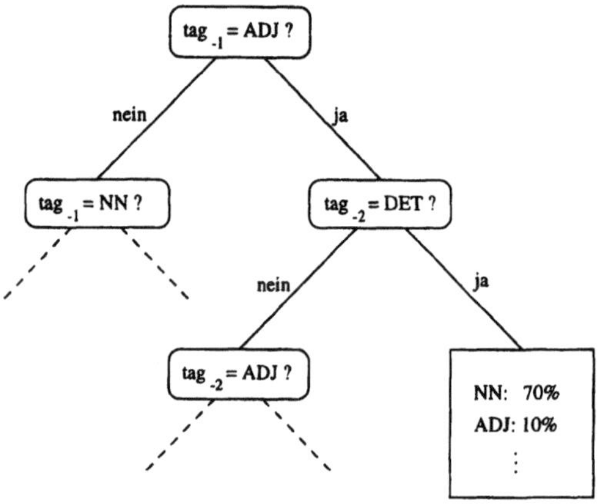

Abbildung 2: Beispiel eines Entscheidungsbaumes.

3.1 Ngramm–Tagger

Der Ngramm–Tagger basiert auf einer modifizierten Version des Viterbi–Algorithmus und verwendet wahlweise Bigramm– oder Trigramm–Wahrscheinlichkeiten (Church 1988, Rabiner 1990, Viterbi 1967). Der Tagger wurde in C implementiert (Kempe 1994a) und benötigt für die Wortartbeschreibung von einer Million laufender Wortformen auf einer *SPARC–station2* 14 Minuten user time.

Für das Training wird ein handgetaggtes Korpus benötigt. Aus einem 2 000 000–Worte–Korpus wurden eine Liste von Trigrammen einschließlich ihrer Frequenzen und ein Lexikon extrahiert. Das Lexikon enthielt 59 000 verschiedene Vollformen mit ihren im Korpus aufgetretenen Tags (70 000 Wort–Tag–Paare) und den entsprechenden Frequenzen; z.B.:

herald	VB/2	VBP/1
heralded	VBN/3	

Um eine bessere Abdeckung zu erreichen, wurde dieses Lexikon um Wort–Tag–Paare aus einem wesentlich größeren Lexikon (Karp et al. 1992) ergänzt. Die zusätzlichen Einträge erhielten die Frequenz Null; z.B.:

herald	NN/0	VB/2	VBP/1
heralded	VBD/0	VBN/3	

Dieses für das Taggen verwendete erweiterte Lexikon enthielt 232 000 verschiedene Worte (272 000 Wort–Tag–Paare).

Eine vorgenommene Erweiterung der Implementation ermöglicht, daß einem Wort nicht nur das wahrscheinlichste sondern zusätzlich das zweitwahrscheinlichste Tag zugeordnet wird. Die Folge aller zweitwahrscheinlichsten Tags ist nicht die zweitwahrscheinlichste Folge. Jedes dieser Tags ist lediglich die zweitbeste Lösung im Kontext aller vorhergehenden wahrscheinlichsten Tags.

Der Tagger speichert das zweitbeste Tag nicht in jedem Fall, sondern nur, wenn das Verhältnis der Wahrscheinlichkeit dieses Tags zur Wahrscheinlichkeit des besten Tags einen vorgegebenen (frei wählbaren) Schwellwert $\mathcal{T}_{amb}$ mindestens erreicht.

(7) $$\frac{p^{(2nd)}}{p^{(best)}} \geq \mathcal{T}_{amb}$$

Unbekannte Worte werden beim Lexikon-*look-up* mit allen Tags versehen. Auf spezielle Behandlungsmethoden solcher Fälle (z.B. Suffix-Lexikon) wurde verzichtet, da bei einem Test nur 0.13 % der Worte eines 100 000-Worte-Ausschnittes aus der Penn Treebank nicht im Lexikon auffindbar waren.

3.2 XEROX-Tagger

Der *Xerox-Tagger* (Cutting et al. 1992) ist ein frei verfügbarer Tagger, der am Palo Alto Research Center (PARC) der Firma Rank Xerox entwickelt wurde. Er basiert auf einem Hidden-Markov-Modell 1. Ordnung und weist gegenüber anderen probabilistischen Taggern eine Reihe von Besonderheiten auf:

Die Parameter des Markov-Modelles werden mit dem Baum-Welch-Algorithmus (Baum 1972) auf *ungetaggten* Daten trainiert. Dadurch wird die Entwicklung von Taggern für Sprachen unterstützt, für die keine handgetaggten Korpora in größerem Umfang zur Verfügung stehen.

Vor dem Training werden die Parameter des Markovmodelles mit Initialisierungswerten belegt. Diese werden entweder aus manuell erstellten *Biasregeln* abgeleitet oder mittels eines kleinen handgetaggten Korpus geschätzt. Während des eigentlichen Trainings werden die Parameter auf der Basis der ungetaggten Trainingsdaten wiederholt neugeschätzt. Die Zahl der Iterationen kann vorgegeben werden.

Um die Zahl der Parameter klein zu halten und diese somit besser schätzen zu können, werden die Wortformen im Lexikon auf der Basis der Menge ihrer möglichen Tags in Äquivalenzklassen eingeteilt. Die Parameter werden nun für alle Wortformen einer Äquivalenzklasse gemeinsam geschätzt.

Neben einem Vollformenlexikon verwendet der Xerox-Tagger ein Suffixlexikon für Wortformen, die vom Vollformenlexikon nicht abgedeckt werden. Es wird automatisch erstellt und generiert Taghypothesen für eine Wortform durch Analyse des Endstrings der Wortform.

Beim Taggen wird – wie bei anderen statistischen Taggern – der Viterbi-Algorithmus (Viterbi 1967) zur Bestimmung der wahrscheinlichsten Tagfolge verwendet.

3.3 Tree-Tagger

Eines der Hauptprobleme von statistischen Taggern, die Ngramm-Wahrscheinlichkeiten für die Bestimmung kontextueller Wahrscheinlichkeiten verwenden, besteht darin, die einzelnen Parameter zuverlässig zu schätzen, da viele prinzipiell mögliche Ngramme nur selten oder gar nicht im Trainingskorpus auftreten.

Beim *Tree-Tagger* (Schmid 1994b) wird dieses Problem vermieden, indem ein Entscheidungsbaum zur Bestimmung der kontextuellen Wahrscheinlichkeiten herangezogen wird.

Der Entscheidungsbaum wird rekursiv auf Basis einer Trainingsmenge von Ngrammen generiert. Jeder Knoten des Entscheidungsbaumes trägt einen binären Test der Form:

(8) $$tag_{-i} = t; \quad i \in \{1, 2, ..., n-1\}; \quad t \in T$$

Dabei bezeichnet tag_{-i} das i-tletzte Tag und T die Menge der möglichen Tags.

Durch die Testabfrage am Wurzelknoten des Entscheidungsbaumes wird die Menge der Ngramme in zwei Mengen geteilt – solche, die den Test erfüllen, und solche, die den Test nicht erfüllen. Durch die Tests an den Tochterknoten, Enkelknoten usw. werden diese beiden Teilmengen weiter unterteilt, bis die Blattebene erreicht ist. Jedem Blatt im Entscheidungsbaum entspricht somit eine Teilmenge der Ngramme aus der Trainingsmenge, wobei die einzelnen Teilmengen paarweise disjunkt sind.

Das Verfahren zur Erzeugung des Entscheidungsbaumes gewährleistet, daß jede der Teilmengen umfangreich genug ist, um eine zuverlässige Schätzung der Tagwahrscheinlichkeiten in dem Kontext, der von dem Blatt des Entscheidungsbaumes repräsentiert wird, zu ermöglichen.

Zur Bestimmung der wahrscheinlichsten Tagfolge wird auch hier der Viterbi-Algorithmus herangezogen. Ein Suffixlexikon verbessert die Taggingergebnisse bei unbekannten Wortformen.

3.4 Net–Tagger

Im *Net–Tagger* (Schmid 1994a) wird ein neuronales Netz vom Typ Backpropagation-Netz für die Klassifizierung verwendet.

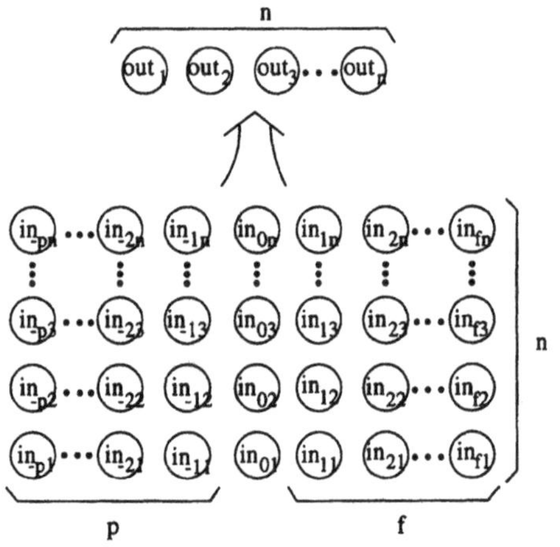

Abbildung 3: Struktur des neuronalen Netzes. Der Pfeil symbolisiert die Verbindungen zwischen Eingabeebene und Ausgabeebene.

Die Eingabe des Netzes umfaßt pro Wort im Kontext und pro Wortart im verwendeten Tagset T ein Neuron. Wenn der Kontext p vorhergehende und f nachfolgende Wortformen umfaßt ($p+1+f$-Kontext) und n die Größe des Tagsets ist, ergibt sich somit eine Zahl von $(p+1+f)*n$ Eingabeneuronen. Die Aktivierung eines Eingabeneurons gibt die Wahrscheinlichkeit dafür wieder, daß das Wort an der entsprechenden Position zu einer bestimmten Wortart gehört.

Die Eingabeneuronen sind über gewichtete Verbindungen mit den n Ausgabeneuronen verbunden. Durch das Propagieren der Aktivierungen der Eingabeneuronen über die gewichteten Verbindungen zu den Ausgabeneuronen erfolgt die Verarbeitung im Netz. Das Ausgabeneuron mit der höchsten Aktivierung repräsentiert schließlich das Tag, das ausgegeben wird.

Da die Ausgabeebene für jedes Tag ein Neuron umfaßt, stehen außer für das beste Tag auch für alle übrigen Tags Bewertungen zur Verfügung, die ebenfalls ausgegeben werden können. Ferner gibt es die Möglichkeit, weitere Alternativtags auszugeben, wenn der Unterschied in der Bewertung zwischen dem besten Tag und dem zweitbesten Tag einen Schwellwert unterschreitet. Die endgültige Desambiguierung kann dadurch auf nachfolgende Verarbeitungsstufen (etwa einen Parser) verschoben werden.

Während des Trainings lernt das neuronale Netz durch Anpassung der Gewichte zwischen Eingabeneuronen und Ausgabeneuronen, die Taggingkontexte auf die richtigen Tags abzubilden. Das Training erfolgt nach einem leicht modifizierten Backpropagation–Verfahren.

Auch der Net–Tagger verwendet ein Suffixlexikon, um unbekannten Wortformen mögliche Tags zuzuordnen.

3.5 Feature–Structure–Tagger

Der *Feature–Structure–Tagger* (fsTagger) basiert auf einem HMM (Rabiner 1990) und verwendet Feature Structures als Tags (Kempe 1994b). Ihre Features beziehen sich auf Part–of–Speech, Genus, Numerus usw. und haben nur atomare Werte.

Üblicherweise wird die kontextuelle Wahrscheinlichkeit eines Tags (Übergangswahrscheinlichkeit) aus Ngramm–Frequenzen geschätzt (Gl. 2). Bei einem großen Tagset von mehreren hundert Tags, welches sich etwa ergibt, wenn die Tags umfangreiche morphologische Information enthalten, und einem relativ kleinen Trainingskorpus (z.B. 10 000 Worte) sind die meisten dieser Frequenzen für eine exakte Schätzung der Wahrscheinlichkeiten zu klein.

In einem französischen Trainingskorpus, das mit 386 verschiedenen Tags getaggt war, hätten $386^3 = 57\ 512\ 456$ verschiedene Trigramme auftreten können. Aufgrund der Korpusgröße von 10 000 Worten war diese Zahl der Trigramme theoretisch auf 10 000 begrenzt. Tatsächlich traten aber nur 4 815 verschiedene, d.h. nur 0,008 % aller möglichen Trigramme auf, da ein Teil von ihnen mehrfach vorkam. 73 % der beobachteten Trigramme traten nur einmal und weitere 18 % nur zwei– bis dreimal auf.

Die 386 verschiedenen Tags des französischen Korpus bestehen aus 57 verschiedenen Feature–Werte–Paaren. Wenn man probabilistische Beziehungen zwischen diesen Paaren betrachtet, ergeben sich für die Berechnung höhere Frequenzwerte, wodurch sich die Genauigkeit der geschätzten Wahrscheinlichkeiten erhöht.

Beim Training werden zuerst die komplexen Tags des Trainingskorpus, z.B.

```
neue [ADJfs]
```

in einzelne Feature–Werte–Paare aufgespalten, z.B.

```
neue [pos:ADJ gen:FEM num:SG]
```

Anschließend wird aus dem Korpus eine Liste von Trigrammen mit zugehörigen Frequenzen extrahiert, z.B.

```
114 [0pos:NOUN 0gen:FEM 0num:SG] [1pos:ADJ 1gen:FEM 1num:SG]
[2pos:DET 2gen:FEM 2num:SG]
```

Die vorangestellte Zahl gibt die Position des Tags innerhalb des Trigramms wieder. Aus der Gesamtheit aller Trigramme werden probabilistische Regeln generiert, die Auskunft über die Wahrscheinlichkeit eines Feature–Werte–Paares im Kontext anderer Paare desselben und der beiden vorhergehenden Tags geben. Eine solche Regel enthält nicht alle Paare, die in einem Trigram vorkommen, sondern nur eine Teilmenge davon. So wird z.B. die kontextuelle Wahrscheinlichkeit von `0gen:FEM` nicht von

`0pos:NOUN 0num:SG 1pos:ADJ 1gen:FEM 1num:SG 2pos:DET 2gen:FEM 2num:SG`

sondern nur von

`0pos:NOUN 1pos:ADJ 1gen:FEM`

abgeleitet. Die Auswahl der relevanten Feature–Werte–Paare erfolgt nach statistischen Kriterien und sollte linguistisch plausible Regeln liefern.

Die Anzahl der probabilistischen Regeln ist wesentlich kleiner als die der möglichen Trigramme. Aufgrund der daraus resultierenden größeren Häufigkeiten können die in diesen Regeln ausgedrückten Feature–Wahrscheinlichkeiten exakter geschätzt werden als Trigramm–Wahrscheinlichkeiten.

Der fsTagger ermittelt die kontextuellen Wahrscheinlichkeiten der Tags aus den beim Training geschätzten kontextuellen Wahrscheinlichkeiten ihrer Feature–Werte–Paare.

Ausgangspunkt für die Implementation des fsTaggers war der zuvor implementierte Ngramm–Tagger (Kempe 1994a), Abschnitt 3.1). Hier wurde die Funktion zur Berechnung der kontextuelle Wahrscheinlichkeit der Tags in der beschriebenen Weise modifiziert.

Ein Vergleich zwischen dem fsTagger und dem Ngramm–Tagger (Tab. 4) zeigte, daß der fsTagger deutlich besser ist, wenn das verfügbare Trainingskorpus klein und das Tagset groß ist, was bei morphologisch reichen Sprachen der Fall sein kann.

4 Tagging–Ergebnisse

Verschiedene Faktoren, die die Fehlerrate beeinflussen, wurden anhand der Ergebnisse von Experimenten, die mit den Daten des Penn Treebank-Korpus durchgeführt wurden, untersucht und werden im folgenden getrennt besprochen. Alle in diesem Abschnitt beschriebenen Tests wurden mit dem Ngramm–Tagger durchgeführt.

4.1 Glättung niedriger Frequenzen

Eine genaue Schätzung kontextueller (Gl. 2) und lexikalischer Wahrscheinlichkeiten (Gl. 3) aus einem Trainingskorpus erfordert ausreichend hohe Frequenzen. Geringe und Null–Frequenzen führen zu fehlerhaften Schätzungen. Zu ihrer Glättung existieren verschiedene Verfahren.

Basic Good–Turing–Methode

Eine Glättung mittels der Basic Good–Turing–Methode (BGT) (Gale/Church 1989, Good 1953) kann durch die Gleichung

(9)
$$f^*_{(BGT)} = (f+1)\frac{N_{f+1}}{N_f}$$

ausgedrückt werden. Dabei ist f die ursprüngliche Frequenz, N_f die Anzahl der Trigramme oder Wort–Tag–Paare die f mal auftreten und $f^*_{(BGT)}$ die geglättete Frequenz.

Enhanced Good–Turing–Methode

Bei der Enhanced Good–Turing Methode (EGT) (Church/Gale 1991) müssen zuerst alle Worte zu Äquivalenzklassen gruppiert werden. Eine Äquivalenzklasse besteht aus allen Worten, die im Lexikon die gleichen Tags haben. Anschließend wird die Glättung getrennt auf die einzelnen Äquivalenzklassen e angewandt:

(10) $$f^*_{(EGT)} = (f+1)\frac{N_{e,f+1}}{N_{e,f}}$$

Überlagerung mit Durchschnittsfrequenzen

Wie bei der EGT müssen zunächst alle Worte zu Äquivalenzklassen gruppiert werden. Für die Tags jeder Äquivalenzklasse werden normierte durchschnittliche Frequenzen ermittelt. Beim Taggen werden den tatsächlichen Frequenzen $f(t_n, w_{e,m})$ der zu desambiguierenden Tags t_n eines Wortes $w_{e,m}$ die normierten durchschnittlichen Tagfrequenzen $\bar{f}(t_n, e)$ der Äquivalenzklasse e mit dem Faktor k gewichtet überlagert:

(11) $$f^*(t_n, w_{e,m}) = f(t_n, w_{e,m}) + k \cdot \bar{f}(t_n, e)$$

Ersetzen von Null–Frequenzen durch konstante Werte

Eine sehr einfache Glättungsmethode ist das Ersetzen von Null–Frequenzen durch konstante Werte. Die Methode bezieht sich auf lexikalische Frequenzen aus dem Lexikon und Trigramm–Frequenzen.

Der Einfluß aller beschriebenen Glättungsverfahren auf die Tagging–Genauigkeit wurde mit dem Ngramm–Tagger getestet (Tab. 1).

Glättungsverfahren	Tagging–Genauigkeit
Basic Good–Turing–Methode	95.97 %
Enhanced Good–Turing Methode	95.89 %
Überlagerung mit Durchschnittsfrequenzen ($k \leq 0.32$)	95.95 %
Ersetzen durch konstante Werte (min.lex.Freq.=0.28, min.Trigramm–Freq.=0.20)	95.96 %

Tabelle 1: Vergleich verschiedener Glättungsverfahren
(mit dem Ngramm–Tagger an einem englischen 1 000 000–Worte–Korpus getestet)

4.2 Ambiges Taggen

Wie beschrieben, wurden beim Test des Ngramm–Tagger ambige Ergebnisse zugelassen. Die Fehlerrate verringerte sich erwartungsgemäß mit steigender Ambiguität (Tab. 2).

Ambiguitäts-schwellwert	Genauigkeit (in %)		Fehlerrate (in %)
	nicht ambig	ambig (2 Tags)	
nicht ambig	96.09	0	3.91
1.0	96.09	0	3.91
0.90	95.94	0.27	3.79
0.50	95.02	1.73	3.25
0.10	91.92	5.82	2.26
0.05	90.18	7.86	1.96
0.01	85.13	13.40	1.47
10^{-3}	77.41	21.38	1.21
10^{-4}	69.04	29.80	1.17
10^{-6}	44.54	54.30	1.16
10^{-8}	34.37	64.47	1.16
10^{-15}	33.26	65.58	1.16

Tabelle 2: Einfluß des Ambiguitätsschwellwertes auf die Ambiguitäts- und die Fehlerrate (getestet an einem englischen 100 000–Worte–Korpus)

4.3 Häufige Fehler

Die häufigsten Tagvertauschungen sind in Tabelle 3 dargestellt. Die Werte zeigen, wie häufig einem Wort anstelle des richtigen Tags (Zeile) ein falsches Tag (Spalte) zugewiesen wurde. Der häufigste Fehler (3427 mal bei 1 000 000 Worten) war die Zuweisung von NP (*singular proper noun*) anstelle von JJ (*adjective*), wie z.B. in:

```
asked/VBD our/PP$ American/*NP* employees/NNS
```

5 Vergleich der Tagger

Einem 1 000 000–Worte–Korpus mit einer durchschnittlichen Ambiguität von 2,5 Tags pro Wort können $2,5^{1\,000\,000} = 10^{397\,940}$ verschiedene Tagfolgen zugeordnet werden. Selbst die nach dem statistischen Sprachmodell wahrscheinlichste davon, die der Tagger auswählt, hat eine extrem niedrige Wahrscheinlichkeit und kann deshalb nicht vollständig korrekt sein.

Die Anwendung eines probabilistischen Verfahrens impliziert eine Fehlerrate, d.h. es ist nahezu ausgeschlossen, ein vollständig richtiges Ergebnis zu bekommen. Mit jeder Auswahl des lokal besten Zweiges im *Viterbi*–Baum (Viterbi 1967, Rabiner 1990), bekommen wir einen "lokalen Fehler", da die ausgeschlossenen Zweige nur weniger wahrscheinlich, aber nicht völlig unwahrscheinlich sind. Diese Unsicherheit bei jeder einzelnen Entscheidung trägt zur "globalen Fehlerrate" bei.

Die beschriebenen Tagger wurden in verschiedenen Experimenten bezüglich der verwendeten Methode, der Größe des Tagsets und der Größe des Trainingskorpus miteinander verglichen (Tab.4). Dabei wurden Trainingskorpora von 10 000 bis zu 2 000 000 Worten und Tagsets mit einem Umfang von 47 bis 855 Tags verwendet.

↓ richtige Tags ↙ falsche Tags

	JJ	NP	NPS	NN	VBN	VBG	RB	IN	VBD	RP	Σ
JJ	-	**3427**		2776	998	*165	*304	*151	*75		8239
NP	*121	-	*74	*208			*23	*24			570
NPS		2889	-								3053
NN	1663	1522		-	*32	*208	*47	*20	*26		3991
VBN	1868	*73		*94	-				1217		3321
VBG	819	*72		1867		-					2786
RB	834	*116		*273			-	1591		*28	3153
IN	*26	*233					1160	-		*33	1781
VBD	*109	*39		*49	1015				-		1251
RP							*413	1014		-	1447
Σ	5944	10509	405	7751	2134	387	2637	3702	1409	64	40423

JJ *adj.*, NP *sing.prop.noun*, NPS *plur.prop.noun*, NN *sing.noun*, VBN *vb.past part.*, VBG *vb.gerund/pres.part.*, RB *adv.*, IN *prepos./subord.conj.*, VBD *vb.past tense*, RP *particle*

Tabelle 3: Absolute Anzahl der häufigsten Tagvertauschungen (Werte ohne * bilden eine ununterbrochene Liste; alle Summen beinhalten die Frequenzen aller relevanten Substitutionen, d.h. auch derer, die nicht in der Tabelle auftreten; untersucht an einem englischen 1 000 000–Worte–Korpus)

Bei den Tests auf dem englischsprachigen Korpus wiesen alle getesteten Tagger gute Erkennungsraten auf. Aufgrund der Größe des Trainingskorpus und des geringen Umfangs des Tagsets ist eine sehr genaue Schätzung der Parameter — auch bei HMMen zweiter Ordnung — möglich. Daher waren die Tagger, die einen großen Kontext betrachten, (Ngramm–Tagger (Trigramme), Tree–Tagger (Trigramme) und Net–Tagger (3+1+2–Kontext)) gegenüber den anderen Taggern (Xerox–Tagger (Bigramme auf der Basis von Äquivalenzklassen) und Ngramm–Tagger (Bigramme)) im Vorteil.

Eine andere Reihenfolge ergibt sich beim Taggen mit dem kleinen deutschen Tagset (Test 2). Hier stand nur ein vergleichsweise kleines Trainingskorpus von 22 000 Wörtern zur Verfügung, was die zuverlässige Schätzung einer großen Menge von Parametern erschwerte. Auf diesen Daten erwiesen sich die Tagger, die einen kleineren Kontext betrachten (Xerox–Tagger (Bigramme auf der Basis von Äquivalenzklassen), Tree–Tagger (Bigramme) und Net–Tagger (2+1+1–Kontext)) als überlegen.

Beim Xerox–Tagger, der die besten Ergebnisse lieferte, hing das Ergebnis stark von der Zahl der Iterationen bei der Neuschätzung der Modellparameter ab. Die Parameter wurden zunächst mit Wahrscheinlichkeiten initialisiert, die auf der Basis des handgetaggten Korpus geschätzt wurden. Dann wurde iterativ eine Neuschätzung der Parameter auf einem 1 Million Wortformen großen Ausschnitt aus dem Stuttgarter Zeitungskorpus durchgeführt. Die Tagginggenauigkeit, die nach jedem Iterationsschritt erreicht wurde, ist in Tab. 5 dargestellt. Es zeigt sich, daß nur eine einfache Iteration Vorteile gegenüber den Initialisierungswerten bringt. Dies deckt sich mit den in Merialdo 1994 beschriebenen Erfahrungen.

Besondere Anforderungen wurden in den Experimenten 3 und 4 an die Tagger gestellt.

Tagging–Experimente				
Nummer	1	2	3	4
Trainingskorpus				
Sprache	englisch	deutsch	deutsch	französisch
Korpusgröße (in Wortformen)	2 000 000	22 000	18 000	10 000
Größe Tagset (Anz. Tags)	47	51	855	386
Anzahl Feature–Wert–Paare	—	—	88	57
Testkorpus				
Korpusgröße (in Worten)	100 000	3 700	6 500	6 000
Tagging–Genauigkeit mit verschiedenen Taggern (in %)				
Ngramm–Tagger (Trigramme)	96,06	87,18	64,91	83,23
Ngramm–Tagger (Bigramme)	94,93	85,38	33,81	56,39
Xerox–Tagger	94,24	**96,12**	—	—
Tree–Tagger[1]	**96,32**	95,14	58,98	—
Net–Tagger[2]	96,18	95,57	—	—
Feature–Structure–Tagger	—	—	**77,72**	**88,89**
Baseline	93,84	90,08	62,07	83,81

[1] *Die Parameter wurden bei 1 auf der Basis von Trigrammen und bei 2 und 3 auf der Basis von Bigrammen berechnet.*
[2] *Der Kontext bestand bei 1 aus drei vorausgehenden und zwei nachfolgenden Worten und bei 2 aus zwei vorausgehenden und einem nachfolgenden Wort.*

Tabelle 4: Vergleich der Tagger hinsichtlich ihrer Genauigkeit

Zahl der Zyklen	Genauigkeit
0	95.84%
1	96.12%
2	95.90 %
3	95.68 %
5	95.16 %

Tabelle 5: Ergebnisse mit dem Xerox–Tagger auf dem deutschen Korpus mit kleinem Tagset.

Zum einen waren hier die Tagsets durch die Hinzunahme morphologischer Merkmale stark angewachsen (855 bzw. 386 Tags). Zum anderen waren die Trainingskorpora klein. Hier konnten mit dem Feature–Structure–Tagger, der alle Tags in einzelne Feature–Wert–Paare aufspaltet, deutlich bessere Ergebnisse erzielt werden als mit den anderen Taggern, welche die Tags als Ganzes betrachten und teilweise nicht einmal die Baseline erreichen, die sich ergibt, wenn unter Ignorierung kontextueller Einflüsse stets mit dem Tag mit der größten lexikalischen Wahrscheinlichkeit annotiert wird.

Ergänzend zu den bereits durchgeführten Experimenten sind weitergehende Untersuchungen geplant. Diese sollen systematischere Auskunft über den Einfluß verschiedener Faktoren (wie Korpusgröße, Tagset u.a.) auf die Tagginggenauigkeit geben.

Die bisherigen Erfahrungen haben deutlich gezeigt, daß die Frage, welcher Tagger im konkreten Fall vorzuziehen ist, nicht generell beantwortet werden kann. Sie hängt entscheidend von Bedingungen wie der Größe des Trainingskorpus und dem Umfang des Tagsets ab.

Verwendete Abkürzungen und Symbole

BGT	Basic Good–Turing–Methode
EGT	Enhanced Good–Turing–Methode
HMM	Hidden Markov Modell
MLE	Maximum Likelyhood Estimation
MLP	Multi–Layer–Perceptron

Literatur

L. E. Baum, 1972. *An inequality and associated maximization technique in statistical estimation for probabilistic functions of a Markov process.* Inequalities, 3:1–8.

K. W. Church, 1988. *A Stochastic Parts Program and Noun Phrase Parser for Unrestricted Text.* Proc. 2nd Conference on Applied Natural Language Processing, ACL., pp. 136–143.

—, W.A. Gale, 1991. *A Comparison of the Enhanced Good–Turing and Deleted Estimation Methods for Estimating Probabilities of English Bigrams.* Computer Speech and Language 5, pp. 19–54.

D. Cutting, J. Kupiec, J. Pedersen and P. Sibun, 1992. *A practical part–of–speech tagger.* Proc. 3rd Conference on Applied Natural Language Processing. Trento, Italy (ACL), pp. 133–140. *Also available as Xerox technical report SSL:92-01.*

H. Feldweg. *Stochastische Wortartendisambiguierung des Deutschen.* Ebenfalls enthalten in diesem Band.

W. A. Gale, K.W. Church, 1989. *What's Wrong with Adding One?* Statistical Research Reports, no. 90, AT&T Bell Laboratories, Murray Hill.

I. J. Good, 1953. *The Population Frequencies of Species and the Estimation of Population Parameters.* Biometrica, vol. 40, pp. 237–264.

D. Karp, Y. Schabes, M. Zaidel, D. Egedi, 1992. *A Freely Available Wide Coverage Morphological Analyzer for English.* Proc. 14th International Conference on Computational Linguistics (COLING). Nantes, France.

A. Kempe, 1994. *A Probabilistic Tagger and an Analysis of Tagging Errors.* Research Report. IMS, Univ. of Stuttgart.

—, 1994. *Probabilistic Tagging with Feature Structures.* Proc. 15th International Conference on Computational Linguistics (COLING). Kyoto, Japan.

B. Merialdo. *Tagging English Text with a Probabilistic Model.* Computational Linguistics, vol. 20, no. 2, pp. 155–171.

L. R. Rabiner, 1990. *A Tutorial on Hidden Markov Models and Selected Applications in Speech Recognition.* Readings in Speech Recognition (ed. A. Waibel, K.F. Lee). Morgan Kaufmann Publishers, Inc. San Mateo, CA.

J. R. Quinlan, 1983. *Learning efficient classification procedures and their application to chess end games.* In: R. Michalski, J. Carbonell, T. Mitchell (eds.). Machine Learning: An artificial intelligence approach. pp. 463–482. Morgan Kaufmann, San Mateo, CA.

D. E. Rumelhart, J. L. McClelland, 1984. *Parallel Distributed Processing*. MIT–Press, Cambridge, MA.

H. Schmid, 1994. *Part–of–Speech Tagging with Neural Networks*. Proc. 15th International Conference on Computational Linguistics (COLING). Kyoto, Japan.

—, 1994. *Probabilistic Part–of–Speech Tagging Using Decision Trees*. Proc. International Conference on New Methods in Language Processing (NeMLaP). Manchester, UK.

A. J. Viterbi, 1967. *Error Bounds for Convolutional Codes and an Asymptotical Optimal Decoding Algorithm*. Proc. IEEE, vol. 61, pp. 268–278.

Magnus Åström

A Probabilistic Tagger for Swedish Using the SUC Tagset

1 Introduction

In many areas of language processing, such as speech analysis, speech synthesis, machine translation, and natural language interfaces to databases, it is important to be able to efficiently resolve ambiguities of part of speech.

A *part-of-speech tagger* is a program which automatically assigns a sequence of unique and correct part of speech tags to a sequence of input word tokens, by using statistical data computed from a training corpus.

This article describes the implementation and application of such a program, developed for the tagging of Swedish text. The implementation is based on the VOLSUNGA algorithm, devised by Steven J. DeRose of Brown University (DeRose 88), and is programmed in C.

The implementation of the tagger was carried out within the framework of the Stockholm Umeå Corpus (SUC) Project, described in Ejerhed 94, and the tagger uses the SUC tagset, version 4.3.1, which consists of 194 morpho-syntactic tags[1].

Experiments with probabilistic tagging within the SUC project had already been conducted by Gunnar Eriksson in 1991, at a very a early stage of the project, and using a tagset of only 14 tags (Eriksson 91).

The reasons for constructing the SUC tagger was partly to serve as a front-end to a parser based on the SUC tagset, and partly for it to be used as a tool in the on-going SUC corpus work.

1.1 Definition of terms

To avoid confusion, some definitions of terms as they are used in this article are provided:

> **Word frequency**: The word frequency $f(w)$ for a word token w is the number of observed occurrences of w in the training corpus. Example: $f(\textit{till}) = 3006$ (*till* = '*to*').
>
> **Tag frequency**: The tag frequency $f(t)$ for a tag t is the observed number of occurrences of t in the training corpus. Example: $f(\text{PP})$=36924 (PP = preposition).
>
> **Word-tag frequency**: The word-tag frequency $f(w,t)$ given a word token w and a tag t is the number of times that w was tagged t in the training corpus. Example: $f(\textit{till}, \text{PP}) = 2805$.

---

1 Since the tagger was trained, the tagset has been pruned, without sacrificing any linguistically relevant distinctions, and now consists of 151 tags.

Bigram frequency: The bigram frequency $f(t_1, t_2)$ given two tags t_1 and t_2 is the number of occurrences of the tag sequence $t_1 t_2$ in the training corpus. Example: $f(\text{AB, PP}) = 1108$.

Trigram frequency: The trigram frequency $f(t_1, t_2, t_3)$ given three tags t_1, t_2, and t_3 is the number of occurrences of the tag sequence $t_1 t_2 t_3$ in the training corpus. Example: $f(\text{DT UTR SIN IND, NN UTR SIN IND NOM, PP}) = 779$.

Lexical probability: The lexical probability $p(w, t)$ given a word token w and a tag t is the probability of observing w tagged as t. It can be estimated as:

$$p(w, t) = \frac{f(w, t)}{f(w)}$$

Example: $p(\textit{till}, \text{PP}) = f(\textit{till}, \text{PP})/f(\textit{till}) = 2805/3006 \approx 0.93$.

Contextual probability *(bigram version)*: The contextual probability $p(t_1, t_2)$ given two tags t_1 and t_2 is the probability of observing t_1 followed by t_2 in the training corpus. It can be estimated as:

$$p(t_1, t_2) = \frac{f(t_1, t_2)}{f(t_1)}$$

For instance, $p(\text{AB, PP}) = f(\text{AB, PP})/f(\text{AB}) \approx 0.058$.

Contextual probability *(trigram version)*: The contextual probability $p(t_1, t_2, t_3)$ given three tags t_1, t_2, and t_3 is the probability of observing t_1 followed by t_2 followed by t_3 in the training corpus. It can be estimated as:

$$p(t_1, t_2, t_3) = \frac{f(t_1, t_2, t_3)}{f(t_1, t_2)}$$

For instance, the probability of observing a preposition, followed by an infinitival marker, followed by an active infinitive verb, is $p(\text{PP, IE, VB INF AKT}) = f(\text{PP, IE, VB INF AKT})/f(\text{PP, IE}) = 662/769 \approx 0.86$.

Tagging accuracy: The accuracy of the tagger is defined as agreement with manual disambiguation between given alternatives.

2 The SUC tagger

2.1 Training and test data

The entire SUC core corpus consists of 1M word tokens of manually tagged, genre-balanced text, and is physically partitioned into 500 blocks of about 2000 words each. The task of manual tagging has consisted of (contextual) disambiguation between given alternative analyses of word tokens, provided by lookup in lexical lists and by transduction of analyses from the SWETWOL morphological analyzer (Karlsson 92).

At the time the tagger described here was trained, about 300000 words of annotated text were available, and since it was desirable to have as large a training corpus as possible, we had to keep the test corpus as small as possible. In order to be 95% confident that a measured error rate is within 10% of its true value, the minimal number of test tokens can be computed using the following formula (Baker 82)[2]:

$$n = 4 \times 10^{4+log\frac{1}{x}}$$

where x is the error rate of the tagger. Of course, we had no measured error rate at this point, but we assumed that our tagger would not have an error rate less than 2.5% (an assumption which proved to be correct), and then a test corpus of 16000 word tokens would suffice. Thus, 8 blocks (16000 words) of different genres were set aside for the test corpus, and the remaining 142 blocks (284000 words) were designated as training corpus.

2.2 The lexical frequency dictionary

Since the task of producing a SUC-formatted full-form dictionary with high coverage of unrestricted Swedish text was in no way feasible within the limited period of time set aside for implementing the tagger, a minimal dictionary was produced by extracting all word types in the training corpus and the test corpus. These word types were then assigned frequency information with respect to their possible analyses, using the training corpus as the source of observation. This left all words in the test corpus which did *not* occur in the training corpus with zero frequencies for all their possible analyses. The resulting dictionary consists of 49234 word types.

2.3 The bigram and trigram frequency tables

Bigram and trigram frequencies were calculated for all tag-to-tag and tag-to-tag-to-tag transitions in the training corpus. This resulted in a table of 6786 bigrams and 42785 trigrams.

2.4 Ambiguity rates

51% of the words tokens in the training and test corpora had more than one analysis, and the average number of analyses was 1.995. The distribution of this ambiguity was as follows: 102881 occurrences of word tokens of word types with two analyses, 39197 with three analyses, 12791 with four, 8613 with five, 2002 with six, 6803 with seven, 78 with eight, 2 with nine, and 1 word token with ten analyses.

2.5 The tagset

A full account of the philosophy and design principles behind the SUC tagset, along with detailed explanations of all categories and morphological features, is presented in Ejerhed 94. Decisions concerning ambiguity of part of speech in the SUC annotation scheme are described in Ejerhed et al. 92.

A listing of the 194 SUC tags of version 4.3.1 of the tagset is given in Table 1. The first two letters of each tag identify syntactic category, and the succeeding strings (if any) represent inflectional feature values.

---

2 We are grateful to Roger K. Moore for providing the reference.

Table 1: The SUC tagset ($n = 194$)

AB
AB AN
AB KOM
AB POS
AB SMS
AB SUV
AN
DT - - - UO
DT MAS SIN DEF
DT MAS SIN IND
DT NEU SIN DEF
DT NEU SIN IND
DT NEU SIN IND/DEF
DT UTR SIN DEF
DT UTR SIN IND
DT UTR SIN IND/DEF
DT UTR/NEU PLU DEF
DT UTR/NEU PLU IND
DT UTR/NEU PLU IND/DEF
DT UTR/NEU SIN DEF
DT UTR/NEU SIN IND
DT UTR/NEU SIN/PLU IND
HA
HD NEU SIN IND
HD UTR SIN IND
HD UTR/NEU PLU IND
HP - - -
HP NEU SIN IND
HP NEU SIN IND AN
HP UTR SIN IND
HP UTR/NEU PLU IND
HS DEF
IE
IE AN
IN
JJ AN
JJ KOM UTR/NEU SIN/PLU IND/DEF GEN
JJ KOM UTR/NEU SIN/PLU IND/DEF NOM
JJ KOM UTR/NEU SIN/PLU IND/DEF SMS
JJ POS MAS SIN DEF GEN
JJ POS MAS SIN DEF NOM
JJ POS NEU SIN IND GEN
JJ POS NEU SIN IND NOM
JJ POS NEU SIN IND/DEF NOM
JJ POS UTR - - SMS
JJ POS UTR SIN IND GEN
JJ POS UTR SIN IND NOM
JJ POS UTR SIN IND NOM AN
JJ POS UTR SIN IND/DEF NOM
JJ POS UTR SIN IND/DEF NOM AN
JJ POS UTR/NEU - - SMS
JJ POS UTR/NEU PLU DEF NOM
JJ POS UTR/NEU PLU IND NOM
JJ POS UTR/NEU PLU IND NOM AN
JJ POS UTR/NEU PLU IND/DEF GEN
JJ POS UTR/NEU PLU IND/DEF NOM
JJ POS UTR/NEU SIN DEF GEN
JJ POS UTR/NEU SIN DEF NOM
JJ POS UTR/NEU SIN/PLU DEF NOM
JJ POS UTR/NEU SIN/PLU IND/DEF GEN
JJ POS UTR/NEU SIN/PLU IND/DEF NOM
JJ POS UTR/NEU SIN/PLU IND/DEF NOM AN
JJ SUV MAS SIN DEF NOM
JJ SUV UTR/NEU PLU DEF NOM
JJ SUV UTR/NEU PLU IND NOM
JJ SUV UTR/NEU SIN/PLU DEF NOM
JJ SUV UTR/NEU SIN/PLU IND NOM
JJ UTR/NEU SIN/PLU IND/DEF NOM
JJ UTR/NEU SIN/PLU IND/DEF NOM AN
KN
NN - - - -
NN - - - GEN
NN - - - SMS
NN AN
NN GEN AN
NN NEU - - SMS
NN NEU - - SMS AN
NN NEU PLU DEF GEN
NN NEU PLU DEF NOM
NN NEU PLU IND GEN
NN NEU PLU IND NOM
NN NEU PLU IND NOM AN
NN NEU PLU IND SMS
NN NEU SIN DEF GEN
NN NEU SIN DEF GEN AN
NN NEU SIN DEF NOM
NN NEU SIN DEF NOM AN
NN NEU SIN IND GEN
NN NEU SIN IND GEN AN
NN NEU SIN IND NOM
NN NEU SIN IND NOM AN
NN NEU SIN IND SMS
NN UTR - - SMS
NN UTR - - SMS AN

NN UTR PLU DEF GEN
NN UTR PLU DEF NOM
NN UTR PLU IND GEN
NN UTR PLU IND NOM
NN UTR PLU IND NOM AN
NN UTR PLU IND SMS
NN UTR SIN DEF GEN
NN UTR SIN DEF NOM
NN UTR SIN DEF NOM AN
NN UTR SIN DEF SMS
NN UTR SIN IND GEN
NN UTR SIN IND GEN AN
NN UTR SIN IND NOM
NN UTR SIN IND NOM AN
NN UTR SIN IND NOM UO
NN UTR SIN IND SMS
NN UTR/NEU - - SMS
PC PRF - - - SMS
PC PRF MAS SIN DEF GEN
PC PRF MAS SIN DEF NOM
PC PRF NEU SIN IND GEN
PC PRF NEU SIN IND NOM
PC PRF UTR SIN IND GEN
PC PRF UTR SIN IND NOM
PC PRF UTR SIN IND NOM AN
PC PRF UTR/NEU PLU IND/DEF GEN
PC PRF UTR/NEU PLU IND/DEF NOM
PC PRF UTR/NEU SIN DEF GEN
PC PRF UTR/NEU SIN DEF NOM
PC PRS UTR/NEU SIN/PLU IND/DEF GEN
PC PRS UTR/NEU SIN/PLU IND/DEF NOM
PM GEN
PM GEN AN
PM NOM
PM NOM AN
PM SMS
PM SMS AN
PN MAS SIN DEF SUB/OBJ
PN NEU SIN DEF SUB/OBJ
PN NEU SIN IND SUB/OBJ
PN NEU SIN IND SUB/OBJ AN
PN NOM
PN UTR PLU DEF OBJ
PN UTR PLU DEF SUB
PN UTR SIN DEF OBJ
PN UTR SIN DEF SUB
PN UTR SIN DEF SUB/OBJ
PN UTR SIN IND SUB
PN UTR SIN IND SUB/OBJ
PN UTR/NEU PLU DEF OBJ
PN UTR/NEU PLU DEF SUB
PN UTR/NEU PLU DEF SUB/OBJ
PN UTR/NEU PLU IND SUB/OBJ
PN UTR/NEU SIN/PLU DEF OBJ
PP
PP AN
PP SMS
PS NEU SIN DEF
PS UTR SIN DEF
PS UTR/NEU PLU DEF
PS UTR/NEU SIN/PLU DEF
RG GEN
RG MAS SIN DEF NOM
RG NEU SIN IND NOM
RG NOM
RG NOM AN
RG SMS
RG UTR SIN IND GEN
RG UTR SIN IND NOM
RG UTR/NEU PLU IND/DEF GEN
RG UTR/NEU PLU IND/DEF NOM
RG UTR/NEU SIN DEF GEN
RG UTR/NEU SIN DEF NOM
RG UTR/NEU SIN IND/DEF NOM
RO MAS SIN IND/DEF GEN
RO MAS SIN IND/DEF NOM
RO NOM
RO UTR/NEU SIN/PLU IND/DEF GEN
RO UTR/NEU SIN/PLU IND/DEF NOM
SN
UO
UO AN
UO SMS
VB IMP AKT
VB IMP AKT AN
VB IMP SFO
VB INF AKT
VB INF SFO
VB KON PRS AKT
VB KON PRT AKT
VB PRS AKT
VB PRS AKT AN
VB PRS PLU AKT
VB PRS PLU SFO
VB PRS SFO
VB PRT AKT
VB PRT SFO
VB SMS
VB SUP AKT
VB SUP SFO

2.6 Tagging method

Processing a short sentence, *"han går till fönstret"*, using bigram frequencies to estimate contextual probabilities, will illustrate how the tagger works. Modifications of the basic method, necessary to make use of trigrams, will be explained when called for.

Start by looking up each word token of the input sequence in the dictionary, to get all possible analyses for each word, along with word token frequencies and word-tag frequencies.

token	*frequency*	*word-tag frequency*	
han	963	963	han/PN UTR SIN DEF SUB
går	324	301	går/VB PRS AKT
		23	går/AB
till	3006	2805	till/PP
		201	till/AB
fönstret	6	6	fönstret/NN NEU SIN DEF NOM

Table 2: Lexical frequencies for *"han går till fönstret"*

Next, determine suitable *search spans* in the input. A search span is any sequence of word tokens where the first and the last words are unambiguous. In the proposed example *"han går till fönstret"*, the first and last words are unambiguous, whereas the second and third words are two ways ambiguous. The only possible search span is thus the whole sentence. The span contains $1 \times 2 \times 2 \times 1 = 4$ possible paths, and these are enumerated in Table 3.

1	han/PN UTR SIN DEF SUB	går/VB PRS AKT	till/AB	fönstret/NN NEU SIN DEF NOM
2	han/PN UTR SIN DEF SUB	går/AB	till/AB	fönstret/NN NEU SIN DEF NOM
3	han/PN UTR SIN DEF SUB	går/VB PRS AKT	till/PP	fönstret/NN NEU SIN DEF NOM
4	han/PN UTR SIN DEF SUB	går/AB	till/PP	fönstret/NN NEU SIN DEF NOM

Table 3: Enumeration of paths

As will be shown later, it is in fact not necessary to actually enumerate all possible paths in the search span, given the algorithm used. It is done in this example for the sake of illustration.

Next, look up tag frequencies for the tags in the search span:

frequency	*tag*
19049	AB
5414	NN NEU SIN DEF NOM
3744	PN UTR SIN DEF SUB
36924	PP
21845	VB PRS AKT

Table 4: Tag frequencies for input

Look up frequencies for all tag-to-tag transitions (or for the trigram version, all tag-to-tag-to-tag transitions) in the possible paths:

frequency	*bigram*	
754	PN UTR SIN DEF SUB	VB PRS AKT
295	PN UTR SIN DEF SUB	AB
1387	VB PRS AKT	PP
2269	VB PRS AKT	AB
1947	AB	PP
1108	AB	AB
1579	PP	NN NEU SIN DEF NOM
118	AB	NN NEU SIN DEF NOM

Table 5: Bigram frequencies

The problem of disambiguating the sequence can be viewed as finding the best path through the search span, i.e. the one that maximizes the product of the lexical and contextual probabilities.

Start out by scoring the first word of the sequence with 1.0:

1.0	han/PN UTR SIN DEF SUB

The next word *går* is two ways ambiguous, so we now have two partial paths to process. Score each of the paths by multiplying the previous score 1.0 with p(*går*, VB PRS AKT)×p(PN UTR SIN DEF SUB, VB PRS AKT), and p(*går*, AB)×p(PN UTR SIN DEF SUB, AB), respectively.

0.186966	han/PN UTR SIN DEF SUB	går/VB PRS AKT
0.005609	han/PN UTR SIN DEF SUB	går/AB

Each of these paths now branch two-ways, producing four paths, each of which is scored in the same manner as before. (If we want to make use of trigrams, now would be the time to apply them, since we have a path of three words.)

0.001299	han/PN UTR SIN DEF SUB	går/VB PRS AKT	till/AB
0.011085	han/PN UTR SIN DEF SUB	går/VB PRS AKT	till/PP
0.000045	han/PN UTR SIN DEF SUB	går/AB	till/AB
0.000380	han/PN UTR SIN DEF SUB	går/AB	till/PP

We now have four partially scored paths to keep track of. Since the bigram version of the scoring function uses a window of two words to calculate contextual probabilities, we now no longer need to account for the possibility that *går* be an adverb AB, since both of those paths (the third and fourth in the table above) score less well than some other path, and no additional input can change that relationship. With the limited two-word scope of the scoring function, the best path to both *till*/AB and *till*/PP, must be via *går*/VB PRS AKT. Thus we can reduce the number of possible paths to two, and this is the reason why the program does not actually have to enumerate all possible paths during processing. This rule of path pruning with bigrams could be expressed as follows: for each member of the set of word readings ending a possible path (in this example, at this stage the set consists of *till*/AB and *till*/PP), we keep only the path with the highest score. We thus keep the first path above, since it has the highest score of the paths ending with *till*/AB, and we keep the second path, since it has the highest score of the paths ending with *till*/PP.

In the trigram case, the scoring function uses a window of three words to calculate contextual probabilities, and the pruning method can be expressed as follows: for each member of the set of *pairs* of word readings ending a possible path (in this case the set would contain the four pairs (*går*/VB PRS AKT , *till*/AB), (*går*/VB PRS AKT , *till*/PP), (*går*/AB , *till*/AB), (*går*/AB , *till*/PP)), we keep only the path with the highest score. (In this example, it so happens that all ending pairs of word readings are unique, so no paths can be pruned at this stage.)

0.001299	han/PN UTR SIN DEF SUB	går/VB PRS AKT	till/AB
0.011085	han/PN UTR SIN DEF SUB	går/VB PRS AKT	till/PP

The next word in the sequence, *fönstret*, is unambiguous, so there are still two possible paths:

0.000008	han/PN UTR SIN DEF SUB	går/VB PRS AKT	till/AB	fönstret/NN NEU SIN DEF NOM
0.000474	han/PN UTR SIN DEF SUB	går/VB PRS AKT	till/PP	fönstret/NN NEU SIN DEF NOM

Having reached the end of the span, we simply pick the path with the highest score:

0.000474	han/PN UTR SIN DEF SUB	går/VB PRS AKT	till/PP	fönstret/NN NEU SIN DEF NOM

2.7 Improving tagging performance

In order to improve the performance of the tagger, some modifications of the basic method described above proved neccessary.

Dealing with zero frequencies

It is not likely that any text corpus will contain samples of all grammatical constructions, nor will it contain all possible uses of all words. For instance, the Swedish word *uppdragen* is, according to the frequency dictionary built from the training corpus, two ways ambiguous between *uppdragen*/NN NEU PLU DEF NOM (*the missions*) and *uppdragen*/PC PRF UTR SIN IND NOM (*wound up*). The first analysis has been observed two times in the training corpus, and the second not at all. Likewise, with bigrams, the tag NN UTR PLU IND GEN is never followed by a PP in the training corpus, but the transition does indeed occur in the test corpus.

Having a very large training corpus will of course reduce the number of zero frequencies, but they will not be completely eliminated. Since we are calculating with probabilities, we have to somehow deal with these zeroes. This is called *smoothing*. There are several methods of smoothing zeroes, the simplest by far being to replace all zero frequencies with a constant value ϵ, such that $0 < \epsilon < 1$. This is the method which was chosen for the SUC tagger, since it has been shown to give quite acceptable results if the value for ϵ is chosen with care Kempe 94. The optimal value of ϵ depends on a number of factors, such as the size of the tagset, the nature of the training corpus, etc. Without any smoothing at all, the SUC tagger with its rather small training corpus, had an error rate of about 15%, but choosing an $\epsilon = 0.00045$ for zero lexical frequencies, an $\epsilon = 0.00015$ for zero bigram frequencies, and an $\epsilon = 0.0000001$ for zero trigram frequencies, eliminated about 67% of the tagging errors.

Lexical vs. contextual probabilities

Scoring the paths of a search span by maximizing the straight product of lexical and contextual probabilities, such as in the example given in Section 2.6, is not necessarily the best approach. Practical experiments revealed that lowering the impact of high lexical probabilities improved the over-all performance of the tagger, so a *weighting function* was introduced. The chosen weighting function is defined as:

$$W(w,t) = p(w,t)^{0.6}$$

The introduction of the weighting function eliminated approximately 4 % of the tagging errors.

Added statistics

In order to further increase the performance of the tagger, attempts were made to add other types of statistics which would increase the precision of lexical and contextual information. The idea was to try to capture relations between words and tags that are not explicitly expressed in the standard bigram or trigram tables for tags.

Two types of frequencies were found to improve tagging accuracy noticeably, and they are defined below:

> **Word-tag-word-tag frequencies**: Given two words w_1 and w_2 and two tags t_1 and t_2, the word-tag-word-tag frequency $f(w_1, t_1, w_2, t_2)$ is the number of occurrences of w_1 tagged as t_1 followed by w_2 tagged as t_2 in the test corpus.
>
> Example: $f(som, \text{KN}, i, \text{PP}) = 46$, which means that there are 46 occurrences of *som ('as')* as subordinating conjunction, followed by *i('in')* as preposition.
>
> **Word-tag-tag frequencies**: The word-tag-tag frequency $f(w, t_1, t_2)$, given a word w and two tags t_1 and t_2, is the number of occurrences of w tagged as t_1, followed by some word tagged as t_2. Example: $f(som, \text{KN}, \text{PP}) = 91$, which means that there are 91 occurrences of *som* as non-subordinating conjunction, followed by some preposition.
>
> The probability of observing w tagged as t_1, and followed by some word tagged as t_2, would then be:
>
> $$p(w, t_1, t_2) = \frac{f(w, t_1, t_2)}{f(w, t_1)}$$
>
> For instance, $p(som, \text{KN}, \text{PP}) = 91/5810 \approx 0.016$.

To limit the size of these frequency tables, only word-tag pairs with a frequency of 3 or more were included in the table, resulting in a table of 16231 entries, and only the 1000 most frequent words were considered when making the word-tag bigram table, resulting in a table of 24181 entries. Zero frequencies were smoothed with $\epsilon = 0.00001$ for word-tag pairs, and $\epsilon = 0.000004$ for word-tag bigrams.

Introducing these two types of statistics eliminated ca. 18% of the tagging errors.

3 Result analysis

3.1 Tagging results

Using the added statistics described in Section 2.7.3, the SUC tagger was found to have an accuracy of 97.5% for the trigram version, and 97.1% for the bigram version. Without such statistics, the accuracy was 96.7% and 96.3%, respectively.

On a SPARCstation 10, the 16000 words of the test corpus are were disambiguated in 32 seconds, at a speed of 500 tokens per second.

3.2 Analysis of tagging errors

Inspection of the errors made by the tagging program, showed that in 61.5% of the errors the tagger had chosen the wrong word category. The remaining 38.5% were due to it having assigned a tag with incorrect inflectional features. In other words, if the goal of the tagger had been to assign the correct word class, that would be achieved to an accuracy of 99.0% for the trigram version, and 98.2% for the bigram version.

In order to isolate the truly "soft spots" of the tagger, a table of tagging errors was produced. The table contains all tagging errors, and a rating, saying by how much a particular error contributed to the over-all error rate of the tagger. Tagging errors are listed with their correct analysis and the incorrect analysis made by the tagger. Each entry also contains a count of how many times the error was detected. A table of tagging errors such as this, makes it possible to see with which words or types of grammatical constructions the program generally does a poor job. The ten most frequent tagging errors with respect to word token and tag are listed in Table 6.

error rate		*correct analysis*	*chosen analysis*
2.63	15	ni/PN UTR SIN DEF SUB	PN UTR PLU DEF SUB
2.11	12	som/HP ...	KN
1.75	10	på/AB	PP
1.40	8	om/SN	PP
1.40	8	som/KN	HP ...
1.05	6	den/PN UTR SIN DEF SUB/OBJ	DT UTR SIN DEF
1.05	6	det/DT NEU SIN DEF	PN NEU SIN DEF SUB/OBJ
1.05	6	så/KN	AB
0.88	5	till/AB	PP
0.88	5	för/AB	PP

Table 6: Most frequent errors with respect to word token

As the most frequent error of the above accounts for only 2.63% of the tagging errors, it seems that failure to analyze particular words is not a major source of errors. A reasonable assumption would then be that the errors mainly are of a more general kind: low recognition rates for certain tags. Table 7 lists the ten most frequent tagging errors, without respect to word token.

error rate		*correct analysis*	*chosen analysis*
9.82	55	NN NEU PLU IND NOM	NN NEU SIN IND NOM
8.12	46	AB	PP
4.47	25	NN UTR PLU IND NOM	NN UTR SIN IND NOM
3.78	21	JJ POS NEU SIN IND NOM	AB POS
3.60	.20	VB INF SFO	VB PRS SFO
3.38	19	NN NEU SIN IND NOM	NN NEU PLU IND NOM
2.68	15	AB POS	JJ POS NEU SIN IND NOM
2.63	15	PN UTR SIN DEF SUB	PN UTR PLU DEF SUB
2.52	14	JJ POS UTR/NEU PLU IND/DEF NOM	JJ POS UTR/NEU SIN DEF NOM
2.33	13	PC PRS UTR/NEU SIN/PLU IND/DEF NOM	NN NEU SIN IND NOM

Table 7: Most frequent errors without respect to word token

Indeed, the ten most frequent errors of this kind contribute with more than 43% to the over-all error rate, and in particular, nearly 18% of the errors are due to the tagger having assumed the wrong number feature (SIN or PLU) for nouns (NN). Mistaking adverbs (AB) for prepositions (PP) is also a common problem, as it contributes to the error rate with more than 8%.

4 Conclusions

The reported result of a tagging accuracy of 97.5% (or 97.1% using bigrams) for the SUC tagger, using a tagset of 194 tags and a training material of 284000 words, compares favorably with DeRose's reported accuracy of 96% for English (DeRose 88), using a tagset of 97 tags (optimized for this specific purpose) and a training material of 1M words. DeRose also measured tagging performance by runnning the tagger on text on which it had been trained. If the SUC tagger is allowed to run on text on which it has been trained, it performs with an accuracy of 98.4% for the trigram version, and 98.1% for the bigram version.

The accuracy of the SUC tagger also compares favorably with the tagging accuracy of 96% for English reported by Kempe (Kempe 94), who estimated contextual probabilities with trigrams, and used a version of the Penn Treebank tagset containing 48 tags, and a training material of 2M words.

It is encouraging to see that in spite of using a fairly small training corpus, and a relatively large tagset, this probabilistic tagging method has proved to work as well, and better, for a language with a much richer inflectional system than English.

Apart from being a suitable front-end to a parser, the SUC tagger also proved to be an excellent tool with which to find errors in manually tagged text. The analysis of tagging errors made by the tagging program isolated a number of grammatical constructions which it generally handled poorly. Tagging errors made by humans, however, tend to be of a more random nature, they may be due to tiredness, momentary lack of concentration, insufficient instructions on how to apply tags, or insufficient attention to such instructions. After training the tagger on manually tagged text, and then running it on the same text, a comparison of the manually tagged text to the text output by the program will reveal a number of errors made by the latter, but also, inevitably, a number of errors in the hand-tagged version. Once the detected manual errors have been corrected, the tagger can be retrained, and the accuracy of the tagger will have improved, as well as the quality of the manually disambiguated text.

Acknowledgements

The author wishes thank Ken Church, Helmut Feldweg, and Helmut Schmid for advice and valuable input, and Eva Ejerhed for general support and for suggesting the topic in the first place.

References

J. M. Baker: *The Performing Arts — How to measure up!* Proceedings of the NBS Workshop on Standardisation for Speech I/O Technology, pp 25–33.

K. W. Church: *A Stochastic Parts Program and Noun Phrase Parser for Unrestricted Text.* Proceedings of the Second Conference on Applied Natural Language Processing, ACL, Austin, Texas, pp. 136–143.

S. J. DeRose: *Grammatical Category Disambiguation by Statistical Optimization.* Computational Linguistics, Volume 14, Number 1, Winter 1988, pp. 31–39.

E. Ejerhed, G. Källgren, O. Wennstedt, M. Åström: *The Linguistic Annotaion System of the Stockholm–Umeå Corpus Project.* Report no. 33, Reports from the Department of General Linguistics (DGL-UUM-R-33), University of Umeå.

E. Ejerhed: *Design principles for a Swedish corpus annotation system*. Appears in this volume.

G. Eriksson: *En homografseparator baserad på sannolikhet*. Proceedings of the Scandinavian Conference on Computational Linguistics, Bergen 28–30 November 1991, pp. 79–85.

A. Kempe: *A Probabilistic Tagger and an Analysis of Tagging Errors*. Research report. IMS, University of Stuttgart.

F. Karlsson: *SWETWOL: A Comprehensive Morphological Analyzer for Swedish*. Nordic Journal of Linguistics, Volume 15, pp. 1–45.

Index

Bei Fragen zur Produktsicherheit wenden Sie sich bitte an:
If you have any questions regarding product safety,
please contact:

Walter de Gruyter GmbH
Genthiner Straße 13
10785 Berlin
productsafety@degruyterbrill.com